MATTHIAS MATUSSEK

WHITE RABBIT

ODER DER ABSCHIED VOM GESUNDEN MENSCHENVERSTAND

Vom Autor des *Spiegel*-Bestsellers *Wir Deutschen*

FBV
EDITION TICHYS EINBLICK

Bibliografische Information der Deutschen Nationalbibliothek:
Die Deutsche Nationalbibliothek verzeichnet diese Publikation in der Deutschen Nationalbibliografie.
Detaillierte bibliografische Daten sind im Internet über http://dnb.d-nb.de abrufbar.

Für Fragen und Anregungen:
info@finanzbuchverlag.de

EDITION TICHYS EINBLICK
1. Auflage 2018

ein Imprint der Münchner Verlagsgruppe GmbH
Nymphenburger Straße 86
D-80636 München
Tel.: 089 651285-0
Fax: 089 652096

Redaktion: Annalisa Viviani
Umschlaggestaltung: Manuela Amode, München
Umschlagabbildung: shutterstock/ photomaster, Ruth Black, trekandshoot, Lucky-photographer, Utopia_88
Satz: inpunkt[w]o, Haiger (www.inpunktwo.de)
Druck: GGP Media GmbH, Pößneck
Printed in Germany

ISBN Print 978-3-95972-080-9
ISBN E-Book (PDF) 978-3-96092-134-9
ISBN E-Book (EPUB, Mobi) 978-3-96092-135-6

Allen, die mir zur Seite gestanden haben

Inhalt

Was auf dem Spiel steht

Lossegeln, um zu Hause anzukommen – Über die Notwendigkeit von Grenzen – Ein Gespenst geht um – Tantra gegen Islamismus – Chesterton als »Apostel des gesunden Menschenverstands« – Vom Risiko, uncool zu sein – Nietzsches letzte Menschen – Warum dieses Buch erscheint, wo es erscheint

Wir leben in Zeiten eines neuen Kulturkampfes. Anders als derjenige der 1870er-Jahre, in denen das protestantische Kaisertum gegen die Katholiken im Lande mobilmachte und Priester einkerkerte, ist dieser einer zwischen links und rechts, zwischen Lüge und Wahrheit, Mainstream und Dissidententum, zwischen utopischer Schwärmerei und Realismus, aber auch zwischen Moderne und Beharren, der mittlerweile ebenfalls alle Züge eines Glaubenskrieges aufweist. Kurz: Es geht um die Macht, um die »kulturelle Hegemonie«, wie es der Marxist Antonio Gramsci einst nannte.

Was ist da nur passiert in den letzten drei Jahren? Wie konnte es dazu kommen, dass eine zarte Kolumnistin unter großem Beifall zur Vernichtung des politischen Gegners den »Schwarzen Block« empfiehlt, also Betonplatten, Stahlgeschosse und brennende Autos? Wie ist es möglich, dass 70 Prozent der deutschen Jugendlichen Zensurmaßmahmen des Staates begrüßen (in Großbritannien sind es 30 Prozent)? Wie kann es sein, dass ein Redakteur des *Stern* vermutet, dass sich das »wabernde Böse« gesammelt in der Bundestagspartei AfD niedergelassen hat? Nicht zuletzt: Wie ist es gekommen, dass aus mir, dem »einst geachteten Journalisten«, ein Geächteter wurde?

Dabei bin ich beileibe nicht der einzige Dissident dieser Regierungspolitik. Und nicht der Einzige, der unter Diffamierung zu leiden hat. CDU-Politikerinnen wie die konsequente Erika Steinbach, Grüne wie Boris Palmer, Professoren wie Jörg Baberowski, Philosophen wie Rüdiger Safranski, der jüdische Publizist Henryk Broder, besonders aber viele Muslime, die vor der Politik der offenen Tür warnten und warnen, wie Hamed Abdel-Samad, der ebenso unter Polizeischutz steht wie die katholische Konvertitin Sabatina James, Imrad Karim, Necla Kelek, Bassam Tibi und weitere.

Nicht vergessen will ich gleich zu Beginn die Opfer, die des Terrors und der ungefilterten Einwanderung, also die Opfer von Würzburg und Ansbach und Hamburg, die jungen Mädchen aus Heidelberg und Kandel, die des »Bataclan« und jener vom Breitscheidplatz, für die sich die Kanzlerin ein Jahr später ein paar Beileidsfloskeln abrang, obwohl die Mörder dank ihrer Politik ungehindert über die Grenzen kommen konnten. Unser Land hat sich verfinstert.

Von Gilbert K. Chesterton, dem wohl größten religiösen Genie, das unser Berufsstand je hervorgebracht hat, stammt die hübsche Idee zu einem Abenteuerroman über einen Seefahrer, der durch einen Fehler in der Kursberechnung und plötzlich wechselnde Winde jene Insel entdeckt, von der er losgefahren ist. In seinem Fall England.

Ein, wie Chesterton schreibt, »höchst beneidenswerter Irrtum«. Denn »was konnte erquicklicher sein, als in ein und demselben Augenblick all die faszinierenden Schrecken des Daseins in der Fremde mit dem Geborgenheitsgefühl der Heimkehr ins Vertraute verknüpft zu finden?«

In diesem Buch werde ich mit der gleichen Überraschung Deutschland entdecken, jenes Land, das sich in den letzten drei Jahren so tief greifend verändert hat wie kaum je zuvor. Sicher, auch die Weltlage insgesamt gibt sich Mühe, so auszusehen wie ein Computerspiel für ein paar törichte Teenager, mit Drohungen zu atomaren Erstschlägen und weiterem Kitzel.

Doch besonders unser Deutschland ist mir fremd geworden und gleichzeitig merkwürdig vertraut. Mit Erschrecken und mit großem Staunen werde ich dieses neue Deutschland unter die Lupe nehmen, ganz besonders seine Presse und meine eigenen Erfahrungen mit ihr. Mir scheint, dass wir in den letzten Jahren einem größeren geschichtlichen Umwälzungsprozess beiwohnen, als es der Mauerfall war. Und wie damals bin ich mittendrin, als regimekritischer Journalist, allerdings diesmal nicht wie vor 25 Jahren mit Preisen und Lob bedacht, denn diesmal nahm ich das eigene Regime unter die Lupe.

Ein besonders erschreckender Befund gleich vorweg: In diesen drei Jahren bemühte sich das Land parlamentarisch um eine Neuauflage der DDR. An der Spitze eine »Staatsratsvorsitzende«, die ihre einsame Entscheidung traf, welche von den Blockparteien abgenickt wurden, während der Leerraum gefüllt wurde mit eifrigster Solidaritätsrhetorik, in welcher die Liturgie des Antifaschismus eine exponierte Rolle annahm. Und das unter Beifall einer gespenstischen, weil freiwilligen Gleichschaltung der meisten Medien, die zu den buntesten Übersprungshandlungen bereit waren.

Auf meinem Boot lagen Hefte herum, die wohl eine Beschreibung der Insel enthielten, die ich ansteuerte. Presseerzeugnisse. Zum Beispiel bin ich auf dieses 200 Seiten dicke *Quarterly* der *FAZ* gestoßen. Es ist das mit Anzeigen gespickte Hochglanzprodukt einer Überflussgesellschaft im Modus der »Schlafwandler«.

Kein Zweifel, das Heft ist professionell und perfekt gemacht, aber ulkig aus der Zeit gefallen, ja es tut so, als sei es ganz im Geiste des Spaßjahrzehnts verfasst, der 80er-Jahre des vorigen Jahrhunderts, als die jungen Journalisten in Magazinen wie *Tempo* gegen die tonangebenden verbiesterten Ideologen der 68er mit Mode und guter Laune ins Feld zogen.

Nun allerdings sind sie selber Ideologen geworden. Was ist da passiert?

Auf dem Titel ein dunkelhäutiges Model, das Ethnomode trägt mit der Zeile »Radical Chic«. Die Unterzeile lautet: »Was so vielen Angst macht, ist für die Mode ein Lebenselixier: Offenheit, Migration und Austausch der Kulturen«. Angst vor Offenheit, das muss man wissen, ist der Begriffscode, mit dem der Widerstand gegen die Regierungspolitik der offenen Grenzen derzeit pathologisiert wird. Ich fühlte mich direkt angesprochen.

Ich habe in New York, Rio und London gelebt und nie Angst vor Offenheit gehabt. Warum sollte ich? Offenheit und Neugier auf andere Kulturen haben mich immer beflügelt und in die Welt hinausgetrieben wie Chestertons Seefahrer, ich bin den Amazonas hinaufgeschippert und habe mit Indios Krokodilfleisch verspeist, ich habe mit einer japanischen Bhuto-Gruppe auf einem Friedhof in Kyoto meditiert, habe mit meinem Freund, dem Schriftsteller Harold Brodkey, in seinem Gym in Manhattan geschwitzt und habe Helmut Kohl auf seiner letzten großen Auslandsreise nach Borneo begleitet.

Ich bin offen.

Wohl aber bin ich ein Freund von Grenzen, und ich halte den ungehinderten Strom von islamischen Immigranten, der vor drei Jahren in unser Land einbrach und es tiefenwirksam verändert hat und immer noch verändert, für eine kulturelle und rechtliche Katastrophe. Und wenn »Austausch von Kulturen« die Willkommenskultur für ungebildete, antisemitisch geprägte, frauen- und schwulenverachtende Muslime bedeutet, halte ich Gegenwehr im Sinne unseres aufklärerischen Erbes für notwendig.

Permanente Grenzenlosigkeit auf subjektiver Ebene bezeichnet man im klinischen Bereich als Schizophrenie. Jeder Heranwachsende lernt, seine Persönlichkeit zu bilden durch die Grenzen, die er zwischen sich und seiner Umwelt zieht. Sein Zimmer gilt als Sperrzone.

Grenzenlosigkeit auf nationaler Ebene führt zu Schutzlosigkeit und Staatsversagen. Und Staatsversagen ließ sich getrost konstatieren, als die Grenze Deutschlands am 3. September 2015 für Hunderttausende nicht identifizierter sogenannter Flüchtlinge geöffnet und nicht – wie vorgesehen – zehn Tage später wieder geschlossen wurde, weil die Regierungschefin Angst vor »ungünstigen Bildern« hatte. Ich glaube allerdings, dass mehr dahintersteckte.

Seit dem Jahr 2000 gibt es Überlegungen der »Abteilung Bevölkerungsfragen« der UN, die schrumpfende Einwohnerzahl in Europa, den USA und Japan durch eine sogenannte Bestandserhaltungsmigration aufzufangen, weitausgreifende Zukunftsberechnungen, deren mögliches Konfliktpotenzial gleichwohl offengelegt wurde (kulturelle Differenzen, wirtschaftliche Konkurrenz zwischen Neuankömmlingen und Empfängergesellschaft etc.). Die EU überging derartige Befürchtungen im Flüchtlingswirbel des Jahres 2016 und ging weiter. Sie schlug in einer Pressemitteilung vom 13. Juli 2016 einen EU-Neuansiedlungsrahmen vor, der aus Flüchtlingen genau das machen soll: Neuansiedler.

Wie alle Gebilde, die nicht organisch wachsen, sondern künstlich von entkoppelten Eliten geschaffen werden, wird auch dieser Masterplan, diese merkwürdige Empfehlung zur europäischen Ortlosigkeit, zerfallen wie einst das multiethnische Kaiserreich der Habsburger.

Kaiserliche Großträume und Demokratie stehen sich im Weg. Omnipotente Bürokraten, die am ganz großen Spiel mitwirken und die Bodenhaftung verloren haben, bestimmen den Lauf der Dinge. Und eine Kanzlerin, die in einsamen Bauchentscheidungen ihren Amtseid gebrochen hat, der darin bestand, ihre »Kraft dem Wohle des deutschen Volkes zu widmen, seinen Nutzen zu mehren, Schaden von ihm zu wenden« und ansonsten die Gesetze zu respektieren.

Ich werde in diesem Buch Idolatrie betreiben. Ich werde Gilbert K. Chesterton vorstellen, den man den »Apostel des gesunden Menschenverstands« nannte und der geradezu sträflich unentdeckt bei uns ist. Ich glaube, dass in diesen Zeiten nichts so sehr gebraucht wird wie gesunder Menschenverstand. Gleichzeitig, und das schließt sich überhaupt nicht aus, wie ich beweisen werde, hoffe ich auf eine Rekatholisierung der Gesellschaft, allerdings auf eine, die mit der »Anything goes«-Haltung unserer Amtskirche nicht viel gemein hat. Ich verstehe darunter einen auseinandersetzungsstarken, traditionsstolzen, überzeugten und überzeugenden Katholizismus, der zumindest die Wahrnehmung eines großen Verlustes erlaubt, und ich befinde mich damit erstaunlicherweise in Übereinstimmung mit dem französischen Romancier Houellebecq, der in einem viel beachteten *Spiegel*-Interview befand, dass »ein wahrer Glaube sehr viel mächtiger in der Wirkung auf die Köpfe ist als eine Ideologie«. Und der anlässlich der Pariser Massendemonstrationen gegen die Abtreibung und Ehe für alle erlebte, wie die Katholiken in Frankreich sich ihrer Stärke so wieder bewusst geworden sind. »Das war wie eine unterirdische Strömung, die plötzlich zutage trat. Für mich einer der interessantesten Momente in der jüngsten Geschichte.«

Jeder, der miterlebt, wie sich der Protestantismus – von Ausnahmen abgesehen – zunehmend in einen sehr irdischen Yogakurs für Genderspezialisten und linksgrüne Klimaretter verrannt hat, kann sich nur der Una Sancta zuwenden, die zumindest in ihren Kulthandlungen eine Ahnung des Heiligen erhalten hat.

Aber wir wissen, dass wir der Glut der Muslime nur antworten können, wenn wir mit dem, woran wir glauben, antworten und damit die Neuankömmlinge überzeugen, denn die widert unsere Glaubenslosigkeit und Prinzipienschwäche mit einigem Recht am meisten an. Nicht nur das, sie sehen, was wir nicht mehr spüren: Eine Gesellschaft ohne transzendente Anbindung und ohne Traditionsstolz ist verloren.

Doch keine Angst, liebe Leser. Sie werden hier nicht mit frommen Sprüchen traktiert, Sie sind nicht in einem Bibelkreis gelandet. Sie werden möglicherweise provoziert, aber unterhalten. Agnostiker werden auf ihre Kosten kommen, denn es geht auch um die Debatte, den Spaß an der Auseinandersetzung, denn nichts bereitet so viel Genugtuung wie der Gebrauch des gesunden Menschenverstandes. Ich werde hier den neuen Kulturkampf auf meine Weise führen, und der ist auf alle Fälle komisch, weil ich es bin, von Natur aus, vor allem aber weil es Chesterton ist, der wusste, dass »Lachen ein Windstoß der Inspiration« ist und dass es viel leichter ist, einen guten Leitartikel zu schreiben als einen guten Witz.

Missionieren wir, das können wir doch, wir Deutschen! Missionieren wir die Ankömmlinge und bei dieser Gelegenheit auch uns selber, indem wir uns die großartige Kultur- und Philosophiegeschichte der Kirche vergegenwärtigen, sie ist der Boden, auf dem wir uns über die Jahrhunderte nach oben gestreckt und damit den aufrechten Gang gelernt haben. Zum Beispiel den ersten Artikel, auf dem unser Grundgesetz baut: »Die Würde des Menschen ist unantastbar«, ein Axiom, das sich der christlich-jüdischen Idee der Gottesebenbildlichkeit des Menschen verdankt. Es geht um nichts weniger als um unsere Werte, die auch die Werte der Aufklärung sind. Müssten die nicht schon aus sich selber leuchten und wirken können? Sicher ist Feindesliebe eine schöne Sache, nur – das schrieb mir ein älterer Herr in einem Oktavheft mit selbst gefertigten Aphorismen – bisweilen wird Feindesliebe als Ausrede für Feigheit verwendet. »Und Gott will nicht, dass wir feige sind.«

Seien wir mutig in unserer christlichen Kultur. Wir können keine Kirchenbonzen gebrauchen, die ihr Kreuz auf dem Tempelberg verstecken und sich ansonsten als Unternehmer gewaltiger Hilfsorganisationen verstehen, die an der Flüchtlingskrise prächtig verdienen. Unsere Aufgabe muss sein, den Christenglauben geistig wieder kampffähig zu machen, ihn und seine große Kultur, die bis in die Antike zurückreicht.

Chesterton war Journalist, Debattenkünstler und Dichter, nebenbei Verfasser der Kriminalromane um *Father Brown*, ein katholischer Konvertit, geboren 1874, gestorben 1936, ein Reaktionär, den der marxistische Philosoph Ernst Bloch bewundernd »einen der gescheitesten Männer, die je gelebt haben«, nannte. Und in dessen Methode der Paradoxa er einen theologischen Verwandten der marxistischen Dialektik wiedererkannt haben mag. Chesterton, der Reaktionär, aber kein finsterer, sondern ein den Mitmenschen zugewandter, feindesliebender, vor Lebenslust und Debattierlaune sprühender Exzentriker.

Doch zurück zu unserem Boot und dieser merkwürdigen Reiselektüre mit ihrem Lob der Grenzenlosigkeit. Chesterton, der große Essayist, war neben allem anderen ein Philosoph der Grenze. »Ich habe schon von jeher Rahmen und Grenzen geliebt, und ich behaupte, dass die größte Wildnis noch größer aussieht, wenn man sie durch ein Fenster betrachtet.« Schon kleine Kinder, so Chesterton, erfinden Grenzen im Spiel, sie hüpfen in bestimmte vorgezeichnete Felder, wer auf die Begrenzung tritt, sie also verletzt, hat verloren.

Wie die Situation der Grenzenlosigkeit sich zuspitzen kann, haben wir Deutschen seit 2015 in einer nicht endenden Reihe von Attentaten und kriminellen Gewaltdelikten islamistischer Täter erlebt, und mit jedem neuen wächst die Verunsicherung, und mit jedem neuen intensiviert die Politik ihre schamanistische Beschwörung von Ruhe und Normalität.

Wie wäre es, wenn die Regierung ihr Volk ernst nähme und das Parlament Debatten zuließe, in denen sie sich zu rechtfertigen hätte? Wenn all die Drucksereien aufhörten, auch die in der Presse, etwa wenn bei Gewaltverbrechen die migrantische Identität der Täter möglichst lange verschwiegen wird?

Der Islam ist gegenwärtig die wohl fremdenfeindlichste Ideologie auf unserer Erde. Er lehnt alles ab, was seinen Sittengesetzen widerspricht. Ein *Quarterly* wie das der *FAZ* wäre in der Überflussgesellschaft Saudi-Arabiens ganz sicher verboten, mitsamt all den Empfehlungen zu »Offenheit« und »kulturellem Austausch«.

Deshalb müssen wir das vorgefundene Logbuch genau studieren: Vorn in der Ausgabe des genannten *Quarterly* wird über den aussichtslosen Kampf französischer Sozialarbeiter und Psychologen gegen die dschihadistische Ideologie berichtet, die sich in den Köpfen von einheimischen und aus Syrien zurückgekehrten jugendlichen IS-Kämpfern eingenistet hat und in den entstandenen islamistischen Parallelgesellschaften von Imamen wachgehalten und beschworen wird.

Deren Kampf scheint ihnen als einziger Ausweg aus ihrem »mal-être«, aus einer Krise des Subjekts. Sie spüren, so die zitierten Soziologen und Psychologen, in ihren selbstmörderischen Aktionen eine »Sedierung der Angst, ein Befreiungsgefühl und Anwandlungen von Allmacht«.

Eine der Kämpferinnen macht sich über die sogenannten Deradikalisierungsprogramme lustig: »Man spricht mit uns wie mit ehemaligen Alkoholikern, mit kleinen Augen und weicher Stimme.«

Den Machern des Magazins ist die prekäre Lage bewusst, aber schnell weitergeblättert, denn auf den nächsten Seiten muss geklärt werden, ob New Age für Frauen im mittleren Lebensalter hilfreicher sei als Drogen, danach die Frage, ob »Liebe gegen Erdoğan hilft«, sowie der Plan, künstliche Inseln im Meer als letztes Schlupfloch für die »Superreichen« zu errichten. Nur ganz schnell eines dazwischengeworfen, liebe Macher, wir sind Buddies: Ihr werdet nie zu den Superreichen gehören, also zerbrecht euch nicht deren Kopf!

Weitergeblättert. Zwischendurch ein paar hingeworfene Sprengsel über das »Gute«, über die, die die Welt verbessern wollen. Zum Beispiel über diese schicke Konsumentenkolchose in München, die ihre Kartoffeln ganz ohne Plastikverpackungen ausliefert. Schön, dass wir die Welt ein Stück weit besser gemacht haben!

Im Mittelteil aber die wichtigste aller wichtigen Fragen heutzutage: Wie sieht Sex in der Zukunft aus? Was ist mit Robot Sex und Dildoismus?

Natürlich lungert das Gespenst des Dschihadismus weiterhin im Hinterkopf des Lesers herum, aber wir haben weitergeblättert, haben das Unwohlsein hinter uns gelassen, denn jetzt spricht die Publizistin Emily Witt, Autorin des Kultbuchs *Future Sex*, von ihrer Überzeugung, dass nicht etwa die Wüstenkrieger mit ihren ehernen Geboten Feinde ihrer voll verwirklichten Sexualität seien, nicht jene also, die das Steinigen von ehebrecherischen Frauen, das Hängen von Homosexuellen, das Enthaupten von Ungläubigen der Gegner propagieren, sondern – Donald Trump.

Ja, wir haben ein neues Erkenntnissystem, eine neue Sprache erfunden in den letzten drei Jahren, als ob wir Orwells Albtraum *1984* neu auflegen wollten, der nicht ohne Schuldige auskommt und den ritualisierten Hass auf sie. Trump und seine sogenannten rechten Populisten verkünden, so wird behauptet, eine »hetero-familiale Heile-Welt-Fantasie«, die natürlich einhergehe mit »Gier, Rassismus, Frauenfeindlichkeit, religiöser Intoleranz, Verlogenheit, Fremdenfeindlichkeit, Homophobie, Kriegstreiberei und Verachtung der Armen«.

Was für ein Kauderwelsch! Was für ein Verdrängungskunststück der tatsächlichen Gefahr – aber ein gefährliches, denn wie wir seit Freud wissen, kehrt Verdrängtes mit neurotisch aufgetankter Gewalt zurück.

Da kann ich der guten Emily Witt und ihren Leserinnern und Lesern nur zurufen: Spielt weiter an euren Fortpflanzungsorganen herum, kratzt die letzte Lust aus ihnen heraus, denn bald wird euch der strenge Wüstengott die fair getradete Yogamatte unterm Hintern wegziehen und mit einem Gebetsteppich vertauschen. Und ich überlege gerade, welche tantrische Position einzunehmen wäre, um das zu verhindern.

Im Klartext: Ein Gespenst geht um in Europa und der westlichen Welt, es ist nicht das des Kommunismus wie vor gut 150 Jahren bei Karl Marx, sondern das Gespenst des Islamismus, einer atavistischen Kultur, die seit ihrem Ursprung auf Eroberung aus ist und die sich durchaus ebenfalls an die Entrechteten und Zukurzgekommenen in unseren Großstädten richtet, doch anders als der fehlgeschlagene Ismus von Marx kennt diese keine hoffnungsfrohe Utopie, sondern nur strengste religiöse Gebote und die Erlösung im Tod.

Doch nicht nur darum geht es, sondern auch um die Kapitulation von gewachsenen Werten bei uns, von Herkunftsgefühl und Tradition, also von einem Zugehörigkeitsgefühl, das der linke Philosoph Jürgen Habermas »einen kollektiven Vorrat an Selbstverständlichkeiten« nennt. Eine davon war in der Vergangenheit die christliche Tradition, die allerdings, wie der Philosoph Sloterdijk es ausdrückt, bei uns mittlerweile auf einen Zustand der »Seelendämmerung« trifft.

Ja, ich begreife die Grenzöffnung als ersten großen Test, wie wir auf den Verlust unserer Werte und Tradition reagieren. Als eine Übertölpelung, eine Operation am offenen Herzen des Volkes, das unsere Kanzlerin nur noch als atomisierte »Bevölkerung« haben möchte, die aus denjenigen besteht, »die schon länger hier leben«, als wären wir Deutschen ein Nomadenstamm, der sich mit einem jüngeren um eine Wasserstelle streitet. Die Nation gilt in den neuen Masterplänen als abzuschaffendes Hindernis.

Nun gibt es viele linke Kämpfer, die unserem Volk wegen seiner schuldhaften Vergangenheit ohnehin den Untergang wünschen. Nachdem der Proletarier die Revolution verraten hat, indem er nicht verelendete und auf die Barrikaden ging, sondern verspießerte, hat die Linke in ihm, dem Fremden, das neue revolutionäre Subjekt erkannt.

Das geht natürlich nicht ohne den Hass auf das Eigene, auf die Nation, weshalb »Deutschland, verrecke« auf den Plakaten zu lesen ist, unter denen grüne Politiker wie Claudia Roth demonstrieren. Wir geben uns auf. »Deutschland, du altes Stück Scheiße« hieß eines der Spruchbänder, das der sogenannte Schwarze Block beim G20-Gipfel 2017 mit sich führte, bevor er marodierend, plündernd und Steine werfend durch Hamburg zog und die Sterndeuter und Eingeweidebeschauer unserer Qualitätsmedien zu dem Schluss kamen, das könnten nie im Leben Linke gewesen sein, denn Gewalt komme immer nur von rechts.

Als Schuldige an dem Chaos einigten sich viele Menschen später auf die Ordnungsmacht, auf die Polizei. Was für ein Kategorienfehler da bereits in unseren Wahrnehmungsapparat eingebaut ist!

Unser Land hat sich in den letzten drei Jahren unter diesem Gespenst verändert, wir erleben das makabre Schauspiel einer Auflösung der Ordnung von oben, durch die Regierung, und diejenigen, die noch bei Sinnen sind, nehmen es ernst. Die es nicht so ernst nehmen, sind vorwiegend von dieser merkwürdig beflügelnden Untergangssehnsucht beseelt und spielen weiter beseelt an sich herum und finden Ethnomode und Offenheit interessant.

Lächerlicherweise drückt sich darin eine Art spießiges Fernweh aus, das in den Nachkriegsjahren Rudi Schuricke mit der »Sonne von Capri« besang, also die Rückkehr der Exotikschnulze als Ideologie.

Sie, die meinungsmachende Metro-Intelligenz, schließt diejenigen, die zu Millionen über unsere Grenze geströmt sind, in ihre Arme nach dem Motto einer Grünen-Politikerin: »Ausländer, lasst uns nicht mit den Deutschen allein.«

Sie, die tonangebenden Kreise, ignorieren die sich häufenden mörderischen Attentate, die (Ehren-)Morde, die hochgeschnellten Kriminalitätsdelikte und die rund 50 Milliarden Zusatzkosten für Integrationsmaßnahmen, Verpflegung und Unterbringung allein in den Jahren 2016 und 2017, die selbstverständlich fehlen werden bei der Reparatur von Brücken, Straßen und Schulen und vor allem für die Renten dieser und zukünftiger Generationen, die sich schon jetzt auf die Aussicht auf Altersarmut einstellen sollten. Denn es ist eine Milchmädchenrechnung, die der Nobelpreisträger Milton Friedman so formulierte: »Sozialstaat und offene Grenzen schließen sich aus.«

Rund 100 Milliarden bis 2020. Um es für heutige Verhältnisse anschaulich zu machen: Es ist eine Summe, die der Politik reichen würde, um rund 15 Berliner Flughäfen in den Sand zu setzen.

Alle spüren, da rollt etwas auf uns zu, dessen wir nicht Herr werden in unserer Kulturverlorenheit. Wir haben das Problem, die Verschiedenheit der anderen als solche zu benennen, weil es uns zwingen würde, das, was wir als Eigenes haben, zu formulieren.

Wir sind Nietzsches späte Menschen, ja letzte Menschen, über die es im *Zarathustra* heißt: »Was ist Liebe? Was ist Schöpfung? Was ist Sehnsucht? Was ist Stern? So fragt der letzte Mensch und blinzelt. Die Erde ist dann klein geworden, und auf ihr hüpft der letzte Mensch, der alles klein macht. Sein Geschlecht ist unaustilgbar wie der Erdfloh; der letzte Mensch lebt am längsten.

Ein wenig Gift ab und zu: Das macht angenehme Träume. Und viel Gift zuletzt, zu einem angenehmen Sterben.«

Wir Spätmenschen stehen nun dieser Erobererreligion junger einzelner Männer, der aggressiven Ausgehungerten und Elenden, der, wie Hans Magnus Enzensberger sie nannte, »radikalen Verlierer« gegenüber. Es rollt, und wir haben offenbar nicht mehr die kulturelle Kraft, uns noch dagegenzustemmen.

Rund die Hälfte aller in unseren Großstädten derzeit lebenden Kinder unter sechs Jahren sind islamischer Herkunft. Wartet einfach mal zehn Jahre, möchte ich den beiden Kollegen zurufen, wie dann die Debatte über Dildoismus und Future Sex aussehen wird.

Schon jetzt werden Plakate mit unzüchtiger Wäschereklame abgehängt, und zwar nicht von Donald Trump! Schon jetzt wird in manchen Schulen nicht mehr Weihnachten gefeiert, um muslimische Kinder nicht zu beleidigen. Schon jetzt sind Mädchen aus religiösen Gründen vom Sportunterricht ausgenommen, und in den Moscheen predigen Imame den Widerstand gegen die westliche Dekadenz. Und der Bürgermeister des Fleckens Mondorf freut sich auf die Moschee, die anstelle des alten Freibads errichtet wird: »Da hat die Stadt wenigstens ein Wahrzeichen.«

Was ist nur passiert? Ich behaupte mal, ich als alter Hippie bin weltoffen und neugierig geblieben, aber der Mainstream meiner Branche schlafwandelt unvermutet an mir vorbei ins Utopische, als ob Woodstock in einer ganz bösen Form zurückkehrte, als großer psychedelischer Albtraum.

An den Spitzen immer irrer auftretender junger publizistischer Zähneblecker im besten Alter Schaumfetzer wie Jakob Augstein (»Wir leben im Faschismus«) oder Georg Diez (»Wir leben in einem total langweiligen typisch deutschen Faschismus«) oder Kolumnistin Sibylle Berg, die sieht, dass sich in aller Ruhe eine »faschistische Bewegung aufbaut«. Wissen diese Wohlstandskinder bzw. Millionäre nicht mehr, was Faschismus bedeutet?

Übrigens ein passendes Stichwort, dieser Faschismus. Denn erstaunlicherweise verdrängen ausgerechnet wir Deutschen den mit der muslimischen Immigration einhergehenden ansteigenden Antisemitismus. Und wir verdrängen aktiv. Ein vom WDR produzierter Film über den Antisemitismus bei uns, etwa über die Finanzierung der antijüdischen Hamas im Gazastreifen, lag monatelang unter Verschluss, weil er eine bitterböse antisemitische Verblendung offenlegte. Über 1000 NGOs sind im Gazastreifen aktiv, viele davon, wie »Brot für die Welt«, evangelisch und in der Kritik, sich an israelfeindlichen Aktivitäten zu beteiligen.

Kirchentagsbesucher, Linksextreme und Rechtsradikale sind zu einer unheiligen Allianz zusammengekommen: Sie beschuldigen Israel, die Flüsse im Gazastreifen zu vergiften (das Motiv der Brunnenvergiftung), die Spielplätze und Krankenhäuser zu bombardieren (in denen die Hamas ihre Waffenarsenale gebunkert hat), und tuscheln hinter vorgehaltener Hand vom »internationalen Finanzjudentum und konspirativen Weltregierungen« wie den Bilderbergern.

Ein augenöffnender Film, allerdings nur für jene, die bereit sind dazu.

Ich hatte die Augen bereits offen, aber ich bin mittlerweile draußen, ausgewürgt von einem Betrieb, der Probleme mit Dissidenten hat. Auch davon wird dieses Buch handeln.

Wahrscheinlich liegt es unter anderem daran, dass ich katholisch bin, und zwar ein aus Überzeugung orthodoxer Katholik. Mein katholisches Lebensgefühl erinnert mich ständig daran, dass es noch ein weiteres Leben gibt, eine der Möglichkeitsformen, wie Ulrich in Musils Roman *Der Mann ohne Eigenschaften* es erlebt. Nur das verschafft mir Distanz, auch zu mir selber. Ich halte Riten für wichtig, weil ich in ihnen mich selbst verlieren, mich überlassen kann und nicht handle, sondern gehandelt werde. Aber das ist vielen zu hoch, die schrumpfen mich runter auf die Karikatur, die sie benötigen.

Vor rund 100 Jahren erstellte Chesterton mit seiner »Orthodoxie« eine Kartografie zur Neuentdeckung des Glaubens. Heutzutage ist orthodox ein Schimpfwort. Häretiker sind die Stars der Stunde, die Ketzer, die sogenannten Querdenker, als die sich sogar Bürokraten wie Bundespräsident Steinmeier gerne bezeichnen lassen.

Da war doch Chesterton um einiges glaubwürdiger in seinem Querdenkertum. Er suchte, wie er schreibt, nach einer Häresie, die zu ihm passte: »Und kaum hatte ich ihr den letzten Schliff gegeben, musste ich feststellen, es war die Orthodoxie.«

Ich behaupte mit ihm, dass Katholiken, die ihren Glauben ernst nehmen, die wahren Anarchisten der Moderne sein könnten, sie könnten sie aufsprengen und ihre Irrtümer offenlegen, könnten die Schleier zerreißen, die sich über unsere Augen gelegt haben. »Ich bin gekommen, um Feuer auf die Erde zu werfen, sprach Jesus«, so der tieffromme und unter materiellem Elend leidende französische Schriftsteller Leon Bloy, »deshalb hat jeder Katholik das Recht und die Pflicht, Brandstifter zu sein.«

Aber das nicht als Dschihadist mit Sprenggürtel, sondern mit Herrschaftskritik, mit der antiautoritären Kraft des Arguments, mit dem gesunden Menschenverstand und dem optimistischen und scharfsinnigen Glauben Chestertons.

»Ich glaube«, schrieb Chesterton im Vorwort zu seiner *Orthodoxie*, »kein Weg führt daran vorbei, dass ich in diesem Buch Selbstbespiegelung treibe«, und für mich gilt das Gleiche, denn es geht um den Glauben, das Innerste und Intimste. Doch es geht, Entwarnung für alle religiös Indifferenten, auch um den gesunden Menschenverstand.

Sicher, wenn ich sonntags in die Kirche gehe, denke ich nicht an Quoten, sondern öffne mich nach oben, in die unfassbaren Paradoxe des Glaubens und der Wunder hinein. Mein Katholizismus dreht dann der Gegenwart mit ihren Moderne-Irrtümern den Rücken zu, weil sie mich in der Kirche nicht die Bohne interessiert.

Zweifel? Sicher. Sie kommen und gehen. Aber ich weiß auch, was der Muslim Navid Kermani mit dem »ungläubigen Staunen« meint, mit dieser Fassungslosigkeit über die gotischen Dome oder die Pietà Michelangelos.

»Ich bin Atheist, aber selbstverständlich katholisch«, sagte der französische Reaktionär Charles Maurras. Natürlich unmöglich, mit Recht landeten seine Schriften auf dem Index der Kirche. Doch auch finsterer Trotz ist eine Haltung, die ich gut verstehe.

Allerdings bin ich anders gestimmt, gerade weil ich gläubig bin im Sinne Chestertons, der die Welt als großes Wunder begriff und bis an sein Lebensende die Fähigkeit zur staunenden Freude genauso behalten hat wie die Lust an der Debatte.

Und ich bin kein Genie, sondern ein gewöhnlicher alternder Jefferson-Airplane-Fan. »White Rabbit« hieß die psychedelische Hymne dieser Band über *Alice in Wonderland*: »One pill makes you larger, and one pill makes you small/ And the one that mother gives you, don't do anything at all.«

Allerdings ist Chesterton, der Apostel des »gesunden Menschenverstands«, mein Vorbild als Journalist und als Katholik. Ich halte Chestertons *Orthodoxie* und andere seiner Werke für die Rettung unseres Glaubens, den Erste-Hilfe-Kasten, die Intensivstation. Seine Bücher sind, wie die *FAZ* einst schrieb, »Anleitungen zur Selbsthilfe nach metaphysischer Seenot«. Und es kann keinen Zweifel darüber geben, dass wir Deutschen mittlerweile metaphysisch Schiffbrüchige sind.

Chestertons Bücher sind das wunderbare Nadelöhr, durch das der christliche Glaube in die Zukunft gelangen könnte und mit ihm der gesunde Menschenverstand. Mit Chesterton lässt sich jene Vitalität tanken, die es braucht, um sich gegen den primitiven und menschenverachtenden

Wüstenglauben, den Mondglauben der Muslime, und gegen die Selbstaufgabe unserer Moderne zu behaupten.

Denn vieles von dem, womit Chesterton sich bereits vor 100 Jahren herumschlug, liegt auch heute vor: der Triumphalismus des Machbaren in den Wissenschaften, die Eugenik, der Nanny-Staat mit seinen Zertrümmerungen der Familie und Reglementierungen des Bürgers, die Hybris der politischen Kaste mit ihren Masterplänen.

Glaube und Vernunft, geht das zusammen? Aber sicher. Der katholische Glaube appelliert an eine höhere Vernunft. An eine höhere Verrücktheit. Einst schrieb Chesterton über seinen Freund und atheistischen Kontrahenten George Bernard Shaw: »Er besaß viel gesunden Menschenverstand, was eine Hälfte menschlicher Gesundheit ist, aber es fehlte die andere Seite, nämlich der gesunde Unsinn.«

Da nun die Geschichte alles andere als homogen und regelmäßig abläuft, das wusste schon der Florentiner Staatsmann und Diplomat Francesco Guicciardini, wird sie zuweilen besser von den »Verrückten« als den »Vernünftigen« verstanden, daher »kommt es zustande, dass den Verrückten zuweilen größere Dinge gelingen als den Vernünftigen«.

Chesterton liebte *Alice in Wonderland*, die diese Zauberwässerchen nehmen muss, um sich groß und klein zu machen, damit sie in der Gegenwelt dort unter Tage, in die sie das weiße Kaninchen (*white rabbit*), gelockt hat, zurechtkommt. »Go ask Alice, when she's ten feet tall«, singt Grace Slick von Jefferson Airplane. Später noch mehr dazu.

Ich bin im Prinzip für jeden Nonsens zu haben, und es ist nicht so, dass ich nicht netzaffin wäre (bei Springer galt die Maxime »Internet first«) – ich war einer der Ersten mit einem Videoblog, mit fünf Jahren Dauer meines Wissens derjenige mit dem längsten Atem, da war ich mal Hitler im Bunker, den Eva Braun zum Rauchen rausschickt, mal bulgarischer Wintersport-Doping-Trainer, der mit seinen Schülern Goethes »Osterspaziergang« übt, mal letzter Gefolgsmann von Papst Benedikt XVI., der sich in seinem Proviantkeller verbarrikadiert.

Den »Goldenen Prometheus« habe ich dafür bekommen, jawohl; der *Kress-Report* fand, Harald Schmidt könne abdanken – damals liebten mich einige der Medienjournalisten noch. Heute halten sie mich im besten Fall für durchgedreht, was meiner Ansicht nach daran liegt, dass sie es sind, die auf der Stelle treten.

Noch ein paar Worte zu dem *white rabbit,* dem weißen Kaninchen. Ein Popmythos, ein Lotsentier. In *Matrix* findet Neo die Botschaft auf seinem Computer: »Folge dem weißen Kaninchen.« Kurz darauf erscheint sein Freund Choi in seinem Apartment, und Neo fragt ihn: »Kennst du das Gefühl, wenn du nicht weißt, ob du wach bist oder noch träumst?« – »Hm, kenn ich gut, nennt sich Meskalin, das Ticket zum Abheben.«

In den letzten drei Jahren hatte ich oftmals das Gefühl, wie Neo in einem chaotischen, aber sehr überzeugenden Traum gelandet zu sein. Vielleicht, so denke ich mir mittlerweile, hilft uns das weiße Kaninchen, ausgerechnet. Ja, wenn der Trick klappt, dass es aus einer geordneten Welt in eine verrückte führt, muss es doch auch umgekehrt funktionieren. Aus diesen Verschlingungen von Traum und Wirklichkeit, von Gut und Böse und Richtig und Falsch herauszuführen in die Wirklichkeit.

Drei Jahre ist es her. Drei Jahre, die das Land, den Journalismus und mich veränderten. Drei Jahre, in denen die Stimmung im Lande gewaltige Amplituden durchlief. Drei Jahre im Zeichen nationaler Räusche und europäischer Träume – und umgekehrt. Davon erzählt das Buch.

Sie begannen mit den Erinnerungen an den Ausbruch des Ersten Weltkriegs 100 Jahre zuvor, an das »Augusterlebnis« von 1914. Die europäischen Akteure wie »Schlafwandler«, so der Historiker Christopher Clark, und mir kommt es heute so vor, als würden sie heute wieder schlafwandeln, die Deutschen vorweg, diesmal als die Guten. Die GUTEN!

Dann, im Sommer 2014, eine deutsche Nation, die mit sich selbst im Reinen war und die nach dem Gewinn der Fußball-WM geradezu euphorisch sich selbst und ihre Gemeinschaft gefeiert hatte, und ich feierte mit, die Wirtschaft brummte, die Menschen im Lande schauten Umfragen zufolge optimistisch in die Zukunft, nach einer BBC-Umfrage hatte sich Deutschland an die Spitze der beliebtesten Nationen der Welt geschoben.

Knapp ein Jahr später stürzte sich die Nation in einen neuen Rausch, in den eines staatlich befeuerten Rauschs des Gutseins, der »Willkommenskultur« für Hunderttausende vorwiegend muslimischer Flüchtlinge, alles im Namen einer Asylpolitik, die eher ein groß angelegtes demografisches Experiment war, das vor allem von den großen Wirtschaftsverbänden begrüßt wurde. Die waren ein Jahr später restlos ernüchtert, denn in der Hauptsache waren es für den Markt Unqualifizierte, die über die Grenze in unser soziales Versorgungssystem strömten.

Gleichwohl zeigte Deutschland dem Rest Europas und der Welt wieder einmal, dass es führte. Es zerriss Europa mit einem Blitzkrieg der universellen Menschenliebe. Es schienen sich die prophetischen Worte zu bestätigen, die Franz Werfel in den Jahren des deutschen Grauens in seinem Roman *Stern der Ungeborenen* schrieb, den er im August 1945, zwei Tage vor seinem Tod, fertigstellte.

Er schrieb: »Zwischen Weltkrieg II und Weltkrieg III drängten sich die Deutschen an die Spitze der Humanität und Allgüte. Und sie nahmen das, was sie unter Humanität und Güte verstanden, äußerst ernst. Sie hatten doch seit Jahrhunderten danach gelechzt, beliebt zu sein. Und Humanität schien ihnen jetzt der bessere Weg zu diesem Ziel. Sie fanden diesen Weg sogar weit bequemer als Heroismus und Rassenwahn.«

Er schrieb auch: »So wurden die Deutschen die Erfinder der Ethik der selbstlosen Zudringlichkeit. Und die Gebildeten unter ihnen hielten Vorträge an Volkshochschulen und in protestantischen Kirchen, wobei ihr eintöniges Thema stets der brüderlichen Pflicht des Menschen gewidmet war.«

Franz Werfel war nicht nur ein umwerfender Dichter, sondern als solcher auch ein hellsichtiger Prophet, der hellsichtigste von allen. Und er kannte seine Deutschen.

Offene Grenzen für alle also im September 2015 und Mädchen am Münchner Hauptbahnhof, die selbst gebastelte »Refugees welcome«-Plakate hielten, sie wurden wie Rockstars empfangen, die Elenden und Erschöpften, wie Triathleten im Ziel, Teddybären, belegte Brote für alle, rührende Hilfsbereitschaft von Menschen, die im Zweifelsfall am meisten über sich selbst gerührt waren.

Dieser Sturm fegte alles weg und letztlich auch mich, der zu denen gehörte, die warnten.

Möglicherweise spielt in dieser zuvorkommenden Kapitulation unserer Komfortgesellschaft der demografische Untergang, der bereits in Sichtweite ist, eine Rolle: Mit einer Geburtenrate von 1,3 sind die Deutschen dürftig bestückt, heute haben in einer Stadt wie München knapp 40 Prozent der Grundschüler einen Migrationshintergrung. Da liegt die Überlegung nahe, ob Deutschland 2050 nicht eher muslimisch als christlich geprägt sein wird. Möglich, dass wir diesem Schicksal entkommen wären, wenn wir nicht dem Massenmord an unseren Ungeborenen, dieser Lifestyle-Entscheidung zur Abtreibung, derartig schulterzuckend zugeschaut hätten. Der in der Türkei inhaftierte *Welt*-Korrespondent, der Deutschtürke Deniz Yücel, resümierte in einer *taz*-Kolumne 2011 über den Geburtenschwund der Deutschen: »Das ist Völkersterben von seiner schönsten Seite.«

Vielleicht erklärt sich daraus die ostentative Geringschätzung, ja Arroganz, der ich vor einigen Monaten bei einem alten afghanischen und mir als liberalem Geist geschätzten Freund und Fernsehproduzenten während eines Lunchs im Borchardt in Berlin begegnet bin. Er erklärte: »Du kannst schreiben, was du willst, Matthias, wir haben gewonnen.«

Das gesamteuropäische Bild übrigens sieht nicht viel anders aus, in Frankreich kommen auf 1,8 Kinder französischer Eltern 8,1 Kinder aus islamischen Familien.

So sind wir *morituri*, die den muslimischen Ankömmling grüßen. Aber wollen wir uns wirklich so einfach aufgeben?

Vorerst sieht es so aus. In puncto Hilfsbereitschaft dem Ankömmling gegenüber zeigen wir der Welt, wo in Sachen Nächstenliebe der Bartel den Most holt. Die Deutschen, die ihre Geschichte als »einzigen großen Schrecken empfinden«, wollten gutmachen.

Und dann kam der Terror nach Paris ins »Bataclan«, und ich setzte in jener Schreckensnacht auf Facebook mehrere Botschaften ab, und eine davon lautete: »Nun wird wohl auch bei uns frischer Wind in die Debatte kommen über 400 000 unregistrierte junge islamische Männer im Lande.«

Mittlerweile ist bestätigt, dass sich auch die Terroristen des »Bataclan« in die Flüchtlingsströme gemischt hatten. Auch in den folgenden Attentaten auf deutschem Boden würden »Geflüchtete« eine große Rolle spielen. Ich hatte recht! Es war dieses blöde sarkastische Smiley, das meinen redaktionellen Gegnern, dem damaligen Chefredakteur Peters und seinem Vize Ulf Poschardt, die Handhabe gab zuzuschlagen.

Die Unterstellung, ich freute mich über einen Massenmord, war allerdings die Atombombe aller übelwollenden Vernichtungen. Ich hatte das Smiley schnell wieder gelöscht und in ein Trauergesicht verwandelt, ich hatte mich in der Zeichensprache vergriffen.

Doch meine Gegner in der Redaktion ließen sich diese Chance nicht entgehen. »Die zivilisierte Welt hat gerade andere Probleme ...«, postete Peters sogleich, wahrscheinlich unter einem Film von Tränen, die auf seine Tastatur tropften und den Blick auf den Monitor verschwimmen ließen, aber dennoch mit kalter Geistesgegenwart, »als ein durchgeknalltes Posting«, und schob hinterher: »Alles Weitere intern …«

Ein halbes Jahr später twitterte der Regierungssprecher diese Äußerung der Kanzlerin: »Wir müssen lernen, unsere Außengrenzen zu sichern, und selber entscheiden, wer zu uns kommt.« *Tempora mutantur.* Plötzlich bin ich Regierungspolitik! So etwas wie 2015 dürfe sich nie wiederholen, meint inzwischen auch die Kanzlerin, allerdings wird das Projekt der offenen Grenzen und der massenweisen »Neuansiedlung« weiterverfolgt.

Damals, im Sommer 2015, war die Grenzöffnung für Hunderttausende Flüchtlinge eine einsame Maßnahme, »alternativlos«, wie die Kanzlerin gerne behauptet, humanitär sicher richtig, trotz eines zunehmend skeptischen, vor allem kulturell überforderten Volkes.

Sie sagte: »Wenn wir da (angesichts der Hunderttausende von Flüchtlingen) kein freundliches Gesicht machen dürfen, ist dies nicht mehr mein Land«, wobei mir natürlich Brechts berühmtes Wort einfiel: »Das Volk hat das Vertrauen der Regierung verscherzt. Wäre es da nicht doch einfacher, die Regierung löste das Volk auf und wählte ein neues?«

Zunächst konnte die Kanzlerin sich auf eine nahezu geschlossene Unterstützung der Eliten aus Altparteien und Medien verlassen. Sie mischte die Nation auf, die sich in der Folge in ein hässliches, zerrissenes, aufgewühltes Land verwandelte, in ein geistiges Bürgerkriegsgebiet. Ein Hurrikan mit einer langen Spur von Verwüstungen, zu denen nicht zuletzt ein Übereifer von Denunzianten zählt, die den Pranger »rechtsextrem« bedienen wie die Tugendterroristen in der Französischen Revolution die Guillotine.

Ich hatte der Kanzlerin kurz nach der WM noch überschwänglich zu ihrem 60. Geburtstag gratuliert, doch nun sah ich, wie die von mir bewunderte besonnene Feinmechanikerin der Macht zusehends die Kontrolle verlor. »Wir können unsere Grenzen nicht sichern«, sagte sie tatsächlich. Ein Offenbarungseid. »Die kommen einfach.«

Und als der damalige Bundespräsident Gauck das Land in ein »helles« und ein »dunkles« Deutschland aufteilte, ahnte ich, dass hier etwas schiefläuft. Religionsmäßig. Eine klassische manichäische Formel, Hell gegen Dunkel – auch Augustinus war Manichäer, bevor er Christ wurde, auch Luther, der von ihm lernte, während wir Katholiken wissen, dass es Übergänge und Graubereiche gibt. Das katholische Menschenbild ist vielschichtiger, und hier kommt Gilbert K. Chesterton ins Spiel, der innerhalb des katholischen Terrains sehr viel lustiges Heidnisches entdeckte. Den Glauben an Feen zum Beispiel. Denn, das führt er so poetisch wie plausibel aus, »der Sieg des Göttlichen im Menschen über das bloß Brutale im Kosmos ist der Kernpunkt aller Märchen«.

Im Übrigen ist der Manichäismus auf der Synode von Braga 561 offiziell als Irrlehre verurteilt worden. Seither haben sich offensichtlich Nachlässigkeiten eingeschlichen, es wird Zeit, dass jemand den Kampf wiederaufnimmt und für Ordnung sorgt, zumindest in der katholischen Kirche!

Aber Deutschland ist protestantisch. Die Regierungschefin ist eine Pastorentochter, der damals an ihrer Seite stehende Bundespräsident ein ehemaliger Pastor, und beide unterschieden als Politiker nicht mehr zwischen Richtig und Falsch, sondern zwischen Gut und Böse, was das Ende der Politik bedeutet.

Mit anderen Worten: Nach dem Verblassen von Glauben und Ritus boten sie eine zivile Ersatzreligion für alle an, die des strahlenden Guten, das die Finsternis aus den Seelen vertreiben würde, eine Botschaft, die aufgesogen wurde wie von trockenen Schwämmen, besonders von Journalisten. »Urchristentum ohne Jesus, aber mit selbst gedrehten Zigaretten«, lästerte Dietmar Dath in der *FAZ*.

Unsere Speicher sind leer. Die inneren Reservoirs erschöpft. Im Christentum, dem wir uns zumindest kulturell verpflichtet fühlen, wird nur noch die Verbrechergeschichte gesehen.

Ja, ich ärgere mich, wenn im *Spiegel* zu Ostern 2016 ein Titel erscheint zum Missbrauch der Religion, wo das Christentum mit vier Motiven zu erkennen ist. Militant vorgestrecktes Kreuz ins Gesicht des Lesers durch Evangelikale, weiter ein Mann mit Jesus-Bild, Donald Trump mit Bibel, Putin mit dem orthodoxen Patriarchen und als Beleg für islamischen Missbrauch eine Gruppe von IS-Kämpfern mit schwarzen Fahnen.

Fazit des *Spiegel*: Der Missbrauch der Religion ist überwiegend christlich. Dagegen rangiert die Gewalt des Islam, besonders in unseren kirchenhassenden Eliten, eher unter »ferner liefen«. Oder sie schwärmen wie Rudi Schuricke von der Capri-Sonne.

»Selbstbewusst«, jauchzt da eine *FAS*-Redakteurin, »bekennen sich Gläubige auf diese Weise (durch Kopftücher, Moscheen, Minarette) zu ihrer Religion. Sie tun damit etwas, was die Mehrheitsgesellschaft hinter sich gelassen hat.« Gemeint ist da wohl die christliche Mehrheitsgesellschaft, die sie vorher so begeistert verachtet hat. »Zu sehen«, fährt die offenbar kirchenfremde Redakteurin hymnisch fort, »dass es Menschen gibt, die es anders halten, noch dazu im exotischen Gewand, ist für viele nur schwer zu akzeptieren.« Hauptsache, exotisch und bunt und nebenbei antichristlich, Schurickes Capri-Sonne lässt grüßen, auch im Altarraum.

Ach ja, an dem Wochenende, an dem *Der Spiegel* an den Kiosken vor dem Christentum warnte, sprengten die radikal islamischen Taliban einen Kinderspielplatz in die Luft, über 70 Menschen starben, die Hälfte davon Kinder. Ich habe zwar in den letzten Jahren keine christlichen Selbstmordattentäter erlebt, aber wahrscheinlich hat *Der Spiegel* bessere Quellen.

Die Strenggläubigkeit des Islam scheint trotz aller Verbrechen in seinem Namen manche doch schwer zu beeindrucken. Unsere Bischöfe zum Beispiel. Den Vorsitzenden der EKG Bedford-Strohm zum Beispiel, der mit dem Ruf des Muezzins den Strahl Gottes spürt. Geht mir völlig ab, dieses Gefühl. Warum sollte ich mich für eine postchristliche Religion erwärmen, die ich als Sammelsurium von jüdischen und christlichen Fundstücken, als Travestie, als mir feindlich gesinnte Ideologie empfinde?

Dabei bin ich kein besonders guter Katholik. Mit dem Evangelisten Markus sage ich mir: »Ich glaube; Herr, hilf meinem Unglauben.« Aber ich bin überzeugt, wie Chesterton in seiner *Orthodoxie*, dass das katholische Menschenbild, das auf dem Naturrecht beruht, vernünftig und befreiend ist.

Ich sündige und bereue. Und manchmal kann ich nicht wirklich bereuen, weil die Sünde so einen Spaß macht. So ähnlich sagt es der Arzt Dr. More in Walker Percys hinreißendem dystopischen Roman *Liebe in Ruinen*, der in einem sozial, ethnisch und religiös auseinanderfallenden Amerika der Zukunft und in einer katholischen Welt spielt, die in unzählige Splittergemeinden zerrissen ist.

Tatsächlich fühle ich mich an manchen Tagen wie Dr. More – natürlich ist die Anspielung auf Thomas Morus beabsichtigt, dessen *Utopia* mit dieser 1970 verfassten rasanten Dystopie gekontert wird. Dieser Dr. More zählt mit erfrischender Ehrlichkeit auf, was ihm wichtig ist.

»Ich glaube an Gott und den ganzen Kram«, erklärt er sich dem Leser, »aber Frauen liebe ich am meisten, dann Musik und Wissenschaft, dann Whisky, Gott an vierter Stelle und meinen Nächsten fast überhaupt nicht. Im Allgemeinen mache ich, was ich will. Ein Mann, schrieb Johannes, der sagt, er glaube an Gott, und seine Gebote nicht hält, ist ein

Lügner. Wenn Johannes recht hat, dann bin ich ein Lügner. Trotzdem glaube ich noch.«

Nun, das ist Dr. Thomas More, Rollenprosa. Sein Autor Walker Percy, ein Katholik, der wohl größte Südstaatendichter seit Faulkner, ein liebender Ehemann, war jahrelang wegen einer heimtückischen Krankheit ans Bett gefesselt, er war der bescheidenste und beliebteste Mann seiner katholischen Gemeinde, einer, der wusste: Ohne Glauben geht es nicht.

Was treibt mich noch? Ach ja, das Alter, diese blöden Zahlen ab 60, komisch für einen, der sein Leben lang 16 war, also in der Pubertät, als Grace Slick ihren »White Rabbit« in Woodstock zur Morgenandacht übers matschige Feld sang.

Ich spüre bisweilen, dass die Kräfte nachlassen, besonders beim Skifahren, und ich sehe hinunter ins Tal am Nachmittag, dorthin, wo es dunkler wird und die Schatten zunehmen, und ich spüre es, wenn ich die Wange meiner toten Mutter ein letztes Mal streichle und an ihrem Grab stehe. Und ich weiß, der Countdown läuft.

Deshalb kann ich vieles nicht mehr so ernst nehmen. Die Dinge, die mir wirklich etwas bedeuten, werden weniger. Aber dafür bekommt das Wenige eine erhöhte Aufmerksamkeit. In meinem Alter hat man nicht mehr die Wahl. Heute dies, morgen das – dafür fehlt jetzt die Zeit. Dann kämpfe ich für das, was mich bewegt, mit gesammelter Intensität – Fluch und Segen für andere. Aber auch für mich!

Ach, und noch eines. Ich bin Einzelgänger, gleichzeitig fromm und hedonistisch, offenbar verstörend für alle Seiten. Für den *Spiegel* schrieb ich meistens zu Hause. Im Ausland fühlte ich mich am wohlsten, fernab von der Redaktion. Hätte man eigentlich wissen müssen, Außenseiter, mein Leben lang.

Allein gegen alle, ständig, seit ich mit 16 in eine maoistische WG ausgerückt bin, nicht ohne die Madonna von zu Hause neben meine Marx-Plakate zu hängen.

Marx verschwand im Laufe der Zeit, die Madonna blieb.

Aber ich habe mir das Außenseitertum nicht ausgesucht, ich scheine damit auf die Welt gekommen zu sein. Aufbegehren gegen Übereinkünfte und Regeln, die ich nicht einsehe. Ständig.

Hier eine Erinnerung, ich habe sie schon mal erzählt, aber so ist das mit uns Alten: Auch unsere Geschichten erzählen wir häufiger.

Es war in den frühen 60er-Jahren beim Skiurlaub in Tirol, Fiss war noch ein Dorf mit Bauernhäuern, ein erster Schlepplift war in Planung. Wir auf dem Weg zur Wirtstube des Bauern Kathrein, wo es heiße Zitrone gab. Wir überquerten eine Wiese dorthin, hinter einer Scheune und mitten in der weißen Pracht lag schwarz und pittoresk ein Haufen Asche. Der Bauer hatte offenbar seinen Ofen geleert.

Meine Mutter rief: »Passt auf, Kinder, nicht reintreten.«

Das war mein Stichwort.

Meine vier Brüder gingen an diesem Aschehaufen wie selbstverständlich vorbei, unterhielten sich, sie machten den Bogen, ohne nachzudenken, und der Aschehaufen beachtete auch sie nicht weiter.

Nur mich starrte er an.

Er sagte so was wie: Wetten, dass du es nicht schaffst, über mich rüberzuspringen? Genau habe ich ihn nicht verstanden, aber es war eindeutig das, was er gemeint hat. Vielleicht hat er auch nur herausfordernd geguckt. Möglicherweise war es auch das weiße Kaninchen, das mir das ins Ohr wisperte und das ich im Schnee nicht erkennen konnte.

Der Aschehaufen war nicht besonders groß.

Ich auch nicht.

Irgendetwas in mir hatte nur auf die Herausforderung gewartet. Ich nahm also Anlauf, die altmodischen Skischuhe mit den Schnürsenkeln in den Krampen waren schwer, irgendwie verhedderte ich mich beim Absprung, nicht meine Schuld, eindeutig die Schuld der Schuhe, minderwertiges Profil ... Ich rutschte aus und landete mitten in diesem Haufen.

Es war wahrscheinlich der einzige Aschehaufen in Tirol.

Er war schon von Weitem zu sehen.

Man hatte mich ausdrücklich davor gewarnt.

Und ich saß mittendrin!

Natürlich bekam ich an diesem Tag keinen Kuchen und keine heiße Zitrone, sondern verbrachte den Abend als Ausgestoßener in meinem Zimmer.

Ich muss gestehen, ich bin dieses Muster nie richtig losgeworden, mein Leben verläuft in diesem Rhythmus. Aschehaufen-Künstler.

Nun noch eine Erklärung, die mit den Aschehaufen und allem anderen zusammenhängt. Dieses Buch erscheint nicht in einem der Großverlage, die mit einigen meiner Bücher kräftige Gewinne erzielten, sondern in der *Edition Tichys Einblick*. Moment, bei Roland Tichy? War das nicht der Typ, dem ich im »Presseclub« vor über zehn Jahren fast an die Gurgel gegangen wäre, weil er mich wegen meines Buches *Wir Deutschen. Warum die anderen uns gern haben können* chauvinistisch nannte?

Genau derselbe. Später erzählte er mir mal, dass ein Freund ihn nach der Sendung zurechtstutzte: »Bist du verrückt, du bist doch genau seiner Meinung.« Längst haben wir uns ausgesöhnt, und was noch wichtiger ist: Er ist mit seinem erfolgreichen Internetauftritt *Tichys Einblick* zum Abnehmer meiner Kolumnen geworden, und nicht nur meiner, die Leute laufen ihm zu. Wie Henryk Broder mit seiner *Achse des Guten.* Und ohne Bezahlschranke vertreibt sich das im Netz im Zweifel häufiger und zahlreicher, als wenn *Die Welt* oder *FAZ* drübersteht.

Hier etabliert sich eine Gegenöffentlichkeit, die auf Dauer die etablierten Printmedien in ihrer Deutungshoheit obsolet werden lässt. Lauter Autoren, die in den enger werdenden Korridoren der Meinungsfreiheit in unserem Lande keine Abspielstationen mehr finden, seien es Wochenblätter, Magazine, Rundfunk- oder Fernsehstudios. Die Etablierten halten zusammen.

Noch allerdings sind Leser daran interessiert, Papier in der Hand zu halten, und Autoren daran, ihre Sachen gedruckt zu sehen. Weshalb Tichy, ehemaliger Chef der *Wirtschaftswoche,* mittlerweile ein eigenes Monatsmagazin gegründet hat, das auch längere Reportagen verkraftet und am Kiosk erfolgreich verkauft wird. Und es verkraftet Reporter wie mich, die gerne erzählen, acht Seiten lang über Hemingway oder Stefan Zweig oder die Identitären, und sie sind keinen Deut schlechter als die, die ich im *Spiegel* veröffentlichte. Im Zweifel besser, weil ich befreiter schreibe.

Als Akif Pirinçci auf einer Pegida-Demonstration einen hessischen Ministerialrat zitierte, der allen Ernstes verkündete, dass Menschen, die nicht mit der »Willkommenskultur« übereinstimmen, doch das Land verlassen sollten, setzte er sarkastisch hinzu: »Es gäbe natürlich auch andere Alternativen. Aber die KZs sind ja leider derzeit außer Betrieb.« Da kochte die gute Volksseele, denn Zeitungen, Rundfunk und Fernsehen berichteten, dass Pirinçci KZs für Flüchtlinge empfohlen hätte.

Ein Antiquar in Süddeutschland kündigte die öffentliche Verbrennung von Pirinçci-Büchern an, ohne jede kritische Reflexion auf das fürchterliche historische Vorbild, denn er war voll bis übervoll von gutem Gewissen. Pirinçcis Verlag kündigte ihm und nahm auch seine früheren Bücher aus dem Sortiment. Amazon reagierte mit einem kompletten Pirinçci-Boykott, selbst die früheren *Felidae*-Bestseller, die Abenteuer einer Katze als Detektiv, waren ab sofort nicht mehr lieferbar.

Die Nation strengte sich mächtig an, dem Autor, der in seinen letzten Blogs und in Büchern wie *Deutschland von Sinnen* deftig zugelangt hatte und tatsächlich eine Art politisch inkorrektes, touretteartiges Comedyprogramm veranstaltete, recht zu geben: Die sogenannten Gutmenschen zeigten tatsächlich einen Furor an Verbotslust, einen Zensurdrang, der ohne alle Skrupel zum Mord aufruft, wenn er in Rage gerät.

Es war der Medienkritiker Stefan Niggemeier, der die Sache mit dem falsch verstandenen »KZ«-Zitat in der *FAZ* geraderückte. Es sei an sich schon beunruhigend, so Niggemeier, dass es die Mehrheit der großen deutschen Medien nicht schaffe, eine entscheidende, leicht überprüfbare Tatsache richtig wiederzugeben. Ja, es sei angesichts des Misstrauens und der »Lügenpresse«-Vorwürfe des Publikums umso verheerender, wie dieser Fehler die Berichterstattung über alle Mediengattungen hinweg dominiere und Journalisten sich weigerten, Tatsachen zur Kenntnis zu nehmen.

Wie die zulässigen Meinungskorridore sich verengen, habe ich nun selbst erfahren. Auch das treibt mich um. Alle etablierten Verlage haben es nach der Lektüre dieses Vorworts und eines Exposés abgelehnt, das Buch zu drucken. Dabei war ich bisher auf dem Buchmarkt eine recht sichere Bank. Ich möchte daher, *pars pro toto*, aus der Ablehnungsmail des guten alten Buddys Helge Malchow vom Verlag Kiepenheuer & Witsch zitieren, er wird mir verzeihen, aber hier ist auf den Punkt gebracht, was selbst im ängstlich gewordenen Verlagswesen mittlerweile abgeht, denn alle reagierten mit ähnlichen Worten: toller Schreiber, aber ...

»Lieber Matthias,

danke für die Einleitung, aus der ja klar wird, was da für ein Buch entsteht.

Wie immer bin ich beeindruckt von Deinem Ton, von Deiner Schreibkunst. Und wie immer habe ich Dir gegenüber Gefühle der Sympathie – und das bei allem, was uns unterscheidet und trennt.«

Irgendwie komisch, ich dachte, es käme beim Büchermachen gerade auf die Schreibkunst an. Offenbar nicht. Doch Helge fuhr fort:

> *»Ich sehe sofort einen Abend vor mir, an dem wir beide uns über viele der Positionen in diesem Text heftig streiten – und am Ende habe ich das Gefühl: hat Spaß gemacht. Wegen Augenhöhe. Wegen nicht langweilig. Wegen meiner Liebe zur Differenz.«*

Er will also mit mir über das Buch diskutieren. Ich komme darauf zurück, Helge, du kannst den Spielort bestimmen – aber zieh dich warm an!

Doch jetzt erst mal hinein, in eine reichlich verrückte Gonzoreportage, in der ich auf dem Weg zu Chesterton bin, ein reichlich unheiliges Unternehmen, ein Roadmovie, um dann aufzusteigen in höhere Sphären.

Erst mal die Grundlage schaffen für meine Idolatrie. Chesterton erzählen. Aus der Finsternis ins Licht.

Ich habe die Reportage am Ende meiner Anstellung bei der *Welt* 2015 verfasst, wo sie stark gekürzt erschien. Ja, tatsächlich wurde ich ca. drei Wochen später gefeuert, was nicht mit dieser Reportage zusammenhing, denn die kam gut an. Vielleicht auch, weil sie im ersten Teil klarmacht, dass ich in meiner Herkunft zwar mit einem Bein in der Kirche stehe, mit dem anderen aber in dem, was man früher Gegenkultur genannt hat – es könnte also bei denjenigen, die man heutzutage als »rechts« etikettiert, Stirnrunzeln hervorrufen. Ich muss dieses Risiko eingehen, denn ich bin wie jeder Mensch aus Widersprüchen zusammengesetzt und weigere mich, in einer Schublade abgelegt zu werden. Der Weg zur Wahrheit, das wissen wir, kann windungsreich sein.

Die total verrückte Reise zu Chesterton

Der Papst auf dem Sushi-Band – Träume im Bordkino – Dürre in Hollywood – Marihuana auf Rezept – Mit Hunter S. Thompson nach Las Vegas – Mit Navajos im Knast – Kaution durch einen Freund – Der unendliche Sternenhimmel über Arizona – Gibt es einen Gott?

August 2015. Nur raus aus diesem Deutschland, das immer verrückter wurde. Die ganze Gesellschaft befand sich den Immigranten gegenüber auf der einen Seite in einem von oben orchestrierten Barmherzigkeitstaumel und gleichzeitig in einer militanten »antifaschistischen« Rabulistik gegen Zweifler, einer gnadenlosen Ächtung derjenigen, die nicht mitspielen wollten. Die Gesellschaft war tief gespalten.

Chesterton schien das alles vorausgeahnt zu haben, als er schrieb: »Die moderne Welt ist nicht böse; in mancher Hinsicht ist sie entschieden zu gut. Sie ist voller wüster und vergeudeter Tugenden.« Wenn ein religiöses System zertrümmert wird, schrieb er, wie es in der Reformation geschah (und wie es heute mit dem Zertrampeln des Christentums passiert), führe das nicht nur zu einer Entfesselung der Laster, die zweifellos Schaden anrichten. »Aber auch die Tugenden werden entfesselt, und sie streifen noch haltloser umher und richten noch schrecklicheren Schaden an. Die heutige Welt steckt voll von alten christlichen Tugenden, die durchgedreht sind.«

Kurz, ich brauchte Abstand. Deshalb schritt ich Anfang August mit meinem Reisekoffer über die Marmorböden des Hamburger Flughafens. Ab in die USA!

Mein selbst gestellter Kampfauftrag für diese Reise war so simpel und klar, als sei er in Marmor gehauen: den Deutschen den Heiligen Chesterton zu bringen. Den Apostel des gesunden Menschenverstands. Für uns ist Gilbert K. Chesterton der Schöpfer des schlitzohrigen Pater Brown. Mit anderen Worten: Heinz Rühmann.

Dass er ein Koloss in seiner Zeit war, dass er rund 100 Bücher und über 6000 Essays geschrieben hat, dass er als Dichter auf einer Höhe mit W.H. Auden gehandelt wurde, dass er Theaterstücke verfasst und beachtlich gezeichnet hat, ist unbekannt.

Ebenfalls unbekannt ist, dass er neben dem von Benedikt XVI. 2010 seliggesprochenen Kardinal John Henry Newman und den Autoren C.S. Lewis (*Narnia*), Evelyn Waugh (*Wiedersehen mit Brideshead*) und Graham Greene (*Die Kraft und die Herrlichkeit*) der wirkungsmächtigste Konvertit der Moderne war. Ohne zur Moderne gehören zu wollen. Er war überzeugte Gegenmoderne.

Mit Schriften wie der bereits genannten *Orthodoxie*, die eine Antwort auf sein eigenes Buch *Ketzer. Eine Verteidigung der Orthodoxie gegen ihre Verächter* war, und Werken wie *Der unsterbliche Mensch* hat er sich in die Debattenschlachten seiner Zeit geworfen, kompromisslos, aber unendlich humorvoll. Gegner wie George Bernard Shaw bewunderten und liebten ihn. Papst Pius XI. ehrte ihn nach seinem Tod mit dem Titel »Defensor Fidei«, Verteidiger des Glaubens.

Bei uns weiß das kaum einer. Auch auf der Insel hat man ihn vergessen, den Clown Gottes, den Matador der Vernunft und der Verzauberung. Noch immer ist sein imponierendes Gesamtwerk nicht vollständig erfasst.

Um auf den »Kontinent Chesterton« zu gelangen, musste ich reisen, denn die hingebungsvollsten Chestertonianer finden sich in den USA. Bei ihnen ist er Kult. Es ist die American Chesterton Society, die sich um eine vollständige und digitalisierte Gesamtausgabe bemüht. In diesem Jahr tagte sie in San Antonio, Texas.

Nicht einfach, so etwas bei der eigenen Chefredaktion durchzusetzen. Aber schließlich überzeugte, dass ich darüber hinaus ein Stimmungsbild mitbringen könnte von Amerika am Ende der Ära Obama, von der Dürre in Kalifornien, von Polizeibrutalität, vom Präsidentschaftskandidaten Trump und von den Experimenten mit der Legalisierung von Marihuana, durch Rezeptlösungen oder vollständige Freigabe (Colorado, Washington, Oregon), eine Reise in die Träume und Albträume unseres großen Verbündeten.

Die Route: Hollywood, Las Vegas, Denver, San Antonio. Die windungsreiche Klettertour zum Hochplateau Chesterton.

Noch konnte ich nicht ahnen, dass die Reise ein »Helter Skelter« werden würde, ein Höllentrip aus Drogen und Wahn, aus Identitätsverlust und Mittellosigkeit und Knast. Und einer Wiederauferstehung mit Chesterton, der sagte: »An inconvenience is only an adventure wrongly considered.« Widrigkeiten sind nichts anderes als ein Abenteuer, das man falsch verstanden hat.

Mein Reisebegleiter ist Franzl, ein kleiner Teddy in Papstmontur, weiße Scheitelkappe, rote Mozetta und Kreuz, mein Freund, der Schriftsteller Joachim Lottmann, hatte ihn mir während der Berliner Fashion Week zugesteckt, wo er als Modepapst hervorragend reüssierte. Nun also Reisepapst. Der Herausgeber Stefan Aust wünscht sich einen Videoblog, da albert man herum, auch Chesterton liebte Kindereien.

Auf dem Hamburger Flughafen bleibe ich wie immer ein paar Momente vor der »Victoria's Secret«-Boutique stehen und schaue dem Video mit den gut gelaunten Models zu, wie sie den Runway heruntertanzen, big hair, big smile, endlose Beine, Vollweiber, nicht diese schmollenden, ausgehungerten Bohnenstangen, so unglaublich gut gelaunt, so ansteckend gut gelaunt. Und einige tragen weiße Engelsflügel, Chesterton glaubte an Engel. Also nicht solche! Die greifen anders ins Leben ein ...

Zum Beispiel so: Ein paar Einstellungen mit Franzl, denke ich mir, da rutscht mir das iPad aus der Hand, fällt auf den Boden, zwei hässliche große Sprünge im Glas, die Kante wie Würfelzucker, hm, was soll das? Fängt gar nicht gut an!

Beim Umsteigen in London in Terminal 3 das längste Sushi-Fließband der Welt, ich schaue in Franzls erwartungsfrohes Gesicht und sage: »Na gut, eine Runde«, tausche ihn gegen ein Lachs-Nigiri und packe ihn aufs Band, hinter ihm Seetangsalat, ab geht die Post, ich filme ihn mit meinem iPhone, gegenüber kichern zwei Mädchen, Franzl kommt wohlbehalten zurück, Kindskopf!

Wir boarden nach Los Angeles, nach Hollywood, und bald liegen die Passagiere larvenartig in ihre Decken gewickelt im Dunkel vor ihren Monitoren, angenabelt wie Neo an die Matrix, bei ca. 100 Programmen jeder versunken in einem anderen Traum. Die Erfindung des Kinos bedeutet einen anthropologischen Sprung, sie verändert unsere Weltwahrnehmung. Bewegte Bilder auf Plasmabildschirmen, auf Reklamehauswänden, auf Computermonitoren. Bilder überall. Und *das* ist die Revolution unserer Wahrnehmung, die Quelle unserer Zerstreutheit, unserer Kommunikation in Piktogrammen.

Bilder strömen, täglich, stündlich, wie Erdöl aus einem leck geschlagenen Bohrloch, hartnäckig, unaufhörlich, ist das giftig? Wir sind dabei, uns in voralphabetisierte Zeiten zurückzubewegen, in Zeiten, in denen die Magie von Bildern und Zeichen gilt und sonst nichts. Wir werden nicht dümmer, aber zunehmend hypnotisierter von unseren erfundenen Legenden, die sich über die Wirklichkeit stülpen.

»Wir haben das Große aufgegeben«, schreibt Karl Ove Knausgård, mein literarischer Begleiter seit einigen Monaten mit seinem sechsteiligen, autobiografisch angelegten Romanzyklus – das im Norwegischen *Mein Kampf* heißt und für den deutschen Buchmakt selbstverständlich umbenannt wurde –, »weil es sich als eine Größe erwies, die fürchterliche Taten hervorbrachte, aber ohne das Absolute ist alles relativ.«

Das Große, das Absolute überlebt in Bilderwelten. Die meisten Filme, die wir uns anschauen, handeln davon: Heroismus, Gewalt, Tod. Und die Menschen, die wir in ihnen sehen, führen in unserem Namen, stellvertretend für uns, Heldentaten aus. »Wir sind Sekundärwesen geworden unter dem Ansturm der Bilder«, schreibt Knausgård. »Ja, diese Welt, die Jahr für Jahr wächst und um sich greift, huldigt all den Werten, zu denen wir sonst Nein sagen«, und dazu gehören Schönheit, Heroismus, Gewalt und Tod. »Unser Bedürfnis, das Große und alles, was an das Absolute grenzt, zu sehen, ist unersättlich.«

Das Gleiche hätte Chesterton schreiben können, allerdings nicht anhand von Kinobildern, die es derart massiv zu seinen Zeiten nicht gab. Aber er widmet ein ganzes Kapitel der Orthodoxie, den Märchen, den Feen, der großen Gegenwelt der Fantasie.

Plötzlich Aufregung. Die Fensterblenden werden hochgezogen, die Filme sind kurz vergessen, wir sehen das Gigantische, das Wunder mit eigenen Augen, Grönland, die Arktis, durchs Bullauge schießen Sonnenbalken, unter uns weiße Landschaften, weiße Gebirge, endlos und weit und breit kein Eisbär, aber was für Speicher an Wasser. Was mich an meinen Auftrag erinnert. Wasser gibt es genug, es ist eben nur ungerecht verteilt.

Wasser! Hier geht es um galaktische Probleme, nicht um CDU oder Pegida. Als Erstes schauen Forscher, die einen neuen Planeten entdecken, nach Spuren von Wasser. Wasser bedeutet Leben. Was braucht der Mensch noch? Vielleicht sind es tatsächlich Träume?

Zurück in der Dunkelheit der Kabine teste ich den jüngsten Will Ferrell, schaue mit wachsendem Entsetzen dem alten Al Pacino als Showstar zu, bleibe schließlich bei Joaquin Phoenix hängen, hinreißend als kiffender Privatdetektiv in einem exzentrischen Paul-Anderson-Film, diese vergnügliche Umsetzung von Thomas Pynchons *Natürliche Mängel* auf die Leinwand. Spielt in den 70er-Jahren. Hinreißend absurd. Kürzlich brüllte mir mein Freund Alexander am Telefon in die Ohren: »Matthias, du kommst 20 Jahre zu spät.« Ach was: 40 Jahre.

Später lese ich Chestertons Autobiografie über die verzauberte Welt seiner Kinderjahre: der spitze Kirchturm gegenüber als Speer des Heiligen Georg, daneben ein Wasserspeicher, denn Chesterton vermutet, er ist nur deshalb dort, weil es Unmengen an Wasser brauchte, um ihn taufen. Der Vater mit seinen zahlreichen Hobbys, zu denen unter anderem ein Puppentheater gehörte, mit dem Gilbert spielte, und ich denke an das von Goethe in seinem Geburtshaus in Frankfurt und döse weg.

Ich checke im Hotel Hollywood ein, an der Vermont Street, dort, wo sie schäbig wird mit ihren koreanischen Karaokebars, Wäschereien, Thai-Massagen, Wettlokalen. Am nächsten Tag albere ich für meinen Blog ein bisschen mit Franzl auf dem Hollywood-Boulevard herum, lasse ihn vor dem Sony Center mit Spiderman und Darth Vader und anderen Superkaspern in Kostümen über die Rettung der Welt philosophieren, in der Mittagshitze, vielleicht kommt deshalb nichts Gescheites dabei heraus. Die Sonne nagelt uns in den Boden, als wolle sie uns präparieren, unter Glas stecken, und in den Wasserspielen oben lassen sich Kinder jubelnd und lachend nass spritzen. Zu viel Sonne mittlerweile, ihr Filmpioniere. Durch eine freigelassene Lücke, ja fast einen Rahmen, kann man die Buchstaben HOLLYWOOD im Hügel erkennen.

Am nächsten Morgen gönne ich mir und Franzl ein Frühstück mit Eiern und Speck und Blueberry-Pancakes, neben uns eine indische Großfamilie, deren Kinder die Cornflakes stehen lassen und über ein Ballerspiel gebeugt sind und die kurz kichern, als sie uns sehen – »Guck mal, der Typ, der spielt mit seinem Teddybär« –, tja Kids, wenn ihr es nicht mehr macht, ich komm bald wieder in das Alter!

Nach dem Frühstück machen wir uns auf zum Hauptquartier des »Metropolitan Water District of Southern California«, einem nichtssagendem verspiegelten Glasklotz, in der Nähe der Union Station mit ihrem netten Art-déco-Schnickschnack – in den 20er- und 30er-Jahren des letzten Jahrhunderts wusste man noch, wie zu bauen ist. Ich habe einen Termin mit Deven Upadhyay, einem Genie aus Mumbai, naturalisiert, akzentfreies amerikanisches Englisch. Meine alte Freundin und Stringerin Frances Schoenberger hat mir den Termin gemacht.

Schon vormittags schieben sich die Autokolonnen wie ineinander verhakt über den Freeway im Schritttempo, vorbei an brauner Erde und schlappen Palmen – die Wüste rückt vor. L.A. ist ein lebensfeindlicher Planet. Wer hier keine Klimaanlage hat, verbrennt. Wasser!

Deven Upadhyay, Mitte 40, sonnengebräunt, Sportlertyp. Hatte ein paar Pläne im Konferenzraum an die Tafel kleben lassen, das Wasserversorgungssystem von Kalifornien, ein lang gestrecktes Biest vom Sacramento-Delta im Norden mit seinem blauen Kopf und all den Kapillaren aus Flüssen, Stauseen, Leitungen, Tunneln bis in den Süden hinter San Diego.

»Es ist die schlimmste Dürreperiode seit den 70er-Jahren«, sagt Deven, »aber wir sind vorbereitet.« Die Angelinos halten sich mit vorbildlicher Disziplin an die 25 Prozent Wassereinsparung für Haushalte, die gerade von Gouverneur Jerry Brown angeordnet wurde; tatsächlich gilt der staatlich geförderte Rasen, der weit weniger Wasser benötigt als der herkömmliche, mittlerweile als Statuserhöhung, er wird eifrig verlegt. Hollywoodstars gehen mit gutem Beispiel voran.

Gut, nicht alle.

»Ist Tom Selleck wieder auf freiem Fuß?«

Deven lacht. Tom Selleck war ertappt worden, als er aus einem öffentlichen Hydranten Wasser für seine Farm abzapfte. Natürlich kam er mit einem Klaps davon. »Aber das meiste Wasser in Kalifornien geht tatsächlich für Farmen drauf.« Und für die verdammten Lachse im Sacramento-Delta. Jerry Brown, der ökoalternative Gouverneur, will kostbares Wasser für Viecher abzweigen – womit mein Minipapst Franzl, der selber ein Grüner ist, voll einverstanden ist.

Jerry Brown, der alte Hippie, und Präsident Obama, ebenfalls einst einer, haben das Programm verabschiedet, beide sind vom menschengemachten Klimawandel überzeugt. Und wie sieht Deven die Sache? »Da bin ich Agnostiker«, sagt er. Ist es nicht erstaunlich, wie selbst die Wissenschaften zur Glaubensfrage werden? Deven lächelt. »Ich sehe die Dürre«, sagt er, »und mein Job ist es, für Wasser zu sorgen.« Für 19 Millionen in einem Glutofen, der mal Wüste war und vor 100 Jahren ein paar Tausend Einwohner zählte.

Tja, bis die Leute aus dem Osten mit ihren Filmkameras kamen, auf der Suche nach Sonne, ganzjährig, und das anschoben, was man heute Traumindustrie nennt. Und ein irischer Ausreißer und Abenteurer namens William Mulholland einen Viadukt baute und als Chef der Wasserversorgung, also Devens Vorgänger, kostbares Nass aus dem Owen River Valley nach L.A. brachte. Jede Menge Durchstiche waren dafür erforderlich, buchstäblich und metaphorisch, viel Geld floss, Wasser und Geld sind offenbar verwandt.

Mulholland log und trickste skrupellos, auch Bürgermeister Eaton log, Farmer kämpften um Wasser, das abgezweigt wurde, doch schließlich war das Ding, dessen Ingenieurskunst mit der des Panamakanals verglichen wurde, betriebsbereit. Als es 1913 eröffnet wurde und das erste Wasser floss, sagte Mulholland lässig: »Hier ist es, holt's euch.«

Das Leben auf diesem Planeten ist kompliziert geworden und Wasser tatsächlich zur knappen Ressource, wie sich allmählich herumgesprochen hat, auch bei den Angelinos – ihr Pro-Kopf-Wasserverbrauch ist in den letzten 30 Jahren um 24 Prozent gesunken. Devens Behörde ist auf alles vorbereitet. Zum Beispiel auf Erdbeben. Mehrere große Reservoirs wie der Crystal Silver Lake sind diesseits der vermuteten Bruchstelle angelegt worden.

Also Los Angeles kann ich heute nicht erretten, aber vielleicht mich selber? Wie wär's mit einer kleinen Aufmunterung? Nach einer Nudelsuppe beim Kambodschaner unter einer Filzmalerei des geheimnisvollen Angkor Wat bei Vollmond, der sich in einem schönen Teich spiegelt, in einem, der noch nicht ausgetrocknet ist, spüre ich Schmerzen in der rechten Schulter. Es ist immer die rechte, sie benötigt dringend einen Cannabis-Doktor. Mal sehen, wie das klappt.

Google bietet einen auf der La Brea/Ecke Sunset Boulevard. Nichts wie hin. Er hat seine Praxis im elften Stock, neben einer offenen Bürogemeinschaft, die irgendwas wie »mindwings« heißt und Sofalandschaften, grüne Äpfel und Tische bietet, an denen ein paar Nerds an der Rettung der Menschheit arbeiten. Wie wär's mal zur Abwechselung *nicht* mit der Kolonisierung des Mars, sondern der Erde. Leben finden, Wasser!

Doktor Darcey ist ein freundlicher Enddreißiger mit Kinnbart, der mich fragt, ob die Schmerzen chronisch sind, was ich mit gutem Gewissen bejahe. Er lässt mich zweimal tief einatmen, schaut mich sorgenvoll an und nickt, klarer Fall, hier hilft nur noch ein Joint. Seine Sekretärin nimmt meinen Reisepass, notiert sich die Daten, kurz darauf erhalte ich das Rezept, das mit seinem aufgeklebten Goldsiegel irgendwie feierlich aussieht. Wie die »Declaration of Independence«! Mann, wie cool. Die meisten Bundesstaaten erlauben mittlerweile »Medical Marihuana«, in einigen ist das Zeug mittlerweile legal. (Seit der letzten Präsidentschaftswahl auch in Kalifornien. Aber bis dahin ist es noch ein Jahr.)

Von Amerika lernen heißt siegen lernen. Darcey gibt mir eine Adresse auf der Melrose Avenue und schreibt das Kennwort dazu: Happy Face. »Dann kriegen Sie noch was Nettes obendrauf« und grinst.

Die Marihuana-Apotheke ist violett und grün bemalt, Geistergesichter, und in der Schaufensterauslage Horoskope und Glitzerkram auf rotem Samt. Klingeln, eine Luke öffnet sich, ich wedele mit meiner Unabhängigkeitserklärung. Der Zerberus drückt auf den Summer und lässt mich ein. Zerberus ist ein gemütlicher Hells Angel, also Höllenengel, ich bin hier aus Dante'scher Sicht im Inferno gelandet, in einem vorderen Kreis, wie Hesses *Steppenwolf* im magischen Theater oder in dessen Requisitenkammer. Zerberus trägt Jeansjacke, hat kräftige, tätowierte Oberarme, Ringe in Augenbrauen, Nase, Ohren. Die Moden der Counterculture haben sich offenbar geändert.

Auch die Apothekerin hinter dem Tresen trägt Metall im Gesicht. Da sie gerade bedient, lasse ich mich in ein durchgesessenes braunes Ledersofa fallen. Die *Apotheken-Umschau* heißt hier *LA Weekly* und bringt nichts über Rheuma, sondern die Coverstory »She shot the Mayor« – über eine Frau, die ihr Leben lang von ihrem Mann verprügelt wurde und die ihn eines Morgens erschoss, als er sich den Sohn vorknöpfen wollte. Es gibt zu viele Waffen in Amerika, kein Zweifel. Neben Zucker, Salz und Mehl gehört die Waffe zu jedem ordentlich geführten Haushalt. Man kann sich über die Waffengesetze streiten, aber dann gibt es Fälle, in denen sie tatsächlich in die Hände eines Schwachen, eines Wehrlosen fallen ...

Ich bin dran. Enorm freundlich, die junge Frau, und was die alles anbietet. Kompetente Beratung, ein Dutzend verschiedener Sorten. Ich lasse mir Zigaretten drehen, irgendwas gegen Schmerzen in der Schulter und dann noch was gegen schlechte Laune. Sie haben alles, dazu noch Brownies und Fruchtsaft in drei verschiedenen Sorten und eine elektronische Zigarettenspitze, die man heutzutage überall sieht, diese hier hat Haschischöl getankt und operiert absolut geruchsfrei.

Zurück im Auto schaut Franzl fragend. »Was?«, frage ich gereizt. »In den Zehn Geboten steht nichts von wegen ›Du sollst nicht kiffen‹.« Anschließend fahren wir in die Hollywood-Hills, um Frances zu besuchen. Ich weiß nicht, woran es liegt, aber diesmal brauche ich für die Strecke enorm viel Zeit. Dafür sind die Schmerzen weg. Eigentlich so einfach: Hinter der Franklin die Outpost hoch, dann die Gabel zum Mulholland Drive.

Mulholland, alter Gauner. Im Kopf spielt *Chinatown*, der Klassiker, der den schmutzigen Kampf ums Wasser erzählt, toller alter John Huston, mondäne Faye Dunaway und besonders Jack Nicholson, dem Roman Polanski als kleiner fieser Dreckskerl die Nase aufschlitzt. Wunderbarer Film noir. Hinter mir hupt es. Ich fahre zusammen. Vielleicht habe ich fünf Minuten gestanden, vielleicht eine halbe Stunde, was ist schon Zeit!

Mittlerweile ist die weiße Sonne, das Biest, weitergezogen, das Licht wechselt, es sieht aus, als hätte ein barmherziger Riese rosa Wundpulver auf die rissigen Bergflanken geworfen. Frances ist schon im Aufbruch zu irgendeinem Presse-Screening. »Komm doch mit«, sagt sie, »der neue *Mission Impossible*«, warum nicht? Vorher aber: Wasser!

Ein bisschen Zeit ist noch, wir sitzen an ihrem Pool, gesegneter Platz, ihre Nachbarn hier oben sind Jessica Biel und Jack Nicholson, Los Angeles versinkt weit hinten in einem goldenen Dunst, sie kann es von ihrem Baldachinbett aus sehen. Frances' Bungalow sieht aus, als sei es von Roy Lichtenstein und David Hockney gemeinsam gestaltet worden, blau-weiß-rot-gelb, Primärfarben, was für ein Fest für meine enorm geschärften Sinne, ich erzähle von Rio und meinem Blick beim Aufstehen im Regenwald und von den Sonnenuntergängen, dann reden wir über die eigenen Sonnenuntergänge, übers Alter.

»Chesterton ist mit 62 gestorben«, sage ich. »Ein Jahr jünger als ich.«

»Wer ist Chesterton?«

»Ein Heiliger. Ein Journalist!«

»Ja, was jetzt nun? Beides geht nicht.«

»Doch, in seinem Fall schon.«

Wir nehmen ihren Mercedes-SUV und beschließen, vor dem Kino noch auf dem wunderbaren Farmers Market vorbeizuschauen für einen Snack. Ein bisschen Obst.

Im Kino ein paar deutsche Korrespondenten, Frances grüßt zurück, sie ist Chefin der »Foreign Press Association«, die die jährlichen Emmys vergibt. Kurz darauf staune ich, und dann schüttle ich mich vor Lachen. *Mission Impossible* versucht offenbar, einen Comic nachzuspielen, samt dessen Schnitttechnik. Tom Cruise als Agent Ethan Hunt, nah, im Profil, mit angespannten Backenmuskeln. Entschlossenheit. Schnitt auf Jeremy Renner, Gesichtsausdruck: verschlagen. Wieder Cruise, jetzt mit Sprechblase: »Das können Sie nicht mit mir machen.« Totale mit der schönen Rebecca Ferguson, die auf uns zurennt. Wieder Cruise, nah, mit Denkblase: »Wird sie es schaffen?«

Vielleicht sollte der Film mit meinen Zusätzen ins Kino kommen, mit Sprechblasen und Untertiteln, sie würden tatsächlich Sinn machen, denn kein Mensch steigt da durch. Offenbar sind verschiedene Geheimdienste und Unterorganisationen mit der Jagd aufeinander beschäftigt, ein Kritiker schrieb später »Mission implausible« und vermutete zu Recht, dass Tom Cruise mit einer superrealistischen Maske auftrat, die ihn als Tom Cruise ausgab, um die Gegner zu täuschen.

Dafür eine wunderbare Opernszene, *Turandot*, Arien und die Action elegant ineinander geblättert, großer Spaß. Frances schläft. Wir schleichen uns 20 Minuten vor Ende aus dem Kino und sind uns einig, dass der Film ein Megaflop wird. Drei Wochen später hat er die 200-Millionen-Marke geknackt.

Am nächsten Tag nach Las Vegas, die Sünde besuchen, Amerikas Disneyland für Erwachsene, Sin City und Karrieresprungbrett, schließlich spielt mit Donald Trump ein Casinobesitzer mit im Rennen um die Präsidentschaft. Geld stinkt hier kein bisschen, im Gegenteil, Geld ist ein Ausweis von Leistungsbereitschaft, und Glück ist hier ein Wink der Vorsehung.

Also volltanken und raus aus der verdurstenden Stadt, wieder im Schritttempo, dann über die I-15 hinaus in die Wüste. Ein paar Tage zuvor hat es hier gebrannt, ein wildes Feuer in der Dürre, das sich rasend schnell ausgebreitet hat. Und jetzt: Regen! Im Schrappen der Scheibenwischer sag ich zu Franzl: »Toll – ich will über die Dürre schreiben, und es regnet.«

Kurz hinter Barstow ist es wieder trocken, kommt die Sonne zu einem friedlichen Abendbesuch heraus, und mir kommt die Anfangszeile der wahrscheinlich wildesten Reporterfahrt in die Abgründe des amerikanischen Traums in den Sinn, die aus Hunter S. Thompsons *Angst und Schrecken in Las Vegas*: »We were somewhere around Barstow, at the edge of the desert, when the drugs began to take hold.« Gut, dass ich kein Meskalin genommen habe und kein feuerrotes Cabrio fahre, sonst müsste ich mich mit Schwärmen von Fledermäusen herumschlagen. Seit Hunters Reportage heißt dieses Stück Wüste »bat country«, Fledermaus-Land.

Später mischte sich Hunter unter seinem *Nom de Guerre* Raoul Duke, den Kofferraum voll mit LSD, Marihuana, Koks, Äther und was der Bauchladen der Sixties noch im Angebot hatte, in den Kongress der amerikanischen Drogenbekämpfer, Hunderte von Rednecks und schmallippigen humorlosen Sheriffs und mittendrin Raoul Duke mit seinem Sidekick, Dr. Gonzo, einem samoanischen Anwalt, beide zugenagelt und paranoid und auf der Jagd nach neuen Räuschen, lustig, lustig und am lustigsten die Szene, in welcher der schließlich komplett abgelederte Dr. Gonzo Raoul Duke bittet, das Kabelradio zu ihm in die volle Wanne zu schmeißen, und zwar an der Stelle, an der Grace Slick in »White Rabbit« die Schlusssirene gibt: »Feed your head, feed your head, feed your heeaaad«. Rums, zisch!!!!!

Hunters Reportage ist auch ein satirischer Abgesang auf die Counterculture und den ständigen *drug craze*, aber er hat den »Gonzojournalismus« damit erfunden, den Journalismus, in dem der Autor mit seinen Obsessionen und Übertreibungen zum Mitspieler, nein, zur Hauptperson wird. Es ist ein unglaublich witziger und liebevoller Abschied von den 60ern, und nichts gegen die Hippies, »wo immer man auftauchte in diesen Jahren«, sagte Hunter S. Thompson später, »man war unter Freunden.«

Ich ernannte Franzl zu meinem Dr. Gonzo, ging aber nicht in die Details, und so rollten wir kurz nach Einbruch der Dunkelheit in diesen Spielbuden-Flimmerwahnsinn zum Flamingo-Casino. Beziehungsweise *fast* bis zum Flamingo. Auf der Höhe des Hustler-Clubs nämlich stotterte der Motor, und dann war der letzte Tropfen dieses großartigen f... 98 Oktan Superbenzin ausgelutscht, und ich blieb mustergültig sitzen auf dieser achtspurigen Autobahn, bis der Mann vom Budget-Pannendienst mit dem Kanister erschien.

Am nächsten Morgen kommt das *Las Vegas Review-Journal* mit der Schlagzeile: »Pot Sales underway«, dabei habe ich überhaupt nicht die Absicht, hier meinen Pot zu verkaufen. Dann aber, aha, lese ich weiter und nehme zur Kenntnis, dass das »Medical Marihuana« nun auch in Nevada eine erste Anlaufstelle bietet, einen Laden in einer Shoppingmall. Sollen sie doch. Sollen sie alles legalisieren. Ernst Jünger meint in seinem Drogenbuch *Annäherungen*, dass es vor allem Älteren, denen der äußere Radius eingeschränkt ist, erlaubt sein sollte, den inneren Radius zu erweitern.

Das Foto zeigt den Manager des Ladens Garrett Newsman, einen properen Mittvierziger mit Basecap und adretter Wampe, der Wasserflaschen an die Wartenden draußen verteilt, an all die erstaunlich vielen Hausfrauen und älteren Jahrgänge, die noch Greatful Dead hören.

Auf Renovierungen oder gar Modernisierungen hatte das Flamingo, in dem ich zuletzt vor über 20 Jahren mit meiner Frau Quartier genommen hatte, bis auf ein angegliedertes Riesenrad, offenbar verzichtet, wahrscheinlich waren auch die Flamingos im Garten noch die gleichen. Nur das Becken mit den schwarz und rot gefleckten Kois war dazugekommen, ich hatte noch nie so fette und große Kois gesehen. Wahrscheinlich passten sie sich einfach an, denn der durchschnittliche Las-Vegas-Besucher *ist* fett. Allerdings kommt er nicht, wie die Kois, aus Japan, sondern aus dem Heartland. Mit 3600 Zimmern ist das Flamingo wohl immer noch das größte und seit den Tagen Bugsy Siegels sowieso das erste große Mafia-Casino aus dem Jahr 1946 am Strip.

Große Showgeschichte: Es beherbergte das »Rat Pack«, das die Segregation aufhob, denn die drei – Frank Sinatra, Dean Martin und ihr schwarzer jüdischer genialer Crooner Sammy Davis, Jr. – traten nur gemeinsam auf.

Hat sich doch einiges getan auf dem Strip, der übrigens zum Großteil nicht zu Las Vegas gehört, sondern zu einem Ort namens Paradise, sodass meine Wetter-App jetzt neben Hamburg, Berlin, Rio, Los Angeles mich auch über das Wetter im Paradies informiert. Es ist dort immer schön.

Also, Neues aus dem Paradies: Chesterton hätte seinen Spaß mit dieser Benennung gehabt, aber dann wäre er wohl kurz schwermütig geworden: Wo soll man hier trinken, wo debattieren, zu wenige lärmende, enge, verrauchte Pubs, Las Vegas ist die antiseptische hygienische Version des Vergnügens, da ist das mondäne Wynn, purer Luxus, das Encore, das

Cosmopolitan. Dann das Luxor, das Venetian mit seinen Gondolieren unter der Rialtobrücke, das Bellagio mit seinen verschwenderischen Wasserspielen, das New York, das Paris, boah ... all diese simulierten Stadtsensationen, die ein Angestellter in einer Woche Urlaub verdrücken kann, ohne groß zu reisen. Rund um die Weltsensationen, Shows, Nervenkitzel am Spieltisch, bisschen Sex, enger lässt sich das Glück nicht takten.

Schwerstarbeit, dieses Glück. An einem einarmigen Banditen mit den Rolling Stones als Konsolen-Motto – aus der Phase von »Sympathy for the devil« – arbeitet sich schon morgens um neun eine Dicke im Flauschpulli ab, die Klimaanlage ist auf Grönland gestellt, nachmittags dann die Rentnerin, einsam im Büro für Pferdewetten, die Spieler im Abendrummel, die zwischen den Tischen schnüren, kurz beim Black Jack verlieren, dann bei den Würflern setzen und danach beim Roulette ihren Einsatz verdoppeln, weiter, weiter, dem Glück hinterherhetzen, man möchte sie mit Dr. Darceys medizinischen Empfehlungen ein wenig runterholen, verschnaufen, easy Alter, gucken, alles so schön bunt hier.

Fahrstuhlgespräch zwischen zwei Ehefrauen.

»Ich hab ihm natürlich das Geld abgenommen, kann er sehen, wo er bleibt.«

»Hast du den Schlüssel zum Zimmer?«

»Aber sicher.«

»Gut gemacht, ohne Geld kann er nicht weitermachen.«

Dazwischen die Trauben von betrunkenen Highschool- oder Collegeabsolventen im Springbreak mit ihren eimergroßen Drinks, plötzlich Malle und Ballermann, hier in Vegas mittlerweile der Entertainment-Bodensatz.

Gegenüber dem elegant geschwungenen Wynn, das eine 100 Meter hohe Serra-Skulptur aus rotbraunem Glas sein könnte, steht einsam und golden das Trump. Es sieht tatsächlich aus wie ein senkrechter Goldbarren. Als minimalistischer Entwurf einfach unschlagbar.

Sonntag. Ich gehe mit Franzl zur Messe. Die Guardian Angel Cathedral aus den 60er-Jahren ist nach dem Muster eines philippinischen Langhauses gebaut. Sie liegt verschwindend klein im Schatten der Glaswelle des Wynn, doch je näher man ihr kommt, desto mehr wächst ihr Kreuz, bis das Gebäude das Wynn übergipfelt – ich mag diese perspektivische Wahrheit.

Wir betreten die Kirche, und ich muss gegen den Impuls ankämpfen, sofort schreiend wieder hinauszulaufen. Das Altarbild ist der Beweis, dass damals nicht jeder LSD-Trip bewusstseinserweiternd gewesen ist. Da ist der Erlöser als psychedelische Flash-Gordon-Figur gepinselt, blau und gelb und viel Orange, so flimmert sie über ein paar kleinere Trance-Tänzer, die Apostel, hinweg, und alle feiern den »Total Christ«.

Aber die Messe ist ernsthaft, sie hält sich an die Liturgie, alle Lesungen und Evangelien sind in der weiten katholischen Welt an diesem Sonntag die gleichen, das ist der Input der Kirche in die Geschichte, das Sündenbekenntnis, das Gloria, das Sanctus, die Lieder, die anders sind, die mehr swingen und von elektrischer Orgel begleitet werden und einem ziemlich guten schmalzigen Sänger, später das Vaterunser und der Friedensgruß, ich schüttle vor allem Filipinos die Hand, dann die Eucharistie, schließlich der Segen.

Father Kiefer predigte über das murrende Volk Israel in der Wüste, dem der Herr Brot vom Himmel regnen lässt. Die frohe Botschaft? Gott kümmert sich um euch, egal, wie es an den Spieltischen des Lebens aussieht. Auch für Wasser wird er sorgen, doch ER ist das Wasser des Lebens.

Nach der Messe am Ausgang, wo er die Hände der Gemeinde schüttelt, spreche ich ihn auf den Amerikabesuch von Papst Franziskus an, der bevorsteht. »Wir mögen ihn hier«, sagt er. »Aber ich fand Benedikt großartig, was für ein kluger Kopf!«

Anschließend spreche ich mit ein paar Gläubigen. Viele Filipinos. »Was ist denn, wenn die Dürre fortbesteht, wenn das Wasser ausgeht?« – »Das kann nicht passieren«, sagt eine Rentnerin, »wir sind schließlich in Amerika.« Dann allerdings erzählt sie nicht ohne Wehmut von den Reisfeldern in diesem Dorf in der Nähe von Manila. Was für ein Grün, Paddy Fields und genug Regen. Sie war in Manila unter den acht Millionen, als Franziskus die größte Freiluftmesse der Geschichte zelebrierte.

Von ein paar Kaliforniern, die von einem Kongress im Convention Center vorbeigeschaut haben, will ich wissen, ob sie an den Tischen Glück gehabt haben. Sie spielen nicht.

»Was ist schon Glück?«, sagt die kleine Hübsche der drei.

»Sagen Sie es mir!«

»Also Sie finden es bestimmt nicht auf dem Roulettetisch.«

»Wo denn sonst?«

»Glück ist, jeden Morgen aufzustehen.« Sie lacht fröhlich. »Ich danke Gott für jeden Tag.« Das wäre nach Chestertons Geschmack!

Also die braucht bestimmt keine Antidepressiva, sage ich später im Auto zu Franzl. Oder »Medical Marihuana«. Aber tatsächlich hat sie mich noch einmal daran erinnert, wie viel Grund ich habe, Gott zu danken. Für jeden Tag. Auch für diesen. Und der wird es in sich haben.

Abends hinein ins Vergnügen, und zwar dahin, wo alles angefangen hat, mit dem Golden Nuggett und den Four Queens, runter in die Downtown, die Fremont Street, Goldströme aus Tausenden Birnen, Kaskaden aus Licht, billig und so viel netter als die sterilen Kästen der Supercasinos. Die Fremont Street und das überkuppelte Fremont Experience, an Seilzügen schweben und fliegen kreischende Kids durch die lange Kuppel, die schätzungsweise so lang ist wie die der Galleria in Mailand.

Videos werden projiziert in diesen Kunsthimmel, gerade jetzt sind es »The Who« mit zerplatzenden Hippieblasen, Amphetamingestotter und »M-m-m-my Generation«, tatsächlich, es ist meine, und dann, klar, das Krönungslied der Flippergeneration, »Pinball Wizzard«, aber wahrscheinlich gibt es sie nicht mehr, die Flipper, es gibt nur noch Spielkonsolen, und »Call of Duty«, den Nahkampf, da tauge ich nichts, da ist mein Sohn viel schneller, falls uns Söldner oder Zombies angreifen sollten, es gibt den Flipper nur noch in diesem Song, »Ever since I was a young boy, I played the silver Ball«, versteht man das noch?, »from Soho down to Brighton I must have played them all«, große Oper aus einer untergegangenen Welt, »but I aint seen nothing like him in any amusement hall«, ein bisschen Pop-Archäologie betreiben, »he suuuuure plays a mean pinball«.

Der Leser möge verzeihen, aber hier halte ich mich in meiner sorglosen Jugend auf.

Großes Gedränge und Geschubse, die Kids mögen den Song, die Älteren auch, 40 Jahre her, alle schauen nach oben, doch später wieder auf Bodenniveau, erdnaher zeitloser Country, auf einem gut 30 Meter langen Tresen tanzt ein Cowgirl über den Trinkern, sie in Stiefeln und abgeschnittenen Jeans, kariertes Flanellhemd weit überm Bauchnabel verknotet, und sie schaut mit dieser herausfordernden Lässigkeit herab, aus dem Vollgefühl sexueller Macht, sie spielt sie alle, »Pinball Wizard«, sie hat sie an den Fingerspitzen wie Marionetten, und sichtbar törnt sie das an.

Irgendwann zurück zum Hotel, 20-Dollarschein aus der Hosentasche fürs Taxi, und dann, oben im Zimmer, mal die Fotos anschauen, Griff in die Tasche ... Griff ins Leere. *Was*???

Weg sind iPhone und Portemonnaie. Das bedeutet: Geld, Personalausweis, Kreditkarten, Führerschein, Springer-Hausausweis, Barmer Ersatzkasse ... eventuell krieg ich den Springer-Hausausweis – eventuell – ohne allzu viel Lauferei zurück. Ich Idiot, Idiot, Idiot. Man lässt doch immer eine Kreditkarte im Hotel zurück.

Nachdem ich mich weitere 30 Minuten beschimpft hatte, die Frage: Was würde Chestertons Father Brown jetzt tun? Wer ist der Dieb, wer hat sich verdächtig gemacht? Hm, schätzungsweise 5000 Leute im Laufe des Abends. Also, das führt erst mal zu nichts. Aber es gibt Chestertons großes Trostwort: »An inconvenience is only an adventure wrongly considered.«

Hosentaschen-Kassensturz: 180 Dollar. Jetzt nachdenken, messerscharf. Die Hotelrechnung war von Deutschland aus bezahlt. Allerdings ohne Zusatzkosten wie Telefon und Getränke. Genau rechnen. Zehn Dollar drauf. Ich habe Freunde in Arizona. Eine Tankfüllung müsste reichen, 50 Dollar dafür. 15 Dollar für ein Frühstück bei Denny's. 50 Dollar für Handy mit Prepaidkarte und noch ein kleiner Puffer.

Plötzlich Ausgeschlossener, Lepra, ohne Kreditkarte ist man kein Mensch, am allerwenigsten in Las Vegas. Ein Bettler. Interessanter Rollenwechsel. Ich hatte auf dem Weg zur Fremont Experience noch Fotos von Pawn Shops gemacht, von Pfandleihern, die den abgebrannten Unglücklichen mit ein paar Dollar aushelfen im Tausch gegen ihre Rolex. Auf dem Bürgersteig ein Mittvierziger Büromensch im grauen Pfeffer-und Salz-Anzug, harte Nacht hinter sich, offenes weißes Hemd, die Krawatte auf Halbmast gezogen, Haare wirr, im Blick endlose Qual, die Hölle.

Wahrscheinlich ist er unterwegs dahin, zu Fuß in der Hitze, er wird verdursten und als Skelett enden wie all die anderen in dieser Einöde, ich überschlage: Meine Tiffany-Uhr müsste 3000 bringen oder einen Kredit mit Wucherzinsen.

Ja, ich überschlage meine Verluste und komme zu dem Schluss, dass es trotz allem immer noch die billigste und effektivste Art ist, Las Vegas zu überleben, wenn man sein Geld und die Kreditkarten verliert: gleich wegschenken. Alles. Ich hätte es sonst in einem quälenden Prozess an den Spieltischen verlieren können, das und mehr, denn ich hätte wohl die Kreditkarten ausgeschöpft. Zunächst dachte ich, ich hätte beides, auch mein iPhone, im Taxi vergessen. Ich rief es an. Der Anrufbeantworter sprang an. Wäre der Taxifahrer nicht vorbeigekommen?

Ich denke an die Fremont Experience zurück, das Gedränge zu »Pinball Wizard« – ein anderer Wizard hatte mir wahrscheinlich beides aus den hinteren Taschen gezogen, während ich in den Himmel schaute.

Ich bin nur ein einziges Mal so ausgeraubt worden, vor 30 Jahren in Paris in der Metro, als ich den Regisseur Luc Besson besuchte – der lachte sich schief und sprach anerkennend von Künstlern, er hatte einen Film über *Taschendiebe* gedreht. Auch Chesterton hätte gelacht. Pech ist nur ein anderes Wort für Abenteuer.

Ausgeraubt und beinahe ohne Mittel, gedemütigt und ausgestoßen! Nun, Paulus, der Völkerapostel, hat dreimal Schiffbruch erlitten und ist gesteinigt worden, was ist dagegen der Verlust der Kreditkarte, im Übrigen: Carol, die Organistin in der Guardian Angel Cathedral, schwarzes Männerhemd, lange graue Zöpfe, früher Blumenkind, jetzt eine nette feministische Hexe, erzählte mir nach der Messe, dass sie nun gleich ins Krankenhaus müsse, um ihren Mann zu versorgen, er hat Alzheimer im fortgeschrittenen Stadium, er kann sich nicht an sie erinnern und noch weniger an die Zeiten, als er in Woody Hermans Band hier auftrat. Das alles hat er vergessen – was zählen da meine Verluste.

Und das, wo Hilfe in der Nähe ist. Mein ältester Freund Gundolf ist derzeit mit Familie auf seiner Ranch in Snowflake, Arizona. Er hilft. Er hilft immer.

Nach dem Frühgebet (in das auch der Heilige Antonius eingeschlossen wurde, der Fachmann für Verlorenes oder Gestohlenes) auf die Interstate 93 nach Arizona.

Kurz hinter Las Vegas schlängelt sich die Straße hoch zum Lake Mead, zum Hoover Damm. Ich kenne die Gegend. Sie sieht aus wie die Wüstenstraße von Herat nach Kandahar, bin ich 1973 als Hippie gefahren, auf einem umgedrehten Butterfass, das im Mittelgang eines Busses stand, auf dem der stolze Schriftzug »Stadtsparkasse Hannover« prangte.

Ganz sicher kennen die Soldaten im afghanischen Einsatz die Gegend ebenfalls, denn sie sieht aus wie die hier, Braun- und Ockertöne, ab und zu Felsformationen mit zornigen Fäusten aus rotem Kupfer oder Faltengebirge, deren Gesichter nach unten zerfließen. Vielleicht haben ja NBC oder CBS die gefährlichsten Reportereinsätze hier nachgestellt und gedreht, nachdem der inzwischen gefeuerte NBC-Anchorman Brian Williams gestand, dass er seine Feldeinsätze übertrieben, gar erlogen hatte, ist nichts mehr ausgeschlossen.

Tja, und dann der Lake Mead, das Wasserreservoir, die Lebensquelle ... Stark abgesunkener Pegel, umgeben von Bergflanken, die mit hohen gelben Löwentatzen in diese Restpfütze greifen wie ein ausgehungertes Rudel, das sich knurrend um den letzten Schluck streitet.

In Arizona ändert sich die Landschaft erneut, Wellenhügel voller Dornengestrüpp und Kakteen, trockene Klapperschlangengegend, doch Big Sky, endloser blauer Himmel, großartiges Amerika mit endloser Weite, Highways bis zum Horizont, im blauen Himmel treiben weiße Wolken in Luftgeschwaderformationen, die keilförmigen voran, gefolgt von kleineren, in perfekter Symmetrie, sie lassen ihre Schatten über die Hügel wandern, wie schön die Welt ist.

Mittlerweile ist es dunkel geworden, schließlich Snowflake, schwer zu finden die Canyon Creek Ranch meines Freundes, und da mein frisch gekauftes Handy AT&T nutzt, ist es ausgerechnet in dieser Gegend unbrauchbar, ich rufe von einem Supermarkt Gundolf auf dem Festnetz an und bekomme undeutlich genuschelte Tipps, die Familie hat längst gegessen, und Gundolf ist mittlerweile zu Wein übergegangen.

Gundolf Freyermuth, mein Studienkollege, Freund und Wegbegleiter, Romancier, Ressortleiter beim *Stern* und Chefreporter bei *Tempo*, danach in die Wissenschaft, Professor, heute Gründer des Cologne Game Lab, so sieht ein gelungener Lebenslauf aus. Es ist ratsam, seine mehrhundertseitige Einführung in *Games, Game Design, Game Studies* gelesen zu haben, wenn man ihn besucht. Wirklich engen Freunden erlässt er die Lektüre, er erzählt einfach den Inhalt.

Und dann gibt es immer noch Casablanca. Er kennt die Dialoge wörtlich. Seine Söhne, beide studieren in den Staaten, ergänzen. Und Elke macht alles andere. Steuererklärungen, Kochen, Ratgeben, mit mir zur Bank, um mich mit Barem zu versorgen.

Ihre Ranch grenzt an einen Canyon. Was für ein Blick!

Nach zwei Tagen sind meine Wunden geleckt, und ich mache mich auf den Weg nach Santa Fe, um von dort nach Denver Colorado zu gelangen, ins Paradies der Kiffer, die Utopie kennenlernen. Es ist spät geworden, ich muss mich beeilen.

Nachdem ich mich auf der Interstate 40 rund 15 Minuten lang beeilt habe, taucht in meinem Rückspiegel ein Polizeiauto auf. Shit. Shiiiiiit. Halt am Straßengraben. Hände aufs Steuer. Es nähert sich einer dieser Cops, die aussehen wie Frank, der Schwager von Walter White, dem Crystal-Meth-Produzenten aus *Breaking Bad*: Kahl rasiert, verspiegelte Sonnenbrille, aber sie kann noch so verspiegelt sein, er hat Mord im Blick. Er könnte auch einer dieser Lemuren von der Drogen-Convention in Las Vegas sein, von denen Hunter S. Thompson in *Fear and Loathing* berichtet, voller Hass auf alles, was nur liberal riecht, Schweinegesichter mit schweinsgesichtigen Frauen, schießwütig, korrupt bis ins Mark.

»You're going to jail for this«, blafft er, als ich auf der Kühlerhaube liege, und er reißt mir die Hände nach hinten, um mir Handschellen anzulegen. Ich denke noch: Wenn der mir die Schulter ausgerenkt hat, dann kann er was erleben.

Er stößt mich in ein vergittertes Auto auf die Rückbank, das hinter ihm gehalten hat. Es ist weniger Platz für die Beine als im Hamburger Schauspielhaus vor den Umbauten.

Nach einer Endlosigkeit in brütender Hitze kommt ein dünner Langer, der wie der perverse Cop aus *Pulp Fiction* aussieht, schaut durchs Fenster und sagt: »Du schwitzt ja« und grinst. Ein anderer macht schließlich die Klimaanlage an. Vorne haben sie offenbar etwas gefunden. Den Rest eines Joints. »Ich habe ein Rezept dafür«, sage ich, »es ist in der Aktentasche im Trunk.« Scheint sie nicht zu interessieren, nicht die Bohne. Mein Wagen, ein bescheidener grauer VW-Jetta, an den ich mich trotz allem gewöhnt hatte, bleibt stehen, wird irgendwann kostenpflichtig abgeschleppt.

Sie bringen mich ins Navajo County Detention Center in Holbrook, fieser grauer flacher Kasten, modern, Stacheldraht auf dem äußeren Zaun, ich sitze auf der Betonbank vor der Aufnahme, die Handschelle der Linken wird aufgeschlossen und an einem Heizungsrohr befestigt. Ich verlange, dass der deutsche Generalkonsul in Phoenix benachrichtigt wird, eher so, damit die Brüder wissen, dass deutsche Behörden informiert sind, bevor sie mir im Heizungskeller die Knochen brechen. Ich weiß nichts von irgendwelchen Drogenkartellen, falls sie darauf aus sind. Ich habe ein *Rezept*.

Dort im Konsulat läuft nur ein Anrufbeantworter, sagt man mir höhnisch. Warum habe ich mir das nur gedacht? Mittlerweile ist es fünf Uhr nachmittags. Ich will noch mal anrufen. »Später«, sagt ein übergewichtiger Sergeant, den ich in den folgenden Stunden »Tonne« nenne. Seine Begleitung, Officer McCullum, ist das »Fass«. Beide sind so fett, kein Wunder, dass der ganze Christbaumschmuck, den ein Cop so am Gürtel trägt, Platz hat: Schlagstock, Teaser, Dienstwaffe, Taschenlampe, Handschellen, Schlüssel sowie zwei bis acht Schrumpfköpfe von erwiesenen Verkehrssündern …

Dann geht es in die Anprobe. Klamotten runter, alles, Fatty zieht sich die Plastikhandschuhe an, und dann sagt er »bücken«, alles in mir brüllt *Nein!*, doch er sitzt am längeren Hebel, also bücke ich mich und halte auf Verlangen die Backen auseinander, perverse Sau, denke ich mir, erleichtert, dass er nicht mit seinem Finger rumgefuhrwerkt hat. Danach werden meine Klamotten in einen Plastiksack verschnürt, und ich komme zur Anprobe. Die ist schnell erledigt, denn es gibt die orangefarbenen Hosen und Hemden nur in zwei Versionen: klein oder groß. Schließlich wird mir ein Plastikband ums Handgelenk geknüpft, mit meinem *mugshot*, dem Fahndungsfoto in klein, Größe und Gewicht. Ich erschrecke. 200 Pfund? Mir fällt ein, es sind amerikanische Maßeinheiten, Entwarnung.

Dann werde ich in eine der Holding-Cells in der Wachstube verbracht, die Frontseite zur Gänze aus Panzerglas, damit die Sadisten sehen, was los ist, eine hellblau lackierte Bank, alles ist so ausgepinselt, abwaschbar, wahrscheinlich kotzen hier die meisten ihren Restalkohol aus. Oben rechts an der Wand ein TV-Gerät, Flachbild, alles andere verstößt wahrscheinlich gegen die Menschenwürde, es zeigt das Knastprogramm, und »Tonne« legt fest, worauf er Lust hat. Zwei weitere Indianer, ein Weißer in der Zelle.

Im TV läuft *Der Pate, zweiter Teil*! Michael überlegt, ins Casinogeschäft einzusteigen, Las Vegas, klar, und zwischendrin die Jugend des Paten, Robert de Niro in Little Italy, seine Freundschaft mit Clemenza, er tötet die Schwarze Hand und ist plötzlich Respektsperson in Little Italy.

Es läuft also das, was man ein »inspirational movie« nennen könnte, Teil des Themenabends »How the Mobsters won over New York«.

Links von mir ein rund 50-jähriger Navajo ohne Vorderzähne, der seit 24 Stunden hier hockt und immer wieder durch einen Spalt in der Tür nach einer Decke brüllt. Es ist eisig. Regelmäßig erntet er übellaunige Blicke, bisweilen ein gebrülltes »sit down«. Dann ist da einer, der an den Riesen aus *Einer flog übers Kukucksnest* erinnert, ein Chief, er hat sich in eine Decke gehüllt und meditiert im Schneidersitz. Später beginnt er zu zittern. Er ist auf Entzug. Dann noch ein Weißer, Typ Klapperschlange, der die Beine über das Mäuerchen zur Kloschüssel gelegt hat und den Kopf auf einer Klopapierrolle. Hunger! Ich habe seit morgens nichts gegessen. »They need to feed you«, sagt der zahnlose Navajo. Also brülle ich nach Essen. »Hunger«. Dinner gab es hier um 17 Uhr, etwa zu meiner Einlieferungszeit, und es ist mittlerweile zehn Uhr abends.

Um elf Uhr geht »Tonne« kurz raus und kehrt wieder mit einer Portion Chicken McNuggets, die er mit einem Eimer Coca Cola nachspült. »Hunger«, brülle ich erneut. »Tonne« blickt von seinem Schreibtisch auf, grinst, leckt sich die Finger und brüllt zurück: »Mal sehen, ob ich was auftreiben kann.«

Gegen eins nachts stülpt »Tonne« erneut die Plastikhandschuhe über. Diesmal allerdings nur für die erkennungsdienstlichen Maßnahmen, Fingerabdrücke und erneuter *mugshot*, ich werde aufgefordert, die Decke ganz über die Orangekluft zu ziehen, denn noch bin ich nicht verurteilter Schwerverbrecher. Schließlich erkenne ich: Das mit dem Essen wird nichts mehr. Und das mit dem Polizeiprotokoll ist eher mühsam wie ein Marsch durch die Wüste, Leere überall. »Tonne« sucht nach den Buchstaben auf seinem Keyboard wie nach Resten seiner Chicken McNuggets, freut sich über jeden Treffer und lässt mich die acht Zeilen gegen zwei Uhr morgens unterschreiben.

Verdammt noch mal. Es ist das zweite Mal, dass ich hinter Gittern lande. Das erste Mal war in Indien, aber da war ich erst 20. Mittlerweile sind 40 Jahre vergangen. Habe ich nichts dazugelernt? Ich habe einfach Pech, Pech, Pech, mein Leben lang.

Mit diesen bitteren Gedanken werde ich durch lange Flure und wiederholte Sicherheitsschleusen in die Zelle gebracht, Block C. Drei-Stockbetten. Unten schläft einer, ich nehme das Bett oben. Morgens um sieben Uhr Appell. Betten gemacht, mein Zellennachbar zeigt mir, wie. Militärisch. Glatt. Karton aufgeräumt ans Fußende. Vor der Zelle stehen, Hände an der nicht vorhandenen Hosennaht und »Yesssir« brüllen. Links und rechts von mir Reihen von Indios. Auch im Zellengang darüber. Das Frühstück besteht aus ungenießbarem Brei und dünnem Kaffee. Dann warte ich draußen, während Dustin, so heißt er, Dustin Havis, sein Klogeschäft erledigt.

Danach macht er sich seine Nudelsuppe am Waschbecken: Die linke Düse ist mit Klopapier verstopft, was dazu führt, dass das Wasser, das mit dem rechten Knopf gepumpt wird, heiß herausspritzt. Kleiner Knasttrick, der den Veteranen verrät. Keiner hier mag glauben, dass ich wegen Speeding (überhöhter Geschwindigkeit) eingebuchtet wurde. Marihuana kann es nicht sein, da ich ein Rezept habe. Dustin schüttelt den Kopf. »Faschistenschweine!« Arizonas Bullen sind die schlimmsten. Holbrook, erfahre ich später, lebt von diesem Knast. Gefängnisse in privater Hand müssen eine 95-prozentige Auslastung vorweisen, und die Interstate 40 liefert. Ich stelle mir das Städtchen korrupt vor wie das aus Dashiell Hammetts *Rote Ernte*, eine ganze Industrie aus Anwälten, Autoabschleppern, Kautionsleuten, Polizisten lebt von diesem Knast.

Nun erzählt Dustin seine Geschichte. Er hat versucht, Pilze zu züchten. Man hat Gerätschaften bei ihm gefunden.

»Das ist alles? Kein Verkauf, keine Pilze?«

»Das war alles«, sagt Dustin, »Ich schätze, ich kriege acht Monate.«

»Aber sie haben nichts gefunden.«

Na ja, es stellt sich heraus, dass er schon mal fünf Jahre wegen seiner kleinen Crystal-Meth-Fabrik saß, also wird er es schwer haben, den Richter davon zu überzeugen, dass er plötzlich Pilzforschung zu seinem Hobby gemacht hat. Dustin ist ein absolut cooler, abgefuckter, friedlicher Kerl, gerade 48, wird Zeit, sagt er, »dass ich mein Leben auf die Reihe kriege«.

Hat eine Freundin oben in Pine Creek, da, wo die Wälder beginnen, wo es kühl ist und schattig, wo es Bäche gibt und wo man tatsächlich squatten kann – im Wald leben, ohne dass jemand einen stört. Dustin erinnert mich an den Outcast aus T.C. Boyles *Hart auf hart* und an das Motto von D.H. Lawrence, das er seinem Roman vorangestellt hatte: »Die amerikanische Seele ist ihrem Wesen nach hart, einzelgängerisch, stoisch und ein Mörder. Sie ist noch nicht geschmolzen.«

Von der Pritsche oben kann man durch ein schmales Fenster auf die nahen roten Felsen schauen. Eine Ecke ist zugeklebt mit dem Karton »Good news from God«, wahrscheinlich um die frühe Sonne auszusperren. Dustin hat ein Kreuz an die Pritschendecke über ihm befestigt, ein selbst geflochtenes. Glaubt er? »You bet«, sagt er. Er betet morgens und abends, ausdauernd, was bleibt ihm übrig, sagt er. Und wenn es keinen Gott gibt? »If there is no god, I'm really fucked.«

Chesterton? »Nie gehört.« Er hat was Erbauliches von Richard Bach, dem Autor der *Möwe Jonathan*, dabei. Ich erzähle ihm von Chesterton und verspreche ihm eins seiner Bücher, wenn ich hier raus bin. Dann reden wir über Las Vegas, und ich erzähle ihm von Hunter S. Thompsons Wahnsinnsreportage. Scheint ihm zu gefallen. »Mann!«, ruft er immer wieder aus. Mein Jahrzehnt waren die 60er, Dustins eher die 80er, andere Musik, andere Drogen ...

Nach dem Frühstück, ab halb acht, ist Umschluss, man kann in den Aufenthaltsraum vor den Zellen. Zwei Betontische, in den Zementboden eingelassene Schemel drum herum. Die Insassen spielen Spade, eine Art Doppelkopf. An der Wand drei Telefone, neben ihnen Listen von Anwälten und Kautionsleuten. Ich muss Kontakt aufnehmen. Ich muss hier raus. Die Nummer von Gundolf, die ich bei mir trage, nützt nichts, denn man kann keine Mobilnummern von diesen Telefonen aus anrufen. Muss man wissen.

Schließlich werde ich dem Richter vorgeführt. Mit mir der Chief und ein Junge, der gerade 18 sein dürfte. »How are you today?«, frage ich den Chief. »Better«, sagt er und lächelt leicht. Der Junge ist nervös. Er ist mit 15 Pfund Marihuana aufgegriffen worden, ebenfalls auf der I-40. Die I-40 ist die Hauptroute für Drogentransporte von Tucson nach Norden. »Hast du jemand, der dich hier rausholen könnte?« – »Mein Kumpel dürfte mittlerweile in Texas sein«, sagt er.

Der Richter ist eine Frau. Das Ganze findet per Videoübertragung statt. Sie liest vor, was die Bullen (die hier den Namen verdienen) da zusammengereimt haben, Buchstabe für Buchstabe von »Tonne« in den Computer eingegeben.

»Possession of Marihuana«, sagt die Richterin.

»But Judge, with all due respect, da war nur der kleine Rest eines Joints, und im Übrigen habe ich ein Rezept dafür.«

Das ist gültig für alle Bundesstaaten, die »Medical Marihuana« erlauben, und Arizona gehört dazu.

»Von einem Rezept steht hier nichts.«

»Ich habe dem Bul..., dem Sheriff gesagt, es ist in meiner Aktentasche, im Kofferraum.«

»Nun, ich hab es nicht vorliegen.«

»Ich muss hier raus, Judge, ich bin auf dem Weg nach San Antonio, um an einer Konferenz über Chesterton teilzunehmen.«

»Wer ist Chesterton?«

»Ein Autor«, sage ich, »ein religiöser Autor.«

Die Erwähnung von Religion schien sie milder zu stimmen.

»Sie fängt übermorgen an und dauert drei Tage, ich muss da unbedingt hin«, sage ich.

»Ich bin Journalist«, füge ich hinzu. »Und nebenher recherchiere ich über die Praxis der Legalisierung von Marihuana. Viele in Deutschland, besonders die Polizei und die Justiz, plädieren mittlerweile dafür. Amerika ist da den Deutschen weit voraus.«

Im gleichen Moment hege ich erhebliche Zweifel, ob die Richterin auf solche Fortschritte Wert legt. Ihre Mundwinkel fallen wieder nach unten.

»Gut«, sagt sie kalt, »gegen eine Kaution von 5000 Dollar können Sie raus. Die nächste Verhandlung setze ich dann« – sie blättert in ihrem Terminkalender – »für Ende nächster Woche an.« F.... Eine Kaution von 5000 Dollar? Für zu schnelles Fahren? Da kriegt man vielleicht einen Strafzettel! Meine Navajos und Dustin hatten gewettet, dass ich mit einem Klaps auf die Hand *sofort* entlassen würde. Wo kriege ich 5000 Dollar her? Ich brauche die Festnetznummer von Gundolf. Aber er ist nicht gelistet.

Dustin, der eigentlich »Ira« heißt, hat eine Idee. Er ruft Julie an, eine Bondfrau in Pine Creek. Ihre Nummer hängt neben dem Telefon. Sie kommen gut miteinander klar. Ich kenne kaum eine Nummer auswendig, alles ist gespeichert in dem iPhone, mit dem jetzt irgendein mieser Taschendieb herumspielt. Wenn wir schon gelegentlich in Talkshows über Abhängigkeit diskutieren – *das* ist Abhängigkeit, und sie ist total!

Wir lagern zu viel aus. Entlasten unser Gehirn, das sowieso nur zu einem Bruchteil genutzt wird. Alles, Nummern, Wissen (Wikipedia), Geburtstage von Komponisten, die Wahrscheinlichkeit der Richtigkeit von Wettervorhersagen, das Evangelium, Gedichte. Aber die Nummer in unserer Wohnung, die von meiner Frau kenne ich im Schlaf. Und diese Nummer möchte bitte auch Julie anrufen. Und meine Frau möge ihr die Nummer von Gundolf geben. Wer?

»Gundolf.«

Ich buchstabiere, und sie sagt »Gandalf«, also der weise Weiße aus dem *Herrn der Ringe,* was in seinem Fall zutreffen könnte ... Ist schon erwähnt worden, dass auch Tolkien katholisch war, tief religiös, Mitglied der sogenannten *inklings*, der Konvertiten? Offenbar ist der Katholizismus ein Sprungbrett für Fantasie und Romantik, und ich bin immer noch auf dem Weg zu Chesterton, dem Heiligen, dem Gipfel der Vernunft.

Aber erst mal ziemlich weit abgedriftet. Stecke fest. Erinnert mich an Chesterton, der oft vergaß, wo er eigentlich hinwollte. Schickte seiner Frau mal ein Telegramm: »Bin in Market Harborough. Wo sollte ich sein?« Sie schrieb zurück: »Zu Hause.«

Julie riskiert die Ausgabe für ein Ferngespräch, vielleicht wird sie ja eingeschaltet. Meine Frau, die beste und liebreizendste Ehefrau der Welt, erzählte mir später, dass sie beim Abendessen war mit meinem Sohn, als diese Amerikanerin anrief und ihr sagte, dass ich im Knast sei und dass ich dringend Gundolfs Nummer brauche. Ihr ist kurzzeitig der Appetit vergangen, aber sie schaltete schnell.

Sie hat auch diese Nachricht (nach dem Verlust meiner Mittel und Karten in Las Vegas) mit ihrem mittlerweile erlernten freundlichen Stoizismus entgegengenommen und mit Gundolf zusammen alles Erforderliche unternommen. Noch mittags wurde die Kaution hinterlegt. Jubel. »Yessss!« Und jetzt nur noch warten, auf den Empfang durch Freunde und Honoratioren der Stadt.

Dustin findet, dass ich jetzt aber unter die Dusche müsse: »Du kannst dich doch deinen Freunden nicht wie ein Schwein präsentieren.« *Dusche!* Man kennt das aus Knastfilmen. Ich schaue ihn zweifelnd an. Die Navajos sind mit ihren Karten beschäftigt. Hat er recht? Die anderen haben schon geduscht, während ich dem Richter vorgeführt wurde. Duschen, hm.

Keiner schaut, während ich mich entkleide. Dann prasselt warmes Wasser auf mich, während ich mich einseife. Ich lasse die Seife fallen. Nichts passiert. Ein bisschen beleidigend ist es schon. Viele sagen, ich sehe jünger aus, als ich bin. Aber womöglich nicht unter der Dusche.

Unser Trakt ist zweistöckig, zehn Zellen, von denen alle doppelt belegt sind. Macht 40 Insassen, die hier auf ihren Prozess warten und dann auf die Gefängnisse des Staates verteilt werden. Die Jungs spielen Spade, wobei Dustin und ein muskulöser Darryl, der sicher irgendwas mit »Springender Bär« heißt, die eigentlichen Gegner sind. Darryl hat bereits eine Nudelsuppe gegen ihn gewonnen, die will er zurück.

Unter seinen langen Strähnen schaut Jimmy, höchstens 19, dem Treiben zu. Er ist mit 15 Pfund Heroin eingefahren. Offenbar kommt Heroin, die 70er-Jahre-Droge, wieder zurück. Abtauchen, wegtauchen, *no future*, woher auch?

Jim, der Navajo, zeichnet einen Hirsch. Sein Totemtier. Es hat ein Geweih, Menschenmund und ausdrucksstarke Augen. Er schenkt es mir. Und ich habe nichts. Und warte auf meine Entlassung. Der Aufenthaltsraum ist 30 Meter lang und 15 Meter breit. Von Zeit zu Zeit finden sich Zweiergruppen, die nebeneinander die Strecke ablaufen und die Wand abklatschen. Und unterhalten sich. Und bemühen sich, nicht durchzudrehen, wie dieser Typ, der gedroht hat, das Wasserlöschsystem auszulösen, wenn er nicht endlich mit seinem Anwalt sprechen darf.

»Fass« und »Tonne« lassen sich auf nichts ein. »Tonne« lässt sich von »Fass« abfragen, denn er will einen Officer-Titel. Keine Ahnung, um was es da geht, wahrscheinlich Multiple Choice.

Vielleicht mit Fragen wie: Was macht man, wenn einem ein Ausländer in die Hände fällt? a) Versuch, ihm ein Delikt anzuhängen, das einen Gefängnisaufenthalt rechtfertigt. b) Chicken McNuggets bestellen. c) Einen Indianer verprügeln. d) Geschäfte.

Oder: Wie heißt die Hauptstadt von Schweden? a) Norwegen? b) Schweden gibt es nicht. c) Berlin. d) Chicken McNuggets holen.

Gespräch mit dem Hopi Johnny über Gott und Götter. Natürlich bestimmen sie den Lauf des Schicksals. Aber die Bibel ist nicht so sein Ding. Die haben die Weißen geschrieben.

Allein sitzt ein 60-jähriger Navajo mit tief eingekerbten Falten und grauen Zöpfen. Er spielt das Game of Stress, eine Art Patience, bei der die oben liegenden Karten bestimmte Bedeutungen haben. Ein Ass heißt: Sie kommt mich bald besuchen. Ein König: Sie denkt an mich. Ein Bube: Sie freut sich auf mich. Lauter gute Nachrichten, die es mit dem Stress hier drinnen aufnehmen sollen.

Als ich erzähle, dass ich Journalist bin, bestürmen sie mich, über die unhaltbaren Zustände zu schreiben. Aufrüttelnd. »Schreib«, sagt Dustin, und seine Stimme steigert sich und endet in einer Reihe von Flüchen. »Schreib, dass Arizona der faschistischste Bundesstaat ist, neben Mississippi vielleicht, und dass alle Wärter Idioten sind.« Das Letzte brüllt er in Richtung Kontrollraum. Neben Arizona muss man auch in Mississippi

85 Prozent seiner Strafe absitzen, die meisten anderen Bundesstaaten begnügen sich mit 65 Prozent. Arizona ist die Härte.

»Klar«, sage ich, »mach ich.« Die werden sich noch umgucken in Holbrook, Arizona. Das Navajo County Jail kriegt eine ganz schlechte Presse. »Es erscheint allerdings auf Deutsch«, sage ich. »Egal«, sagt Dustin, »Hauptache es wird aufgeschrieben.« Einen echten Journalisten haben sie hier drin noch nie gehabt. Die meisten sitzen wegen DUI (*driving under influence*) ein, lächerlich, aber sie haben damit irgendwelche Bewährungsauflagen gebrochen. Drehtürenprinzip.

Ich warte weitere drei Stunden. Und meine Freunde warten ebenfalls draußen im Hof. Keiner sagt ihnen, wann ich entlassen werde. Man ist überhaupt sehr ruppig zu allen, die Fragen stellen. Man schnauzt sie an.

Als ich schließlich draußen bin, hat das Unternehmen, das mein Auto abgeschleppt hat, bereits zu. Anderntags kann ich das Gepäck sicherstellen, unter anderem das Rezept, das meine Unschuld beweist. Nun suche ich einen Anwalt auf einer Legalisierungs-Aktivistenseite. Der erste, der unter www.potlawyer.com firmiert, hat den Laden offenbar aufgegeben. Der zweite ist ebenfalls gerade verhindert. Ich frage die Sekretärin, ob sie einen Tipp hat. »Gehen Sie zu Ron Wood«, sagt sie. »Der macht fast nur solche Sachen.«

Zunächst bringt Wood das zweite Auftreten vor Gericht vom Tisch. »Mit dem Rezept hätte man Sie gar nicht einbuchten dürfen. Und natürlich haben Sie kein Verbrechen begangen, kein *felony*, sondern allenfalls ein *misdemeanor*. Auch das kriegen wir vom Tisch.«

»Warum machen die das?«

»Die Polizei mag dieses ›Medical Marihuana‹ nicht.«

»Warum?«

»Früher waren die Leute, die gekifft haben, der Abschaum. Die andere Seite. Die Staatsfeinde, es war ein Kulturkampf, langhaarige Kriegsdienst-Drückeberger. Und jetzt müssen sie Unterschiede machen. Das ist zu mühsam. Sie müssen Papiere lesen. Das mögen sie nicht.«

»Wieso haben die mich eingebuchtet?«

»Weil sie *pricks* sind, verdammte Vollidioten.«

Womit auch das geklärt wäre.

Ich vergesse meine Recherchereise ins fortschrittliche Colorado, das Marihuana legalisiert hat, und verbringe meine Tage bis zum Kongress auf Gundolfs Ranch.

Nachts stehe ich mit meinem Freund auf der Veranda und schaue nach oben, in die Myriaden von Sternen. Es soll die Nacht der Sternschnuppen sein, die Nacht der Wünsche. Da fällt eine, zieht quer über den Himmel.

Mein Freund glaubt, metaphysisch gesprochen, an gar nichts. Er glaubt an den technologischen Fortschritt. Nichts, was unsere Freundschaft im Geringsten erschüttert. Wir respektieren uns so, wie sich Chesterton und George Bernard Shaw respektiert haben.

»Du meinst also, wir hier auf unserem Klumpen, der durchs leere All rast, sind von Bedeutung unter den Milliarden von andern Sternen.«

»Ja«, sage ich. »Jeder Einzelne von uns ist gemeint.« So ganz sicher bin ich mir nach den Ereignissen der letzten Tage allerdings nicht.

Anderntags liest er mir eine Meldung aus der Hightech-Bibel der Computer-Nerds *Wired* vor: »Scientists confirmed that nothing has any meaning.« Sie haben herausbekommen, dass das Universum endlich ist. Nur noch ein paar Billionen Jahre.

Nun wird es wirklich Zeit für Chesterton.

Der gesunde Menschenverstand

Chestertons Heiligsprechung in San Antonio – Pilot Stutzman und seine Frau Meryl Streep – Dale Alquist, der Boss der »American Chesterton Society«, über seine Konversion – Das Mercer-Hotel und die Cindarella-Kutschen – Chesterton und sein Freund und Gegner George Bernard Shaw – Ein Kongess mit Armdrücken und gut gelaunten Trinkern

Geschlagen, übermüdet, nervlich zerrüttet komme ich erst gegen zwei Uhr morgens in San Antonio an. Ich hatte den Anschlussflug in Phoenix verpasst. Mein geänderter Flugplan war in einer Mail gespeichert, an die ich nicht herankam, denn mein iPad hatte den Geist aufgegeben, und mein Geist hatte sich ihm verbittert angeschlossen.

Weshalb auch mein Franzl in einer Plastiktüte auf dem Terminal 2 in irgendeinem »Grill« zurückblieb. Also, Franzl, merk dir Chestertons Weisheit, was immer dir blüht, Müll, Fensterbank oder das grausame Kinderzimmer des Schreckens: »An inconvenience is only an adventure wrongly considered.«

Als Chesterton 1921 zum ersten Mal in die USA reisen wollte, sollte er auf dem Konsulat die Frage beantworten: »Haben Sie vor, die Vereinigten Staaten von Amerika zu unterwandern und mit Gewalt umzustürzen?« Er schrieb auf das Formular: »Ich würde es vorziehen, diese Frage erst nach meinem Besuch zu beantworten.«

Sein Leben lang war er dieser mit britischem *wit* bestens ausgestattete Clown Gottes. Unbeholfene 2,03 Meter groß und über 200 Pfund schwer, albernes Hütchen auf diesem Körperberg, dem Whisky nicht abgeneigt, und eben – katholischer Konvertit. Vielleicht ist deshalb seine Frömmigkeit so herzerwärmend, ich weiß, das ist 50er-Jahre-Vokabular, aber manche Wörter sind alternativlos, der Moderne sind Grenzen gesetzt.

Was mich angeht: Ich will keinen Umsturz. Ich will nichts dergleichen. Ich will eigentlich nur spielen in diesem großen Spielzimmer, das sich mir manchmal als Wirklichkeit präsentiert, sicher sind die katholischen Doktrinen streng, schrieb Chesterton, aber sie sind auf die Mauern eines Kinderspielplatzes gepinselt, und innen sind die Freiheiten grenzenlos, da fühle ich mich Chesterton wesensverwandt; und ich will ihn feiern, den »Fat Man«, und mit anderen über seine Essays reden und seine anstehende Seligsprechung.

Ich gebe zu, meine bisherige Reise war kein überzeugendes Plädoyer für meinen eigenen gesunden Menschenverstand, aber jetzt wird alles besser.

Mitternacht komme ich an. Dunkles Holz an der Rezeption des kolonialen Menger-Hotels am Marketplace, ich stehe da herum wie eine Kiste voller Einzelteile, aber ich habe es geschafft. Ich bin rechtzeitig zur 34. Konferenz der American Chesterton Society erschienen. Sagen wir: Ich bin im Hangar. Jetzt kann nichts mehr passieren. Mit Chestertons Hilfe werde ich mich neu zusammensetzen.

Dunkles Holz. An den Wänden Cowboy-Malerei. Endlose Prärie und im Vordergrund eine Pioniersfrau mit kariertem Rock, die sich über ein an den Beinen zusammengebundenes Kalb beugt. Das Leben ist hart und die Härte von einer unbestechlichen Schönheit.

Chesterton liebte Amerika, dieses Land, das auf dem Glauben gegründet ist. »Es gibt keine andere Basis für die Demokratie als jenes Dogma, dass alle Menschen gleich und göttlichen Ursprungs sind.« Er entdeckte eine alles überglänzende Gemeinsamkeit in den USA, nämlich eine Stimmung der gegenseitigen Aufmunterung. Das Motto: Wir schaffen das!, und das nicht als taktische Lüge einer in die Ecke getriebenen Politikerin, sondern der allgemeine »Spirit«, die Lebensgrundlage. Chesterton war sich nicht klar, ob es sich dabei um den historischen Pioniergeist handelte oder um »die letzten Hysterien der Herdenmenschen«, aber diese Geselligkeit gab es ständig, sie war unversiegbar, »wie die Niagarafälle«.

Teppiche, Messing, Vitrinen. Und eine schläfrige farbige Rezeptionistin, freundlich, selbst morgens um halb drei. Sie wirkte nett, wie ein Kumpeltyp, deshalb fragte ich einfach drauflos: «Übrigens, eine Frage, nur so interessehalber: Gibt es in Texas eigentlich ›Medical Marihuana‹?« Die Rezeptionistin lächelte und schüttelte den Kopf. Und dann murmelte sie:

»Leider nicht.« Nun gut. Damit wäre meine Reportage zur Legalisierung von Marihuana in den USA eigentlich abgeschlossen.

Ich bin ja, wie sich mittlerweile herausgestellt hat, aus zwei Erkenntnisgründen unterwegs: Dope und Religion.

Natürlich gibt es keinen ahnungsloseren Spruch als den von Karl Marx, der schrieb: »Religion ist das Opium des Volkes«. Um es klarzustellen: Nur Opium ist das Opium des Volkes, und sollte das Volk danach verlangen, sollte man ihm die Möglichkeit dazu geben, ohne die Mafia fettzumachen und vor allem, ohne dieses Begehren mit Religion zu verwechseln. Davon abgesehen teilen vielleicht selbst der Süchtige und der Religiöse doch etwas, nämlich ein Gefühl des Mangels.

Was die Religion und ihre Konsequenzen für den Alltag angeht, da gibt Chesterton Antworten, die aktuell und wichtig sind. Soeben ist in der Edition Suhrkamp, zum ersten Mal auf Deutsch, sein Essay »Eugenik und andere Übel« erschienen. Chesterton war der einzige Schriftsteller von Rang, die einzige öffentliche Stimme, die sich gegen die von Francis Galton, dem Cousin von Darwin, begründete Eugenik erhob. Winston Churchill war Eugeniker. Er befürwortete die Sterilisation von geistig Behinderten.

Auch seine Debattengegner wie Georg Bernard Shaw und H.G. Wells waren Eugeniker, die *New York Times* – so viel zur zeitgebundenen Weisheit von Redakteuren dieser Zeitung – unterstützte Eugenik genauso wie die Rockefellers und die Carnegies, es gab eine Gesetzgebung in England und den USA, nach der »minderwertige Menschen« (solche mit besonders niedrigem IQ) sterilisiert und in speziellen Heimen untergebracht werden durften.

Heute ist die Eugenik nicht mehr von oben angeordneter Züchtungsirrsinn, wie noch bis vor Kurzem die Geburtenkontrollen in Singapur und in China, sondern sie ist im individuellen Selbstoptimierungsbereich angekommen: Sie ist über Geburtenkontrolle, Pränataldiagnostik, Abtreibungen des Geschlechtes wegen, durch Erbgutvergleiche, aber auch durch die erneute Sterbehilfediskussion längst nicht erledigt.

Chesterton müsste Kultlektüre sein, gerade heute. Und ich bin bereit, mitzumischen, mitzudenken, mitzubeten, denn ich bin Chesterton-gläubig – Chesterton: auf alle Fälle eine Epochenfigur.

Geboren wurde er 1886, als das wissenschaftliche Zeitalter Triumphe einfuhr und der Atheismus als philosophische Frage wirkte. Gestorben ist er 1936, als der Atheismus politisch ernst machte und Massengräber vorbereitete.

Und Chesterton heute? Wahrscheinlich würde er als Reaktionär aussortiert!

Heute würde man, statt ihn zu lesen, zunächst überprüfen, ob er Facebook-Freunde hat, die in der AfD sind oder Ähnliches. Und selbstverständlich würde man sich über seine von einigen behaupteten »antisemitischen« Ausrutscher beugen, dabei war er der Erste, der seine Stimme erhob, als in Deutschland die Hetzjagd begann und das Morden vorbereitet wurde.

Nun, er war ein Liberaler und ein Star. Dass ihn heute kaum einer kennt, jenseits der Autorenschaft der *Father-Brown*-Krimis, ist eine Schande. (Wie merkwürdig übrigens, dass bei uns der Antiklerikalismus blüht, während Fernsehserien mit Pfarrern oder Nonnen Quotenbringer sind. Ob da nicht doch noch ein behagliches Hintergrundschnurren ist, das an so was wie religiöse Heimat erinnert?)

Nach dem Frühstück stelle ich fest, dass der Tagungsort für die American Chesterton Society nicht besser gewählt sein könnte, denn gleich angrenzend liegt das Alamo, die zum Fort ausgebaute berühmte ehemalige Missionsstation, mit der sich Geschichte und Mythos leuchtend verschränken. 1836 war das Alamo im Texanischen Unabhängigkeitskrieg von rund 200 Aufständischen gegen eine 7000 Mann starke mexikanische Armee zwei Wochen lang gehalten worden.

Alle männlichen Kämpfer, darunter die legendären David Crockett und Jim Bowie, starben damals. Doch durch ihren Widerstand verschafften sie General Houston eine wichtige Atempause. Unter dem Schlachtruf »Remember the Alamo« gewann er mit seiner Armee drei Wochen später die kriegsentscheidende Schlacht bei Joacinto. Texas war frei.

Das Alamo steht für Heldenmut. Für Freiheitsliebe. Für Kampfbereitschaft. Für Widerstand. Also für alles, was die Hunderte von Tagungsteilnehmern aus allen Teilen der USA mit ihrem »Apostel des gesunden Menschenverstands«, mit Gilbert K. Chesterton, verbinden in diesen Zeiten.

Chesterton lesen heißt auch: Widerstand üben gegen eine in Teilen durchgeknallte Moderne, die – zum Beispiel – die Geschlechter eingeebnet hat und Professoren aus Gründen der Fairness »Professorin« nennt. Gegen eine Moderne, die Sprachregelungen einführt, um die Gedanken zu lenken, die vor allem die akademische Jugend verkorksten, indem sie die Professoren zwingt, auf möglicherweise verstörende Inhalte der zu lesenden Literatur Warnhinweise zu geben. Das führt zu Absurditäten wie der, dass das theologische Department der Universität in Glasgow darauf hinweist, dass die Kreuzigung Jesu in ihrer Grausamkeit traumatisieren könnte. Aber sicher, was denn sonst!

Wie großartig seine Bemerkungen über die Presse in dem Buch *Ketzer*, das er im Untertitel *Ein Plädoyer gegen die Gleichgültigkeit* nannte. Der Sensationsjournalist? »Sein wirkliches Gebrechen besteht nicht darin, dass er über die Stränge schlägt, sondern dass er unerträglich zahm ist. Sein ganzes Ziel ist, sich im Rahmen eines gewissen Erwartungshorizontes und einer gewohnten Gemeinplätzigkeit zu halten ...« Wer denkt da nicht an die geradezu erpresserische *Bild*-Aktion »Refugees welcome«, die Kai Diekmann den Bundesligavereinen per Plakette aufs Trikot zwingen wollte? Alle machten mit, bis auf ein paar standhafte Außenseiter wie FC St. Pauli. »Die Presse ist alles andere als eine Regenbogenpresse, sie ist eine Grau-in-Grau-Presse«, befindet Chesterton.

Dabei ist er durchaus für »Sensationsmache« zu haben. »Aber selbst wenn sie unmoralisch ist, braucht sie moralischen Mut. Denn jemanden wirklich zu überraschen, gehört zu den gefährlichsten Dingen auf Erden.« Auf den Erfolg von *Ketzer*, dieser Streitschrift zum Alltag, ließ er seine eigene »Orthodoxie« folgen. Nach all den gescheiten Polemiken gegen Zeitgenossen und Zeitgeist war er aufgefordert worden, nun seine Ideale einmal positiv zu Papier zu bringen.

Schwieriges Unterfangen, schreibt er. Er werde die drei oder vier tragenden Ideen niederschreiben, die er aus eigener Kraft gefunden habe. Dann werde er sie mehr schlecht als recht zusammenführen »und als meine persönliche Überzeugung oder natürliche Religion vorstellen; schließlich werde ich dann meine verblüffende Entdeckung schildern, dass alles, was ich entdeckt zu haben glaubte, längst entdeckt ist. Entdeckt hat es das Christentum«.

Er korrigiert, begründet, weist Abwege auf. Da ist die Philanthropie, die sich nur fürs Erbarmen interessiert und nicht für die christliche Wahrheit, die in ihm steckt. Da ist ein gewisser Mr. Blatchford, Herausgeber des *Clarion*, eine Zeit lang sein Chefredakteur und Debattengegner, so etwas gab es mal, der ihn immer wieder zu Podiumsdiskussionen einlud. Dieser Mr. Blatchford hielt nichts vom Christentum, aber er war geradezu verrückt nach Barmherzigkeit wie viele in unseren Tagen, die den Christen triumphierend die Christlichkeit unter die Nase reiben. Chesterton: »Er [Mr. Blatchford] ist nicht nur ein Vertreter des Frühchristentums, er ist auch der einzige frühchristliche Mensch, der es wirklich verdient hätte, von den Löwen gefressen zu werden.«

Chesterton hält es mit Thomas von Aquin: »Gerechtigkeit ohne Barmherzigkeit ist Grausamkeit. Aber Barmherzigkeit ohne Gerechtigkeit ist die Auflösung aller Ordnung.« Könnte zur Flüchtlingskrise geschrieben sein.

Ebenso stemmt er sich gegen den Verrat an der Vergangenheit, der Tradition. »Tradition lässt sich als erweitertes Stimmrecht fassen. Tradition bedeutet, dass man der am meisten im Schatten stehenden Klasse, unseren Vorfahren, Stimmrecht verleiht. Tradition ist Demokratie für die Toten.« Und dann die sich zwingend daraus ergebende Volte gegen die Arroganz der Modernisten, ob in Kirche oder Gesellschaft. »Sie ist die Weigerung, der kleinen, anmaßenden Oligarchie derer, die zufällig gerade auf der Erde wandeln, das Feld zu überlassen.«

Chestertons besondere Hingabe gilt dem frommen und gleichzeitig aufgeklärten 13. Jahrhundert mit seinen mächtigen Portalfiguren Franz von Assisi und Thomas von Aquin.

Tatsächlich waren diese glänzenden, virtuosen Biografien mein erster Zugang zu ihm. Über beide hat Chesterton geschrieben, als wären sie vertraute Freunde. So funktioniert der katholische Glaube, in Zeitgenossenschaft über Jahrhunderte hinweg.

Ich habe die Franziskus-Biografie verschlungen, die Geschichte dieses kleinen flinken Troubadours Gottes, dem Chesterton hinterherjagt wie Alice dem weißen Kaninchen – aber was für ein stilistischer Zauber, was für ein inniges Verständnis für den Reichtum der Armut, für Gesang und Ritterlichkeit und Gottvertrauen. So beschreibt man einen Epochenwandel: »Während noch Zwielicht herrschte, da erschien plötzlich eine schweigende Gestalt auf einem kleinen Hügel über der Stadt, die sich dunkel gegen die schwindende Finsternis abhob.« Die Nacht war lang und hart, eine Nacht des Wachens, doch nicht ohne Sterne. Und die Figur? »Sie stand mit erhobenen Händen, wie in so vielen Statuen und Bildern, und um sie war es wie ein Losbrechen von Vogelgesang, und hinter ihr war das Anbrechen des Tages.«

Schon in frühen Jahren schrieb er ein Franziskus-Gedicht, ihn faszinierte diese Figur, die alles herschenkte, selbst die Kleider, die er auf dem Leib trug, und in den Wald hinausging, über frostigen Boden, und – sang! Und zu den Tieren sprach. Franziskus blieb sein lebenslanger Freund und nach seiner Konversion zum Katholizismus 1922 wählte er Francis als Firmnamen.

Seine Franziskus-Biografie wurde ein Bestseller. Er schrieb weitere, über Dickens und Tolstoi, Chaucer und seinen Freund George Bernard Shaw und viele andere. Und eine letzte, kurz vor seinem Tod, über Thomas von Aquin. Mit ihm feiert er, was auch Papst Benedikt XVI. nicht müde wurde zu betonen: dass Vernunft und Glaube in eins fallen müssen.

Es ist vernünftig zu glauben! Es ist eine Sache des gesunden Menschenverstands!

Wie Chestertons Biografie des Thomas von Aquin entstand, ist ein Rätsel. Er galt nicht als akribischer Leser der *Summa Theologica*. Er muss sich ihn über eine Art intellektueller Osmose angeeignet haben. Als er während des Diktats des Buches steckenblieb, schickte er seine Sekretärin nach London, um ein paar Bücher über ihn zu besorgen. Er blätterte sie durch. Und diktierte den Rest.

Die großen Thomisten, die den Aquinaten ihr Leben lang studiert hatten, lasen Chestertons Buch mit Bewunderung. Für Étienne Gilson, den wohl besten Mittelalter-Historiker und glühenden Thomisten, ist es das Beste, was je über Thomas von Aquin geschrieben wurde.

Immer wieder überprüft Chesterton Thomas als Zeitgenossen, überprüft sein politisches Koordinatensystem. »Vergleicht man ihn mit den Modernsten aller Modernen, dann war er durchaus ein Liberaler, doch die meisten von ihnen sind gerade dabei, zu Faschisten oder Hitleranhängern zu werden.«

In seinen Tagen allerdings ging der Aquinat, wie Chesterton ihn las, vor allem mit den »wirklich engstirnigen Augustianern« ins Gericht, mit den »düsteren Christen«, die den Jubel über den »Glanz des Seienden und über die Verherrlichung Gottes in all seinen Geschöpfen nicht begreifen konnten«. Und dann kommt Chesterton auf diesen Mann »in einem Augustinerkloster in den tiefen Wäldern Deutschlands« zu sprechen, und natürlich ist die Rede von Martin Luther, »Sohn eines Bergmanns, ein Mann mit voller Stimme und einer gewissen Persönlichkeit, vor sich hinbrütend, aufrichtig, eindeutig krank«.

Martin Luther, so heißt es, verbrannte die *Summa Theologica* und andere Werke des Thomas von Aquin. »Der ganze Berg des mittelalterlichen Humanismus schrumpfte zusammen und ging vor den Augen seines Feindes in Rauch auf, und dieser große leidenschaftliche Bauer hatte eine düstere Freude, weil der Tag des Geistes nun vorbei war.« Chestertons Abrechnung mit Luther wird zur großen Klage über einen Kulturverlust, über einen Traditionsbruch, der nicht wiedergutzumachen war und der sollte zum großen Luther-Gedenken 2017 nicht verschwiegen werden: »Satz um Satz verbrannte, ein Syllogismus nach dem anderen, und die goldenen Grundsätze wandelten sich zu goldenen Flammen, zu einem letzten sterbenden Glanz, der alles umfasste, was einstmals die große Weisheit der Griechen gewesen.«

Sicher werden diese Sätze Anstoß erregen, aber sie sind mit dem Eifer des katholischen Konvertiten geschrieben, der die *Una Sancta Ccatholica Ecclesia* für sich gewonnen hat. Für ihn, den Konvertiten, hat die katholische Kirche die Frische einer sehr jungen und den Reichtum einer sehr alten Religion. Chesterton sollte nicht nur von begeisterten Konvertiten, sondern auch von müden Gewohnheitskatholiken gelesen werden, er wirkt wie eine *fuel injection* des Glaubens.

Ich fühle mich in diesen Tagen tatsächlich auf dem Hochplateau der Vernunft angekommen, auf dem der frische Wind einer anderen Gegenkultur weht. Chesterton lesen, das ist, wie Dorothy L. Sayers schrieb, ein frischer kühler Wind, der durchs Haus fegt und die Fenster raushaut. Was für eine Erholung nach dieser windungsreichen und wirren, um nicht zu sagen katastrophalen, völlig wahnsinnigen Anreise!

Freundliche ältere Semester checken hier im Laufe des Tages ein, vernünftige gesittete Zeitgenossen, katholische Priester darunter, einige Nonnen, Professoren, nicht wenige Studenten. Was sie eint, ist der Glaube der Kirche und der Glaube an Chesterton. Und ein gewisser Trotz. Sie stellen sich gegen einen »Fortschritt«, der mit dem Anspruch triumphierender Wahrheit voranschreitet und alles verachtet, was nicht mitmarschiert.

Dazu gehörten die Zertrümmerung der Familie, der geistlose Antiklerikalismus, die bereits erwähnte Eugenik, die mit Abtreibungen und Sterbehilfen zurückgekehrt ist in die Mitte der Gesellschaft. Und die verbreitete Ansicht, dass sich auch ohne Gott ein sinnvolles Leben gestalten ließe.

Merkwürdige Schubumkehr, denke ich: Heute erscheint das Konservative als Avantgarde. Und es braucht eine gewisse romantische Donquichotterie, um es zu verteidigen. Es braucht Mut, sich gegen den Zeitgeist zu stellen, auch innerhalb der katholischen Kirche, denn es gibt tatsächlich mittlerweile Theologen, die weder an die Auferstehung glauben noch an die Gottes-Sohnschaft Jesu. Sollte man nicht wenigstens von denen verlangen dürfen, dass sie ihr Kerngeschäft verteidigen? Man sollte Chesterton in allen Theologieseminaren zur Pflichtlektüre machen.

Katholiken erleben Zeiten, in denen ihre Glaubensbrüder in der historischen Wiege des Christentums abgeschlachtet werden, weil sie zu ihrem Glauben stehen, während in der westlichen Welthälfte über das Verdämmern des Glaubens mit den Achseln gezuckt wird.

Die Teilnehmer trudeln ein unter Strohhüten, in kurzärmeligen Hemden, die Sonne übertreibt mal wieder maßlos, draußen sind es lockere 43 Grad, doch drinnen ist es so kühl, dass der Kopf arbeiten und in die Offensive gehen kann. Im Halbdämmer des Flurs zu den Bankettträumen Vitrinen mit Trommeln und Pferdedecken und Uniformen – an der dunkel getäfelten Bar des Menger Hotels hat Teddy Roosevelt seine *rough riders* rekrutiert. Aber auch Oscar Wilde, für den sich Chesterton in die Bresche geworfen hat, hat die Bar auf seiner Amerikareise besucht.

Im Vorraum zum großen Ballsaal liegen Chesterton-Schriften aus, klar, die *Father-Brown*-Geschichten, aber zum Großteil Zeitkritisches, Pamphlete, Journalistisches, Theologisches und die großen Apologien. Es gibt die 36 Bände der *Gesammelten Werke,* aber es wird weitergesammelt, denn Chesterton schrieb nicht nur rund 100 Bücher, sondern auch weit über 6000 Artikel und unzählige Briefe.

Er räumte ein, dass die Kirche den christlichen Botschaften nicht gerecht geworden sei. Er nahm sich nicht aus. Sodass er auf die Umfrage der *Times,* »Was ist faul an dieser Welt?«, antwortete:

»Sehr geehrte Herren,

Ich.

Ihr sehr ergebener G.K. Chesterton«

Bei uns war es Hans Magnus Enzensberger, der im Jahre 2000 in seiner »Anderen Bibliothek« Chestertons *Orthodoxie* herausbrachte, der Fe-Verlag ebenfalls, mit einem funkelnd geistreichen Vorwort von Martin Mosebach – eine Pioniertat, eine intellektuelle Delikatesse. In den USA sind es eher Kleinverlage, die Chesterton herausbringen, mit Schriften wie *The Everlasting Man, The Apostel of Common Sense, Tremendous Trifles, What's wrong with the World*, die Verlage heißen Ignatius oder Gracewing, sind katholisch und bisweilen obskur. Es ist, als hätte dieser Riese wie ein robust durch die Äcker stapfender Sämann seinen kaum überschaubaren Reichtum in hohem Bogen verschenkt.

Zwischen den Büchern im Vorraum zum Ballsaal liegt ein T-Shirt mit dem bekannten Schriftzug »Che…« aus, und unter dem bekannten gutmütigen Monokelgesicht folgt der Rest: »sterton«, und auf der Rückseite »Join the revolution«.

Es ist auf alle Fälle eine Revolution, in der viel gelacht wird. Über seinen hageren Freund George Bernard Shaw spöttelte Chesterton einmal, er sähe aus, als habe es eine Hungersnot gegeben, worauf Shaw zurückgab, dass er, Chesterton, so aussähe, als habe er sie verschuldet. Chesterton, der Wohlbeleibte.

Sein Vater war Häusermakler und Amateur in Dutzenden von Hobbys, seine Mutter, ähnlich anregend, eine lebenslustige Person mit französischen Wurzeln, er wuchs protestantisch auf, unitarisch, und nein, er war kein Kirchgänger. Mit zwölf war er Heide, mit 16 Agnostiker, mit 30 Katholik, und mit 60 schwärmte er fürs Mittelalter. Aber immer war er interessiert an Feen und Märchen und Wundern, in seiner Autobiografie wimmelt es von Verzauberungen. Er war überzeugt davon, dass es »das mystische Moment [ist], was den Menschen im Verlauf ihrer Geschichte die Gesundheit erhalten hat«. Er gestattete es sich, im Zwielicht zu leben. »Seit jeher steht er [der gesunde Mensch] mit einem Fuß auf der Erde und mit dem anderen im Feenland.«

Nachdem Chesterton eine Weile Kunst studierte – er war ein hervorragender Zeichner und Illustrator eigener Werke –, entdeckte er den Journalismus für sich, er sah ihn als genuine Ausdrucksform für die Turnierplätze und Schlachtfelder der Zeit. Er liebte den Journalismus gerade wegen seiner Schwächen – wegen der Hast, mit der Geschichten erzählt und Gedanken abgefeuert werden. Aber er beging nicht den Fehler, das für den Tagesgebrauch Geschriebene zu überschätzen. Eher komisch fand er die Allüren mancher Leitartikler, die sehr pompös und sehr prätentiös die Welt in 50 Zeilen erklären. Wo doch zwei oder drei genügen.

Nämlich die eines Chesterton-Aphorismus.

»Wenn es keinen Gott gäbe, gäbe es auch keine Atheisten.«

Von unleugbarer Logik dürfte auch der Satz sein: »Die Bibel lehrt uns, unsern Nachbarn zu lieben, und auch, unsere Feinde zu lieben; wahrscheinlich, weil es sich um dieselben Leute handelt.« Er genoss es, so Martin Mosebach, »wie ein Seehund, dem niemals die Lust ausgeht, sich von einem Felsen ins schäumende Wasser zu werfen«. Und von dort prustete er fröhliche Paradoxien.

Mittlerweile scheint das Menger Hotel fest im Griff der Chestertonians zu sein, das heißt von Gläubigen. Die amerikanische Chesterton Society hat 2600 Mitglieder, nach diesem Kongress, zu dem rund 400 Besucher erscheinen, werden es an die 3000 sein. Das Bemerkenswerte: Zum großen Teil sind es Konvertiten aus den Reihen der Evangelikalen. Sie begeistern sich für die katholische Kirche und ihre Tradition mit einem Feuer, das in unseren Kirchen verloren gegangen ist. Ihre Bibel ist Chestertons *Orthodoxie*. Ein wahrhaft furchterregender Titel, ein subversives Buch.

In jenen Tagen war Chesterton eigenen Aussagen zufolge in einer Krise. 1908. Er kämpfte mit Hoffnungslosigkeit, zweifelte am Sinn des Lebens. Mit der *Orthodoxie* sprach er sich selber Mut zu. Und da er ein Genie war, gelang es ihm. Es gelang ihm so gut, dass er 1922 konvertierte und in die katholische Kirche eintrat.

Die *Orthodoxie* enthält Essays, die im Pulverdampf der Debatten mit den atheistischen Fortschrittsfreunden entstanden sind. Er findet über die Verteidigung der Kirche zum Glauben an sie. Am besten war Chesterton, wenn er stritt, vergnüglich, aphoristisch, paradoxal, schon ganz zu Beginn seiner journalistischen Arbeit. Ein gewisser Grant Allen schreibt ein Buch über die Evolution der Idee von Gott? Ach ja? Chesterton antwortet, es sei sicher interessanter, ein Buch von Gott zu lesen über die Evolution der Idee von Grant Allen.

Mit seiner *Orthodoxie* beweist er sich und anderen, dass im christlichen Glauben eine tiefe anthropologische Wahrheit enthalten ist. Hier sind die drei beliebtesten Argumente gegen die Kirche, die mittlerweile reflexhaft vorgebracht werden. Er verscheucht sie, wie man Fliegen verscheucht.

Natürlich unterscheiden wir uns von den Tieren – wir sind die wilden Abenteurer, die ausgebrochen sind aus ihrer stummen Tierhaftigkeit. Daraus ergibt sich: Natürlich haben wir einen freien Willen und sind keine Biomaschinen. Wie merkwürdig, schreibt er, der Vernunft dabei zuzusehen, wie sie versucht, den freien Willen abzuschaffen – wie es die Materialisten oder Deterministen tun. Natürlich gibt es die Erbsünde, denn in uns allen ist das Gefühl einer schuldigen Fehlerhaftigkeit lebendig.

Natürlich ist auch das Argument, dass die Kirche die Daseinsfreude eintrübe, Quatsch: »Katholische Lehre und Disziplin mögen Mauern sein; aber sie sind Mauern um einen Spielplatz.« Daraus folgt: »Das Christentum ist der einzige Rahmen, in dem sich die Freuden des Heidentums erhalten haben.«

An anderer Stelle führt er seine Version von der »Freiheit des Christenmenschen« im Gegensatz zu der lutherischen noch einmal aus: »Die Kürze der Zehn Gebote ist ein Beweis nicht etwa für die Düsternis und die Enge einer Religion, sondern im Gegenteil für ihre Liberalität und Humanität. Es geht einfach schneller, die Dinge aufzuzählen, die verboten sind, als die, die erlaubt sind. Ganz einfach, weil die meisten erlaubt sind, und nur die wenigsten verboten.«

Im gleichen Jahr wie die *Orthodoxie* entsteht sein surrealer, pechschwarzer Fiebertraum *Der Mann, der Donnerstag war*, ein wilder Agentenroman über eine Gruppe von Verschwörern, die, wie sich herausstellt, aus lauter Agenten Scotland Yards besteht, um ein Attentat auf den König zu verhindern. So absurd, so hypnotisch, so grotesk wie ein LSD-Trip. Warum nur fühle ich mich so sehr verstanden von Chesterton? Warum nur fühle ich mich trotz meiner ewigen Hippiepubertät so sehr bestätigt von diesem katholischen Konvertiten, der seinen eigenen windungsreichen Weg hinter sich hat? Vielleicht gerade deswegen.

Da wir alle Namensschilder mit dem Herkunftsort tragen, diene ich als Beleg, dass die Chesterton-Bewegung nun auch Deutschland erfasst hat. Man applaudiert mir wie dem Abgesandten eines fernen Universums im Parlament aus dem *Krieg der Sterne*. Erstaunlich viele erklären mir im Anschluss an die Eröffnungsrede mit einem gewissen Stolz, dass sie Wurzeln in Deutschland hätten. Deutsche sind populär in den Staaten. Viel populärer als in Deutschland.

Einer von ihnen ist John Stutzman mit seiner Frau Sara, mit denen ich mich in den kommenden Tagen anfreunde. In der Mittagspause essen wir Nudelsuppe bei einem Japaner in der nahen Mall, in dessen Imax-Kino zu jeder vollen Stunde das Alamo auf Breitwand verteidigt wird.

Viele stolze Lone-Star-Fahnen in den Souvenirläden, Alamo-T-Shirts, solche, auf denen eine Kanone abgebildet ist mit dem Spruch »Na kommt, holt sie euch.« Offenbar hat David Crocket die Mexikaner damit verhöhnt. Und John Wayne natürlich, mit dem Aufdruck »Gun control – requires concentration and a steady hand«. San Antonio ist die Military City der USA.

Natürlich erzähle ich John und Sara von meiner lustigen Anreise. Als ich Marihuana und das Kiffen erwähne und wie normal das in den Kreisen war, in denen ich groß wurde, zuckt John kurz zusammen und sagt: »Mein Weg war anders.« Vollstes Verständnis. »Kiffen könnte ich mir nicht erlauben, ich bin Boeing-Pilot, die großen Transatlantic-Routen.« Um Gottes willen!

Ich muss meinen Vorschlag spezifizieren: Sicher sollte Marihuana legalisiert werden – aber *nicht* für Piloten! Nicht vorzustellen, dass da so ein Typ kichernd im Cockpit sitzt und sagt: »Warte, und der Knopf hier, für was war der noch mal? Boah, guck mal runter, wie, äh, high wir schon sind.«

John ist wohltuend prinzipienfest, kurzer Haarschnitt mit beginnendem Grau, und Sara nenne ich Meryl, weil sie aussieht wie Meryl Streep. Was für ein hübsches offenes Gesicht! Er ist 56, sie 55, sie sind seit 29 Jahren verheiratet, drei Kinder, ein Enkelkind. Johns erster Schritt, lange vor seiner endgültigen Konversion zum Katholizismus, war die Lektüre der *Orthodoxie*. Er wurde durch Clive S. Lewis darauf gestoßen, den Schöpfer der *Narnia*-Romane und ebenfalls Konvertit, Autor der Apologie *Die Abschaffung des Menschen*. C.S. Lewis wurde durch Chestertons *Orthodoxie* für die Kirche gewonnen.

»Die *Orthodoxie*«, erzählt John, »ergab Sinn für mich, und ich begann, weitere katholische Schriftsteller zu lesen, besonders Hilaire Belloc, Chestertons Freund, und sein Buch über die Reformation, und dann weitere Bücher über den katholischen Einfluss auf die europäische Geschichte. Eine großartige Geschichte!«

Besonders die Tradition der Kirche hat die beiden interessiert. »Tradition ist die Demokratie der Toten«, dieser Chesterton-Satz war schlüssig für sie. Tradition ist wichtig für den Glauben. Die Glaubensgiganten der

Vergangenheit. Die Heiligen. »Während die Protestanten Tradition oft für ein echtes Hindernis für den Glauben halten.« Auch Sara kam über einen Konvertiten und Autor, David Fragenberger, zur Kirche.

Ein Gewirr aus Stimmen hier in dieser Imbissmeile in der Mall. Ein Stockwerk tiefer steigen die Touristen in die Boote für Rundfahrten auf dem Kanalsystem des Riverwalk, das in den 20er-Jahren hier angelegt wurde, eine Grachtenfahrt in Südtexas, wie schön, umrahmt von subtropischer Vegetation, und wir unterhalten uns über einen dahingegangenen englischen Konvertiten und wie er uns berührt. Diese wunderbare Gleichzeitigkeit, diese Vielstimmigkeit, diese Demokratie mit den Lebenden und den Toten im Glauben. Wir sind uns einig mit Chesterton, dass die katholische Kirche voller Widersprüche und voller Paradoxe ist und damit voller Wirklichkeit – hier kann jeder rein, wie James Joyce einst mit Recht sagte, selbst ein Sonderling wie ich.

Heute frage ich mich oft, wie es sein kann, wie sich die immense beschwingte Freiheit, die ich 1967/68 in meinen Pubertätsjahren gespürt habe, wie sich dieses »love and peace« so verdüsterte, so sauerampferstreng in dogmatischen Sprachregelungen, in Prüderien, in Hass und Feindseligkeiten und politischer Korrektheit versteinerte. »Die Leute streiten«, sagte Chesterton, »weil sie nicht diskutieren können.« Wir haben diskutiert und viel gelacht. Es ist diese Qualität, die Franz Kafka an Chesterton bewunderte: »Er ist so lustig, dass man fast glauben könnte, er habe Gott gefunden.« Kafka hatte das Gespür dafür, wie eng Glauben und Gelächter zusammenhängen können.

Die Chestertonians, die sich im Menger Hotel versammeln, sind sich sicher, dass ihr Patron Gott nicht nur gefunden, sondern wundersam in das Leben anderer eingegriffen hat, was ein Ausweis seiner Heiligkeit wäre. Da liegen bereits Katechismusbildchen aus, sein Porträt, Zwicker, Bart, zerzaustes Haar, leichtes Lächeln und sein Bonmnot »Angels can fly because they can take themselves lightly«. Und auf der Rückseite eine Novene, in der Gott gebeten wird, ihn in die Schar der Heiligen aufzunehmen – ein Seligsprechungsverfahren ist tatsächlich in Vorbereitung.

The making of a Saint: Tatsächlich beten nicht wenige Chestertonians bereits jetzt zu ihm. Ein Kult bildet sich, viele Heiligsprechungen beginnen so, mit einem Kult und mit Gläubigen, die sich an »ihren« Heiligen wenden. Was für ein Journalist, was für ein Heiliger!

Hinter dem Büchertisch steht Dale Ahlquist, blond und breitschultrig wie ein schwedischer Holzfäller, und grüßt und palavert und umarmt, er ist Chef und Gründer der Chesterton Society und so ausgreifend, als könne er das Alamo alleine verteidigen, der in diesem Fall die Bastion Chesterton wäre, der Apostel des »Common Sense«. In seiner Begrüßungsrede lässt er per Handzeichen feststellen, wer zum ersten Mal dabei ist – rund ein Drittel! Die Bewegung rollt! Dann, per Handzeichen, wer zum katholischen Glauben konvertiert ist. Es sind zwei Drittel, die meisten waren vorher evangelikal oder pfingstlich.

Entspricht Dales eigener Geschichte. Er erzählt sie mir in einer hervorragenden Churrascaria neben dem Menger – San Antonio bietet tatsächlich alles auf, um mich für meine wilde und opferreiche Anreise zu entschädigen. Dale kennt die Bibel auswendig, buchstäblich. Er ging aufs College und heiratete 1981. Die Hochzeitsreise führte das Paar nach Rom, denn seine Frau war Italienerin. Ein denkwürdiger Tag, dieser 13. Mai 1981, denn an diesem Tag wurde auf Papst Johannes Paul II. geschossen. Er erinnert sich an die Stille in der Stadt. Doch kurz darauf verkauften die Straßenhändler bereits Postkarten vom Papst, wie er aus dem Klinikbett winkt.

Dass er je katholisch werden würde, war für ihn ausgeschlossen. Er kannte nicht nur die Bibel, sondern auch alles, was an der katholischen Kirche falsch war. Nämlich alles. Die Reliquien, die Kapellen, die Wallfahrtsorte, die Heiligen, die Sakramente, die Priester, der Papst, vor allem der. Doch er hatte dieses Buch von seinem Schwager geschenkt bekommen, das sein Leben verändern sollte: Sein Schwager hatte ihm Chestertons *The Everlasting Man* (*Der unsterbliche Mensch*) zur Hochzeit geschenkt.

Dale war Baptist und evangelikaler Christ durch und durch, doch er wollte den Glauben kennenlernen, wie er sich historisch entfaltete. Er besuchte viele verschiedene Kirchen. Irgendwann landete er in einer, die sich »neutestamentlich« nannte. Sie war ganz neu. Die Gläubigen trafen sich privat, im Haus eines Mitglieds. Ungefähr 30 Leute. Acht Familien. Und er erfuhr, dass sie sich zum letzten Mal treffen und in zwei Gruppen aufspalten würden, denn sie hatten einen Disput, den sie nicht lösen konnten. »Was macht das für einen Sinn, Tausende und Abertausende von Kirchen zu haben?« Als er Kinder bekam, entschied er sich für die »home church« – tatsächlich war da nichts in einer protestantischen Kirche, so sagt er, was sie nicht auch zu Hause tun könnten.

Chesterton beschreibt drei Stadien, die ein Konvertit durchläuft. Das erste besteht darin, fair zur katholischen Kirche zu sein. »Wenn du aufhörst, gegen sie zu sein, zieht sie dich an.« Der zweite Schritt ist lernen: ein exotisches Land erforschen, voller fremder Tiere und Pflanzen. Als Baptist wächst man insgeheim im Widerstand zur katholischen Kirche auf. »Das Paradoxe ist: Wir nennen uns nach einem Sakrament, der Taufe, das wir ablehnen. Taufe ist nicht mehr als ein Symbol für uns.«

Und dann beschreibt er ein Paradox, das von Chesterton stammen könnte: »Man kann nicht die Autorität der Schrift nutzen, um die Kirche zu attackieren, denn es war erst die Kirche, die der Schrift ihre Autorität gab. Die Hierarchie, die Sakramente, die Doktrinen waren installiert, bevor der biblische Kanon festlag. Jahrhunderte vorher.« Man kann, so Chesterton, zur katholischen Kirche sagen: »Alles Blödsinn.« Aber man kann nicht sagen: »Alles Blödsinn – bis auf die Schriften.« Die Protestanten nahmen die Schriften und ließen die Kirche zurück. Das ist Dales Geschichte.

Während er erzählt, vergisst er, die kleine Plakette neben dem Teller von Grün auf Rot zu drehen, weshalb alle paar Sekunden einer der Fleischverteiler mit seinem brutzelnden, tropfenden Spieß neben ihm auftaucht. Und Dale ist keiner, der ablehnt, so greift er Scheibe um Scheibe, die abgesäbelt wird, mit seiner kleinen Besteckzange. Er verdrückt Berge und ist auf dem Weg, seinem Patron Chesterton auch äußerlich nachzuwachsen.

Er hatte, fährt er fort, seine Berufung gefunden. Er konvertierte, seine Frau belebte ihren katholischen Glauben aufs Neue, und er gründete die American Chesterton Society. Was sie anpacken, machen sie richtig, diese Amis, vor allem wenn es um Werbung für Wahrheiten geht, von denen sie überzeugt sind. Das Ziel der Chesterton-Gesellschaft: Alles zu digitalisieren, was der »Fat Man« geschrieben und hinterlassen hat, damit es unter die Leute kommt.

Dale Ahlquist fuhr durchs Land, hielt Vorträge über Chesterton, half beim Aufbau lokaler Gruppen, mittlerweile gibt es 70 davon. Das ist Dales eigenes Apostolat. Damit nicht genug – es gibt sechs Chesterton-Colleges, die Dale gegründet hat. Dort werden Philosophie und Theologie, aber auch Tanz, Theater und Malerei unterrichtet. Dale Ahlquist, das Kraftwerk. Von Dales sechs Kindern ist Sohn Michael der älteste, ein ruhiger bärtiger Pfeifenraucher, er lehrt an einem der Chesterton-Colleges Philosophie und Theologie. In einer der schwülen Nächte im Garten des Hotels, in denen bis in die Morgenstunden getrunken wird und die Zungen sich lockern, frage ich ihn, wie er mit seinem Übervater, der alles besser weiß, klarkommt.

»Gut«, sagt er, und dann grinst er. »Im Übrigen hat er von Thomas von Aquin wirklich keine Ahnung.«

Wie die meisten auf dieser Tagung schwärmt auch Dale Ahlquist vom Pontifikat des deutschen Papstes, von Benedikt XVI., auch Monsignore Patrick Gaalaas aus Oklahoma und Father Taylor Mill aus Kentucky, und wenn sich die jüngere Generation wieder mehr an der Tradition ausrichtet, dann sprechen sie vom »Benedikt-Effekt«. Und der, das begreifen sie, kommt nicht nur der *Orthodoxie* Chestertons nahe, sondern auch den Überzeugungen der Päpste seiner Zeit, vor allem Papst Pius X., der ein Jahr vor dem Erscheinen der *Orthodoxie* in zwei Lehrbriefen insgesamt 65 Irrtümer des Modernismus verurteilte.

»Verworfen und öffentlich geächtet« wurden bereits 1907 Einstellungen, die dem heutigen deutschen Theologentum und dahinplätschernden Kirchensteuer-Katholizismus nicht fremd sind, darunter die Meinung, dass die Kirche Menschenwerk sei und nicht Gottes Gründung, dass Jesus sich nicht als Gottes Sohn verstanden habe, dass die Sakramente nicht von ihm eingesetzt seien und dass die Offenbarungswahrheit relativ sei.

Vor allem aber die folgende Ansicht fand Papst Pius X. verdammenswert, nämlich dass »der heutige Katholizismus sich nicht mit der wahren Wissenschaft in Einklang bringen« lasse, »wenn er nicht umgewandelt wird in ein undogmatisches Christentum, das heißt einen weitherzigen und freisinnigen Protestantismus«.

Diese Ansicht also hielt Papst Pius X. bereits 1907 für unvereinbar mit dem katholischen Glauben – wie genau er schon damals Publizisten wie Franz Alt (*Was Jesus wirklich gesagt hat*) als Häretiker erkannt hat! Doch die meisten Chestertonians vertrauen hier noch Papst Franziskus und hoffen auf seine Loyalität zum Schriftwort. Sie neigen, gemeinsam mit Chesterton, zu der Meinung, dass der Katholizismus nur in seiner orthodoxen Form Sinn und Anziehungskraft hat, eben jenen schimmernden Vorschein von Heiligkeit, um den allein es im Glauben gehen sollte.

Dieser orthodoxe Schimmer war es, der die zahllosen Konversionen besonders von englischen Schriftstellern um die Jahrhundertwende auslöste. Graham Greene war stolz auf das Autogramm, das er von Chesterton ergatterte. Die 15-jährige Dorothy L. Sayers las Chestertons *Orthodoxie* und war begeistert, wie er den Glauben schildert: als wilde Jagd durch die Jahrhunderte, Häresien spritzen zur Seite, und die Kutsche holpert weiter, neigt sich schaukelnd, bisweilen stark in Schieflage, aber sie setzt ihre Jagd unbeirrt fort.

Tatsächlich gibt es auch vor dem Menger Hotel Kutschen. Es sind mit Glühbirnen erleuchtete Cinderella-Kutschen für Touristen, silbern in der tropischen Nacht, gezogen von gutmütig trottenden braunen Pferden, den Marketplace hinab, am Alamo vorbei, der Eisdiele aus den 50ern, den Art-déco-Hochhäusern aus den 20ern. Wundersame Tage in San Antonio, ausgerechnet hier im Süden von Texas lebt Chesterton auf.

Vor dem Alamo hat sich einer dieser evangelikalen Hobbyprediger mit Mikro und Lautsprecher aufgebaut, die zerlesene Bibel in der Rechten beschwört er die Höllenstrafen für all jene, die nicht nach der Schrift leben, und wie immer habe ich den Eindruck, dass ihm die Verdammnis – jetzt rein rhetorisch – größeres Vergnügen bereitet als die frohe Botschaft.

Am zweiten Tag gehe ich zum Friseur, Ordnung schaffen, nicht nur im Kopf, sondern auch darauf. Ich muss warten, sitze und blättere in der Illustrierten *Maxim*, die mit der Titelgeschichte über die begehrenswerteste Frau der Welt daherkommt, nein, nicht meine beste aller Ehefrauen, sondern Candice Swanepool, die gleichzeitig verrät, »wie sie zum Engel« wurde für Victoria's Secret, und zwar, so die Redaktion, »durch die Fotos, die im Folgenden gezeigt werden«, und tatsächlich, obwohl ihr weißes und ohnehin hauchdünnes Armani-Hemdchen zerrissen und nass gemacht wurde, lächelt sie schläfrig und langmütig und hat gute Laune.

Schließlich ist die Friseurin Valerie frei, eine muntere Chicana mit blondierten Haaren, und ich sage wie üblich: »kurz, aber nicht zu kurz« und erzähle auf ihre Frage hin, dass ich nach San Antonio gekommen bin, um über einen katholischen Schriftsteller zu schreiben – Chersterton? Nein? Nie gehört? –, und dann sagt sie, sie lese auch, und dann kramt sie in ihrer Leoparden-Plastiktasche und zieht den *New-York-Times*-Bestseller *Skinny Bitch* heraus, und ich schwöre mir, ihn zu lesen, denn Valeries Problem ist auch meines, wir essen gerne.

Ein paar Tage zuvor hat sie Obdachlosen umsonst die Haare geschnitten: »Und weißt du was? Ich hab mich hinterher toll gefühlt.« Valerie ist 25, fröhlich, hat drei Kinder, und ihr Mann arbeitet auf dem Bau. Sie würde nie diese Frau wählen, Hillary Clinton, die für Abtreibung ist. »Das geht zu weit.« Am Abend zuvor musste sie ihren Vater, gegen seinen Protest, ins Krankenhaus in die Notaufnahme bringen, er ist Heroinjunkie und hat sich irgendein unsauberes Zeug in den Fuß gespritzt, und der schwoll an wie ein Fußball.

Wir sind uns einig, dass es prima wäre, wenn ihr Daddy sich sauberen Stoff spritzen würde, den er sich in jeder Apotheke besorgen könnte. Alles legalisieren! Jeder Erwachsene über 21 (außer Piloten!) sollte sich alles reinballern dürfen, worauf er Lust hat. Und mit den Milliarden, die im vergeblichen Kampf gegen Drogen ausgegeben werden, könnte man für vernünftige und zahlreiche Rehaeinrichtungen und für Aufklärung sorgen.

»Exactly«, sagt Valerie, »du kriegst hier in San Antonio sowieso alles, und die Welt hat weiß Gott andere Probleme, als gegen Drogen vorzugehen.«

»Im Gegenteil, es gäbe weit weniger Probleme, wenn sie Drogen legalisieren würden«, sage ich, »selbst der Staatspräsident Brasiliens, Fernando Henrique Cardoso, hat mir mal gesagt, man solle auch Kokain legalisieren.«

»Kann der nicht bei uns Präsident werden?«, lacht Valerie.

Ich hatte Dale Ahlquist gefragt, ob Chesterton für eine Legalisierung zu gewinnen wäre. Hm. Zögerte ein bisschen in unserer Churrascaria. »Er war auf jeden Fall gegen die Prohibition«, sagte er schließlich. »Er hielt den Genuss von Bier und Wein und Whisky für ein absolutes Menschenrecht.« Und als überzeugter Liberaler war er gegen die Einmischung des Staates ins persönliche Glück. Na bitte, wir kommen uns näher. »Er war für alles, was Fröhlichkeit und Geselligkeit animierte.«

Eine der Vorlesungen an diesem Tag gilt Chestertons Auseinandersetzung mit Schopenhauers Pessimismus und dem philosophischen Lob des Selbstmords. »Ich habe ein interessantes Experiment mit einem dieser Selbstmordschwärmer gemacht«, schrieb Chesterton, »ich habe meine Pistole gezückt und mich erboten, ihn auf der Stelle zu erschießen – bisher hat keiner von denen zugestimmt.«

Doch es gibt auch Chesterton, den Balladendichter. Wir lesen Zeilen aus Chestertons berühmtestem Gedicht, »The White Horse«, ein episches Werk, das die Schlacht zwischen König Alfred und den wilden, heidnischen Dänen zum Inhalt hat, und sein weißes Pferd als Denkmal, das die Tradition verkörpert und immer wieder von Unkraut und Gras befreit werden muss, bevor es überwuchert wird. Graham Greene und andere haben es auf einer Ebene mit T.S. Eliots »Das wüste Land« gesehen. Womöglich sogar T.S. Eliot selber, der Chesterton bewunderte.

Wir alle sind Chestertonians, und wir beschäftigen uns mit Chestertons Idee gesellschaftlicher und wirtschaftlicher Gerechtigkeit, dem Konzept des »distributism«, einer Wirtschaftsform kleiner Einheiten von Kooperativen, in denen die Erträge gleich verteilt werden. Chesterton hatte eine Vorliebe für den einfachen, den kleinen Mann. Professor John C. Medaille von der University of Dallas trägt das alles vor, im Stetson, in Cowboystiefeln, mit weißem Bart und einem Türkisstein im Krawattenknoten, und er schildert Chestertons Utopie in den glühendsten Farben.

Nach seinem Vortrag will ich von ihm wissen, wen er wohl wählen wird in der bevorstehenden Präsidentschaftswahl.

»Keinen.«

»Also keinen Republikaner oder keinen Demokraten?«

»Überhaupt keinen, ich gehe nicht zur Wahl.«

»Warum nicht?«

»Ein Präsident ist nicht wichtig. Er hält ohnehin nur ein Drittel der Macht. Für auswärtige Angelegenheiten mag er von Interesse sein, aber sonst nicht.« Letztlich bestimmen die Großkonzerne, wohin die Kugel rollt. Die lokale Ebene ist wichtig, sagt der Mann aus Dallas, und dann erläutert er die Kooperativen in der Emilia-Romagna.

Ich ertappe mich bei der Erwägung, ob das eventuell häretisch ist, schließlich riecht das schon sehr nach romantischem Kommunismus. Aber im Ernst: Meine Neugier auf diesen Kontinent Chesterton wächst, je mehr ich über ihn erfahre und je mehr ich lese. Was hätte er wohl zu diesen Kandidaten gesagt, die am Abend vorher bei Fox News diskutiert haben, um sich um die republikanische Präsidentschaftskandidatur zu bewerben? Wahrscheinlich wäre er beleidigt gewesen über den Mangel an Witz, an Eleganz, an Ideen.

Mit Wehmut hätte er an seine Debatten mit George Bernard Shaw gedacht, die waren öffentliche Spektakel in Oxford, sie waren Hochämter an Witz und Substanz. Und er hätte sich lustig gemacht über Plattitüden wie diese, dass einer sein »Herz auf dem rechten Fleck hat«. Über seinen Freund und Gegner, den Atheisten und Sozialisten Shaw, sagte er in dem Zusammenhang, dass er einen »hochintelligenten Kopf besitze und ein großmütiges Herz, allerdings auf dem falschen Fleck«. Wenn man die Diskussionskultur dieser beiden scharfsinnigen und witzigen Unterhaltungskünstler mit dem erbärmlichen Niveau unserer Tage vergleicht, wird einem schlecht.

Nicht nur dass in unseren Talkshows jedes Argument auf einen »soundbite« verkürzt wird, es ist auch ständig überlagert von einer politisch-moralischen Hysterie. Das heißt, bestimmte Argumente sind nicht etwa politisch falsch, sondern unmenschlich, moralischer Abgrund, und aus diesem Grund einer weiteren Behandlung nicht würdig. Es geht nur noch manichäisch zu, entweder helldeutsch oder dunkeldeutsch, himmlisch oder höllisch.

Nachmittags plansche ich im Hotelpool. Neben mir eine kleine hübsche Muskulöse, die einen ganzen Roman auf ihren rechten stämmigen Oberschenkel hat tätowieren lassen. Er läuft darauf hinaus, dass wir die Vergangenheit ruhen lassen müssen, um weiterleben zu können. Sie ist Sergeant, war im Irak im Einsatz, und sie tötete, um zu überleben.

Für sie mag das Vergessen die Lösung sein. Für eine humane Gesellschaft ist die fortschreitende Amnesie ein Verhängnis. Und eine gottvergessene Gesellschaft wird auf Dauer nicht überlebensfähig sein gegenüber den Irren, die sich auf Gott berufen, um zu töten.

Ganz unumwunden nennt Chesterton den Islam eine Häresie, ein zusammengeklaubtes Konvolut, das die Kernwahrheit des Christentums entstellt. In seiner Satire *Das fliegende Wirtshaus* hat der Islam die Herrschaft über die Insel angetreten. Während ein britischer und ein deutscher Unterhändler Appeasement-Vorschläge unterbreiten, ist es ein ruppiger Ire, der Widerstand leistet – durch das mittlerweile verbotene Wirtshaus, den demokratischen Ort schlechthin.

Chesterton plädiert dafür, die Unterschiede zu benennen. »Im Herzen des Islam«, schreibt er in einem Aufsatz zum britischen Kampf gegen den Mahdi, »ist eine Leere, die wieder und immer wieder neu durch die ständige Wiederholung jener Revolution gefüllt werden muss, die ihn hervorgebracht hat. Es gibt keine Sakramente. Das Einzige, was geschehen kann, ist eine Art von Apokalypse, einzig wie das Ende der Welt. Daraus folgt, dass man nichts anderes tun kann, als immer neu diese Apokalypse herbeiführen zu wollen, damit die Welt vergeht, wieder und wieder.«

Wo bleibt der theologische Einspruch unserer Kirche gegen diese Verirrung? Muss sie nicht ihre Wahrheit, ja, ihre Orthodoxie, kämpferischer verteidigen gegen diese Killer, die Christen in Massen abschlachten und die Weltkulturerbestätten von Palmyra mit Bulldozern plattgemacht haben?

Am Samstag, dem Schlusstag, ist eine Messe in St. Joseph angesetzt, Father Spencer Howe zelebriert, der Bischof ist anwesend, die Kirche ist voll, bis auf den letzten Platz. Die Kirche selber ist Stein gewordener Widerstand. Ein großes Kaufhaus wollte an dieser Ecke bauen und bot der Kirche enorme Summen für ihr Grundstück.

Doch die Kirche, die auch von deutschen Gemeindemitgliedern gegründet worden war (der Kreuzweg ist in deutscher Sprache), lehnte ab. So wurde um die Kirche herum gebaut. Lustig, dieser hohe glitzernde Glaspalast, dem diese rechtwinklige Einkerbung für Kirchturm, Kreuz und Kirchenschiff zugemutet wurde. Mittlerweile hat das Kaufhaus Pleite gemacht, doch die Kirche lebt.

Auf dem Abschlussbankett abends sitze ich neben einem Anwalt und seiner Tochter, die Medizin studiert und schauspielert und von ihm, zu Recht, vergöttert wird. Und natürlich mit meinen Stutzman-Freunden John und Sara. Die besten Clerihews, Spottgedichte, die Chesterton so meisterhaft produzierte, werden prämiert, dann tritt Joseph Pierce, der Oscar-Wilde-Biograf mit mächtigem Bizeps im Armdrücken gegen einen gewissen John an, den er im letzten Jahr geschlagen hat. Diesmal unterliegt er. Aber das ändert nichts daran, dass sein Standardwerk über *Literary Converts* sowie seine Oscar-Wilde-Biografie und dessen Konversion zur katholischen Kirche hinreißende Lektüren sind.

Tatsächlich, in »De profundis«, dem offenen Brief, den Oscar Wilde während seiner Inhaftierung in verschiedenen englischen Zuchthäusern an seinen früheren Freund und Liebhaber Lord Alfred Bruce Douglas schrieb, bezeichnet der irische Schriftsteller seine Homosexualität als »Pathologie« und »Perversion«, das heißt, er hat sich selber dessen schuldig gemacht, was man heutzutage »hatecrime« nennt und strafbar ist. Chesterton attackierte die Gesellschaft aufs Heftigste, die Oscar Wilde genoss und ihm dann das Herz brach, als sie ihn ins Gefängnis warf.

Gegen Ende des fröhlichen Banketts, mit Musikeinlagen und Gesängen und einem Toast nach dem anderen, wird der »Inconvenience-Cup« verliehen. Wer hatte die wildeste und aufopferungsvollste Anreise? Natürlich stehen meine Tischgenossen voll hinter mir. Doch dann wird Emma aus London aufgerufen, die Herausgeberin der Chesterton-Briefe für die digitalisierte Chesterton-Gesamtausgabe. Sie hatte einen Anschlussflug verpasst und war später in ihrem Hotelzimmer im zweiten Stock nackt von Touristen in einem Doppeldeckerbus in Augenschein genommen worden.

Ich bin mit der Wahl voll einverstanden. Im Übrigen hätte ein Sieg meine »loosing streak«, wie ich ihr prostend zurief, zunichtegemacht.

Aber verdammte Hacke. Ich habe den Deutschen Chesterton gebracht. Ich habe darüber hinaus die Diskussion über die Legalisierung von Marihuana vorangebracht. Ich war mittellos. Wurde verspottet von meinem engsten Freund, einem Georg-Bernard-Shaw-Anhänger. Ich verlor meinen Gefährten »Franzl«, jawohl, ich saß im Gefängnis und wankte nicht. Und diese englische Tusse hatte einen Flug verpasst? Aber was soll's.

Wie bemerkte der »Fat Man« so richtig: »Die Rätsel Gottes sind um so vieles befriedigender als die Lösungen der Menschen.«

Als er mit 62 Jahren in seinem Flecken Beaconsfield starb und der Leichenzug seinen Sarg durchs Dorf führte, bat der Dorfpolizist den Pfarrer um eine zusätzliche Runde, schließlich wollten alle seine Freunde die Chance haben, von ihm Abschied zu nehmen, dem »Fat Man«, der kinderlos blieb, aber vor allem von Kindern geliebt wurde, weil er sie ernst nahm und sie gleichzeitig zum Lachen brachte.

Seine *Orthodoxie* schließt mit den Zeilen: »Da war etwas, das Gott zu groß fand, um es uns zu zeigen, als er auf unserer Erde wandelte. Und manchmal denke ich: Es war Sein Jauchzen.«

Schade, dass unsere Kirche das Jauchzen nicht mehr hört.

Papst Pius XI. ernannte Gilbert K. Chesterton zum »Defensor Fidei«, zum Verteidiger des Glaubens. Und da unsere Kirche keine Verteidiger dieses Formats und dieser Popularität mehr hervorbringt, bleibt uns nichts anderes übrig, als Chesterton, diesen merkwürdigen Fast-Heiligen, wieder und wieder zu lesen, um an seiner Seite in unserer gottvergessenen Moderne den Glauben, die Kirche und ihre Tradition zu verteidigen.

Der erste Tag

Der Goldkeil des Springer-Gebäudes – Die neuen Kollegen im Ponyhof – Neue und alte Chefs – Das Chaos beim Spiegel *– Lichterglanz im Casino – Lob von Friede Springer - Auf dem Arbeitsamt – Journalismus als Fließbandarbeit*

Meine Chesterton-Reportage wurde »Titelthema« und kam gut an. Mathias Döpfner, der Konzernchef, bescheinigte mir einen guten Lauf. Es war im Herbst 2015 die wie immer großartige Party zum Literaturpreis der *Welt*, ganz oben im Casino, dessen Täfelung aus dem Sulzberger-Büro der alten *New York Times* stammen soll.

Friede Springer stand neben ihm auf den Marmorplatten, in dunklem Kostüm und mit Perlenkette, adrett, weißblond und strahlend, und fand Lob für mich.

Wie mütterlich, wie reizend. Döpfner, von oben herab, weil er gar nicht anders kann bei seiner Größe, dabei schlank und gut gelaunt mit dem Hinweis, mich nicht zu viel zu loben, denn dann würde ich übermütig. Als sei ich der Lümmel von der letzten Bank.

Ich, mit anfeuernder Bescheidenheit: »Ach, Sie dürfen ruhig, Frau Springer, machen Sie weiter, hört man ja sonst nicht so oft.«

Wir sprachen dann darüber, ob ich wirklich »in diese Brühe« gestiegen sei, gemeint war damit der Jordan, in den ich für eine Reportage aus dem Heiligen Land eingetaucht war. Bin ich. Ganz. Ungefähr an jener Stelle, an der sich Jesus einst taufen ließ, über ihm die Taube, der Heilige Geist, also jener Teil der Dreieinigkeit, der besonders von Journalisten erfleht werden sollte. Der Jordan, eine schlammig gelbe Brühe.

»Nichts dabei«, sagte ich, ganz abgebrühter Reporter.

Döpfner steht kerzengerade, das ist sein Trick. Er wickelt und windet sich nicht herab wie ein Tau, was man so oft erlebt bei Zwei-Meter-Leuten, die freundlich sein wollen, er bleibt gerade und neigt, als Konzession an die Welt der Kleinen, den Kopf. Das erhält ihm die Würde und zwingt Gesprächspartner auf Abstand, wenn sie keinen Nackenkrampf kriegen wollen.

Naturgemäß zum Beispiel Henryk M. Broder, ein guter Buddy, weißes Haar und bärtig und klein wie Miraculix, wenn die beiden witzeln, dann über eine Distanz von fünf Metern.

Schöne Party, Lichterglanz und Gelächter und Weingläser und in einer Sofaecke der Preisträger Karl Ove Knausgård, der stille Norweger, den ich für die Springerzeitschrift *Bilanz* gefeiert hatte für seine magische Alltagschronik *Kämpfen*.

Meinen Kampf schien ich gewonnen zu haben. Ja, ich fühlte mich tatsächlich endlich angekommen und angenommen. Drinnen die Kollegen vom Kulturressort, Andreas Rosenfelder mit Frau und seiner Bande, die zarte Maria Delius darunter, und all den anderen, die das Gerangel um die besten Futtertröge noch vor sich haben oder mittendrin sind. Schwer, die Tröge sind kleiner geworden und seltener, die Branche kriselt, und sie wird wegschrumpfen. Eigentlich braucht keiner mehr Zeitungen.

Ich mochte sie alle und hatte den Eindruck: sie mich auch. Mit einigen hatte ich auf der Buchmesse wunderbar herumgealbert.

Was für ein netter Abend.

Zehn Tage später war ich draußen.

So ist das, im Leben, im Journalismus, in der Politik.

Wie es dazu kam, will ich nachfolgend gerne erzählen, als Lehrstück. Welche Fehler man vermeiden sollte im neuen Angestelltenjournalismus.

Zurück also in den Februar 2014, mein Eintritt in die Springer-Welt, die natürlich im Rückblick auch ihre komischen Seiten hatte, die Chesterton nicht entgangen wären.

Schon der Anblick der Imponierarchitektur hätte ihn entzückt, und mit dem Bauherrn und Konzernchef Axel Springer hätte er sich über Jesus, wenn nicht gleich *mit* Jesus unterhalten, denn als der wähnte sich Springer gegen Lebensende. Aber Chesterton wäre fasziniert gewesen, ihn faszinierten verrückte Träume, Erlöserfantasien. Chesterton hätte vermieden, ihm mit dem Argument zu kommen, dass niemand sonst ihn für den Messias halte. »Denn genau das«, so schreibt er in der *Orthodoxie* über die Irren in der Anstalt Halliwell, »ist auch Jesus passiert.« Nein, er hätte ihn mit zwei, drei witzigen Bemerkungen wieder auf den Boden geholt und dann mit ihm über Chefredakteure gesprochen, die sich für Gott halten, und Redakteure, die dringend des Heiligen Geistes bedürften.

Aber zurück vors Springer-Gebäude in jenem Februar 2014.

Boah! ... Mann! Maaaaann! ... So hoch. So riesig. So triumphal tresorgoldener Pressestolz ... So erratisch, dieses Springer-Hochhaus. In den 60ern hier hochgezogen, am Grenzstreifen, an der Todeszone. Als Leuchtturm der Freiheit gegen den Kommunismus, als goldener Totem des kapitalistischen Systems, gegen das die 68er loszogen in ihrer lärmenden, dann gewalttätigen, dann blutigen Donquichotterie.

In den letzten Jahren »Aufarbeitungen« von beiden Seiten. Die Linken von damals sind heute Konservative, und die Konservativen von heute haben Komplexe und strengen sich gewaltig an, progressiv auszusehen, Designpreise zu sammeln und so zu sein wie alle, unfassbar modern eben, mit der Zeit, liberal und kantenlos.

Beeindruckt. Das war so meine Stimmung an jenem Februarmorgen 2014, als ich vor dem Springer-Hochhaus stand und rauchte, bevor ich mich einer neuen Redaktion vorstellte.

Mit knapp 60 ein neuer Job. Nein, kein neuer Job, ein neuer Arbeitgeber. Warum stand ich hier?

Ich hatte dem *Spiegel* nach 26 Jahren den Rücken gekehrt. Wir hatten uns auseinandergelebt. Ich hatte die schönsten und aufregendsten Jahre mit ihm verbracht, als Korrespondent in Ostberlin zur Zeit des Mauerfalls, als Bürochef und Reporter in New York, Rio de Janeiro und London, als Kulturressortleiter, als Videoblogger, was sollte noch kommen? Dem Pensionsalter entgegendämmern?

Zudem war nach dem Weggang von Stefan Aust als Chefredakteur aus dem *Spiegel* eine orientierungslose antiautoritäre Krabbelgruppe geworden, die in die brave linksgrüne Ebene zog und in der die sogenannte Mitarbeiter-KG, deren Vertreter aus allen Verlagsbereichen per Urabstimmung gewählt wurden, nun die Richtlinien bestimmen sollte.

Die Redaktion wurde dabei nicht gerade durch ihre schärfsten Köpfe, sondern durch die beliebtesten, auch weiblichen Gschaftlhuber vertreten, Chefredakteure und Geschäftsführer wurden fortan gewechselt wie die Menükarte in der Kantine, alle hoch abgefunden, die Kriegskasse stimmte noch, es kam zu Vollversammlungen, Seilschaften zogen gegen Seilschaften zu Felde, eine Art linker Spontistimmung zog ein, Ressortleiter kamen und gingen, und letztlich schwamm einer ganz oben, mit dem keiner gerechnet hatte. Wie bei einer Papstwahl.

Mir waren die Räume eng geworden. Ich hatte drei konservative Themen, mit denen mir ernst war: Familie, Kirche, Nation. Im Grunde war ich AfD, bevor es sie überhaupt gab. Sicher schrieb ich weiterhin große Reportagen und Titel auch über andere Themen, über Mark Twain oder Heine und die Romantiker oder Lady Di oder Romy Schneider, aber die vorne genannten Themen waren mir ein Herzensanliegen.

Ich hatte Bestseller darüber verfasst, *Die vaterlose Gesellschaft*, *Das katholische Abenteuer* und *Wir Deutschen*. Letzteres befasste sich mit unserer Identität. Ja, ich betrieb Identitätspolitik, bevor es die Identitären gab. Und damals, 2006, konnten sich Ulrich Wickert und Exminister Michael Naumann, der mich mit Heine verglich, konnten sich Establishment und Kritiker wie Alexander Gorkow von der *SZ* (»mitreißend«, »Hochkomik«) begeistern.

Nun, es gab die Identitären noch nicht und auch die Notwendigkeit nicht für dieselben. Dennoch: Als Kulturressortleiter hatte ich mich immer wieder um den Kanon bemüht, um die Klassiker, um deutsche Helden, tragische Helden.

Ich war für den Wiederaufbau des Schlosses, ich legte mich für die repräsentative und teure Architektur der Elbphilharmonie ins Zeug, während das Ressort in stolzer linker Tradition doch eher den Blockflötenunterricht in Prekariatsvierteln für förderungswürdig hielt.

Vor allem war ich ein Bewunderer des deutschen Papstes, den ich für einen der größten Theologen der letzten 100 Jahre halte. Schließlich bedeutete man mir: Hör auf mit Nation, hör auf mit Religion, wir wollen den *Spiegel* wieder nach links bewegen, und du stehst im Weg.

Und da es einen stellvertretenden Chefredakteur gab, der es sich ganz offensichtlich zur persönlichen Aufgabe gemacht hatte, mich rauszuekeln, kam ich ihm zuvor und ließ den Betrieb, der damals noch Geld hatte, mit einem »golden handshake« tüchtig in meine Altersversorgung investieren.

Lustigerweise war jener stellvertretende Chefredakteur am Tag meiner Abschiedssause selbst demontiert worden, ich stieß abends mit ihm an. Auch das eine Erfahrung aus dem Angestelltenjournalismus – du sitzt am Ufer des Nils und wartest einfach ab, bis die Leichen deiner Feinde an dir vorübertreiben.

Nun also *Die Welt*. Mathias Döpfner persönlich hatte mich auf einer Geburtstagsfeier des *Welt*-Autors Stuckrad-Barre weichgequatscht, zur *Welt* zu kommen.

Nun stand ich da. Vor der *Welt*. Um alles zu machen.

Gegenüber eine Brache, struppiges gelbes Wintergras, halbes Fahrrad, zerbrochene Einmachgläser, Bretterwand mit einem Plakatplacken, der sich schon schmutzig an der Kante hebt. Zirkus Busch, Clownsnase, und dahinter blitzte etwas auf in der Frühlingssonne, vielleicht eine Flaschenscherbe, und da schießt ein Karnickel übers Feld, schlägt zwei Haken und verschwindet.

Das Schöne an Karnickeln ist, dass sie blitzschnell sind und schwer auszurechnen.

Gab's früher viele, hier im Todesstreifen, Irene Dische hat ein Kinderbuch darüber geschrieben, mit Hans Magnus Enzensberger, ein Karnickelbuch über diese einst scheußlichsten Meter Berlins.

So fremd in diese einstige Stadtwüste gefallen ist dieser goldene Turm, hochgebaut oder abgeworfen, fast noch ins Trümmerfeld. Ein bisschen feindselig. Von vorne fensterlos. Ein Monolith. Ich lege den Kopf in den Nacken und denke an die Anfangsszene aus Kubricks *2001: Odyssee im Weltraum*.

Die Affen-Urhorde, kreischend um diesen schwarzen, rätselhaften Klotz hüpfend, über dessen Kante gerade die Sonne aufgeht zu den Fanfarenstößen aus Richard Strauss' sinfonischer Dichtung *Also sprach Zarathustra*, frei nach Nietzsche. Und dann entdeckt einer der Affen, dass man einen herumliegenden Knochen als Waffe nutzen kann. Er erschlägt damit einen Konkurrenten. Und er wirft den Knochen hoch in die Luft, triumphierend, hoch in den blauen Äther, weit über den Monolithen hinaus, und der Knochen dreht sich nahezu schwerelos dort oben und – Schnitt – verwandelt sich in ein majestätisch durchs lautlose Universum schwebendes Raumschiff.

Und das dreht und bewegt sich dann harmonisch im All zu den langsamen Walzerklängen von Johann Strauss' »An der schönen blauen Donau«.

Darum geht's ja immer zunächst. Wer schmeißt am höchsten? Besonders sogenannte Alpha-Journalisten wie ich sind da gefragt. Nach jeder großen Geschichte, das ist so Sitte bei uns, trommeln wir uns auf die behaarte Brust, fletschen die Zähne und erschlagen einen Konkurrenten. Wie will man uns eingliedern?

Den Schnitt kriegst du nicht hin, sagte ich mir, diesen bruchlosen Übergang, diesen lautlosen Schritt in ein gleitendes Raumschiff, das hier seit Ewigkeiten im Orbit kreist, komplizierteste Vorgänge, geräuschlos, eingespielt und tausendmal absolviert, jeder an seinem Platz.

Ich und lautlos? In einer einzigen fließenden Eingliederungsbewegung?

Vorher ein Vierteljahrhundert beim *Spiegel*, davor *Stern* und so weiter, seit 40 Jahren in der »Brangsche«, würde ich als Berliner Klempnermeister sagen, Lieferung nach Maß.

»Gnadenbrot in Peters' Ponyhof«, schrieb ein gehässiger Medienjournalist über meinen Wechsel. Mit Peters war der rund zehn Jahre jüngere Chef der *Welt*-Gruppe gemeint, er hatte sich über Münchner *Abendzeitung* und die Lifestyle-Zeitschrift *Max* da hochgearbeitet, und mit dem Ponyhof seine Neueinstellungen, sie kamen mir alle vor wie um die 20, knapp volljährig.

Wer das mit dem »Gnadenbrot« geschrieben hat? Egal, sind alle gehässig, ist deren Beruf. Die Faustregel geht so: Auslandsreporter sind Haudegen, Politredakteure tragen Anzug, Feuilletonisten sind neurotisch, und Medienjournalisten sind gehässig. Ach so, und Chefredakteure Zyniker, also die vom alten Schlag. Die neuen sind meistens 20 Jahre jünger als ich und Manager.

Der alte Klepper in der letzten Runde. Unverschämtheit. Noch mal die alten Tricks vorführen. Ab und zu ein unvermuteter Schub, cholerisch vielleicht, aber Lärm wollten sie letztlich haben. Worauf es ankommt, ist immer der Typ hinter den Texten, machen wir uns nichts vor. Die Launen. Der Überdruss. Und dann das Thema, das brennt.

Mein Klepper-Blick an jenem Morgen schweifte noch mal über das Zirkusplakat vor der Brache, unterm Schmutzfilm stolze weiße Rösser, die Hufe in der Luft, und an der Kante, wo das Brett sich hochwölbt, ein kleiner Dompteur mit Feuerreifen.

Über den Dompteur wird noch zu reden sein. Dompteure sind immer klein und tragen nicht immer Zylinder.

Ich leicht übergewichtig und immer wieder dagegen ankämpfend, manisch-depressiv wie viele Autoren, mittlerweile wieder Raucher, von geradezu sträflicher Arglosigkeit – ich bilde mir ein, ich könne sagen, was ich denke. Ich habe selbst nach knapp vier Jahrzehnten in der Branche nicht kapiert, wie man sich als »Edelfeder« benimmt. Bei mir kommt, in den Augen meiner Feinde (Medienjournalisten), immer etwas Böses, etwa der »katholische Taliban«, hinterher.

In letzter Zeit auch gerne »rechts«, »völkisch«, Anführer einer »rechtskatholischen Verschwörung«, »militanter Christ«, wie in der *FAS* zu lesen war. Mein Vergehen? Ich hatte Merkel kritisiert.

Aber das kam erst in jüngster Zeit.

Damals waren sie noch halbwegs bei Sinnen, trotzdem dachte ich, nee, das klappt nie, aber aus anderen Gründen.

Es hat ja auch nicht geklappt, trotz bester Bemühungen. Gefeuert bereits nach 17 Monaten, dabei hatte ich einen Lauf. Gefeuert mit 62, viel Zeit hatten sie nicht mehr, mir diese Erfahrung zu gönnen. Ein Vertrag auf Zeit war es sowieso.

Danach war ich auf dem Arbeitsamt und habe Gespräche geführt. Umschulungen sind möglich. Logistiker wurden gesucht. Es war kurz vor Weihnachten, eine künstliche Tanne mit farbigen Diodenlämpchen kämpfte auf blauem Teppichboden gegen die Verzweiflung der Besucher an, und dort ein Ständer mit praktischen Tipps: »Ich lerne besser lesen und schreiben ... weil ich dann besser Arbeit finde.«

Ich hatte mir die Karte mitgenommen, für alle Fälle.

Doch zurück: Wie benimmt man sich unauffällig? Wie geht das? Fragte ich mich an jenem Morgen im Februar 2014 vor dem Springer-Gebäude. Ich habe versucht, es mir bei anderen abzugucken. Bei Freunden wie dem preisgekrönten Alexander Smoltczyk, dem stillen Genie, oder bei Jan Fleischhauer, weniger still, aber stets im Rahmen, kühler und disziplinierter, beide beim *Spiegel*, oder bei Joachim Lottmann, dem witzigsten Gaukler unseres Literaturbetriebs, mit seiner durchtriebenen Höflichkeit. Aber ich glaube, sie wissen es selber nicht. Bei denen passiert es einfach wie eine Laune der Natur.

Dieser erste Tag in der Springer-Zentrale. Rein in den Goldenen Keil, vorbei an den langen Tresen mit den netten Empfangsdamen und grünen Äpfeln auf schwarzem Marmor, gegenüber die Produkte des Hauses für Besucher, wo ich mir in Zukunft immer den *Rolling Stone* und die *Sportbild* einstecken würde, durch die Sicherheitsschleuse, die sich besonders bewährt hatte, als ein Verrückter den damaligen Chefredakteur Roger Köppel mit einem Messer besuchen wollte.

Köppel hatte die Mohammed-Karikaturen veröffentlicht und einen wenig schmeichelhaften Kommentar über diesen räuberischen orientalischen Bandenchef aus dem 7. Jahrhundert verfasst.

Chesterton, der »Fat Man«, wäre schon an der Schleuse gescheitert. Er hätte einfach nicht durchgepasst. »Höhe 2,03«, hatte er einst in einer Diskussion wahrheitsmäßig geantwortet, »über das Gewicht gibt es nur Vermutungen.«

Hinter der Schleuse links ab, vorbei an einem kleinen maßstabgerechten Modell des Start-up- und Internetzentrums, das auf die Brache gegenüber gesetzt werden soll – und mittlerweile fast fertig ist.

Im Lichthof die »Mittelbar«, so groß wie die in der Central Station in Manhattan. Ein Viereck, polierter grauer Marmor, Stehtische und Flanierpublikum von der Straße, einige Nischen mit Ledersofas, der ungesicherte Bereich, hier treffen sich Redakteure mit Kunden oder Gesprächspartnern, nebenan eine Ladenzeile mit Poststation und Internetpannenhilfe, darüber die riesige Kantine mit ausgiebigen Büfetts mit Obst und drei Gerichten, eines vegetarisch – für alles gesorgt, eine veritable kleine Stadt für Hunderte von Fabrikmitarbeitern.

Beängstigend viele neue Gesichter.

Einige scheinen mich zu kennen, sie nicken mir zu, ich nicke zurück, und wenn sie an der Schleuse zum Kernbereich, dem Großraumbüro, auf ein paar Worte stehen bleiben, versuche ich, durch geschickte Fangfragen zu ermitteln, mit wem ich es zu tun habe. Aber dann auch gute vertraute Kollegen, die sich freuen, dass ich an Bord bin, wie Daggi Taube, die Interviewkünstlerin, oder Claus Christian Malzahn, der vor mir vom *Spiegel* übergewechselt war, wie auch Beat Balzli, stellvertretender Chefredakteur der *Welt am Sonntag*.

Doch zunächst das Großraumbüro. Es hatte die Größe eines Fußballfelds. Von einer Kommandoinsel in der Mitte aus ziehen sich die Tischbatterien der verschiedenen Ressorts sternförmig in den Raum. Monitore ringförmig über dieser Kommandoinsel, also jetzt eher *2001: Odyssee im Weltraum* als *Metropolis*, keine Stellwände, aber das hatte ich schon vor 20 Jahren erlebt, bei einem Besuch in der *New York Times*.

Das hier war Akkord an computerisierten Legebänken. Internet first. Hier mussten Geschichten oft für drei verschiedene Produkte auf- und umgeschrieben werden. Harte Zeiten.

An der Längswand ein großes Display, auf dem in einem ständigen Zittern die Klickzahlen im Netz gemessen und in Kurven abgebildet wurden, und am Kopfende des Raums Glaskubikel, in denen die Chefredakteure saßen wie Filialleiter bei Aldi, wenn sie nicht in ihren höheretagigen Büros saßen, sondern unten im Maschinenraum Dienst taten.

Hier wurde mir mit einem Bild vorgeführt, dass die großen Zeiten des Journalismus mit ihren Individualisten und Exzentrikern vorbei sind. Autorenjournalismus.

Sowieso jene pressesüchtigen Zeiten um die letzte Jahrhundertwende, in denen Chesterton sich mit dem Taxi vorfahren und den Fahrer warten ließ, weil er eine dringend benötigte Glosse abliefern sollte. Er ließ sich dann von der Sekretärin seine letzten Artikel bringen, überflog sie, lachte mehrmals und war in Stimmung, die verlangte, Betrachtung (romanische Kirchen, eine Philippika gegen Shaw oder den Burenkrieg) zu diktieren.

Aber ich hatte tatsächlich Lust aufs Tagesgeschäft, die schnellen Abschlüsse, wobei die Tageszeitungen ja fast hinfällig wurden durch das Internet, das News nahezu in Echtzeit verbreitete. Beim *Spiegel* hieß die Tageszeitung *spiegel online*, das war die Arena für Schnellschüsse, am liebsten Kommentare. Die waren im gedruckten *Spiegel* Privileg der Chefredakteure, aber die Grenzen waren verwischt – man konnte in jede Geschichte seine Meinung einfließen lassen.

Journalismus heute ist »Content«-Produktion. So nennen das die Manager. Zensur? Ach, i wo! So was gibt es nicht, schließlich sind die Tage des Obrigkeitsstaates vorbei. Doch Chesterton war schon zu Beginn des letzten Jahrhunderts misstrauischer: »Wir brauchen keine Zensur der Presse«, schrieb er. »Wir haben eine Zensur *durch* die Presse.«

Nun, der Springer-Konzern ist nicht Fleet Street, trotz seines Boulevardauslegers *Bild*, er ist eine Fabrik zur Herstellung dessen, was früher »Artikel« genannt wurde und heute von Verlagsmanagern wie Gruner-und-Jahr-Vorstand Julia Jäkel, einst eine gute Freundin, »Content« genannt wird.

Content? Wir sind Welterklärer, Künstler, Spaßmacher, Polemiker! Ich hatte ihr das mal vorgeworfen, dass sie uns Journalisten als »Content«-Hersteller bezeichnete wie in einer Wurstfabrik, sie war darüber schwer beleidigt. Content, pah!

»Content«-Produzenten also. So was wie Siemens. Es gab bei Springer nicht nur Ressorts und Chefredaktionen, sondern Stabsabteilungen. Über drei Milliarden Umsatz macht der Konzern, vor allem im digitalen Bereich, das heißt mit Start-ups und Kleinanzeigen. Und die Zeitungen sterben.

Die *Bild*-Zeitung hat sich in den letzten Jahren von einer Auflage von vier Millionen auf 1,9 Millionen halbiert, allein in den 17 Monaten, in denen ich zum Konzern gehörte, verlor das Blatt gute 200 000 Käufer, was sicher auch mit ihrem publizistischen Gleichschritt mit der Kanzlerpolitik und dem überraschenden Schwenk zum politischen Gutmenschentum zu tun hatte. Ein journalistisches »Herz für Kinder«, eine gedruckte Ganzjahresgala für den guten Zweck.

Es waren unaufgeregte Tage, und die Presse leistete sich noch eigene Akzente. *FAZ*, *SZ* und *Die Welt* waren noch unterscheidbar in ihren Kommentierungen der Berliner Politik, und alle kämpften gegen den Auflagenschwund, und alle hatten dieses Fragezeichen in ihren Redaktionen hängen wie Damoklesschwerter: Wie soll das weitergehen? Wer liest und wer braucht uns noch?

Die notorisch defizitäre *Welt* ist so etwas wie ein publizistisches Hobby des Konzerns. Gerade mal 11 000 Exemplare werden am Kiosk verkauft, die Gesamtauflage von 95 000 liegt unter der des *Straubinger Tagblatts* (115 000). Aber der Konzern nimmt dieses Hobby verdammt ernst, was, wie mir mal erklärt wurde, auch mit dem verminderten Mehrwertsteuersatz zu tun hat, der den Verlagen nur dann zugesprochen wird, wenn sie ihr Geschäft tatsächlich mit Zeitungen machen.

Die Welt wollte ernst genommen werden als Stimme unter den Großen (*SZ*, *FAZ*, *Handelsblatt*). Beziehungsweise wollte es gerade nicht, denn sie wurde seit dem Weggang des hochgebildeten, geläuterten Alt-68ers Thomas Schmid von zutiefst unseriösen Männern geführt, für die Zeitungmachen eher ein Lifestyle-Unternehmen bedeutete, die 80er-Jahre-Generation eben, die stolz auf Designpreise war.

Jan-Eric Peters hat mal die Journalistenschule des Verlags geleitet, und Ulf Poschardt kam nach seinem missglückten *Vanity-Fair*-Experiment als Kreativberater an Bord. Viele Leser werden mit diesem Namen nichts anfangen können, aber dem Namen Poschardt werden Sie im Folgenden öfter begegnen, nicht nur, weil er mich letztlich zur Strecke gebracht hat, sondern auch weil er ein Prototyp der neuen journalistischen Generation ist.

Unfassbar, dass die doch gestandenen und kompetenten Redakteure, die dort arbeiteten, das so hinnahmen, die Robin Alexander und Wolfgang Büscher, Richard Herzinger und Michael Stürmer, Tilman Krause und Thomas Kielinger und Sascha Lehnartz. Letzterer allerdings mit seinem Buch *Global Players. Warum wir nicht mehr erwachsen werden* eher auf der Seite der Spieler.

Wolfgang Scheida, Unterhaltungschef, war mir auf Anhieb sympathisch, er war stets gut gelaunt und relaxed und rief mir Sachen zu wie: »Matthias, schreibst du mir mal die Geissens für uns auf?« – »Klar, mach ich!« Ein Deutschrumäne oder Rumäniendeutscher, der mit 18 hier rüberkam, der tiefenentspannt war und sich nicht so wichtig nahm.

In einem fantastisch sitzenden taubengrauen Anzug, offener weißer Hemdkragen, stellte mich Vizechefredakteur Ulf Poschardt vor, er präsentierte mich dort unten im Konferenzgraben am ersten Tag wie eine Trophäe. Ich ganz schüchtern. Ich versuchte den Chesterton-Trick, der sich in seiner Schulzeit dumm gestellt hatte, um nicht drangsaliert zu werden. Allerdings war ich mittlerweile 60 und *kein* Genie wie der »Fat Man«.

Der Graben war wirklich einer, treppabwärts eine kleine Arena links im Raum, unten im Graben standen die Ressortleiter um etwas herum, was wie ein Spieltisch für Würfel in Las Vegas aussah, oben, also ebenerdig an Messingstangen gelehnt, die Zuschauer, die Redakteure oder eben die Kolumnisten, die man daran erkannte, dass sie älter als 25 waren, Michael Stürmer erschien im Trenchcoat.

Ein Würfeltisch für Themen, wer verdammt noch mal weiß heute noch, was die Leser interessiert. Glücksspiel Zeitungmachen! Die Nachrichten hat man schon am Vorabend mitgenommen, jetzt ging es nur noch um Kommentierungen und möglichst verrückte, augenfangende Themen.

Ich war der »Katholik« und damit eine merkwürdige, aus der Zeit gefallene Figur. Nicht cool. Ulf stellte mir oben im getäfelten Casino im 13. Stock den zufällig vorbeikommenden Dokumentaristen und Firmenchronisten Rainer Laabs vor, sinngemäß *noch* katholischer als ich.

Poschardt hat selbst Philosophie bei einem Jesuiten studiert, aber trotzdem hatte ich plötzlich den Eindruck, dass er nicht genau wusste, was er mit mir reden sollte. Vielleicht lag sein gebremster Enthusiasmus daran, dass ich vom Konzernchef persönlich eingestellt wurde.

Später schaute ich noch bei Alan Posener vorbei, mit dem ich in einigen meiner Videoblogs herumgealbert hatte, ich hatte ihn als netten Kerl in Erinnerung, Engländer, einer der »Köpfe«, mit denen Springer Werbung machen wollte. Tatsächlich, sie hatten eine Zeit lang riesige farbige Porträts von Posener und Broder auf Werbeflächen, aber eben sonst niemanden.

Posener saß im alten Gebäude in einem der höheren Stockwerke in einem Verschlag von schätzungsweise vier Quadratmetern zwischen hohen Bücherstapeln, und er las auch hier. Wenn er zuhause gelesen hätte, hätte er es hergeben müssen, und das wollte er nicht.

Anschließend rannte ich in meinen alten *Spiegel*-Chef Stefan Aust rein, jetzt Herausgeber der *Welt*, große Freude, sofort in die Kantine zu Spaghetti bolognese. Wir frotzelten wie in alten Tagen und heckten ein paar Themen aus – lief doch!

Noch einmal hoch zum Chef, der ein Selfie wollte mit FC-Nürnberg-Schal, seine verhängnisvolle und oft enttäuschte Liebe, dann war der erste Tag geschafft.

Kurz noch bei Kulturchef Cornelius Tittel vorbei, der aber schon an mir vorbeirauschte mit nach oben gehaltenen Händen, wie ein Chirurg, wichtig, wichtig, oder eher ein Kurator, der einen Pollock in Empfang nehmen soll und sich Mühe gab, besonders mir gegenüber geschäftig zu wirken – er hatte mir vor Jahren mal beim Theatertreffen aufgelauert, und ich hatte ihn abgebürstet wie einen Autogrammjäger.

Erstes Fazit: Ich war nicht mehr ganz so beunruhigt. Mit dem Chef der *Welt*-Gruppe, Jan-Eric Peters, hatte ich in den Tagen zuvor ein letztes Gespräch geführt, ich offenes Hemd, nicht sehr frisiert, er wie aus dem Ei gepellt, ich überschüttete ihn mit Ideen, seine Augen waren tot und grau wie die geschlossenen Leichenfächer in der Forensik. Weißes Rauschen.

Irgendwann kapierte ich: Er mochte mich nicht, ich ihn auch nicht, ich war offenbar auch gegen seinen Willen eingestellt worden. Der Verlag (Döpfner) war mir in meinen Gehaltsvorstellungen und der Laufzeit meines Vertrags entgegengekommen.

Als ich mich in den Anfangstagen mit meiner Plastiktüte in der Hand im Großraumbüro mit einer Frage an einen der Oberen wandte, snobbte der: »Haben Sie einen Termin? Das ist hier wie beim Zahnarzt.« Ich musste lachen, denn er sah in dem Moment wirklich wie einer aus. Dabei wollte ich nur wissen, wo das Klo ist.

Der Katholik macht ernst

Die neuen Kollegen – Coolness als journalistisches Motto – Was darf man sagen und was nicht? – Das weiße Kaninchen hoppelt über meine Tastatur – Über Liebe, Familie und fehlende Kinder – Der Terror der Gleichheit – Bin ich homophob? – Der Aufstand der Redaktion und ein Shitstorm – Der Apparat straft den Einzelgänger mit einer Abmahnung ab

Also noch einmal hinein in eine Welt der angestellten Journalisten, der Textfabrikanten, auf der Suche nach Aufregern, nach Geschichten, die in unserem Wirklichkeitszapping, in der Überflutung von Reizen den Leser, diesen Zappelphilipp, dieses ADS-Kind, das immer auf dem Sprung ist, für ein paar Minuten zu fesseln und zu interessieren vermögen.

Reportagen, Kritiken, Kolumnen, das alles in einer Konkurrenz, die fast übermächtig ist, nicht nur durch Funk und Fernsehen, sondern auch durch das Netz, das immer einen Tastenklick weiter den ganz anderen Raum öffnet, mit seinen eigenen Spektakeln.

Der Goldklumpen in diesem ständigen Sieben der Wirklichkeit ist die *Debatte*, diese Stromschnelle mit ihren eigenen Wirbeln, die das Interesse der Leser im besten Fall auf Tage hinaus binden.

Gilbert K. Chesterton lernte spät sprechen, aber dann hörte er nie wieder auf. Er war ungefähr vier, als ein gleichaltriges Mädchen auf ihn einredete, ohne Punkt und Komma, sodass er sich nicht anders zu helfen wusste, als sie am Arm zu packen und mit einem Schwall von Nonsenswörtern zu bremsen.

Kurz darauf konnte er sprechen, ja die Sprache flog ihm zu, und er atmete auf, als sein fünf Jahre jüngerer Bruder Cecil geboren wurde, da hatte er, wie er in seiner Autobiografie schrieb, »endlich ein Publikum«.

Die beiden debattierten endlos. Sie waren in allem unterschiedlicher Meinung, oft nur, typisch britisch, weil es so viel Spaß brachte. Die längste Debatte, die die beiden führten, dauerte 14 Stunden, praktisch nonstop, und ihre Eltern dachten nicht daran, sie zu unterbrechen, denn es galt das Prinzip »Free Speech«.

Bereits mit 16, mittlerweile auf dem Gymnasium St. Pauls, gründete Chesterton zusammen mit seinem Freund Lucian Oldershaw, dem Sohn eines berühmten Schauspielers, seine eigene Zeitschrift. Sie nannten sie *The Debater*.

In meiner Zeit als London-Korrespondent habe ich einigen Debatten in der Royal Geographic Society besucht, sie waren wie Sportereignisse aufgezogen, mit Themen wie »Lasst uns Schottland loswerden« oder »Afrika ist nicht zu helfen«, drei für die These, drei dagegen, vorher und hinterher wurde abgestimmt. Die Beiträge waren gespickt mit Witz, Polemik und haarsträubenden Übertreibungen – was für ein Spaß.

Auch bei Springer, auch bei der *Welt* versuchte man, die große Debatte anzustoßen, nicht zuletzt dafür war ich engagiert worden, doch wie ich bald erfahren sollte, waren diese Debatten eher als Scheinriesen gedacht, eher Sparring als Wettkampf, brav im Rahmen einer lässigen metropolitanen Übereinkunft.

Aber so ganz anders war das wohl auch früher nicht.

Bereits nach ein paar Monaten gelangte Chesterton zu der Erkenntnis: »Man versucht heute, einen Andersdenkenden nicht mit Vernunftgründen zu erdrücken, sondern durch ein geheimnisvolles Überlegenheitsgetue, indem man andeutet, dass man hier speziell auf dem Laufenden oder besonders im Bilde ist.« Das hat er bereits vor 100 Jahren geschrieben, deprimierend, ich dachte, diese Haltung sei eine Erfindung unserer Tage.

Wenn einer diese Haltung in der *Welt* verkörperte bis ins modische Schuhwerk, dann war es Dr. »Pop« Ulf Poschardt, der mich bereits vor Jahren einmal bestürmt hatte, das Kulturressort zu übernehmen, um den schlaffen Haufen auf Touren zu bringen.

Damals hatte ich gerade die Ressortleitung der Kultur im *Spiegel* abgegeben und nicht die geringste Lust, mich in ein erneutes Martyrium zu stürzen. Ich kenne Ulf seit Jahren. Er hatte mal einen Essay für mich geschrieben, den ich auf Geheiß der Chefredaktion umschreiben musste, weil ihn keiner verstand. Trotz allem, ich fand ihn nett. Und er mochte mich, offenbar weil ich für Randale sorgte.

Was für ein Missverständnis – ich war nie auf Randale aus, sondern auf den Kampf von Ideen. Und meine waren uncool, wusste er das nicht?

Müsste er eigentlich. Wenn er seinerseits politisch schwärmte, etwa für den coolen Freiherrn von und zu Guttenberg wegen seines Stils, bekam ich Bauchkrämpfe. Über zwei Seiten hatte er einmal dem flotten Freiherrn anlässlich seines Afghanistan-Truppenbesuchs *modisch* applaudiert, er kannte die Schuhmarke und das Label seiner Jeans und das des Kleides seiner Frau.

Ein neuer Politikstil, schrieb er begeistert, Dinge, für die ich mich nicht die Bohne interessiere, aber wohl die eher unpolitische Pop-Meute, die Ulf für seinen »Verjüngungskurs« der *Welt*-Leserschaft im Auge hatte und die eine Jeansmarke für ein politisches Statement hält.

Aber er liebte die mutige Kontroverse.

Im Rückblick auf seine journalistischen Anfänge schrieb Gilbert K. Chesterton, er verdanke seinen Erfolg der Tatsache, dass er »respektvoll und schüchtern den besten Ratschlägen zuhörte, die ihm die besten Journalisten seiner Zeit gaben, solche, die die allergrößten Erfolge erreicht hatten; und dann wegging und das genaue Gegenteil tat«. Ihre Ratschläge liefen darauf hinaus herauszufinden, was die entsprechende Zeitung wollte, und auftragsgemäß zu liefern. Er dagegen, »teils durch Zufall, teils durch Ignoranz, teils durch die wilde Selbstgerechtigkeit der Jugend«, schrieb nie auch »nur einen Artikel, der in irgendeine Zeitung gepasst hätte«.

Für die antibürgerliche *Daily News* schrieb er über französische Cafés und katholische Kathedralen – »und sie liebten es, weil sie noch nie davon gehört hatten«. Für den sozialistischen *Clarion* »verteidigte er die Theologie des Mittelalters und all die Sachen, von denen deren Leser noch nie gehört hatten – und sie liebten es«.

Das war eine brauchbare Maxime auch für den Springer-Konzern, und der Witz hier war: Sie wollten es. Romanische Kirchen und so. In der Kantinensprache: bisschen gebildeten Radau. Aber in Maßen. Und vor allem: cool. Metropolitan. Mit geputzten Schuhen.

Doch wie sich schnell herausstellen sollte, mit unsichtbaren elektrisch geladenen Zäunen, die jede Übertretung kompromisslos ahnden, so wie die eisernen Produktionsregeln der Maschinenarbeiter in Fritz Langs *Metropolis* überwacht werden.

Zensur? Ach, i wo! Entwarnung. Hier ist Anecken erwünscht!

Zum Einstand sollte ich über den katholischen Schriftsteller Martin Mosebach und seinen neuen Roman schreiben, der eine Katholik also über den anderen, der Artikel erschien unter der Schmunzeltitelzeile »Treffen sich zwei Päpste …«. Ich schwärmte nicht nur über Mosebachs eindrucksvolle Society- und Flüchtlingsgeschichte vom Balkan, die sein Roman *Das Blutbuchenfest* erzählte, sondern ich rhapsodierte auch wie befreit über die liberale *Welt* im Gegensatz zum verklemmten und finsteren *Spiegel*, der meine Carl-Schmitt-Zitate nicht pädagogisch unbegleitet gedruckt hätte.

Heute bin ich mir da nicht mehr sicher.

Mathias Döpfner schien zufrieden, von den Chefredakteuren kam nichts. Totenstille.

Vielleicht hätte ich mir einen Termin fürs Feedback geben lassen sollen.

Das unberechenbare weiße Kaninchen, *white rabbit*, schoss mir ein paar Tage später über den Weg beziehungsweise über die Tastatur. Genauer gesagt, in einer Nacht, als ich mir eine Talkshow mit Sandra Maischberger anschaute.

Sie moderierte eine Sendung zum Thema Homosexualität und Familie. Süffig, sarkastisch, provokativ. Sandra Maischberger war praktisch aufgewachsen mit diesem ironisch-pikierten Tonfall, besonders wenn es um »rückschrittliche« Ansichten geht.

Ich kenne Sandra seit über 25 Jahren. Damals durfte sie bei *Talk im Turm* mitmoderieren, und ich war seither oft bei ihr in ihrer eigenen Sendung eingeladen. Zur Deutschen Einheit, zum Thema Frauen, in den letzten Jahren zum Thema katholische Kirche, wobei die Arbeitsteilung immer klar war: Ich sorgte mit meiner Orthodoxie für Zoff, und sie unterbrach mich zeitkritisch.

Irgendwann hatte ich mal die Arbeitsteilung satt: Im Mai 2012 wurde ich mit Michel Friedman und Wolfgang Bosbach und dem Salafisten Hassan Dabbagh, dem »Imam von Sachsen«, eingeladen. Ich kam zu spät, die Runde saß schon im Studio, nicht meine Schuld, das Taxi stand im Stau, Sandra wies mich zurecht, dabei war ich überstürzt eingeladen worden, wahrscheinlich für Abbrucharbeiten.

Und ich lieferte, auf meine Art. Der Bartträger in seinem Burnus saß da herum und erklärte, dass der Islam eine Friedensreligion sei und Jesus eigentlich Muslim gewesen sei. Es war absurd, aber nicht wegen des Salafisten, sondern wegen Michel Friedman, der ständig in meine Richtung mahnte, dass das Christentum ja auch eine Gewaltreligion gewesen sei: die Kreuzzüge!

Immer wieder gern, die Kreuzzüge.

Mittlerweile hatte ich eine romantische Liebe zu den Kreuzrittern entwickelt, die tatsächlich Burg und Hof aufs Spiel setzten, um sich aufzumachen, das Heilige Land von den muslimischen Seldschuken zurückzuerobern, mit Papst Urbans II. Versprechen eines vollständigen Ablasses ihrer Sünden. Und sie hatten einiges auf dem Kerbholz, die Ritter jener Tage. Diesmal aber kämpften sie buchstäblich für Himmels Lohn. Alle hatten damals Angst vor der Hölle, die ewig währt, ergo waren sie enorm motiviert.

Zu den Kreuzzügen hatte bereits Chesterton bemerkt, dass, lange bevor »die Ritter überhaupt von Jerusalem träumen konnten, die muslimischen Krieger auf Paris zuritten«. Nachdem sie den Nahen Osten, Nordafrika und Spanien überrannt hatten. Und das expansive Potenzial ist geblieben. Bis heute.

Friedman also hob die Sendung auf den Attackenmodus gegen das Christentum. Der Salafist lachte sich schief, und Friedman mahnte mich. *Mich.* Da fiel mir ein, was ich schon lange mal sagen wollte, also sagte ich es: »Michel Friedman, Sie sind ein Schmierenkomödiant.« Friedman beschwerte sich in der Sendung prompt bei Sandra, die zusehends den Überblick verlor, Friedman petzte tatsächlich wie der Klassenstreber über den Klassenpenner.

Sie maßregelte mich, und ich verteidigte mich: »Aber er ist nun mal ein Schmierenkomödiant, ich muss doch die Wahrheit sagen!«

Es war die Woche, in der Salafisten mit Messern auf Polizei und Gegendemonstranten losgingen. »Ich weiß ja noch nicht mal, ob der Typ kein Messer bei sich hat«, sagte ich in Richtung Zottelbart. Darauf die Schauspielerin Renan Demirkan, mit Schauspielerinnenbrio: »Sie sind genauso radikal wie der.« Darauf ich: »Aber ich hab doch gar kein Messer dabei.«

Es war herrlich. Eine Sternstunde pikierter, brüllender und maßregelnder Talkshowerei. Eine Art Performance über die Sinnlosigkeit solcher Quasselrunden. Und da die Sendung im Anschluss an die Tumulte von Düsseldorfs Aufstiegsspiel in die Bundesliga ausgestrahlt wurde, hatte sie die höchste Einschaltquote aller Maischberger-Runden bis dahin. König Fußball regierte tatsächlich, und ich hatte ein paar verbale bengalische Fackeln dabei.

Aber natürlich bin ich nicht der Einzige, dem Friedman auf die Nerven ging. Henryk M. Broder schrieb kurz zuvor in der *Bild*-Zeitung: »Friedman ist kein Arschloch … er ist ein riesengroßes Arschloch.« Mich wunderte schon, dass *Bild* das, ohne mit der Wimper zu zucken, druckte, denn Friedman war damals Mitarbeiter der *Welt*, die Vokabel »Arschloch«, das jetzt mal ganz hypothetisch vorweg, wäre also durchaus salonfähig dort.

Wichtig. Für später.

Nun also eine neue Maischberger-Sendung, ohne mich, aber mit einem aufwühlenden Thema: Diesmal, im Februar 2014, knöpfte sich Sandra die Proteste gegen den Sexualkundeunterricht vor, den die grüne Schulbehörde in Baden-Württemberg ihren Pennälern verordnen wollte. Süffig formuliertes Thema also: »Homosexualität auf dem Lehrplan – droht die moralische Umerziehung?«

Nun, wie jeder weiß, ist das heiligste Gut der Gegenwart das Bekenntnis zur freien und folgenlosen Sexualität. Schon vor 100 Jahren prophezeite Chesterton, dass die Sexualmoral das nächste große Tabu sein werde, das eingerissen werde, nicht mal durch die Sozialisten der Fabian Society, sondern durch die Oberklasse in Ermangelung anderer drückender Probleme.

Er sollte recht behalten: Die Lust wird heutzutage vergöttert, genauer, die von der Fortpflanzung entkoppelte Lust. Liebe ohne Grenzen, wobei auch Liebe im Zweifel durchaus entbehrlich sein kann. Nachwuchs ist in den wenigsten Fällen erwünscht.

»Freie Liebe« nennt Chesterton einen Widerspruch in zwei Wörtern – »als wäre je ein Liebender frei gewesen oder als könnte er je frei sein. Es ist die Natur der Liebe, sich zu binden.« Und normalerweise ist sie auf Nachkommenschaft ausgerichtet, aber was ist schon normal, auch nur ein ideologisch belastetes »Narrativ«, vermute ich mal.

Liebe ist das eine, die Nachkommenschaft das andere, und es gibt nichts Lustigeres als jene Stelle, in der Chesterton über die Geburt spricht: »Das herrlichste Abenteuer im Leben ist nicht, sich zu verlieben, sondern geboren zu werden. Da nämlich geraten wir in eine verführerische und verblüffende Falle. Unser Vater und unsere Mutter liegen lauernd da wie Räuber hinter einem Busch und warten darauf, dass wir herausspringen. Unser Onkel ist eine Überraschung. Unsere Tante ist ein Blitz aus heiterem Himmel.«

An anderer Stelle beschreibt er Familie als großes Trainingsgelände und als Abenteuer. Wir müssen uns, wenn wir auf die Welt kommen, orientieren wie Alice in ihrem Wunderland, wir müssen uns arrangieren mit denjenigen, die bereits da sind, ob wir sie mögen oder nicht. Wir müssen mit Leuten auskommen, die wir uns nicht ausgesucht haben, mit Brüdern und Schwestern, wir müssen uns anpassen. Unser erstes Sozialtraining überhaupt ist die Familie.

Das Abenteuer aber hat mittlerweile auf die Elternseite übergegriffen. Dort nämlich wächst die Ratlosigkeit. Kinder werden heute geplant wie Feldzüge, es muss genau passen, am besten zwischen zwei Karriereschritten. Hunderte von Millionen Euro im Jahr werden für Erziehungs- und Ratgeberbücher ausgegeben.

Meine Eltern haben kein einziges gelesen und nach dem Krieg, in Zeiten der Not, ein Kind nach dem anderen in die Welt gesetzt, fünf Jungen übrigens, obwohl mein Vater immer auf eine Tochter gehofft hatte. Wir tragen alle Apostelnahmen. Zum Ausgleich heißen wir mit dem zweiten Namen Maria.

Unsere Gesellschaft hat Kinder verlernt. Und wenn sie dann zur Welt kommen, liegt das Abenteuer aufseiten derjenigen, die die Krippe umringen. Sie beugen sich über die Neuankömmlinge, als seien sie Außerirdische. »Kommt es in friedlicher Absicht?« – »Es spricht ja gar nicht.« – »Haare hat es auch nicht.«

Zurück zur Sendung: Birgit Kelle, Mutter von vier Kindern, klagte über den Sexualunterricht, in dem etwa zu lernen ist, »wie Lesben sich gegenseitig befriedigen, indem sie sich nämlich lecken«. Woraufhin Sandra scherzend in die Runde fragte: »Ist es schon spät genug?«

Mir ging mittlerweile die Fixierung auf Sex und besonders das Getue um Homosexualität gewaltig auf die Nerven. Es irrt vor allem in seinem Gleichheitsfuror. Schon der geniale Alexis de Tocqueville erkannte, dass in der Kampfparole der Französischen Revolution »fraternité, liberté, égalité« die Gleichheit zum bestimmenden kulturellen Wert in der Moderne werden würde. Allerdings steht die Forderung nach Gleichheit im Widerspruch zu der nach Freiheit. Denn in jedem Fall Gleichheit herzustellen, bedeutet Zwang und Unfreiheit, was die kommunistischen Regime vorgeführt haben. »Die apriorische Legitimationsvermutung zugunsten jeder Gleichheitsforderung«, wie wir sie heute erleben, erzeugt nach Peter Graf Kielmannsegg eine folgenreiche argumentative Schieflage. »Sie wirkt sich etwa immer mehr dahingehend aus, dass schon das Reden über Ungleichheit tabuisiert wird.« Und worüber nicht geredet werden darf, darf letztlich auch nicht mehr gedacht werden.

Doch es gibt das zu respektierende Ungleiche. Mittlerweile aber kann man Fremdes nicht mehr fremd nennen, ohne der Fremdenfeindlichkeit geziehen zu werden. Man kann Unterschiede zwischen Mann und Frau kaum noch zur Sprache bringen, ohne des Sexismus bezichtigt zu werden.

Die Geschlechter aber sind ungleich. Das ist die natürliche Voraussetzung für das Fortleben unserer Gattung. Dass das in Vergessenheit gerät, gehört zu den surrealsten Überschreibungen des linken Kulturkampfes. Ich selber bin jüngst von der grünen Böll-Stiftung wegen »heteronormativer Ansichten« an den Pranger gestellt worden.

In der katholischen Kirche jedoch, die sich nicht nur als Kulisse fürs Foto zur Verfügung stellen möchte, hält man sich – trotz aller Widerstände und der Tatsache, dass ein beträchtlicher Teil des Klerus schwul ist – an das biblische Gebot, nämlich an das Ehesakrament, das nur zwischen Mann und Frau gestiftet werden kann. Sie glaubt an die Orthodoxie von Mann und Frau, an das bipolare Schöpfungsmodell aus der Genesis. »Es ist nicht gut, dass der Mensch allein ist, ich will ihm eine Hilfe schaffen als Gegenüber«, sagt Gott, und er schuf dem Mann die Frau. Das hebräische Wort für Hilfe kann auch »Rettung aus höchster Not« bedeuten.

Erst in der Begegnung mit der Frau *(ischa)* wird aus dem Menschen *isch*, der Mann. In keinem anderen orientalischen Schöpfungsbericht wird ausdrücklich die Erschaffung der Frau beschrieben, das ist allein der hebräischen Bibel vorbehalten. »Das Wunder Frau ist genauso unmittelbar zu Gott wie das Wunder Mann«, sagte der Theologe Siegfried Zimmer in seinem Vortrag über die Genesis. Aus der Rippe Adams, aus dem Unterleib hat er sie erschaffen und verschließt die Stelle mit Fleisch. Und er sagte: »Seid fruchtbar und mehret euch« mit dem Schwerpunkt auf Familie und Nachwuchs.

Doch es ging mir bei meinem Kommentar, zu dem ich mich dann vor den Computer setzte, gerade nicht um Homosexualität oder die »Ehe für alle«, die vor dem letzten Wahlkampf von der Vorsitzenden der sich immer noch christlich nennenden CDU mit ihrem peinlich wachen Instinkt für Mehrheitsmeinungen und Kämpfe, die nicht mehr zu gewinnen sind, nach jahrelangem Widerstand durchgewunken wurde, sondern um Meinungs- und Redefreiheit.

Wobei an dieser Stelle doch noch ein Wort über Familie und die »Ehe für alle« angefügt werden sollte. Ich hatte über Familie geschrieben, der im Grundgesetz ein besonderer Schutz versprochen wird. In der »Ehe für alle« jedoch sieht der Verfassungsrechtler Ernst-Wolfgang Böckenförde eine »juristische Deregulierung der Ehe«, der der »ureigenste Gemeinschaftsbezug, das familiäre Kind-Eltern-Verhältnis dem Zugriff verfassungsrechtlicher Schutzgewährung« entgleitet, sodass schließlich sogar »Tragemutterschaft und Embryonalspende *nicht* als Verletzung der Menschenwürde erscheinen«. Doch sie ist genau das!

Zurück zu jener Nacht. Wäre es nicht mal an der Zeit, dachte ich mir, dass die Homolobbys in Rechnung ziehen, dass die überwiegende Mehrheit, sagen wir 95 Prozent, eben nicht unter diesem Problem, besser: dieser sexuellen Neigung, leiden oder sich an ihr erfreuen? Dass ihre Probleme eben keine gesamtgesellschaftlichen sind?

Wir hatten mittlerweile einen homosexuellen Außenminister, der seinen Lebensgefährten ganz selbstverständlich auf Staatsbesuchen und Empfängen präsentierte, wir hatten einen homosexuellen Regierenden Bürgermeister von Berlin, der mit seinem Bekenntnis »Ich bin schwul, und das ist auch gut so« Wahlen gewonnen hat, die letzte nur noch deswegen, was soll noch kommen?

Ich bin selbstverständlich mit der sogenannten freien Liebe aufgewachsen, erst recht, als ich mit 16, also 1970, in eine maoistische WG zog. Für mich bedeutete das kein ideologisches Glaubensbekenntnis, sondern sturmfreie Bude in der Pubertät, was will man mehr? Viele junge Hippiemädchen in Miniröcken fanden das aufregend.

Mit Schwulen hatten wir ganz selbstverständlichen Umgang. Einer war in unserer WG, ein älterer Buchhändler, den nannten wir Professor, weil er über ein profundes Wissen und einen enormen Zitatenschatz verfügte. Vor allem brillierte er mit Gedichten von Gottfried Benn. Wenn er zwei

Flaschen Wein intus hatte oder einen Joint, musste man sich vor ihm in Acht nehmen, das wussten wir – nichts dabei.

Aber zurück: Durfte man der Meinung der katholischen Kirche sein? Oder ist die Morallehre der Kirche politisch so inkorrekt, dass man sie noch nicht mal zitieren darf? Das wollte ich wissen in jener Nacht vor dem Fernseher, und *white rabbit* ermunterte mich, auch es wollte Klarheit in dieser Frage.

Also zur Sexualerziehung, wo Pädagogen mit sogenannten Beziehungskoffern die Klassenräume stürmen und die Kleinen auffordern, ein Bordell auszustaffieren, oder ihnen beibringen, was ein »Darkroom« ist. Eine Praxis, die vom Staatsrechtler Christian Winterhoff infrage gestellt wird, der das Lernziel »Akzeptanz sexueller Vielfalt« als verfassungswidrig bewertet. Punkt 2 seines Gutachtens: »Die Schule muss jeden Versuch einer Indoktrinierung der Schüler mit dem Ziel unterlassen, ein bestimmtes Sexualverhalten zu befürworten oder abzulehnen.«

Nur wenige Tage vor der Sendung hatte ich von einem 83-jährigen Kardinal gelesen, dem nach einem von den spanischen Sozialdemokraten eingeführten Antidiskriminierungsgesetz die Anklage drohte, weil er die Meinung äußerte, dass Homosexualität »heilbar« sei. Eine verpönte und womöglich unhaltbare Meinung, die besonders in den USA kursiert und sogar Erfolge meldet. Nach EU-Recht fällt diese Ansicht unter den Antidiskriminierungsparagrafen. Ich stellte mir im Geiste vor, dass da ein Martin Schulz in einem Schauprozess mit Schaum vor dem Mund diesen alten Kardinal zusammenstaucht, weil er »falsche Ansichten« äußert.

Dessen Äußerungen fallen heutzutage offenbar unter »hate speech«, ein rhetorisches Verbrechen, das einen Missbrauch der freien Rede bedeutet – natürlich ein Kontrollversuch, der an Orwells *1984* erinnert.

Ich glaube, dass den wenigsten heutzutage klar ist, dass die Ersten, die »hate speech« unter Strafe stellen wollten, die Stalinisten waren. Als die Völkergemeinschaft nach den Verbrechen des Faschismus 1948 daranging, eine »Allgemeine Erklärung der Menschenrechte« zu verfassen, waren die Diskussionen zu Artikel 19, der die (unter Hitler erdrosselte) Meinungsfreiheit garantieren sollte, besonders heftig. Er lautet: »Jeder Mensch hat das Recht auf freie Meinungsäußerung; dieses Recht umfasst die Freiheit, Meinungen unangefochten anzuhängen und Informationen und Ideen mit allen Verständigungsmitteln ohne Rücksicht auf Grenzen zu suchen, zu empfangen und zu verbreiten.«

Es waren die sowjetischen Delegierten, die darauf bestanden, dass eine besondere Klausel einzufügen sei, die »intolerante« Meinungen verbieten solle. Sie argumentierten, dass eine unlimitierte Redefreiheit auch »faschistische Propaganda« erlauben könnte. Allerdings ließen sie offen, was als »faschistisch« zu gelten habe. Die russische Kommission versuchte, es so zu umschreiben: »Blutige Diktatur des reaktionärsten Auswuchses des Kapitalismus und seiner Monopole.«

Davon waren die übrigen Kommissionen nicht überzeugt. Tatsächlich kam es ihnen darauf an, dass der Toleranzbegriff der Meinungsfreiheit auch intolerante Meinungen dulden müsse. Besonders die kanadische Kommission wies darauf hin, dass der Begriff »faschistisch« bequem auf jede Person oder Idee angewandt werden könne, die nicht gerade kommunistisch sei.

Es blieb beim Originalentwurf, wie er heute gültig ist. George Orwells Stalinismus-Parabel *1984* führte bereits 1948 vor, wohin die Gängelung der Sprache führen kann: Um die Kontrolle über Gedanken zu erringen, wird die Sprache beschnitten. Tatsächlich kann der »Große Bruder« stolz verkünden, dass das von ihm erfundene »Neusprech« die einzige Sprache ist, deren Vokabular mit jedem Jahr knapper wird, weil ständig Worte wegfallen.

Nun hat der Europäische Gerichtshof in einem Papier zugegeben, »dass es keine universell akzeptierte Definition des Begriffs ›hate speech‹ gibt«. Er führt aus: »Die Identifizierung von Ausdrucksweisen als ›hate speech‹ ist manchmal schwierig, da diese Sprechakte sich nicht unbedingt durch Hass oder sonstige Emotionen manifestieren. Sie können sich durchaus in Statements äußern, die auf den ersten Blick völlig normal und rational erscheinen.«

Es gibt daher zahllose, teils auch widersprüchliche Definitionen, die schließlich in die entsprechenden Gesetzestexte gewandert sind. Sie sind oft sehr vage formuliert. Letztlich geht es um Macht, wie in jenem berühmten Dialog zwischen Alice und Goggelmoggel in Lewis Carrolls Klassiker *Alice hinter den Spiegeln*:

»Wenn ich ein Wort gebrauche, heißt es genau, was ich für richtig halte – nicht mehr und nicht weniger«, sagte Goggelmoggel.

»Es fragt sich nur«, sagte Alice, »ob man Wörter einfach etwas anderes heißen lassen kann.«

»Es fragt sich nur, wer der Stärkere ist, weiter nichts.«

Die Stärkeren waren zur Zeit der Niederschrift dieses Buches die Regierung mit ihrem Justizminister Maas, der ein sogenanntes Netzwerkdurchsetzungsgesetz durch den Bundestag zur Verabschiedung peitschte. Es klingt nicht nur wie eine Erfindung aus Orwells Wahrheitsministerium. Die Behörde rekrutiert Zivilpersonen, die ihnen fragwürdige Inhalte anzeigen, und belegt Facebook mit Strafandrohungen von bis zu 50 Millionen Dollar, sollten die indizierten Inhalte nicht gesäubert werden.

Die Stärkeren sind auch die zahlreichen politisch korrekten, feministisch durchsetzten Aufpasser der gendergerechten Sprachpolizei, weshalb wir dauernd von Mitbürgerinnen und Mitbürgern hören, aber selten von KZ-Aufseherinnen und KZ-Aufsehern, Müllarbeiterinnen und Müllarbeitern etc.

»Hate speech« muss nicht unbedingt falsche Tatsachenbehauptungen erfordern. Im Jahr 2014 etwa wurde der schwedische Politiker Michael Hess wegen eines Vergehens gegen den »hate speech«-Paragrafen zu einer saftigen Geldstrafe verurteilt. Der Richter merkte während des Prozesses an, »dass die Frage, ob die Äußerung falsch oder richtig war oder zumindest für Michael Hess richtig erschien, völlig irrelevant« sei.

Besonders auf Facebook ist die Sprachpolizei aktiv. Rechtsanwalt Joachim Steinhöfel erstellte deshalb eine »Facebook Wall of Shame«, in der er nachwies, dass die von Maas eingesetzte Zivilpolizei – die Amadeu-Antonio-Stiftung und andere – sehr selektiv meldet, um Sperren zu erreichen. So wurde der Korankenner und streitbare Publizist Hamed Abdel-Samad gesperrt, weil er eine Sure des Koran zitierte, zahllose islamistische Hasspostings gegen Juden dagegen nicht, etwa jener, in dem einer sich die »Bekanntschaft mit jüdischen Mädchen wünschte« und das mit eine Reihe von Aschehaufen illustrierte.

Auch in Sandra Maischbergers Runde wurde philologische Feinarbeit geleistet: Auf die Frage nach der Idealvorstellung einer Verbindung, nannte der ebenfalls anwesende Hartmut Steeb Mann, Frau, Kinder. Also das klassische Modell. Worauf die Moderatorin besorgt fragte: »Können Sie verstehen, dass die Menschen verletzt sind, also schwule Menschen, die jetzt von Ihnen hören, dass das, was ihnen im Inneren wichtig ist, für Sie nicht die natürliche Lebensform ist?«

Wie? Soll die Rede über Ehe und Familie, die laut Grundgesetz unter besonderem Schutz steht, plötzlich eine schwulenfeindliche Attacke sein? Ein Zeichen für Homophobie? Sollte man sich nun für den Begriff »Familie« ein neues Sprachspiel überlegen müssen? Das ging mir dann doch zu weit.

Chesterton stellte die Familie in den Mittelpunkt seiner Überlegungen zur Gesellschaft. Er blieb tragischerweise ohne Kindersegen, seine Frau war unfruchtbar, aber er wuchs in einer liebenden Familie auf.

Chestertons Einwand gegen Homosexualität war der seiner Zeit, er fand sie nicht naturgerecht, aber in erster Linie, weil sie ohne Kinder blieb. Er schrieb: »Die Binsenwahrheiten von Vater, Mutter und Kind sind unzerstörbar; sie können höchstens von jenen Gesellschaften zerstört werden, die sie missachten.« Wenn wir uns die demografischen Daten anschauen, ist Deutschland in dieser Hinsicht ein Dürregebiet, so etwas wie die Sahelzone.

Chesterton rechnete den Nanny-Staat zu den kinderfeindlichen Institutionen. Was hätte er wohl gesagt zu den elternfeindlichen Ideologien diverser SPD-Ministerinnen, die den Staat für die beste aller Mütter halten und die Frauen, die sich um ihre Kinder kümmern wollen, als »Heimchen am Herd« verächtlich machen? Auch das Big Business profitiert übrigens von einer Gesellschaft, die aus lauter variabel einsatzfähigen Einzelnen besteht.

Ich also tippte drauflos in jener Nacht. Was soll diese Inquisition?

Ich zitierte den katholischen Philosophen Robert Spaemann aus einem Interview, das er der *Welt* ein paar Jahre zuvor gegeben hatte: »Das Natürliche ist auch moralisches Maß für die Beurteilung von Defekten. Nehmen Sie die Homosexualität: Die Abwesenheit der sexuellen Anziehungskraft des anderen Geschlechts, auf dem die Fortexistenz der menschlichen Gattung beruht, ist ein solcher Defekt. Aristoteles nennt das einen Fehler der Natur.«

Ziemlicher Hammer, blieb allerdings völlig unbeanstandet, als es erschien.

Für einen Kirchenmann ist die Aussage des Philosophen eine Selbstverständlichkeit. Im naturrechtlichen Verständnis, das die Kirche von einer idealen Liebesbindung hat, ist die Polarität der Geschlechter vorausgesetzt, weil nur sie für den Schöpfungsauftrag sorgen kann, der in Mose 1,28 so klingt: »Und Gott segnete sie und sprach zu ihnen: ›Gehet hin und mehret euch …‹«

Aber mittlerweile wird ja auch die Bibel gründlich auf homophobe Tendenzen abgeklopft. Beim letzten evangelischen Kirchentag rief eine Bischöfin aus: »Es wird eine Menge theologischer Arbeit erfordern, das biblische Menschenbild von Mann und Frau auszurotten.« Ausrotten, das ist nationalsozialistischer bzw. bolschewistischer Sprachgebrauch.

Doch auch bei uns wackeln regelmäßig die Wände, wenn Kirchenleute, aber nicht nur sie, Präferenzen für den Normalfall von Ehe und Familie erkennen lassen.

Homophobie, schrieb ich, hat mittlerweile dem Antisemitismus als schlimmste ideologische Sünde den Rang streitig gemacht. Von allen autokratischen Fehlleistungen Putins gilt seine Kampagne gegen Homosexuelle als die allerniederträchtigste, egal, wen er sonst ins Gefängnis steckt.

Anlass der Maischberger-Sendung war die Petition von über 200 000 Eltern gegen das rot-grüne Programm einer Sexualerziehung, in der, als fächerübergreifender Grundton, die Vielgestaltigkeit und Gleichheit aller sexuellen Vorlieben gepredigt werden soll: Homosexualität, Bisexualität, Transsexualität, alles völlig normal. Alles wurscht.

Wir versichern uns ständig, wie normal das alles doch ist, auch wenn wir es natürlich irgendwie spannend finden, ob George Clooney jetzt so oder andersherum ist oder beides. Wir hinken sozusagen unserer Normalform hinterher, ständig. Alles ist gleich, morst unser gesellschaftliches Über-Ich unserm widerborstigen Es nahezu pausenlos zu, aber offenbar ständig erfolglos.

Wir möchten ins Gehirn rein, möchten unsere affektiven Einstellungen auf Vordermann bringen und scheitern doch immer wieder an diesem neuen elften Gebot: Dir soll alles, was rund um den Sex passiert, wurscht sein.

Bei dieser Gelegenheit: Warum wird eigentlich der Sadomasochismus im Lehrplan der baden-württembergischen Kindererziehung übergangen? Ich kenne mindestens einen, der dieser Liebesform anhängt, und der ist ein äußerst angenehmer, äußerst kluger Kollege. Wie ja übrigens auch Max Weber Sadomasochist war, der Vater der modernen Soziologie.

In dieser Talkshow propagierte Birgit Kelle die Familie, für die in unserer Gesellschaft sehr wenig getan wird. Sie dachte wohl in der Sendung, sie sei vom Eis, nachdem sie gleich eingangs betont hatte, dass sie schwule Freunde habe und dass sie selbstverständlich nichts gegen Schwule habe, dass sie sie tolerieren würde, aber Sandra Maischbergers Spürsinn entging nicht die Verhaltenheit, ja eine gewisse innere emotional-affektive Reserve, die in einer dunkleren Seelenspalte eventuell homophobes Material vor den Suchscheinwerfern der öffentlich-rechtlichen Inquisition versteckte.

Bei der Diskussion über die zwei Begriffe »Toleranz« und »Akzeptanz« fragt sie immer wieder nach Frau Kelles Einstellung zu diesem Thema. Mir schien es, als ob Frau Maischberger auf eine innere Bejahung, auf den umerzogenen *neuen Menschen* abzielte. Kelle löste das Problem souverän. Sie sprach von ihrem Respekt schwulen Lebenspartnerschaften gegenüber, aber doch immer wieder von Familie.

Schließlich gab Maischberger auf, ohne ihre Antwort bekommen zu haben.

Ich weiß, schrieb ich, dass ich damit keine Beliebtheitswettbewerbe im »Grill Royal« oder anderen Szene-Tränken gewinnen werde, aber ich habe nach wie vor Reserven, wenn ich im Fernsehen zwei schwule Männer serviert bekomme, die perfekte Eltern sind und völlig normal einen kleinen Jungen adoptiert haben oder andere Kleine mit ihrer Liebe beschenken, die sie sich über Leihmütter in der Ukraine oder Indien organisiert haben.

Ich glaube nicht, dass die Ehe zwischen Männern oder Frauen gleichen Geschlechts derjenigen zwischen Mann und Frau gleichwertig ist. Punkt. Nicht, dass die Veranlagung Sünde wäre – ich glaube, der liebe Gott liebt all seine Geschöpfe. Doch ich glaube auch an die Polarität der Schöpfung und daran, dass es für Kinder wichtig ist, diese Polarität zu erleben.

Und ich schrieb in der mit »Debatte« überschriebenen Glosse, die das Reden von Familie als homophob bezeichnete: »Ich bin wohl homophob. Und das ist auch gut so.«

Natürlich war dieser letzte Satz in guter spöttisch-britischer Manier eine zuspitzende Replik auf den berühmten Spruch des Berliner Regierenden Bürgermeisters Wowereit («Ich bin schwul, und das ist auch gut so«). Und ebenso natürlich nahmen die leitenden Redakteure diesen letzten Satz und stellten ihn als Titel über meinen Text, denn hier – Internet first – zählen die Klickzahlen.

In der Folge wurde behauptet, ich hätte mich selber als homophob geoutet. Noch Wochen später konnte der Leiter der Literaturseite, Richard Kämmerlings, im Zusammenhang mit seiner Kampagne gegen die Büchner-Preisträgerin Sibylle Lewitscharoff unbeanstandet behaupten, und das im eigenen Blatt, dass »der *Welt*-Autor Matthias Matussek sich selbst als ›homophob‹ geoutet« und gemeinsam mit Sibylle Lewitscharoff einen »Kulturkampf« eröffnet habe.

Was natürlich eine übelwollende Falschinterpretation war. Aber offenbar war dieser surreale Kulturkampf tatsächlich eröffnet worden, denn übel wollten auf einmal viele.

Die Titelzeile »Ich bin wohl homophob. Und das ist auch gut so« kam, um es bescheiden zu sagen, hammermäßig gut an. Im Sinne der Klicks.

Aus dem Hause, genauer von Kollegen der *Bild*-Zeitung, kamen Glückwünsche. An der Längswand des Newsroom in der *Welt* zeigte ein Riesendisplay die ständigen Klickzahlen, und in den Tagen, nachdem meine TV-Kritik erschienen war, zeigte sich die Fieberkurve in den allerschönsten Höhen. Ein Erfolg ganz im Sinne des Hauses, sollte man meinen.

37 000 Likes allein unter dem Kommentar auf der Redaktionsseite der *Welt*.

Allerdings sah die Sache auf Facebook gemischter aus, um es vornehm zu sagen: Ich habe noch nie einen derartigen Shitstorm erlebt, das Netz spielte verrückt, hier eine kleine Auswahl:

»Katholiken-Flachwichser, der ordentlich arschgefickt gehört ... und zwar weil's *dem* bestimmt nicht gefällt! Oder vielleicht doch? Kill a Christian, Kill one today –They don't like it down here anyway ...«

»Nicht verwunderlich, dass man das als ungefickter Wicht nicht versteht. Deswegen: Verschwinde endlich, du menschenverachtendes Arschloch.«

»Voller Wut zischt der gefickte Wicht!«

Und so weiter und so weiter. In erstaunlicher Vulgarität drückte eine ebenso erstaunliche Anzahl von Wortmeldungen den Wunsch aus, mit mir Geschlechtsverkehr zu haben.

Aber da kann ich nur sagen: So nicht, meine Herren. Man kann das auch höflich sagen. Ich bin kein Kind von Traurigkeit, aber glauben Sie etwa, Sie könnten mein Herz in diesem rüden Tonfall erobern?

Ein *taz*-Redakteur bezeichnete mich als »Fehler der Natur« und forderte dazu auf, mich zu vergewaltigen – schon wieder diese Fantasien, allerdings diesmal unter der Oberaufsicht einer offensiv bekennenden Lesbe, von Ines Pohl: »Es müsste sich nur ein Geschlechtsgenosse erbarmen und den Mann mal ordentlich rannehmen. So ganz im Sinne der Natur.« Wobei sie doch wissen müsste, dass Vergewaltigungen in den Bürgerkriegen in Afrika zur widerlichsten Kriegsführung gehören. Sind denn bei denen hier alle Sicherungen durchgebrannt im Kampf gegen Konservative wie mich?

Und weiter im Text:

»Schwuchtel.«

»Schießt es tot, bevor es Eier legt.«

»Das ist der unterirdischste Beitrag, den ich seit Langem gelesen habe. Defizitär sind ganz alleine Sie.«

Der Branchendienst *MEEDIA* setzte höhnisch nach:

»Homophobiker Matussek – einmal Shitstorm frei Haus.«

Die unvermeidliche Uta Ranke-Heinemann meldete sich in einem Interview zu Wort: »Herr Matussek geht mir auf die Nerven.«

Die *Neue Rheinpresse*, ein Blog, zog die Kurve in den antisemitischen Grundverdacht: »Matussek ist empört: Scheinbar kann man in Deutschland kein menschenverachtendes Arschloch sein, ohne dass einem das vorgehalten wird. Eine ganz eigene Version der Nazikeule hat der bekennende Katholik auch parat: Homophobie hat Antisemitismus als große ideologische Sünde abgelöst. Ganz so, als ob es eigentlich o. k. wäre zu denken, dass homosexuelle Menschen höchstens einer niederen Rasse angehören und Juden das Welt-Kapital kontrollieren.«

Von dieser Art surrealer Interpretationen, die eher aus komplett irren Projektionen der Absender bestanden, aus Obszönitäten und Verwünschungen, wurde ich geradezu verschüttet wie von Lawinen.

Hass und Vernichtungswut und Mordaufrufe, ich war deshalb so überrascht, weil mein Bild von Schwulen ein völlig anderes war, ich hatte sie eher sanft und mitfühlend erlebt, ich konnte mit meinen schwulen Freunden besser über Gefühle reden als mit meinen Buddies, wo es sich in erster Linie um Tabellenplätze und Bundesligatransfers drehte.

Allerdings hatte ich auch noch die Szenen in Erinnerung, als Papst Johannes Paul II. Deutschland besuchte und von Schwulen und lesbischen Aktivistinnen mit Föten aus Gummi und ähnlichem Schabernack bombardiert wurde. Es war in den Jahren, in denen der polnische Löwe die kommunistische Welt herausforderte, und die hedonistische Welt fühlte sich durch ihn offenbar ebenso herausgefordert.

Doch es gab nicht nur Gülle und Dreck, sondern auch so etwas:

»Klasse Einstieg bei der *Welt*.«

»Guter Kommentar! Polarisierend, aber vor allem ehrlich. Das braucht unsere weichgespülte Medienlandschaft.«

»Weiter so!«

»Herr Matussek, schon mal überlegt, in die Politik zu gehen? Meine Stimme haben Sie.«

Eine Hellsichtige schrieb:

»Matthias Matussek, hast du keine Angst um deine Zukunft?«

In den Social Media News Charts schoss mein Kommentar auf Platz 2. Aber das war es doch, was der Vizechef von mir wollte! Kontroverse, Debatte, heftiger Meinungsstreit. Ich erschien mit meiner Plastiktüte, in der ich die Post, die für mich in der Chefredaktion gesammelt wurde, mit mir trug, im Großraumbüro.

Dort schlug mir eine merkwürdige Verlegenheit entgegen, die Kollegen wichen meinen Blicken aus, sie steckten die Köpfe zusammen, was war da los? Ich war zum Paria geworden, Einer meiner Chefs berichtete mir von Versammlungen hier im Newsroom und wie er mich mannhaft gegen einen Lynchmob verteidigt habe.

Der Onlinechef nahm mich zur Seite. Da er es war, der meinen Text veröffentlicht hatte, und nun sah, wie sehr mich die Reaktionen aus der Redaktion verstörten, vertraute er mir, dem Neuling, an: »Du darfst nie vergessen, Matthias, hier träumen eigentlich drei Viertel der Redakteure von einer Anstellung in der *SZ*.«

Ich realisierte plötzlich, dass es nicht nur an den Universitäten »Speech Codes« gibt, die von den Studenten eingefordert werden – was darf man sagen und was nicht –, sondern auch in dieser Redaktion. Grauenvoll. Es folgte die sozialkollektive Begradigung meines Einzelgängertums, unter Anführung der *Welt*-Spitze von Mr Cool Ulf Poschardt.

Nun bin ich ja auch eindeutig vorbestraft, was Verstöße gegen die metropolitanen Übereinkünfte angeht. Mit meinen Büchern über Glauben und Nation hatte ich mir schon im *Spiegel* jede Menge Feinde gemacht, auch dort waren zu diversen Gelegenheiten Abordnungen in der Chefredaktion erschienen, um Texte von mir abzuschwächen oder zu verhindern.

Zum ersten Mal bei meiner Titelgeschichte über »Die vaterlose Gesellschaft«, die die Ausgrenzung der Väter nach einer Scheidung beklagte und mit den habgierigen und knallharten Tussen deftig ins Gericht ging, die sich einen neuen Kerl besorgt hatten und im Schutz einer linksgrün gefütterten Opferliturgie ihre Exmänner nicht nur zahlen ließen, sondern sie auch von ihren Kindern trennten und dabei völlig im Reinen mit sich selber waren. Wahre Wunder an Selbstgerechtigkeit. Eine meinte in einer Talkshow zu mir: »Wer nach der dritten Scheidung noch keinen Porsche fährt, hat was falsch gemacht.«

Meine Geschichte war als Titel geplant. Nachdem die *Spiegel*-Frauen bei Chefredakteur Stefan Aust mit einer Unterschriftenliste erschienen waren und dagegen protestiert hatten, entschied er sich für einen Titel über Saddam Hussein. Herausgeber Augstein wiederum, der sich die Titel stets faxen ließ, sah auf den ersten Blick, dass Saddam Hussein kein bisschen wie Matussek aussah, und ließ den schon angedruckten Titel einstampfen und setzte meine Geschichte wieder vorne drauf.

Er rief mich an. »Tolle Geschichte, Matthias, übrigens, mich ham die Weiber auch immer so beschissen behandelt.«

Der zweite Fall bestand aus einer Abordnung aus Ressortleitern, die einen Essay über Papst Benedikt XVI. verhindern wollten. Ich fand den Titel, der anlässlich des Deutschland-Besuches des Papstes von einem Dutzend Redakteure zurechtgezimmert worden war, bösartig und blöde, also *Spiegel*-typisch, wenn es um die Kirche ging, und hielt mit einem Essay mit dem Titel »Der Fels im Sturm« dagegen.

Und da, aufgepasst, Ulf Poschardt, stand Georg Mascolo, damals Chefredakteur, wie eine Eins. Also quasi: Leute, ihr wisst, wie Matthias zur Kirche und zum Papst steht (mein *Katholisches Abenteuer* war gerade erschienen und sorgte für Wirbel), und auch er ist eine Stimme innerhalb des *Spiegel*, die repräsentiert werden muss.

Nun, in der *Welt*, bei Springer, war ich bereits nach 14 Tagen in einem Aschehaufen gelandet, in einer Tabuzone, und hatte mir die Klamotten versaut. Schuld ist dieses weiße Kaninchen, das mich zu jedem Haken anstiftet.

Natürlich bin ich nicht homophob. Ich habe schwule Freunde, und selbstverständlich sind sie grandios, weil sie meine Freunde sind. Und ich bewundere Michelangelo für seine Pietà und denke keinen Moment daran, dass er schwul war, weil es völlig unwichtig ist.

Und was die Homophobie angeht, eine Phobie ist doch eine Krankheit, also sollte man mit denen, die man verdächtigt, von ihr befallen zu sein, schonend umgehen und nicht abrechnen wie schäumende Ankläger oder Staatsanwälte. Ich werde doch niemanden beschimpfen, weil er sich eine Grippe zugezogen hat, oder sogar den Wunsch äußern, ihn zu töten.

Genauso idiotisch wie Homophobie ist es, jeden homophob zu nennen, der das Theater der Schwulenlobbys nicht mitmacht. Kurz gesagt: Es war ein erster Testlauf für mich in der *Welt* und gegen das Neusprech der linken Hypermoral und ihre eisigste Bestrafung – die gesellschaftliche Ächtung.

Zwei Kollegen meldeten sich, um in der Zeitung selbst meinen irrigen Ansichten entgegenzutreten.

Der Kollege Stefan Anker räumte zunächst die störende ironische Relativierung aus dem Weg. Er schrieb: »›Ich bin wohl homophob. Und das ist auch gut so‹ ist der Beitrag überschrieben, und auf das ›wohl‹ hätte Matussek leicht verzichten können, das wäre ehrlicher gewesen.«

Natürlich wäre es weit ehrlicher gewesen, lieber Exkollege, meine ironische Brechung stehen zu lassen. Dann führte er Nena gegen mich ins Feld, und ich war entwaffnet: »Ich habe nicht die Philosophen Robert Spaemann und Aristoteles zur Hand, die Matussek ins Feld führt. Aber wie wäre es, diesen Philosophen eine einfache Weisheit der Popsängerin Nena entgegenzusetzen? Sie singt ›Liebe ist‹, und dem ist wenig hinzuzufügen. Außer vielleicht, dass es bei den großen Denkern ja auch meistens ums Sein geht.«

Da hatte er mich. Dem konnte ich nichts mehr entgegensetzen. Denn wer würde ernsthaft bezweifeln, dass es bei Philosophen um das Sein und um Nena geht? Mir persönlich hat der Hinweis gefehlt, dass die diskutable Äußerung Robert Spaemanns, die ich zitiert hatte, aus einem *Welt*-Interview stammte, ohne dass es damals, drei Jahre zuvor, einen Aufschrei gegeben hätte.

Der zweite Einwurf kam von dem für progressiv Religiöses zuständige Feuilleton-Kollegen Lucas Wiegelmann. Er erschien unter dem Titel »Warum Homophobie unchristlich ist«. Auch er unterstellte mir Homophobie, aber ob Phobien unchristlich sein können, diese Frage ließ er offen.

Eigentlich, begann er seine Polemik, machten Gegenreden nur dann Sinn, wenn ein Gegenstand strittig sei. »Die Frage, ob Homophobie gut oder schlecht ist, gehört nicht in diese Reihe. Weil sie unstrittig ist. Sie ist von dem gesellschaftlichen Konsens eindeutig beantwortet worden und indirekt auch im Grundgesetz (Menschenwürde) geregelt.«

Nur hatte ich mich zu der Frage, ob Homophobie gut oder schlecht sei, gar nicht geäußert. Mir ging es um die Freiheit der Rede, die genau durch dieses Redaktionsverfahren ein weiteres Mal infrage gestellt wurde. Wie merkwürdig, dass den Kollegen diese Ironie entgangen ist. Oder wollten sie es gar nicht wahrhaben?

Wieder fiel mir Chestertons Wort ein, dass der katholische Glaube voller Doktrinen sei, aber diese seien auf die Mauern eines Spielplatzes gemalt. Die Kirche ist an Jesu Worte gebunden. Schon möglich, dass diese irgendwann von einem besonders progressiven Flügel zur Revision vorgelegt werden. Bei näherem Hinschauen: Ich wäre auch für eine Urabstimmung über die Zehn Gebote zu haben. Begehre nicht deines Nächsten Weib, Hof und Besitz – wer hat sein Begehren so sehr im Griff, wenn er nicht gerade Buddha im Zustand der Erleuchtung ist?

Zum Zeitpunkt meiner Kolumne befand ich mich auf jeden Fall in Übereinstimmung mit der katholischen Lehre. Nun ist der Kollege bedauernswerterweise Protestant, also aus Sicht eines orthodoxen Katholiken religionslos oder allenfalls sozialarbeiterisch unterwegs oder weitgehend ohne Gottesbezug in Sachen der Moral. Protestanten dulden ja mittlerweile schwule Pfarrhäuser und segnen schwule Ehen ab, gegen die Proteste älterer Protestanten in verschiedenen Landeskirchen, die anglikanische Kirche ist über dieser Frage zerbrochen.

Nichts nehmen schwule Aktivisten so ernst, nichts verfolgen sie so andächtig wie die Bestätigung ihrer sexuellen Orientierung, weshalb sie ständig getestet werden muss, zu Lande, zu Wasser und in der Luft und ganz besonders in den Kirchen.

Ach ja. Meine Formulierung, dass »Homophobie den Antisemitismus als größte Sünde der politischen Korrektheit abgelöst habe«, beweise, dass ich zu allem Übel auch noch Antisemit sei. Wir leben in Zeiten, die Sloterdijk als »Nuancen-Mord« bezeichnet hat.

Wie sehnte ich mich nach der Zeit, in der Chesterton und Shaw miteinander diskutierten, mit allem Scharfsinn und Witz. Mit dem Chefredakteur des *Clarion* hatte er sich überworfen – aber zumindest durfte er dort seine Standpunkte darlegen und öffentlich darüber debattieren.

Über seine Nemesis, seinen Freund George Bernard Shaw, schrieb er: »Ich bin der Einzige, der ihn versteht und nicht seiner Meinung ist«, und er lieferte die beste aller Biografien über ihn. Dagegen schlugen in der

Redaktion nur ein paar beleidigte Leberwürste auf mich ein, und zwar im Namen der »Menschenwürde«, aber kann die nicht auch, mal unter uns, durch intellektuelle Unterforderung beschädigt werden?

Dr. Pop, also Ulf, hatte Claudia Roth zu einer weiteren Replik eingeladen. Claudia Roth! Und sie lieferte, in gewohntem Gefühlsvibrato – und der hatte ich mal auf dem Presseball einen Handkuss gegeben, nur um zu sehen, wie sie, die einstige Managerin von Ton, Steine, Scherben und »Macht kaputt, was euch kaputt macht«, auf so einen bürgerlichen Scheiß reagierte.

Claudia Roth also befahl: »Über Homosexualität darf man nicht streiten!« Diese Einhegung ganz im Orwell'schen Tonfall gleich vorweg: Hier war es nicht Big Brother, sondern Big Sister, die dafür sorgte, dass Themen und Worte und Gedanken verschwinden.

Roth zitierte mit dem ihr eigenen Empörungsvibrato Artikel 1 des GG, nämlich: »Die Würde des Menschen ist unantastbar.« Die hätte ich verletzt. Dabei ging es mir doch um einen ganz anderen Paragrafen, nämlich Artikel 5, um die Meinungsfreiheit, die allerdings schon damals von der linksgrünen Menschheitsbeglückungsmafia so erdrosselt worden war, dass sie nur noch japsen konnte.

Schließlich schob Dr. Pop himself noch grundsätzliches Pop-Philosophisches hinterher und zitierte aus Richard Floridas *Die kreative Klasse*. In Zukunft, so Floridas These, seien die kreativen Köpfe entscheidend für das ökonomische Wachstum einer Gesellschaft und nicht mehr der Fabrikarbeiter. Zu den Kreativen rechnete Florida auch Designer und Medienleute, also Dr. Pop persönlich. Kreative wie er zeichnen sich zudem aus durch Toleranz und Offenheit gerade auch Homosexuellen gegenüber, die wiederum selber oft der kreativen Klasse angehören.

Wie verwirrt das alles ist, ließ Poschardt kurz nach seiner Kür zum Chefredakteur wissen, als er in einem Leitartikel im Kampf gegen Donald Trump, den Unhold im Weißen Haus, forderte: »Wir müssen alle mutiger, intelligenter, schwuler werden.«

Kann man also doch schwul werden? Und es offenbar auch sein lassen, schwul zu sein? Und war ich nicht dafür geprügelt worden, dass ich einen Kardinal verteidigte, der genau das behauptete?

Lustigerweise erntete auch Poschardt wegen seines Leitartikels einen Shitstorm, weswegen er »schwul« durch »kreativ« ersetzte. Nun schwoll der Shitstorm an. Medienkritiker Niggemeier twitterte: »Endgültig bewiesen: @ulfposh hat keine Eier.« Auch Holm Friebe, eine andere Szenegröße aus Berlin-Friedrichshain, schrieb sinngemäß, ab sofort sei Ulf die Abkürzung für Uncool Life Form.

Schließlich änderte Poschardt seinen Leitartikel erneut um, denn uncool ist für einen wie ihn das Todesurteil, und diesmal änderte er gendergerecht, er empfahl also, dass wir alle »schwuler, lesbischer« werden.

Doch zurück aus diesem Paralleluniversum, zurück in die Hektik meiner Anfangstage bei Springer. Zurück zur Familiendebatte und der Posse um meinen Kommentar. Großkolumnist Alan Posener hatte sich beteiligt, indem er mich, händereibend auf Posener-Art, in Schutz nahm: Ich hätte mich völlig regelkonform verhalten, schrieb er in seinem eigenen Blog, denn »Dass Matussek Homophobie und Judenphobie zusammen denkt, ist aber auch deshalb richtig, weil sie geschichtlich fast immer zusammen gehören.«

Schließlich betrat die administrative Macht das Schlachtfeld. Ich wurde zitiert in das Glaskubikel im Newsroom. Dort saßen Jan-Eric Peters und Stefan Aust, der Herausgeber, diesmal in seiner Eigenschaft als Dompteur gefährlicher Tiere. Die beiden übergaben mir einen Brief. Es war eine Abmahnung.

Die erste Abmahnung bereits nach 14 Tagen. Das war persönlicher Rekord. Peters schien nur mühsam ein zufriedenes Grunzen unterdrücken zu können. Aust schaute so bekümmert und ernst, wie er nur konnte. Ein Schuss vor den Bug, hieß es. Aha. Als man mich 2005 aus London holte, um die Kultur im *Spiegel* auf Vordermann zu bringen, hatte es immerhin zwei Monate gedauert bis zur ersten Abmahnung, und ich bekam sie damals mit exakt dem gleichen Satz präsentiert. Damals war sie das Resultat einer Intrige durch eine gewiefte und durchaus ehrgeizige Redakteurin, die schließlich maßgeblich an Austs Sturz beteiligt war.

Und nun die Abmahnung wegen eines Kommentars?

Nein, diese Blöße gaben sie sich nicht, sie wurde erteilt, weil ich ohne Erlaubnis in einem Konkurrenzmedium publiziert hatte. Womit ein Kommentar gemeint war, den ich in Alexander Görlachs Online-Debattenmagazin *The European* auf dessen Einladung hin geschrieben hatte, weil ich mich in der *Welt* ja nicht mehr verteidigen durfte.

»Seid ihr noch ganz dicht?«, fragte ich. »Das lass ich nicht mit mir machen.«

»Schluck es, Matthias, und mach einfach weiter und vergiss es.«

Gleichwie: Der Krieg der Meinungen tobte.

Ich war perplex. Ich telefonierte in der Raucherpassage vor dem Springer-Gebäude mit meinem väterlichen Freund und Ratgeber, dem leider verstorbenen Hellmuth Karasek. »Das ist ein Thema, wo du dir nur die Finger verbrennen kannst, Matthias. So was gar nicht anrühren. Döpfner hat mir mal auf so 'nem Kreuzschiff ganz ernsthaft erklärt, warum.«

Vielleicht hätte ich Hellmuth vorher anrufen sollen. Aber ich hätte sowieso nicht auf ihn gehört, hier war ein Tabu, das darauf wartete, getestet zu werden, ein Aschehaufen, und ich bin Aschehaufen-Springer.

Ich schnappte mir den Brief und fuhr hoch in den elften Stock, zu Mathias Döpfner, dem guten Hirten.

Ja, er hatte Zeit auf einen Espresso. Offenbar hatte er mit mir gerechnet. Ich wurde sofort vorgelassen. Ich weiß nicht, was ich im Einzelnen gesagt habe, aber es lief darauf hinaus, dass Abmahnung, knapp zwei Wochen nach Dienstantritt, erstens eine Sauerei sei, zweitens ein Verrat am Journalismus im Allgemeinen und drittens an mir im Besonderen und dass er sie bitte ungeschehen machen solle.

Er hörte sich das an, und soweit ich ihn verstand, lief es darauf hinaus, dass er den Kommentar ganz o. k. fand, nur die Sache mit dem Antisemitismus sei ihm zu weit gegangen.

Ich sagte: »Selbst Henryk M. Broder hat mir in dem Punkt recht gegeben.«

Mein Königsargument hatte ich stecken lassen: Schließlich war der Text von den diensthabenden Redakteuren abgenommen und online gesetzt worden. Ich wollte den sympathischen Onlinechef Michalsky nicht in die Feuerzone schieben, denn der hatte reagiert, wie man es von einem Journalisten erwartet. Er war anderer Meinung als ich, aber er fand den Text gut geschrieben, basta. Kurz darauf war die zuständige Ressortleiterin in einen ausgedehnten Krankheitsurlaub verschwunden.

Ich schlug Döpfner vor, dass ich ein Titelthema darüber verfassen würde, wie man bei uns in einen Shitstorm gerät. In einen Hexensabbath. Er schien die Idee gut zu finden.

»Das Ding muss weg«, sagte ich.

Ich solle doch noch mal mit Peters und Poschardt reden, der sei doch mein Freund.

»Offenbar nicht.«

Er wollte sich darum kümmern.

Anschließend zu Poschardt. Ich erzählte ihm, dass ich über diesen Shitstorm schreiben würde und dass Döpfner die Idee gut finde.

Er war davon augenscheinlich nicht begeistert. Ich hörte ihn mal vom CEO reden, nicht Döpfner. So spricht kein Journalist, sondern ein Manager, der nach oben will. Er fuhr fort, ich solle mich an Peters wenden. Pingpong der Führungsebenen.

Von Döpfner hörte ich in dieser Angelegenheit nie wieder etwas. Ich gab meine Gegendarstellung zu den Papieren. Den letzten Ritt in den Sonnenuntergang meiner Berufslaufbahn musste ich wohl mit einer Kugel im Rücken fortsetzen.

Aber ich war innerlich erwacht. Wenn es möglich ist, dass ich für einen Meinungsartikel, einen zudem, der umstandslos veröffentlicht worden war, einen derartigen Sturm ernte, stimmt was nicht, und zwar im ganzen System.

Die Redaktion, von der ich Unterstützung erwartet hatte, war gegen mich.

Die Hierarchie war gegen mich und durchaus bereit blankzuziehen. Sie ging gegen ihren enorm kreativen Autor vor.

Auf Facebook wurde ich zwar zugeschissen, aber auch gefeiert. Hm, ich stand offenbar schon mit einem Bein draußen, auf Dauer draußen, denn draußen wurden die Debatten anscheinend ehrlicher geführt.

Aber auch diese Illusion von Freiheit sollte sich bald ausnüchtern, heute ist Facebook zunehmend ein streng kontrolliertes Gelände, über das die Suchscheinwerfer der Aufpasser und Karrieristen schwenken und immer wieder jemanden erfassen, der versucht, aus dem eingehegten Gelände staatsfreundlicher Propaganda auszureißen. Den der Scheinwerfer dann festnagelt und »rechts« nennt.

Weiter hinten werde ich eine Glosse über meine sogenannte Homophobie nachreichen, die ich nach meinem Rausschmiss in der Satirezeitschrift *Titanic* veröffentlichte.

Festung Europa

Von Europa als Wille und Vorstellung – Der deutsche Rausch und das »Augusterlebnis« 1914 – Eine Erinnerung an Martin Schulz als Europawahlkämpfer – Der rauschaffine Messias der Arbeiterklasse vor leeren Rängen – Ein kleines Mädchen auf dem Heldendenkmal in Warschau

Im Rückblick erscheint es fast schon gespenstisch, wie das Jahr 2014 die großen Themen, die den Diskurs der Nation im Folgejahr und in den Jahren danach bestimmen sollten, vorwegnahm: unsere belastete Vergangenheit, Kriegsschuld, Patriotismus, Deutsche Einheit, Nation, Europa. Wie Menetekel erschienen sie an der Wand.

Da war das mittlerweile zerfallende Europa, das mit dem Europawahlkampf quasi vor leeren Rängen noch einmal beschworen wurde, bevor der deutsche Alleingang es fast gesprengt hat.

Was da zwischen Mitterrand und Kohl nach der Deutschen Einheit mit symbolischem Händchenhalten über den Gräbern von Verdun beschlossen und besiegelt wurde, die Eurozone, die Gemeinschaftswährung, wurde mit bestem Willen und schlechtestem Management durchgezogen. Heute ist Deutschland gleichzeitig vom Euro profitierende Wirtschaftslokomotive und Zuchtmeister der wirtschaftsschwachen Südländer, die es mit der Haushaltsdisziplin partout nicht ernst nehmen wollen, und Griechenland ein vor allem von den Deutschen bezuschusstes Fass ohne Boden.

Zerfall überall. Großbritannien hat sich nach einer Volksabstimmung für den Austritt aus der EU mit dem Argument entschieden, dass es als drittgrößter Nettozahler in der Union ein Verlustgeschäft mache. Ein weiteres gewichtiges Argument für den Brexit waren die Einwanderungspolitik und die Kontrolle über die Grenzen. Derzeit leben und arbeiten dort mehr als zwei Millionen Menschen aus anderen EU-Ländern und belasten angeblich die sozialen Sicherungssysteme. Hinzu ist die Angst vor illegaler

Einwanderung von Migranten in den Schengen-Raum gekommen. Außerdem halten die Briten die EU für nicht ausreichend demokratisch legitimiert und fordern die Rückbesinnung auf nationale Souveränität.

Die Visegrád-Staaten haben mittlerweile die Grenzen dicht gemacht und weigern sich, die ihnen von den Deutschen aufgezwungenen Kontingente an muslimischen Migranten aufzunehmen, während sich die untätige Kanzlerin vor allem von linksliberalen US-amerikanischen Leitartiklern als humanitäre Führerin der westlichen Welt feiern lässt.

Ach, Europa: Wer interessiert sich schon für eine undemokratische, ohnmächtige, undurchsichtige Versammlung von gescheiterten Politikern und Bürokraten, die in Brüssel für ihre Zweitkarrieren enorme Sitzungsgelder kassieren und in Ausschüssen herumsitzen, die sich mit Fragen wie der Frauenquote und der Krümmung von Bananen herumschlagen.

Ja, es gab das bunte Europa meiner Kindheit, das verschieden und abenteuerlich war. Wir sind mit unserem Opel Kadett in den frühen 60er-Jahren des vorigen Jahrhunderts, also 15 Jahre nach der alles verwüstenden Hitlerkatastrophe, in den Italienurlaub gefahren; einmal hatten wir uns irgendwie im nächtlichen San Gimignano verfahren und waren eine ehrwürdige und nicht endende mittelalterliche Treppe im Zentrum hinuntergeholpert.

In Rom (Papst Johannes XXIII. mit dem Urbi-et-Orbi-Segen) liefen wir, meine vier Brüder und ich, von Trastevere aus zu Fuß in unser billiges Außenquartier, rund zwei Stunden, um das Busgeld zu sparen (das Auto hatten wir, klug geworden, vor der Herberge geparkt), da das Essen in diesem Superrestaurant in Trastevere so teuer war.

Mein Europa war voller Grenzen und spannend. Der Queen aus London, dieser fernen Märchenkönigin, durfte ich als Neunjähriger die Hand schütteln, als sie Deutschland besuchte. Selbstverständlich Österreich mit seinen Aluminiumgroschen und der schwer verständlichen deutschen Sprache und dem ersten Schlepplift an einem Ort namens Fiss.

Holland mit den Matjesheringsbrötchen am Strand und den lustigen großen farbigen Geldscheinen, die brauchbar waren, wenn beim Monopoly die Zehntausender alle waren, wie schön, das Familienwerk in St. Laurent, wo es Schokolade zwischen Baguettehälften gab und viele freundliche Gesichter den Boches gegenüber.

Nach England natürlich, im Schüleraustausch zu einem Professor aus Oxford 1968, wo mein Klassenkamerad und ich Scharade spielen lernten, und zwei Jahre später nach London, wo wir, diesmal mit einem anderen sehr langhaarigen Freund und zwei Freundinnen, in einer WG unterkamen und die Bewohner mit T-Shirts versorgten, die wir tagsüber in der Carnaby Street geklaut hatten.

In Zadar, im damaligen Jugoslawien, verliebte ich mich in ein Mädchen mit nur drei Fingern an der rechten Hand, bevor wir zu den Plitvicer Seen weiterfuhren, wo wir in den sensationell türkisen Silbersee Karl Mays eintauchten, in dem die Apachen ihren Schatz versteckt hatten. Es waren doch die Apachen, oder?

In Bratislava, 1970, spürte mein Vater Alexander Dubček, die Leitfigur des Prager Frühlings, in seinem Garten auf, wie er Steine in einer Schubkarre transportierte. Wir gaben ihm die Hand und waren alle verlegen, auch Dubček.

Die Türkei, weniger gut, enttäuschte mich. Dort in Pamukkale, den reizenden Sinterbassins mit den warmen Quellen über dem hohen grünen Tal, verloren mein Bruder und ich in einer der Touristenbuden beim Poker die halbe Reisekasse – aber die Türkei gehörte ja eigentlich nie zu Europa.

Griechenland schon: Was war das für ein Osterfest mit dem gebratenen Hammel über einem Erdloch auf Paros und der wundervollen zehn Jahre älteren Referendarin! Und später das wunderbare Santorini mit seinem Sonnenuntergang und den blauen Kuppeln seiner orthodoxen weißen Kirchen.

Es war das Nachkriegseuropa, und es war eines, das nach meinen Eindrücken uns Deutschen, uns zutiefst Schuldigen, erstaunliche Sympathie entgegenbrachte. Muss man das unbedingt aus der Hand geben für paneuropäische Visionäre, die mit schwerem Verordnungsgeschütz alle Widerstände aus dem Weg räumen und aus Europa einen Kontinent der Gleichen machen wollen unter Führung der Deutschen, die, wie es in den eingangs zitierten Worten von Franz Werfel hieß, »an die Spitze der Humanität« drängten, »mit selbstloser Zudringlichkeit«?

Heute können wir dank des Schengen-Abkommens ohne Pass die europäischen Grenzen überqueren und dank des Euro die gleiche Währung nutzen, was schön ist. Gleichzeitig spüren wir, zumindest wenn wir die

Leitartikel ernst nehmen, dass wir Deutschen nicht ohne Argwohn betrachtet werden – natürlich hat jeder die Merkel-Plakate mit Hitlerbärtchen vor Augen. Komisch, nicht wahr? Wir meinen es doch so gut, und die anderen sehen nur unsere wirtschaftliche Muskelkraft und die plötzlich wieder erinnerte Nazivergangenheit.

Natürlich gehörten das endlose Geschacher mit Frankreich um Landwirtschaftssubventionen zu den EU-Nachrichten und das Schnappen des Handtaschenverschlusses von Maggie Thatcher dazu, die sagte: »I want my money back!«

Nicht vergessen ist, dass sich die Griechen mithilfe der Goldman-Sachs-Boys den Eintritt in den Euroraum mit getürkten Bilanzen erschlichen hatten und sich zunächst, mit freier Hand im günstigen Kreditmarkt, auf Pump bis zur Kante und darüber hinaus versorgten, ohne zumindest so etwas wie ein vernünftiges Katasteramt aufzubauen. Gleichzeitig rangieren die Deutschen in der Liste der Privatvermögen hinter Griechenland und anderen Staaten Südeuropas.

In der im Bundestag im Affentempo durchgepeitschten Abstimmung über das Hilfspaket für den Balkanstaat wussten unsere Volksvertreter übrigens oft nicht, welche Summe sie da bewilligt hatten. Waren es 30 oder 300 Millionen oder 300 Milliarden? Es war »alternativlos«, dieses neue Markenzeichen einer Demokratie made by Merkel.

Ein Rechtsbruch übrigens, denn in den europäischen Verträgen wird unmissverständlich untersagt, dass ein Land für die Schulden eines anderen Landes in Europa aufkommt.

Ebenfalls einen Rechtsbruch betreibt die Europäische Zentralbank mit ihren Anleihe-Aufkäufen und einer Politik der Nullzinsen. Ja, die südeuropäischen Staaten halten sich am deutschen Zuchtmeister dadurch schadlos, dass sie, in Person des Südländers Draghi, die Zinsen auf null senkten und damit die Deutschen um ihre Ersparnisse und Altersvorsorge brachten – es waren wieder mal die Steuerzahler, die die Europa-Rechnungen bezahlten, während sich die Abgeordneten unserer Landtage jüngst wegen des Zinsausfalls kräftige Diätenerhöhungen bewilligten.

Das also ist das zentralistische Europa von heute, parlamentarisch kaum legitimiert, und es war das heimliche Thema des Jahres 2014, das auf Vergangenes und Zukünftiges verwies, ein Probediskurs, eine Diskussion zum Aufwärmen, ein, wenn man so will, Satyrspiel auf die Tragödie, die sich im Folgejahr 2015 ereignen sollte, als sich ein mächtiger Lindwurm von Flüchtlingen und Migranten aus Kleinasien und Nordafrika über die Landstraßen wälzte, zumeist die deutschen, denn sie waren gleich nach Deutschland durchgewunken worden.

2014 war das Jahr, das an einen anderen deutschen Rausch erinnerte, an den von 1914, genau 100 Jahre früher: damals Europa-Müdigkeit bei Künstlern und Intellektuellen, die auch eine Zivilisationsmüdigkeit war, die Übersattheit einer langen stickigen Wohlstands- und Friedensphase.

Gottfried Benn dichtete 1913: »Europa, dieser Nasenpopel/aus einer Konfirmandennase ...« Aber natürlich wusste niemand besser als Gottfried Benn, dass Europa alles war: die Antike, die dorische Welt, die Geburt der Zivilisation und der Demokratie, der Künste und der Philosophie, ja die Urform unseres Menschenbildes und unserer Melancholie im Rückblick, das helle Licht, die blaue Ägäis, die Gesänge Homers, später die Klöster und die gotischen Dome, unser christliches Menschenideal der Würde und der Gottesebenbildlichkeit, dann der des Einzelnen in der Renaissance, das große Erinnern, die Schönheit in ihrer Vollkommenheit.

Das alles stand damals auf dem Spiel, steht heute wieder auf dem Spiel. Wie ist dieses Europa, das selbstverständlich Einflüsse Kleinasiens einschmolz, wie ist es zu verteidigen gegen eine islamistische Terrororganisation, die die Säulen von Palmyra und die römischen Skulpturen mit Bulldozern flachlegen, weil sie diese figurative Schönheit und Aufwertung des Menschen als Beleidigung einer bildlosen entfernten Gottheit betrachtet, weil sie Schönheit als Ablenkung von einer grimmig verstandenen Frömmigkeit empfindet?

Ja, Europa war das bewegende Thema 2014, der Erste Weltkrieg, den die Engländer den Großen Krieg nennen, jährte sich zum 100. Mal und zog eine Myriade von Gedenkartikeln und Büchern hinter sich her, die Erinnerung an das Völkerschlachten, das dieses Europa 2014 erst mit der erhabenen historischen Schraffur und einer memorialen Relevanz versah.

Es begann mit einem geisterhaften »Wahlkampf« Mitte Juni 2014, der das Ziel haben sollte, die Brüsseler Europa-Apparatur – die nicht das Geringste mit den Diversifikationen meiner Kindheit zu tun hatte und auch nichts mit dem, was ich in der Schule lernte – mit einer parlamentarischen und damit demokratischen Legitimation zu versorgen.

Mir war zugefallen, den Kandidaten der Sozialdemokratie Martin Schulz – damals Parlamentspräsident – zu begleiten. Der Kandidat der Konservativen, Jean-Claude Juncker, war Kommissionspräsident und hatte offenbar größere Befugnisse, ich musste mich da erst einlesen, denn die EU und ihre 1000-seitige Verfassung war ein Spezialthema wie Orchideenzucht im Amazonasbecken.

Fest stand nur eines: Sollte Martin Schulz unterliegen, würde er auf alle Fälle Parlamentspräsident bleiben, im Falle des Sieges würde er Kommissionspräsident, und der andere übernähme das Parlament.

So war schon vor der Wahl für beide gesorgt.

Die Nation war also im Frühjahr 2014 damit beschäftigt, deutsche Vergangenheit zu bewältigen und mit einer Jahrhunderterinnerung umzugehen, mit einer Erinnerung an einen nationalen Rausch, der insbesondere die Presse und die Intellektuellen, die Dichter und Denker mit sich gerissen hatte, auf allen Seiten.

In Lampedusa trieben die ersten Leichen an der Festung Europa an, ungerührt zur Kenntnis genommen von unserer Bundesregierung, die sich ein knappes Jahr später einem geradezu religiösen und diktatorisch vollzogenen humanitären Universalismus verschrieb.

Doch man beschäftigte sich mit dem inhumanen kriegerischen Sündenfall 100 Jahre zuvor. Starken Eindruck machte die Darstellung von Christopher Clark, den ich in einer Diskussion in Potsdam erleben durfte, gemeinsam mit Martin Schulz, den ich begleitete, und mit Frank Schirrmacher, der klug moderierte. Clarks Buch war revisionistisch, es bestritt die Alleinschuld des Deutschen Kaiserreichs am Ersten Weltkrieg und sah alle europäischen Akteure wie »Schlafwandler«, so der Titel seines Buches, in den Abgrund taumeln.

Dazu gehörten Figuren wie der österreichische Kriegsminister, der mit seitenlangen Liebesbriefen an eine von ihm verehrte Industriellengattin beschäftigt war, ebenso wie der bosnische Geheimbund »Schwarze Hand«, der schließlich den Attentäter von Sarajewo, Gavrilo Princip, einen 19-jährigen Gymnasiasten, losschickte. Doch auch England, das seine Flotte ausgebaut hatte, sowie Frankreich, das nach einer Revanche für den verlorenen Krieg 1870/71 verlangte, fieberten einer großen Schlacht entgegen.

Ich hatte mich für diesen politischen Rausch interessiert. Für das Nationale, das damals so übersteigert beschworen wurde, dass es heute gemieden wird wie der Schnaps vom trockenen Alkoholiker. »Nie wieder Deutschland« ist bei der grünen Jugend und in der Antifa eine beliebte und völlig verquere Parole, denn kein Deutscher, der noch bei Trost ist, denkt heute an einen Angriffskrieg.

Damals waren es nicht nur die deutschen Hurra-Patrioten, die in die Irre gegangen waren, auch die Engländer steuerten ihren Teil bei, und unter ihnen war mein geliebter Chesterton, der ebenfalls – im Kampf gegen das Preußentum – eine *moralische* und nationale Herausforderung sah, einen Kampf gegen Blut und Eisen und die böse Macht schlechthin.

Er, der die britischen Kriege gegen die Buren als imperialistisch verdammt hatte, war nun patriotisch elektrisiert. Für ihn war der Erste Weltkrieg die Schlacht des heiligen Georg gegen die Schlange. Es ging gegen die deutschen »Hunnen«.

Was aber hatte sich da nur angestaut in dieser prosperierenden Wohlstandsgesellschaft, die sich Deutsches Reich nannte, um sich dann so fürchterlich entladen zu müssen? Was hatte sich da nur angesammelt in den müde gewordenen Köpfen der literarischen Salons, in denen der Boheme genauso wie der Stars, der Intelligenzler, der Tonangeber, Deuter, Propheten, Revolutionäre?

All diese »O Mensch«-Hymniker des Expressionismus, die ich mit Kurt Pinthus' Anthologie *Menschheitsdämmerung* in mich aufgesaugt hatte, der drogensüchtige Trakl mit seinem Kaspar-Hauser-Lied: »Stille fand sein Schritt die Stadt am Abend/Die dunkle Klage seines Munds/Ich will ein Reiter werden ...«, der in den Schrecken des Kriegs zusammenbrach und sich eine Überdosis setzte.

August Stramm mit seinen hämmernden Substantiv-Gedichten, die Wandervögel, die Sonnenanbeter des Fidus, die Anarchisten und Aussteiger auf dem Monte Verità mit Hermann Hesse. Sie alle sollten im August 1914 beglückt entdecken, dass sich ihre Gefühle mit denen der Kommerzienräte und Offiziere deckten. Und mit denen der Kioskbudenbesitzer und der Kohlenschlepper und der Proletarier, kurz, des Mannes auf der Straße. Ja, sie waren zum ersten Mal eins mit dem Volk.

Sie, die Avantgarde, die Expressionisten, die Futuristen, sie waren im Kern der Gesellschaft gelandet, in einer Wolke aus Hass und Hochmut und nationalem Fieber. »Alle von der gleichen Wut gepackt«, hieß es in Jörg Friedrichs imposanter Darstellung *1914/18*. Dieser merkwürdige Rausch, den man später das »Augusterlebnis« nannte, jene Tage, in denen es keine Parteien mehr gab, sondern nur noch Deutsche. Die Tage, als sie in den Ersten Weltkrieg zogen.

Schicksalsstunde. Dieser uns längst fremde Hunger nach Schicksal!

Die Zeit: Stillstand, Wohlstand, Wirtschaftswunder und ein untergründiges Rumoren. Kleine Aufregungen, Skandalisierungen, dann wieder Langeweile. In Musils *Mann ohne Eigenschaften* nimmt der Held Ulrich im August 1913 »Urlaub vom Leben«. Das ist die Lage. Gut, es gibt Geräusche vom Balkan, es gibt hitzige Reden, aber nichts wird sonderlich ernst genommen.

Und ein paar Monate darauf sind sie alle gemeinsam von der gleichen rätselhaften Erregung getragen und mitgerissen, auch Musil, sie sind gleichsam aus sich herausgespült, hinaus und hinauf zu einem Ideal oder dem, was sie dafür halten. Die deutsche Intelligenz gerät leicht außer sich, in die eine oder andere Richtung. Nietzsche sagte schon Jahre vorher spöttisch über das Volk der Dichter und Denker: »Denken sie überhaupt noch?«

Das weiße Kaninchen hatte übernommen und die europäische Intelligenz hinabgeführt in seine Irrgänge, Linke wie Rechte, wo Großes klein wurde und Kleines groß. Diese hochschießende Gischt aus Hass auf den Gegner war unterfüttert vom Glauben, nur das Beste zu wollen.

Ausschließen, ausradieren, diese Wut ist heute wieder nackt anzutreffen in der Lektüre mancher *Spiegel*-Kolumnisten, die sich Betonplatten und Stahlgeschosse gegen den politischen Gegner herbeifantasieren, die alle AfD-Abgeodneten zu Nazis erklären und in der Auseinandersetzung mit ihnen und ihren Wählern nicht lange fackeln, denn es gilt der Notstand: also Häusereinbrüche, Nahkampf mit Faustringen, in der Feindbekämpfung ist alles erlaubt!

Stefan Zweig, der europäische Kosmopolit, trennte sich von seinen Vorkriegsfreunden, vor allem von dem von ihm bewunderten und übersetzten Émile Verhaeren, und schrieb einen Brief an die »Freunde in Fremdland«: »Mit beiden Fäusten muss Deutschland jetzt zuschlagen, der doppelten Umklammerung seiner Gegner sich entwinden.«

Kritiker Alfred Kerr und Thomas Mann sind plötzlich, um im Jargon zu bleiben, »Waffenbrüder«, zumindest am Schreibtisch, auch der eine Art Feldherrentisch mit ständigen Lagebesprechungen. Und am Schreibtisch, das wissen wir Feuilletonisten, denkt es sich besonders mutig und besonders erbarmungslos.

Thomas Manns jüngerer Bruder Viktor zieht in den Krieg, den der ältere, Heinrich, verabscheut. Thomas Mann dagegen, in einer realistischen Einschätzung seiner Kräfte, schreibt: »Es wäre ein Unsinn: Mein Kopf, mein Magen, meine Nerven hielten es nicht länger als ein paar Tage aus.« Ja die Nerven, schon immer ein Problem der »chattering class«.

Den ins Feld marschierenden Soldaten schmücken Frauen die Bajonette mit Blumen. Begeisterte Abschiede, Wimpel, Märsche, Lieder. Unter den ersten Freiwilligen ist besonders diese eine Gruppe stark vertreten, die der Dichter und der Schriftsteller, die sich auf die Suche nach der großen Erzählung dieses Volkes begeben. Tonangeber, wie heute!

Der expressionistische Lyriker Ernst Stadler zieht mit, nach Frankreich, das er grüßt »mit solcher Erschütterung wie damals, als ich vor sieben Jahren zum ersten Mal Paris sah«. In seiner Einheit laufen Quartaner als »Pfadfinder« mit. Sie geraten ins Feuer. Stadler sieht das Grauen. »Einer, dessen Gehirn ganz bloßliegt. Er lebt noch.« Stadler wird sechs Wochen und drei Tage später tot sein.

Es sind Intellektuelle, besonders viele Studenten, auch Professoren, die sich aufmachen zum »Waffengang« – das sind so die Klangfarben, die im Volk der Ritter- und Märchengeschichten die Herzen höherschlagen lassen. Max Weber begrüßt »diesen großen wunderbaren Krieg« und bedauert, nicht mehr daran teilnehmen zu können.

Alfred Kerr jubelt ebenfalls, und Thomas Mann spricht wohl auch für ihn, als er von einer lang ersehnten »Reinigung« schreibt, von einem Ausstieg aus einer »satten Friedenswelt«. Die folgenden vier Jahre wird Thomas Mann die Arbeiten an seinem *Zauberberg* ruhen lassen, um sich in den voluminösen *Betrachtungen eines Unpolitischen* all jene kulturstrategischen und lebensphilosophischen Rechtfertigungen des »Waffengangs« von der Seele zu schreiben, mit denen er seinen Roman nicht erdrücken möchte. Er spricht, wie viele in jenen Tagen, vom »deutschen Wesen«, das er insbesondere der französischen Lebens- und Denkungsart gegenüberstellt. Wo liegt das deutsche Wesen? Bei Bach, bei den Romantikern?

Thomas Mann sucht die Nähe zu Schopenhauer, zum Nietzsche der Bürgerverachtung, er greift zurück auf Goethe, dem die »Französgen« arrogant und überziseliert vorkamen, ja sogar auf Luther, in dem der Protest gegen die römisch-katholische, also westliche und überzivilisierte Welt seinen »gewaltigsten Ausdruck« gefunden habe. Ach, Thomas Mann! Für ihn ging es, ob in Flandern oder an der Somme, um den Kampf zwischen (deutscher) »Kultur« und (französischer) »Zivilisation«: »In Deutschlands Seele werden die geistigen Gegensätze Europas ausgetragen.«

Doch in seiner eigenen Seele trägt er noch etwas anderes aus – den Konflikt mit seinem Bruder Heinrich, dem Kriegsgegner, der für ihn den verachteten »Zivilisationsliteraten« verkörpert – wie heute geht der Riss, der über Gut oder Böse entscheidet, nicht nur durch die Gesellschaft, sondern auch durch Freundschaften, Familien, schon damals die Trennung in ein »helles« und ein »dunkles« Deutschland. Der deutsche, der protestantische Geist ist radikal.

Was für ein Wandel dann, vom Ausbruch einer romantisch-heroischen Stimmung hinein in das elende Aushalten und Verrecken in einem industriellen Massentöten und -sterben!

Das »Augusterlebnis« ist – wie sein emotionales Gegenstück, die hochschießende, ja ekstatische »Willkommenskultur« gut 100 Jahre später, jene heißblütige Entschuldung der Schuld – durchaus auch eine Wunschfabrikation, die den Schriftstellern und Kommentatoren der Zeit aus dem Urgrund des Volkes emporzudringen schien, und sie übersetzen, was sie dort vorzufinden glaubten, in eine hochgespannte Begeisterung, ohne je darüber nachzudenken, ob sie es eventuell selber dort hinterlegt haben. Tatsächlich wurde der deutsche Angriff unterfüttert von einer Art todesmutigen, antimodernen Ritterlichkeit, von der Erinnerung an die heroischen Tage der Befreiungskriege gegen Napoleon, für die Heinrich von Kleist in seiner *Hermannsschlacht* mobilgemacht hatte. Romantik und Blut und Boden.

Der nach Frankreich gezogene Feldarzt Wilhelm Klemm notiert: »So muss es 1813 gewesen sein ... wir leben in einer großen Zeit.« 30 Tage später, so Jörg Friedrich, hatte Klemm die große Zeit und 1813 satt. Leichenberge, Dreck und Kot bis an die Knie, tote Pferde mit aufgedunsenen Leibern.

Es waren übrigens nicht nur die Leuchten der Literatur, die in die Tasten griffen, sondern über 50 000 Laien und Leser sandten eigene kriegstrunkene Gedichte an die Redaktionen ein. Thomas Mann sah seine Aufgabe in der »Ausdeutung, Verherrlichung, Vertiefung« der Kriegsgeschehnisse, und seine Leser antworteten auf ihre Weise. Man darf durchaus behaupten:

Hier war die Urform der »Tyrannophilie der Intellektuellen« (Mark Lilla) zu studieren, der »hemmungslose Geist«, mit dem die Leitartikler auch heute, in der Willkommensstruktur, ihr Publikum vor sich hertreiben.

Die Romantik der Befreiungskriege war vorgestern. Da die neue Zeit eine der Maschinen war, der Zwecke, der Rationalisierungen, der kapitalistischen Erfolgsgeschichte des Deutschen Reichs, schien es vielen unwahrscheinlich, dass es zum Krieg und damit zum Ausbruch des Irrationalen kommen könnte.

Der britische Labour-Abgeordnete Norman Angell beruhigte in einem Brief an die deutsche Studentenschaft damit, dass ein Krieg in einer wirtschaftlich eng verflochtenen Welt keinen Sinn mehr mache. Das Argument ist plausibel. Krieg ist unklug. Krieg ist irrational. Krieg ist ein Rückfall in primitivere Zeiten. Angell vertraute auf die Sprache der Zahlen und auf die Welt der Bilanzen.

Was aber, wenn das »Augusterlebnis« genau dagegen rebellierte? Und was, wenn der islamistische Terror, der in unseren Tagen seinen asymmetrischen Weltkrieg erklärt, aus gleich geratenen irrationalen Quellen sprudelt: den Minderwertigkeitskomplexen, dem Größenwahn, dem Heilsversprechen, dem Verweis auf große Traditionen?

Die expressionistischen Dichter Kasimir Edschmid, Albert Ehrenstein, Paul Zech, Georg Heym, Georg Trakl meldeten sich freiwillig, genauso wie Richard Dehmel, Hermann Hesse, Ludwig Ganghofer, Klabund und viele andere. Der Expressionist Wilhelm Lotz freute sich darauf, den Krieg »ästhetisch zu erleben«.

Tatsächlich wurde die öde Vulkanlandschaft des Schlachtfeldes in der Fantasie der Künstler zu einer großen Nullstellung, zur Metapher, zum leeren Blatt, auf dem neu geschrieben werden könne, und sei es das eigene Leben, dem nun, gesteigert durch die Todesdrohung, für Abenteurer wie Ernst Jünger eine besondere Faszination eingeatmet wird.

In seinem Front-Essay »Stoßtrupps« beschreibt Ernst Jünger die Herausforderungen des stürmenden Einzelkämpfers vor dem gegnerischen Stacheldrahtverhau. Die »Überwindung solcher Schrecknisse« erforderte »körperliche, geistige und moralische Eigenschaften«, die weit über dem lägen, was man von einem Massenheer erwarten könne. Raus aus dem Graben durchs feindliche Feuer und den nächsten Unterstand besetzen, mit Gebrüll und Bajonettstichen und Kugeln.

Allerdings hatte die Weltzertrümmerung, rein theoretisch, ihren ästhetischen Reiz auch für die unzähligen Avantgarde-Bewegungen, die sich um die Aufmerksamkeit der Öffentlichkeit stritten, und das nicht nur in Deutschland. In Italien hatte Filippo Tommaso Marinetti mit seinem *Manifest der Futuristen* ja bereits 1909 »die Liebe zur Gefahr« besungen: »Wir wollen den Krieg verherrlichen – diese einzige Hygiene der Welt –, den Militarismus, den Patriotismus, die Vernichtungstat der Anarchisten, die schönen Ideen, für die man stirbt, und die Verachtung des Weibes.«

Das klingt so ähnlich heute in einigen radikalen Moschee-Schulen, in denen, wie der ARD-Reporter Constantin Schreiber berichtete, ganz unverhohlen für den Kampf gegen die westliche Dekadenz geworben und die eigene Identität, die religiöse, beschworen wird: die Verachtung des Weibes, der Schwäche, die Verherrlichung des Krieges.

Wenn überhaupt eine Lehre zu ziehen wäre aus dem Ersten Weltkrieg und seiner Hymnik 100 Jahre später, wäre es die, unsere Sinne zu schärfen für quasireligiöse Aggressivität und ihre Männlichkeitskulte, für schwarze Todesmanien oder die sunnitischen Großmachtsfantasien der Saudis oder die ottomanischen eines Erdoğan.

Doch zurück: Kriegsbegeisterung nicht nur in Deutschland. In diesem Krieg sollte es nicht nur um Deutungshoheit gehen, sondern um die Welthoheit der Kultur, und mit Begriffen wie »Völkerringen« wurde er quasi zur Fortsetzung der Olympiade mit kriegerischen Mitteln.

In Frankreich wurde der sozialistische Pazifist Jean Jaurès von einem Kriegsfanatiker erschossen, und lange vor Ernst Jünger war es Rudyard Kipling, der von der Mission des kriegführenden britischen Empire erfüllt war und in Gedichten wie »The White Man's Burdon« das Sendungsbewusstsein kolonialer Offiziere ausstaffierte.

Hermann Hesse war Thomas Manns erste Anlaufstation vor dem nächsten, dem Zweiten Weltkrieg, als er sich vor Hitlerdeutschland ins Ausland rettete. Doch noch im amerikanischen Exil, während seiner »demokratischen Opposition Maienblüte«, mochte er seiner Haltung, seinen Gedanken zum Ersten Weltkrieg nicht abschwören. Er fand sie »interessanter«.

Die legendäre Anthologie *Menschheitsdämmerung* von Kurt Pinthus aber, die 1919 erschien, dieser große Kanon expressionistischer Lyrik, wurde zum Gespenstertanz aus Lebenden und Toten. Viele der dort aufbewahrten Künstler waren im Krieg verreckt. Doch ihre Gedichte leuchten bis heute.

Ich überlege, woher diese überschießenden Gefühle, diese in Ekstasen gesteigerten Aggressionen der deutschen Dichter und Denker kamen und ob sie nicht vom gleichen Stoff sind wie die überschießende Menschheitsliebe der linken Utopisten von heute, nur mit einem einfachen Vorzeichenwechsel, wo sie sich an die »Spitze von Humanität und Allgüte« setzen.

Auf alle Fälle eines ist richtig: Der große, der alles entscheidende Unterschied zu den neu erwachenden nationalen Strömungen von heute, die sich so merkwürdig unbrauchbar und quer zur Globalisierung legen, ist, dass diese in ihrem Wesen defensiv sind. Sie sind Verteidigungswälle. Sie wollen bewahren statt zerstören. Heute geht es nicht mehr darum, europäische Erbfeindschaften von Fürstenhäusern auszutragen, sondern es geht um eine gemeinsame, gesamteuropäische, eine demokratische Defensive. Dass die Deutschen sich hier erneut für einen Sonderweg entscheiden, soll in den nächsten Kapiteln behandelt werden.

Zunächst geht es in unseren Nachbarländern, in Ungarn oder in Polen, um eine christliche Identität, die sich den kulturellen Verwirbelungen der Globalisierung widersetzen möchte, ein ethnologischer Starrsinn, eine Behauptung der Wurzel, die sich nicht ausreißen lassen möchte von den Zumutungen, weder des Kapitals noch der Brüsseler Vision eines eingeebneten *Homo europäicus*.

Insofern hatte der Europawahlkampf immer auch mit dieser merkwürdigen historischen Falschmünzerei zu tun, die sich ja so bequem anbot: Brüssel als Garantie für den Frieden in Europa. Nun, im Vergleich zum großen Massensterben sicher, aber unter totaler Missachtung der unzähligen islamistischen Attentate und der vielen kaum kontrollierbaren islamischen Parallelgesellschaften auf dem Kontinent, die dazu führten, dass selbst das liberale Schweden den Staatsnotstand für gewisse Gebiete erklärte.

Mit anderen Worten: Heute geht es ganz sicher nicht mehr darum, ein deutsches Flottenprogramm zu verhindern, und den Briten geht es nicht darum, ihre neuartigen Panzerfahrzeuge zu konstruieren, und auch die »Schwarze Hand«, die um Unabhängigkeit kämpft in einem Vielvölkerstaat, ist nicht in Sicht.

Wohl aber das Brüsseler Bemühen, einen neuen Vielvölkerstaat zu zimmern, und wie wir aus der Geschichte mittlerweile gelernt haben müssen, sind solche Gebilde nicht sehr lebensfähig. Nicht nur den Vielvölkerstaat der K.-u.-k.-Monarchie in Österreich hat es zerrissen, auch der

Sowjetunion war kein ewiges Leben beschieden, und das Tito-Jugoslawien hat sich kurz nach dem Ende des Ostblocks in zahllosen Massakern und »Säuberungen« in die Horrorliste der Kriege eingetragen.

Dass also die Brüsseler Vision die eines neuen europäischen Vielvölkerstaates ist, mit einer strengen legislativen und exekutiven Zentrale, sollte uns zu denken geben. Der wird explodieren in alle Richtungen wie die Vorgänger, ob sie nun monarchistisch oder kommunistisch verfasst waren – der Eigensinn der Völker ist überall stärker ausgeprägt als die nationale Nullstelle, die sich die deutsche Intelligenz als Staatsräson verordnet hat.

Das Problem des deutschen Militarismus ist heutzutage eben im Gegenteil das, dass es ihn gerade nicht gibt. Noch nicht einmal in demokratieverträglichen und möglicherweise überlebenswichtigen Spurenelementen.

Wir sind mit unseren dreieinhalb funktionstüchtigen Panzern und zwei Helikoptern ganz sicher noch viel weniger als nur »bedingt abwehrbereit«, wie der berüchtigte Bericht betitelt war, mit dem der *Spiegel* den Pannenverlauf der deutschen Teilnehmer am Herbstmanöver der NATO 1962 protokolliert und damit die »Spiegel-Affäre« ausgelöst hatte. Dafür gibt es familienverträgliche Arbeitszeiten und Kitas für das freiwillige Rumpfheer, lediglich die Gleichberechtigung und Fotos von Helmut Schmidt bereiten noch Sorgen. Das wird sich ändern müssen.

Besonders nach der Ankündigung des amerikanischen Präsidenten, dass sich Deutschland und Europa im Krisenfall nicht mehr automatisch auf die amerikanische Militär- und Abschreckungsstärke verlassen können, sind finanzielle und mentale Nachrüstungsprogramme plötzlich auf der Tagesordnung.

Nach 70 Jahren Friedensspeck wird uns irgendwann eine weltgeschichtliche Fitnessanforderung ereilen. Haben wir etwas, für das es sich zu sterben lohnt, außer einer renovierten Altbauwohnung und 3000 Büchern in Ikea-Regalen? Dabei übt sich unser urbanes Pop-Publikum widerspruchslos ins Heldentum ein mit den zahllosen Dystopien und totalen Kriegen, die ihm Hollywood serviert, jüngst noch im Film *Blade Runner 2049*, in dem es heißt: »Aus dem richtigen Grund zu sterben, ist das Menschlichste, was wir tun können.«

Sicher wird es bei einem zukünftigen Ernstfall nicht mehr auf konventionelle Armeen ankommen, aber dass die Deutschen offenbar Mühe und Not damit haben, ein paar funktionstüchtige Panzer aufzustellen und die fälligen

Groschen zusammenzukratzen, um überhaupt ihren Bündnispflichten in der NATO zu genügen, ist, um es euphemistisch zu sagen, dürftig.

Nach diesen Zwischengedanken über nationale Überhitzung und nationale Leerstellen zurück zum Wahlkampf 2014, zur Wahlschlacht um Europa. Aus Erfahrung wussten die Wahlkämpfer, dass die Wahlbeteiligung in Europa-Urnengängen zwischen 20 und 30 Prozent liegt, also, um F.K. Wächter zu zitieren: »Wahrscheinlich guckt mal wieder kein Schwein.« Weshalb die Europastrategen versuchten, aus der Not eine Tugend zu machen, wie ich bei meiner Reportage feststellte, als ich in Leipzig am Hauptbahnhof ausstieg. Sie, die Europa-Macher, klebten merkwürdige, selbstironische Plakate.

Ein goldener Kugelschreiber schwebte da über einem europablauen Wahlzettel mit dem Spruch »Große Macht in Europa du hast!«. Anklänge also an den weisen Yoda aus dem *Krieg der Sterne*, die – mit großem Recht – das Europaparlament in Brüssel in galaktische Ferne rückten.

Das Gesicht, das dieses Europa in Deutschland repräsentieren soll, ist nicht gerade schön zu nennen: dicke Brillengläser mit Stahlbügeln, Bartgestrüpp, Halbglatze, Anzüge von der Stange, aber der Mann, das stellt sich heraus, hat es geschafft: Er unterhält zwei komplette Stäbe, einen in Straßburg, einen in Brüssel.

Er, der Parlamentspräsident mit einem Jahreseinkommen von über 200 000 Euro, Chef eines Kabinetts von 40 Mitarbeitern samt Stellvertretern, die ihrerseits über Stabsabteilungen verfügen, dazu fünf Berater und Assistenten, die über seinen Terminkalender wachen, weitere Berater für »Inneres« und »Äußeres«, zwei Kammerdiener bzw. Zeremonienmeister sowie einen »clerical assistant«. Alles zusammengenommen, verdient er mehr als die Bundeskanzlerin und streicht zudem üppige Sitzungsgelder ein, selbst wenn er nicht anwesend ist.

Zwei Reden haben ihn berühmt gemacht. Die eine stammte von Berlusconi, der ihm empfahl, in einem Hollywoodfilm als deutscher Kapo aufzutreten. Die andere hat er selber gehalten, in der Knesset, wo er dem israelischen Parlament eine neue Siedlungspolitik und endlich die Palästinenser mit Wasser zu versorgen empfahl.

Als Abu Abbas im Europaparlament von der Vergiftung der Flüsse durch die Israelis sprach und damit das uralte antisemitische Stereotyp der »jüdischen Brunnenvergiftung« paraphrasierte, hatte er ergriffen applaudiert und mit ihm das ganze Europäische Parlament, in einer stehenden Ovation.

Auf die Hamas kam er nicht mehr zu sprechen. Die war dafür zeitgleich bei Demonstrationen in Berlin vertreten, in dem Schlachtruf von Linken und Antifaschisten und muslimischen Migranten: »Hamas, Hamas! Die Juden ins Gas!« Ach Europa, ach Deutschland.

Man konnte ja 2014 nicht nur der 100-jährigen Wiederkehr des Ersten Weltkriegs gedenken, sondern auch der 75-jährigen des deutschen Überfalls auf Polen und der folgenden Judenvernichtung, dieses mörderischen deutschen Wahnsinns, und Schulz machte von beidem Gebrauch auf seiner Wahltour, die ihn nach Polen führen sollte.

Gewölbte Brust, rote Krawatte, blauer Filialleiteranzug. So entsteigt er seiner schweren Limousine in Leipzig, um vor Studenten seine Europavision, wie er es nennt, unter die Leute zu bringen.

Die leitende Professorin referiert, dass man sich in diesem Seminar mit der Definition von Europa beschäftigt habe: Ist es das Europa des Christentums unter Karl dem Großen, ist es das der Aufklärung, wo wurzelt es, und wo hört Europa auf? Wichtige, geradezu fundamentale Fragen, und sie werden immer fundamentaler.

Im Süden, so viel war durch die verzweifelten afrikanischen Boatpeople deutlich geworden, stand die Festung Europa 2014 noch nahezu uneinnehmbar, das Europa des Wohlstands, während das Europa der Werte weit nach Osten ausgreift, das waren damals die problematischen Grundsatzfragen.

Europa sei für ihn immer eine westliche Angelegenheit gewesen, sagt Schulz. Aber dann fiel die Mauer, und mittlerweile liegt Leipzig im Zentrum Europas.

Als Wirtschaftsraum mit mittlerweile 507 Millionen hat Europa den USA den Rang abgelaufen. Eines sei sicher, rief Schulz aus: Im Jahr 2040 wird keiner der G8-Staaten mehr zu den Wirtschaftsriesen gehören, wohl aber China, Indien, Brasilien und andere. Nur als Gesamteuropa kann dieser Kontinent wirtschaftlich mithalten. Europa also eine ökonomische Notwendigkeit. Mehr nicht?

I wo! Denn nun kommt Schulz, der Visionär, erst recht in Fahrt. Nun kommt Europa, die Zauberformel, Europa, das Gelobte Land, die Wertegemeinschaft. Anders als in China oder sonst wo gelten hier die Menschenrechte. »Warum produziert China billiger? Weil es kein Streikrecht gibt und Rücksichten auf die Umwelt erst recht nicht. Wer Zugang zu unseren Märkten will, muss auch unsere Werte respektieren.«

Europa also soll die Chinesen zur Demokratie erziehen?

Eifriges und beifälliges Nicken der Studenten. Schulz, der kleine Brillenzauberer aus Brüssel, hat den Boden verlassen und schwingt sich wie Aladin auf seinen Teppich und fliegt: Europa als Ziel, als Idee, als schöne Utopie, als Aufbruch in eine bessere gerechtere Zukunft für die Menschheit.

Eher unbeeindruckt fragt Professor Martin Saar, ob das nicht ein wenig zu optimistisch gedacht sei. Saar, schlank, Mitte 30, wird im nächsten Semester Antonio Negris kapitalismuskritisches *Imperium* im Lehrplan haben, also marxistische Globalisierungskritik. »Wird im Wettlauf zwischen Werten und Profit nicht letztlich der Profit gewinnen?«, fragt der Professor höflich.

Doch Schulz ist noch längst nicht runter von seinem Teppich, voraus schillert das disneybunte zukünftige Europa. »Das geeinte Europa«, ruft er mit Leidenschaft, »ist ein Projekt wie das, den ersten Mann auf den Mond zu bringen.«

Wie er dasteht und schwärmt, halb Philosoph, halb Schwammverkäufer im Kaufhauseingang, ist er durchaus unwiderstehlich, denn er zeigt zumindest eines: vollen Einsatz.

Nächste Station Weimar, wo er Kulturhilfe verspricht und von den Tagebüchern erzählt, die er führt, auch über den heutigen Tag, und nein, sie werden nicht der Klassik Stiftung Weimar vermacht, sondern sie sind schon der Friedrich-Ebert-Stiftung versprochen, aber klar ist: Schulz macht Geschichte. Jeden Tag.

Abends Erfurt vor Genossen, das Heimspiel. Er verlangt »mehr Gerechtigkeit«. Anschwellender Applaus. Er wettert gegen die Boni der Banker. Der Saal johlt. Er spricht von der Kassiererin, die wegen eines falschen Bons fristlos gekündigt wurde. Der Saal leidet buhend mit. Kurz: Schulz sagt all das, was alle schon immer sagen, nur bei ihm wirkt es wie eine feurige Offenbarung. Schulz, das Kampfschwein.

Authentisch. Er kennt die kleinen Leute aus seiner Zeit als Bürgermeister in Würselen, und die kennen ihn und wollen eigentlich nichts mehr mit ihm zu tun haben, seit er, in einem Anfall von Größenwahn, dem Städtchen ein »Spaßbad« als Attraktion verordnete, das den Haushalt auf Jahre hinaus ruinierte. Dass nach ihm nur noch CDU-Bürgermeister gewählt wurden, erwähnt er nicht. Warum sollte er auch? Er will für die Sozialdemokratie werben.

Eigentlich wollte er Fußballprofi werden, bis ihm das Knie kaputtging. Er war linker Verteidiger, und zwar einer nach der alten Berufsauffassung, nicht wie diese albernen verkappten Mittelfeldspieler und Stürmer und Dribbelkünstler von heute, sondern eher die Höttges-Nummer – solide Arbeit, umhauen, was in Strafraumnähe kommt.

Heute ist Martin Schulz nicht mehr linker Verteidiger, sondern Verteidiger der Linken, der Mann der kleinen Leute, der es nach Jahren als Bürgermeister in Würselen nach Europa und dort ganz nach oben geschafft hat. Er ist gleichzeitig Kampfschwein und rheinische Frohnatur, der schon mal brüllt: »Alle Macht zu mir«, als ob er den Ball endlich haben wolle, weil ihm doch gerade eingefallen ist, wie er ein Tor schießen könnte.

Dass er knappe drei Jahre später dasselbe mit der Kanzlerschaft für die SPD versuchen und die alte Tante tatsächlich noch einmal vom Stuhl reißen und als Messias aufgepumpt und wie ein losgelassener Luftballon durch den politischen Raum flitzen wird, bis die Luft raus ist, endgültig raus, ist ihm da wahrscheinlich selber noch nicht eingefallen.

Er ist ein Instinkttier mit netten albernen Marotten wie der, ein kleines Nilpferd auf seinen Weltreisen mit sich zu führen. Abends in Erfurt ist er dann nur noch »der Martin«, wo die SPD sich im feudalen Kaisersaal mit Lokalprominenz zur Kommunal- und Europawahl in Stimmung bringt.

Der kleine Euro-Bürokrat mit der Halbglatze rockt den Saal. Populistisch? Klar, schließlich ist Wahlkampf. Vielleicht probiert er schon für den großen deutschen. Er ruft: »Wenn ich Kommissionspräsident bin, dann werde ich es nicht mehr zulassen, dass mit dem Hunger der einen die Profite der anderen bezahlt werden.« Gerechtigkeit ist sein Thema.

Anschließend habe ich Gelegenheit, ein paar Worte mit ihm zu wechseln.

»Ich habe Sie jetzt in den unterschiedlichsten Rollen erlebt, als Akademiker ...«

»Dat bin ich ja nicht.«

»... als Bildungsbürger, als Funktionär, als Genosse, eine Mördertour.«

»Ja, dat is halt so, wenn du was werden willst.«

»Hat die EU mit ihrem Ukraine-Umgang einen Fehler gemacht?«

»Hab ich oft drüber nachgedacht, und nein, ich glaube nicht, hier ging es um gemeinsame Werte.«

Hier ging es allerdings, das wissen wir heute, in erster Linie um die provozierende Osterweiterung der EU bis an die russische Grenze, worüber ein mörderischer Krieg entbrannte und letztlich zur russischen Annexion – oder Heimholung – der Krim führte. Die Menschenrechts-EU in ihrem idealistischen Eifer hat es mit einer schmutzigen Welt zu tun, die schmutzig reagiert.

»Was war Ihr Tagebucheintrag gestern?«

»Dass Sie mir folgen und dass ich das Privileg habe, mit interessanten Menschen zusammenzutreffen, jetzt mit Schirrmacher und Christopher Clark und ... ähm Ihnen auch. Und dass mich die Klassik-Stiftung beeindruckt hat, kommste ja so nicht oft hin.«

Die Ausbildung zum Buchhändler, war die prägend?

»Also, der Direktor hat gesagt, Schulz, du bist eine faule Sau, aber dumm biste nicht, deshalb hat er mich zu diesem Buchhändler gesteckt, der das Gymnasium belieferte, einer von der ganz alten Schule, der immer im Hinterzimmer über irgendwelchen Folianten saß und qualmte und nur für besondere Kunden rauskam, der war mit seinem Buchladen verwachsen, gibbet heute ja gar nicht mehr.«

Die Lehre daraus?

»Ich hab ihn mal auf sein Wissen und seine Bildung angesprochen, da sagte er: ›Weißte, Junge, dat Wichtigste ist die Herzensbildung.‹«

Lächeln.

»Herzensbildung, das Wort gibbet ja heute gar nicht mehr.«

»Was ist Herzensbildung?«

»Das heißt, Liebe zu den Geringsten der Kleinen.«

»Das ist ja fast der Korintherbrief des Paulus ... ›und hättet ich die Liebe nicht, so wäre ich dröhnendes Erz oder eine lärmende Pauke ...‹«

»Ja, so fit bin ich da jetzt darin nicht ...«

»Was sind Ihre Schwächen?«

»Dat ich dat Maul nicht halten kann«, und er lacht, vielleicht weil er weiß, dass genau darin seine Stärke liegt. Er macht sich kenntlich.

Dann unterhalten wir uns über die schwarzen Stunden seines Lebens, das komplette Scheitern als nasser Alkoholiker, er lag da, Freundin war weg und alles, und er wusste, dass es so nicht weitergehen konnte.

»Ich hab einfach aufgehört, dat geht, wenn de jung bist.« Erst später habe er eine viermonatige Therapie begonnen, auf Drängen seines Bruders, eines Arztes. »Den Luxus gönnen wir uns ja heute nicht, mal über sich selber nachzudenken und nix anderes.«

Vielleicht brauchte es diesen Aufprall, dass Martin Schulz wurde, wie er ist?

»Sie werden oft als eitel geschildert.«

»Da müssen Sie bedenken, dass ich der einzige deutsche Politiker bin, der über Europa bekannt wurde«, und wie wir alle wissen, ist Bekanntheit die Währung, mit der man Politik betreibt.

»Der Cem Özdemir ist doch nur über die nationale Politik gekommen.«

Schließlich führt der Schulz-Werbezug nach Polen, nach Warschau.

Wer aus Krakau nach Warschau kommt, fährt aus einem mittelalterlichen Juwel mit seinen Kathedralen, jüdischen Vierteln, Bürgerhäusern und der stolzen Wawelburg – auch sie Zeugen unerhörter Verbrechen – in eine noch sichtbar zerstörte, verwundete und bizarr neu aufgebaute Stadt, in der die Hinweise auf die Stunde null noch fast an jeder Straßenkreuzung unvermutet auftauchen können.

Doch die Versammlung vor dem Gewerkschaftshaus in der Ulica Kopernika sowie der anschließende Marsch der Arbeiterklasse an diesem 1. Mai durch die Straßen Warschaus könnten nicht schöner verlaufen. Heiter schaut die Sonne aus einem azurblauen Himmel auf die Führungsriege der europäischen Linken hinab, die sich an einem langen Lauftransparent festhält. Darauf steht: »Gegen würdelose Arbeitsverträge«.

Polen ist immer noch Billiglohnland – was gleichzeitig sein enormes Wirtschaftswachstum erklärt. Dass es die Wirtschaftskrise wesentlich besser überstanden hat als etwa Portugal, hängt sicher damit zusammen, dass es nicht Mitglied der Eurozone ist, was dem Land die eigene Zloty-Währung erlaubt, eben Anpassungen und Feineinstellungen.

Die Demonstranten der ersten Reihe sind erprobte Parteischlachtrösser. Da ist Leszek Miller, der einstige Präsident, der Polen in die EU geführt und Bush im Irakkrieg unterstützt hat, »das neue Europa«, wie es Rumsfeld nannte, da ist der bullige Gewerkschaftsriese Jan Guz, der aussieht, als biege er in der Freizeit Hufeisen um, grimmig und kampfbereit, und neben ihm Martin Schulz, der kleine bärtige Deutsche.

Warschau, die europäische Schreckensstadt! All diese Erinnerungen an den Massenmord, an das Getto und an Auschwitz, dann an die kommunistischen Säuberungen, dort drüben der stalinistische Kulturpalast, eine hauchdünne Mehrheit war dafür, dass er stehen bleibt, und dort das Riesenkreuz auf dem gähnend leeren Pilsudski-Platz, an dessen Sockel ein

Mütterchen Blumen für den polnischen Papst hinterlegt, und natürlich all die gläsernen Hochhausschürzen und Shoppingmalls und Reklametafeln ohne jede Geschichte.

Ein paar Straßen der Altstadt sind wieder restauriert. Hier werden die rund 3000 Demonstranten von den voll besetzten Cafés und Restaurants aus belächelt, die Leute sitzen draußen, ein paar Tage früher zur Heiligsprechung des Papstes Johannes Paul II. standen vor der Allerheiligenkirche, standen vor fast jeder polnischen Kirche mehr Leute herum.

Dann schwenkt der Marsch hinüber zum Sejm, dem Parlament, da sind die großen breiten sozialistischen Verkehrsachsen, sie sind abgesperrt und leer wie der Mond, viel Platz für die abwesenden Volksmassen.

Begleitet wird die kämpferische Arbeiterfunktionärskolonne von einer Marschkapelle, aber angeführt wird sie von einer Gruppe junger Mädchen mit Stiefeletten und Röckchen und Tambourstäben, die sie in die Luft wirbeln, hinauf in die Bläue, in die Sonne, und oben an der Brandmauer eines Mietshauses steht das Versprechen »HERE BEGINS A NEW WORLD«.

Ganz offensichtlich sind die Jugendlichen die Vorhut dieser neuen Welt. Und die Straßen leer wie unbetretenes Gelände. Wie mobilisiert man die Massen für eine Wahl, die keinen so richtig interessiert?

In Polen gibt es wie überall sonst in Europa das Geplänkel zwischen den großen Lagern, Linke, Rechte, Liberale, meist werden EU-Wahlen als Testläufe für die nationalen Agenden genutzt, und überall ein paar Dutzend Wählervereinigungen, die für Tierrechte streiten oder die Umwelt, oder die, die gegen was sind, gegen Europa, besonders gegen ein verludertes Europa wie etwa die nationalkonservative PiS, die »Recht- und Gerechtigkeits«-Partei des Jarosław Kaczyński.

Für Europa dagegenzumarschieren, ist wie Wassertreten.

Das Ziel sind keine konkreten Lösungen, sondern ein kompliziertes Flechtwerk an Richtlinien und in der Ferne ein leuchtendes Ideal von Freiheit und Frieden und Gerechtigkeit.

»Von der Kampagne her sind wir voll da«, sagt ein mitmarschierender Helfer aus der SPD-Baracke, »nur sie interessiert eben kein Schwein.« Aber immerhin gibt es reichlich Schilder, auf denen der Name »Martin Schulz« richtig buchstabiert ist, denn die polnischen Mitstreiter sprechen ihn polnisch aus: Martina Schulze. Martina ist der Akkusativ von Martin.

Der Trupp schwenkt in ein Waldstück nahe dem Sejm ein, einer der beiden Kammern der polnischen Nationalversammlung, auf den überschatteten Wegen mischen sich die Kämpfer mit den Ausflüglern, auf Bratrosten brutzeln armdicke Würste und Innereien und gegrillter Käse, die Bierstände sind umlagert, und die Funktionäre besteigen eine Bühne, auf der später an diesem arbeitsfreien Tag ein Rockkonzert stattfinden wird.

Nach einigen kämpferischen polnischen Begrüßungsfloskeln für »Martina Schulze« übernimmt Schulz das Mikrofon und entschuldigt sich auf Englisch dafür, dass er trotz seiner in Polen geborenen Frau kein Polnisch spricht (dafür aber fünf andere Sprachen, wie immer wieder vermerkt wird), aber er wird auch »diese wunderbare Sprache lernen«, Stille für den Dolmetscher, und dann erst betröten die mitgeführten Vuvuzelas das Schulz-Kompliment an die Nation.

Mit diesen Applaus-und-Lärm-Verzögerungen arbeitet sich Schulz nun durch die großen Echoräume der Geschichte, lauter Jubiläen: der Ausbruch des Ersten Weltkriegs vor 100 Jahren, der Überfall »durch meine Landsleute auf euch« vor 75 Jahren und dann die friedliche Vereinigung durch den polnischen EU-Beitritt »unter einem gemeinsamen europäischen Dach«.

Nun, gute drei Jahre später, würde man hier anmerken müssen »unter einem deutschen Dach«! Denn es sind die Deutschen, die der mittlerweile konservativen polnischen Regierung »Strafen angedroht« haben in der Person von Martin Schulz, trotz allem, »was wir euch Polen angetan haben«, denn die Polen weigern sich, die durch die vorpreschenden Deutschen vorgesehenen Kontingente an Flüchtlingen aufzunehmen, und sollen pro Kopf Bußgelder bezahlen.

Doch hier, 2014, erst mal die soziale Agenda, denn darum geht es an diesem 1. Mai, um die Tirade gegen die Milliardäre und Spekulanten, die Gewinne einstreichen, während es sechs Millionen arbeitslose Jugendliche in Europa gibt, »auch bei euch«, und hier würde wohl jeder überall auf der Welt in die Vuvuzela pusten, außer den Spekulanten, die im Moment nicht da sind.

Die grünen Blätter tanzen in einer leichten Brise und lassen Sonnenflecken auf die Gesichter fallen wie auf einem Liebermann-Bild aus dem Grunewald, so romantisch ist das plötzlich, so sehr 19. Jahrhundert das alles, so gleichzeitig friedlich und so schreckensschwanger, denn in der benachbarten Ukraine geht es zur Sache, der erste europäische Krieg nach dem Krieg liegt in der Luft, und die EU-Osterweiterung ist daran nicht ohne Schuld.

Auf einem schwarzen Granitstein wird Partnerschaft zwischen den Gewerkschaften aus Warschau und Chicago beschworen, Bierbecher sind darauf abgestellt, Schulz bringt sich mit seinen Zuhörern in Schwung, er wechselt zwischen tragischer Erinnerung und optimistischer Vision, »aber ihr müsst alle zur Wahl gehen«, ruft er, »erzählt euren Freunden und Nachbarn davon«, denn er weiß, der schlimmste Gegner ist nicht der Klassenfeind, sondern das Desinteresse, und die Tröten versprechen Wachsamkeit.

Beim letzten Mal gingen gerade mal 24 Prozent überhaupt wählen, und nun droht, das wissen die Strategen in der Baracke, die nationalkonservative, euroskeptische PiS Kaczyńskis den Sieg davonzutragen. Und diese wird den europäischen Staatschefs, die sich in der Flüchtlingskrise auf eine gesinnungsethische Plattform einigen werden, schwer zusetzen. Was die EU wiederum, ganz humorlos, zu gesinnungsethischen Zwangsmaßnahmen veranlassen wird.

Doch noch sind wir im Juni 2014 in einem gespenstisch leer laufenden Europawahlkampf. Schließlich steigen die linken Eurofighter von der Bühne, Schulz ist sofort eingekreist, umgeben von Menschentrauben, Sicherheitsleute geben den Kampf auf, und dann schwimmt Schulz weiter in diesem Kordon aus Menschenleibern, eine halb blinde Frau, die offenbar eine Ikone der Warschauer Frauenbewegung ist, erzählt ihm, dass sie sich in Straßburg eine Abtreibung erstritten habe, die ihr die nationale Rechtsprechung verweigern wollte.

Ein paar Minuten später muss Schulz einräumen, dass er nicht schlau daraus wurde, was sie eigentlich von ihm wollte, womöglich wollte sie ihn für ihre Abtreibung loben.

Er unterzeichnet sein Buch *Der gefesselte Riese*, das auf Polnisch erschienen ist, und dann hat er in diesem Pulk, der sich langsam zur Straße schiebt, noch Antworten, zum Beispiel darauf, warum er das Thema Ukraine vermieden habe. »Die andere Seite macht es auch nicht, es ist einfach zu kompliziert«, sagt er, noch sind die OSZE-Beobachter in der Hand der Separatisten, »in die Sache kommt jetzt offenbar Bewegung«, am Morgen hat er mit Steinmeier telefoniert.

Und die bisherige Tour, zufrieden so weit? »In Bukarest hatten wir 13 000 Leute«, sagt er, ab morgen gastiert er in Nordrhein-Westfalen, dann noch mal in Portugal, und dann läuft es auf den 8. Mai zu, das Duell der Spitzenleute im ZDF.

Beim letzten TV-Duell unterlief ihm, wahrscheinlich in einem Anfall von Karnevalslaune, der Satz: »Falls ihr einen Popstar wollt, ich bin vorbereitet.« Wann wird er seinen ersten TV-Apparat aus einem Hotelfenster schmeißen?

Er lächelt schief. »Diese Formate sind natürlich unmöglich«, sagt er. »Du kannst nicht in 30-Sekunden-Bits über Europa reden«, und dann sind wir auch schon vor seiner Limousine gelandet, in der Leszek Miller bereits auf ihn wartet, nächster Stopp Łódź.

Später bin ich in der Fluchtlinie der Bühne weiter hinunter in Richtung Weichsel gelaufen und kurz vor einer Schnellstraße, die das Ufer zum Fluss abriegelt, auf ein buckliges riesiges Kriegerdenkmal gestoßen.

Ein Soldat kniet da, beugt sich zu Boden, offenbar um eine Mine zu entschärfen. Der linke Arm angewinkelt auf dem Knie. Ein kleines Mädchen steigt zu ihm und nimmt Platz auf seinem Arm, und nun sieht der Soldat so aus, als habe er auf die Kleine gewartet, um sie zu beschützen.

Aber wer wird sie schützen in diesem merkwürdig schwelenden und immer wieder detonierenden Weltkrieg des Islam? Darüber hat der Kandidat Schulz kein einziges Wort verloren.

Zwei Jahre später wird die sogenannte Pariser Erklärung veröffentlicht, in der das falsche Europa der bürokratischen Zwangsgemeinschaft dem »wahren Europa« gegenübergestellt wird. In ihr werden die Werte verteidigt, die uns teuer sind und die Schulz' Europa ausverkauft:

»Seine Befürworter sind Waisen aus eigener Wahl und nehmen an, dass eine Waise zu sein, heimatlos zu sein, ein erhabenes Ziel sei. In diesem Sinne verklärt sich das falsche Europa zum Vorbild einer universalen Gemeinschaft, die aber in Wirklichkeit weder universal noch eine Gemeinschaft ist.

Die Schirmherren dieses falschen Europas sind verzaubert vom Aberglauben an einen unaufhaltbaren Fortschritt. Sie glauben, die Geschichte auf ihrer Seite zu haben, und dieser Glaube macht sie hochmütig und geringschätzig. Sie sind unfähig, die Fehler jener postnationalen und postkulturellen Welt zu erkennen, die sie selber konstruieren.

Mehr noch: Sie sind ignorant gegenüber den wahren Quellen der menschlichen Würde, die sie angeblich so hoch schätzen. Sie ignorieren die christlichen Wurzeln Europas, lehnen diese sogar ab. Gleichzeitig verwenden sie große Mühen darauf, keine Muslime zu beleidigen, von denen sie annehmen, dass sie begeistert ihren säkularen, multikulturellen Standpunkt teilen werden. Versunken in Vorurteilen, Aberglauben und Ignoranz, geblendet von eitlen, selbstbeweihräuchernden Visionen einer utopischen Zukunft, unterdrücken sie reflexartig jede abweichende Meinung – natürlich im Namen von Freiheit und Toleranz.«

So weit nur die ersten Absätze. Die intensive Lektüre des gesamten Manifestes lohnt sich.

Die Nation feiert sich

Die Urorte und der heilige Quell – Warum ich mich mit einer geadelten britischen Schriftstellerin stritt – Das Sommermärchen 2006 und die Wut der Spiegel-*Redakteure über Schwarz-Rot-Gold – Dürfen wir über uns jubeln? – Warum ich als Spezialist für die WM 2014 ins Rennen geschickt wurde*

O Gott, gerade ein Tippfehler. Ich hatte »Nazion« geschrieben und plötzlich ein vielstimmes Brausen im Ohr, lauter Geisterstimmen – siehst du wohl, du Faschist! –, ein Gegröhle im Netz von Antifa und Grünen und journalistischen Gegnern und von Erdoğan, der die Deutschen gerne als Nazis bezeichnet.

Also einige Überlegungen zur Nation und zum Patriotismus, bevor wir auf den Fußball und die Weltmeisterschaft im Sommer 2014 zu sprechen kommen, der einzige Fall, der uns die Lizenz zu patriotischen Gefühlen zu erteilen scheint.

Für Chesterton hat der Patriotismus – wie die Welt insgesamt – religiöse Wurzeln. »Gehen wir zurück zu den ältesten Ursprüngen der Zivilisation, finden wir sie um einen heiligen Stein zusammengedrängt oder einen Kreis um einen heiligen Quell bilden. Zuerst beteten die Menschen einen Ort als Kultstätte an, und danach verhalfen sie ihm zu irdischem Ruhm«, schreibt er in seiner *Orthodoxie.* Und fährt fort: »Die Menschen liebten Rom nicht, weil die Stadt groß war. Rom wurde groß, weil die Menschen sie geliebt haben.«

Patriotismus, das heißt: Liebe zur Heimat und zur Nation, kommt heute vielen Feuilletonisten, also denen, die Dr. Pop zur »kreativen Klasse« rechnet, vor wie eine unheilbare Krankheit. Er scheint einfach nicht auszurotten zu sein in unserer globalisierten Welt, höchstens für diejenigen, die über Vielfliegerstatus und Zugang zur Senatorenlounge verfügen und sich nicht für Fußball interessieren, also die kreative Klasse.

Die *Frankfurter Allgemeine Sonntagszeitung* brachte eine Reportage über Polen, Türken, Russen, die teilweise schon seit Jahrzehnte bei uns ihren

Lebensunterhalt verdienen und dennoch von dieser unheimlichen Krankheit befallen sind – sie haben Sehnsucht nach ihrem Heimatland. Die Autorin beschreibt diese irrationale Sehnsucht sehr verständig, nämlich »... warum manche rechts wählen, rechts denken, für Autoritäres demonstrieren«. Aber, so schließt sie streng: »Das muss man kalt und deutsch ertragen. Denn besser ist ein Land ohne Patriotismus als eines, in dem Patriotismus zum bösartigen, chauvinistischen Nationalismus wird.«

Chesterton zog den Patriotismus einem bösartigen Nationalismus vor – er verachtete die britische Empire-Kraftmeierei und polemisierte scharf gegen den Burenkrieg der Engländer, im Gegensatz übrigens zum Sozialisten George Bernard Shaw.

Das nationale Großereignis 2014, in diesem Jahr vor der Katastrophe, war ohne Zweifel die Fußballweltmeisterschaft in Brasilien.

Ich war aus dreierlei Gründen prädestiniert, darüber zu berichten. Erstens war ich nicht nur im Internat unbestrittener Mannschaftskapitän in meiner Rolle, die man damals Mittelläufer nannte und die heute als offensive Sechs bezeichnet wird. Zweitens hatte ich vier meiner schönsten journalistischen Jahre als Korrespondent in Rio de Janeiro verbracht, war also der Landessprache mächtig. Drittens hatte ich bereits eine erfolgreiche WM hinter mir, nämlich die von 2006, das sogenannte Sommermärchen. In jenem Sommer kam mein Buch *Wir Deutschen – warum die anderen uns gern haben können* heraus, in dem ich für einen fröhlichen unbeschwerten Patriotismus plädierte.

Tatsächlich hatte ich, nach Jahren im Ausland, die Nase voll von der deutschen Neurose, nicht deutsch sein zu wollen. Eine Neurose im Übrigen, die unseren Freunden in New York, in Rio de Janeiro, in London gehörig auf den Keks ging. Mein Freund Steven Crawshaw vom *Independent* hatte mit Recht bespöttelt: »Ihr seid entweder Berliner oder Hessen oder Europäer. Entweder das ganz Kleine oder das ganz Große – nie die gesunde Mittellage, nie Deutsche.«

Nun war es nicht so, dass nicht gerade auf der Insel daraus Kapital geschlagen wurde im Kampf der Stereotypen, die ich mit den Blättern ausfocht, mit der *Daily Mail* mit ihren »Blitzkrieg«-Schlagzeilen, besonders vor Fußballbegegnungen, und ich schlug zurück im *Evening Standard*, wo ich eine Kolumne schrieb, durchaus im Sinne einer vergnügten Kneipenprügelei.

Eines Abends saß ich während eines Dinners in der deutschen Botschaft neben Dame Antonia Byatt, die von meinem Bruder, dem Botschafter, ausgezeichnet worden war. Man sprach über das Wetter und sonstige gesittete Themen, als sie mich fragte, was ich von der neuen europäischen Konstitution hielte.

Ich verschluckte mich fast. Ich kannte das 1000-Seiten-Ding nicht und auch sonst niemanden, der es gelesen hätte. Also spielte ich den Ball zurück. Was sie davon halte. »Nun«, sagte sie, und man kann sich den Tonfall nicht näselnd genug vorstellen, »wir brauchen keine Konstitution im Gegensatz zu Ihnen, wir sind die älteste Demokratie der Welt.«

Wieder schluckte ich. Das klang wie: Ihr Deutschen seid gerade im Fell von den Bäumen gestiegen und habt den Knüppel aus der Hand gelegt, ihr Wilden habt gerade gelernt, mit Messer und Gabel zu essen, für euch sind Regeln ganz nützlich.

Ich erwiderte: »Wissen Sie, Gnädigste, ein paar simple Regeln täten auch Ihrer verregneten Insel gut, mit den ständig entgleisenden Zügen, den verdreckten Krankenhäusern und der enorm hohen Rate an Teenagerschwangerschaften.«

Das sagte ich natürlich nicht.

Das fiel mir erst später ein.

Aber ich war es einfach leid, unsere lange Geschichte zusammenschnurren zu sehen auf die zwölf finsteren Jahre, unsere Geschichte ist reicher, und ich kramte im Geiste zusammen, was mir so einfiel, Hermann der Cherusker, Gutenberg, Dürer, Luther, die Klassiker Goethe und Schiller, die Romantiker, allen voran Heine, die großen Erfinder Röntgen, Siemens, Planck, Einstein, von Beckenbauer und Heidi Klum gar nicht erst zu reden. All die Könige und Kaiser, schwierige Mittellage in Europa, und wir mussten auch noch auf den Papst aufpassen!

Wer sind wir?

In einer zunehmend globalisierten und uniformen Welt wächst die Frage nach der Identität, also danach, worin wir uns unterscheiden, in jeder Nation. *Who are we?* hieß der Besteller von Samuel Huntington in den USA, und die Dänen hatten gerade einen Kanon aufgestellt, der zusammenfassen sollte, was dänisch ist.

Ist das nicht merkwürdig und gleichzeitig so enorm plausibel? Wenn wir Google Earth einschalten, lokalisieren wir nicht erst mal uns selber, unser Land, unsere Stadt, die Straße, in der wir wohnen, ja das Haus, in dem wir leben – und wie das alles aus dem Weltall aussieht? Wir wollen uns buchstäblich selber auf den Kopf schauen wie der wundervoll gelangweilte Prinz in Büchners *Leonce und Lena.*

Wir halten »Heimat« allerdings mittlerweile für eine Nazivokabel. Da wir glauben, dass unser Boden kontaminiert ist, schneiden wir die Wurzel gerne ab und bauen in der Luft und behaupten, genau das sei die Gartenpflege der Zukunft. Beziehungsweise diejenigen, die mit Vielfliegerstatus unterwegs sind und voller Verachtung nach unten schauen. Dabei erklärte selbst Papst Franziskus, der Universalist, jüngst: »Ein Volk ohne Wurzeln ist ein krankes Volk. Ohne Wurzeln kann man nicht leben.«

In England lief zu meiner Korrespondentenzeit 2002 eine stolze, lange Serie in der BBC über die Anfänge, die Stammesfürsten, die ersten Könige, natürlich fehlte der mythische King Arthur nicht, der gleichzeitig im Kino von Action-Star Clive Owen gespielt wurde. Ist die Selbstvergewisserung als Nation nicht eine ganz normale Angelegenheit? Oder anders: Ist das patriotische Gefühl so abnorm? Selbst mein persönlicher Journalistengott, selbst Heinrich Heine, damals der zu Recht höchstbezahlte Vertreter der Zunft, den die preußische Zensur außer Landes getrieben hatte, der dann in Paris den Franzosen die Deutschen erklärte und den Deutschen die Franzosen, selbst der große Harry Heine wurde schwach vor Heimweh, weshalb er in seinem *Deutschland. Ein Wintermärchen* heimlich über die Grenze kutschierte.

Und als ich an die Grenze kam,
Da fühlt ich ein stärkeres Klopfen
In meiner Brust, ich glaube sogar
Die Augen begunnen zu tropfen.

Und als ich die deutsche Sprache vernahm,
Da ward mir seltsam zumute;
Ich meinte nicht anders, als ob das Herz
Recht angenehm verblute.

Ein kleines Harfenmädchen sang.
Sie sang mit wahrem Gefühle
Und falscher Stimme, doch ward ich sehr
Gerühret von ihrem Spiele.

Seine Heimat ist die Sprache, aber sie ist auch das romantische Harfenmädchen, das da singt, mit falscher Stimme und mit wahrem Gefühle, so romantisch, und Harry ist »gerühret von ihrem Spiele«.

Kurz: Mein Buch war eine Liebeserklärung an mein Land. Es war wohl das erste identitäre deutsche Buch, bevor es die Identitären überhaupt gab. Ich sammelte, was mir an Deutschland gefiel. Aber auch, was mir nach den zwölf Jahren, die ich im Ausland verbrachte hatte, besonders aufstieß, zum Beispiel dieser enorme Selbsthass der Linken. Diese neurotische Verengung auf die zwölf dunklen Jahre, wenn wir an die reiche und vielgestaltige Geschichte der Deutschen denken.

Merkwürdigerweise nahm niemand daran Anstoß. Im Gegenteil, das Buch wurde zum Besteller. Alexander Gorkow schrieb in der *SZ*: »Die Kombination aus Reportage und Hochkomik, sie dürfte in dieser Drehzahl in Deutschland einmalig sein.« Ulrich Wickert: »Matusseks schwarz-rot-goldene Provokationen sind klug und witzig, und sie beweisen, dass man Patriotismus nicht den Reaktionären überlassen muss.« Hans Ulrich Gumbrecht in der *FAZ*: »Matusseks Buch ist eine inspirierende Lektüre.« Und Michael Naumann in der *Zeit*: »Heinrich Heine heißt das Vorbild des Autors, und dass er ihm in einigen Passagen nahekommt, gehört zu den Schönheiten des Buches.«

Nun, da war ich noch nicht als rechts abgestempelt und die deutsche Debattenkultur noch nicht blind vor antifaschistischer Hysterie.

Eine französische Ausgabe des Buches erschien drei Monate später, denn auch die Nachbarn waren auf dieses fröhliche und plötzlich so gar nicht schuldneurotische Volk jenseits des Rheins neugierig geworden. Nur die *Spiegel*-Kollegen tobten, denn Nation galt als unausrottbare verfemte missbildende Krankheit, und jeder, der auch nur in den Verdacht geriet, das Heimatland zu mögen, war ein Kriegstreiber und Chauvinist.

Gleichzeitig aber geschah in diesem Sommer etwas Wunderliches, noch nie Dagewesenes. Während der Regierungssprecher im Vorfeld der WM sorgenvoll von No-go-Areas für die ausländischen Besucher sprach und vor der Gefahr eines wilden, tumben deutschen Hooliganismus warnte, besonders im Osten, böse unkend begleitet vom *Spiegel*, füllten sich die Straßen, Plätze und Zuschauermeilen mit friedlichen Familienvätern und Kindern und hübschen blonden Mädchen, die die schwarz-rot-goldenen Wimpel schwenkten, die nationalen Farben, die ein für alle Mal vom rechten Rand in die bürgerliche Mitte zurückgeholt wurden.

Die deutsche Nation feierte sich selbst. Und sie genoss es.

Ausländische Berichterstatter waren perplex. Die britische Presse jubelte mit – mein Freund Steve rief mich entgeistert und fröhlich an und fragte: »Was ist da bei euch los? Seid ihr wieder normal?«

Und während die Deutschen ihre Fußballnationalmannschaft feierten – die heute aus politisch korrekten Gründen nur noch »Die Mannschaft« heißt –, war in der *Spiegel*-Redaktion guter Rat teuer.

Ich schlug in der Ressortleiterrunde vor, doch mal einen positiven schwarz-rot-goldenen Titel zu versuchen, also den Lesern in ihrer Stimmung recht zu geben, statt sie zu erziehen, was, so ganz nebenbei, auch der Auflage gutgetan hätte – da brüllte mich der Ressortleiterkollege, einst aufrechter DKP-Kader, mit den Worten an: »Halt endlich mal deine Fresse!«

Ich konnte das gut wegstecken, denn mein Buch kletterte Woche für Woche in der Bestsellerliste und hielt sich dort oben. Um den von der Kritik stets missachteten schwulen Klimperkünstler Liberace zu zitieren: »Ich ließ die Kritiker toben und lachte auf dem Weg zur Bank.«

Nun, 2014, stand eine weitere WM auf dem Plan. Ich flog nach Bahia in den Nordosten Brasiliens, wo die deutsche Mannschaft ihr Quartier aufzuschlagen gedachte, nahe der Hafenstadt Porto Seguro, an der Cabral im Jahre 1500 seine Schiffe ankern ließ und das Land für die portugiesische Krone reklamierte. Ich kannte das Städtchen, weil hier im Jahre 2000, also zur 500-Jahr-Feier des »descobrimento«, der Entdeckung, die ansässigen Indios Fazendas und Ländereien besetzt hatten, die ihnen vor Jahrhunderten gestohlen worden waren.

Diesmal war die Lage friedlicher. Viele Indianerbuden mit Indianerschmuck, Friedenspfeifen und Aschenbechern mit WM-Emblem und Häuptlings-Federschmuck aus gefärbten Taubenfedern, und jeder Zweite konnte die Namen, auf die es ankam, so annähernd: Schweinesteiger, Neuer, Muller ... Natürlich waren sie überzeugt vom Sieg der Seleção, der brasilianischen Nationalmannschaft, denn in erster Linie waren sie Brasilianer und erst in zweiter Linie Indios. Ist dieser Nationalismus denn partout nicht totzukriegen?

In Deutschland, in diesem Jahr 2014, bevor die Eliten beschlossen, es sei jetzt nun genug mit Patriotismus und Nation, war er es offenbar immer noch nicht. Wieder wurden den Rückspiegeln schwarz-rot-goldene Schlüpfer übergezogen, wieder flatterten die entsprechenden Wimpel in den Autofenstern, wieder füllten sich die Fanmeilen, wieder lagen sich nach Siegen wildfremde Menschen in den Armen.

Am Tag vor dem Finale erhielt ich den Auftrag, für das Spiel am nächsten Tag in die Tasten zu greifen, und zwar ausdrücklich die nationalen, die patriotischen, die begeisterten Register zu ziehen. Hier galt die Regel: Wenn überhaupt, dann jetzt.

Wenn die Nation sich zusammenschließt im Spielrausch – und es war das letzte Mal, dass es der Fall sein würde, das weiße Kaninchen wackelte begeistert mit den Ohren –, dann ist es ein Grund zum Feiern, und ich war vom Blatt als Zeremonienmeister bestimmt worden, und ich lieferte. Ich ließ nichts aus, weder Schlacht noch Schicksal, weder Tod noch Heldentum, noch den Hass auf den Gegner.

Ich argumentierte wie der Staatsrechtler Carl Schmitt, der in der Politik nur der einfachen Trennung zwischen Freund und Feind Geltung zusprach. Im Grunde hätte auch dieser politisch inkorrekte Text von den so auf modern frisierten Chefs aus dem Verkehr gezogen werden müssen, aber ich wusste, sie würden ihre Bedenken diesmal hintanstellen, denn erstens dachten sie als Fans wie ich, und zweitens brauchten sie den Text, der auf dem Titel angekündigt war, um die Seiten zwei und drei zu füllen. Also gab ich Gas – und welchen Spaß ich dabei hatte, kann man gar nicht ermessen, denn das hier war Spiel und Märchen, hier durfte sich das weiße Kaninchen austoben, wie es wollte:

»Natürlich wird das heute Abend großes Kino. Die ganze Welt schaut zu, Staatsmänner und Kanzlerin auf der Tribüne, Milliarden vor den TV-Geräten, zwei Päpste, einer aus Argentinien, der andere aus Deutschland. Zu wem hält Gott? Deutschland wird jubeln oder untergehen. Sieg oder Schande. So wundervoll einfach ist Fußball.«

Nach dem Jahrhundertfeuerwerk gegen die Brasilianer sprach DFB-Präsident Niersbach von einer Art Science-Fiction-Film: »Fußball wie vom anderen Stern.« Champagnerfußball. Die Korken knallten in den Nachthimmel. Die goldene Generation ließ aufblitzen, was sie auch kann: Varieté, Verwandlungstricks, Schnelligkeitswunder, Zauber.

Mein väterlicher Freund Hellmuth Karasek auf unserem Sofa st
nur noch verzückt: »So was hab ich in meinen 80 Jahren noch nicht gesehen.« Seine Frau Armgard rief mit den anderen: »Einer, einer geht noch rein.« Stehkurvenstimmung im Wohnzimmer. Wir hatten ein Ferkel gegrillt für die rund zwei Dutzend Nachbarn und Freunde, viel Alkohol auf dem Tisch, natürlich Tabak – die drei Requisiten, die es für jeden erfolgreichen Voodoo-Zauber braucht.

Und dann lagen wir uns im Minutentakt in den Armen. Karasek, alte Kollegen, viele muskulöse Teenager aus drei Nationen, jubelnd, sie kümmerten sich dann um meinen Sohn, Brasilien-Fan, weil er in Brasilien aufgewachsen ist. Er zog sich früh und todtraurig zurück, ich machte mir Sorgen. Aus Fußball hat er sich doch nie viel gemacht. Aber bei solchen Sachen geht's ja auch gar nicht um Fußball. Es geht ums Herz.

Doch der Ernstfall war es noch nicht. Der Ernstfall ist heute. Zweite und dritte Plätze hatten wir zur Genüge. Jetzt holen wir uns das Ding. Die Anleitung dazu liefert kein Science-Fiction- oder Ballett-Streifen, sondern der Klassiker aller Buddy-Filme, das einsame Monument aus dem Museum maskuliner Kultur, der Kultstreifen *Das dreckige Dutzend* von 1966. Natürlich ein Kriegsfilm. Aber was ist Fußball anderes als Krieg? Finale ist Endkampf. So viel Freude und so viel Blut in diesem Wort. Sport ist Krieg mit friedlichen Mitteln, dem Spieletheoretiker Laurens Huizenga zufolge. Wer sagt, der Bessere möge gewinnen (oder irgendein ausgebeutetes Land aus Gründen höherer Gerechtigkeit), versteht nichts vom Fußball und nichts davon, was er auslösen kann. Vor allem in Ländern der Dritten Welt.

Aber zuversichtlich stimmt mich nicht diese Freak-Gala aus Belo Horizonte, die auch einem kollektiven Nervenzusammenbruch der brasilianischen Mannschaft zu verdanken war. Nein, nicht die Jubelkommentare, sondern das Interview, das Per Mertesacker nach der Algerien-Quälerei gegeben hatte, war wichtig. »Wat wolln Se«, sagte er, »wolln Se 'ne erfolgreiche WM, oder solln wir wieder ausscheiden?«

Es folgte der minimalistische, aber ergebnissichere 1:0-Sieg gegen Frankreich, so hatten sie davor schon gegen die USA gespielt. Das Team hat gelernt, dreckige Siege genauso zu feiern wie Schampusrunden. »Ich will nicht nach Hause fahren und sagen, sorry, wir sind Weltmeister, haben aber nur mit einem Tor gewonnen«, sagte Thomas Müller später. Unsere netten Youngster sind vier Jahre älter, vier Jahre ausgebuffter, vier Jahre abgebrühter. Begeisterungsfußball ist hübsch, aber es zählen die Siege.

Wie im Film also. Jogi Löw sollte ihn seinen Modellathleten in den Badelatschen zur Einstimmung zeigen. Die simple Story: Ein Major soll aus elf verschlagenen, gefährlichen Mördern und Schwerverbrechern eine Crew formen, die hinter den feindlichen Nazilinien ein von den Deutschen besetztes französisches Schloss einnimmt. Unmöglicher Job, so ähnlich, wie eine WM in Brasilien zu gewinnen, der Muttererde, dem Anbaugebiet für Paradies-Fußball, das Titel als Geburtsrecht betrachtet. »Ein Himmelfahrtskommando.« Was für ein schönes Wort!

Major Reitman ist Lee Marvin, die coolste Sau Hollywoods in den 60ern. Der weißhaarige Lee Marvin ist Jogi Löw, nur dass Letzterer besser geföhnt ist und keine Schwerverbrecher, sondern Schwerverdiener zu drillen hat. Die duschen regelmäßig. Aber wie Lee Marvin weiß Jogi, dass er junge Stürmer braucht (Müller, Götze) und erfahrene Sprengstoffspezialisten (Klose), Scharfschützen, die ihren Job verstehen (Kroos, Khedira), und Jungs, die ihnen den Arsch retten (Schweinsteiger), und vor allem eine Abwehr, die Gegenangriffe aushält (Hummels, Boateng, Lahm, Höwedes), und wenn die ausfällt, steht da immer noch Neuer. Hautfarbe und Religion spielen wie im Film keine Rolle – Hauptsache, die Jungs wissen, dass sie aufeinander angewiesen sind, dass jeder seinen Job erfüllt und weiß: Alle sind nur so stark wie ihr schwächstes Glied.

Noch einmal zurück zum Algerien-Albtraum: flimmernde Saharaträgheit und schleppende Beine, diese bis in die Nachspielzeit von Halluzinationen durchsetzte Partie, in der der gegnerische Torwart immer dort aus dem Boden wuchs, wohin unsere Jungs (Schürrle!) ballerten, Männer, die wirkten wie abgekämpfte Fremdenlegionäre auf einem Todesmarsch. Aber sie gewannen. Nach dem Spiel jedoch meuterte das Volk, das Spielkultur sehen wollte, Sturmleichtigkeit, und wir alle brüllten Löw zu: »Du Depp, der Lahm – nach reeeechts hiiiiinten!«, im Chor mit 80 Millionen.

Nun ist Jogi Löw, wie Lee Marvin im Film, ein eigensinniger Typ, dem populistische Kritik sonst wo vorbeigeht. Er, der desillusionierte Veteran, wusste genau, was er tat, als er Lahm ins Mittelfeld nahm, denn er konnte damit den Rekonvaleszenten Khedira und Schweinsteiger wechselnde Zeitstücke zuteilen, vorsichtige Belastbarkeitstests. Er wusste, er würde beide brauchen im langen Turnier, und zwar gesund. Und Lahm, der Ehrgeizige, hat sich selbstverständlich aufgeopfert, mit hängender Zunge.

Der Film aber, den wir heute sehen, handelt nicht nur von Opfermut und Kühnheit, sondern auch vom Tod derer, die dort unten im Maracanã-Kessel antreten und ahnen: Eine Niederlage wäre der Sturz in den Abgrund, in die Nacht und tief hinein in die Schwärze, wo die Ungeheuer der nationalen Unterwelt warten, um die Verlierer zu zermalmen.

Dass das Team dennoch unvergessen bleibt, liegt an jener Sternschnuppennacht von Belo Horizonte mit ihrer nie gezeigten und nie gesehenen Spielkultur und Effizienz. Sie sind Könner, womit wir wieder beim *Dreckigen Dutzend* wären. Die elf Rekruten des Majors sind miese Gauner, aber sie sind Typen, jeder Einzelne hat das Zeug zum Anführer (außer dem miesen Psychopathen und Verräter Telly Savalas), und wer am Ende nicht weint, wenn John Cassavetes und Donald Sutherland draufgehen und Charles Bronson nur knapp überlebt, der hat kein Herz.

Schwerverbrecher haben wir nicht zu bieten, aber Vorbestrafte wie Toni Kroos, der es damals im EM-Halbfinale nicht schaffte, den Italiener Pirlo aus dem Verkehr zu ziehen, oder Khedira, der das entscheidende Kopfballduell gegen den Spanier Piqué im letzten WM-Halbfinale verlor. Beide haben ihre zweite Chance bekommen, wie die Outlaws im *Dreckigen Dutzend* – und wie sie die genutzt haben! Im Grunde aber wissen sie, dass nur der Sieg heute Abend Fehler der Vergangenheit obsolet macht, die waren dann nur notwendige Vorbereitungen für den Ernstfall.

Kämpfer, unser dreckiges Dutzend, mit deutlicher Liebe zu Tätowierungen. Also Krieg heute Abend, in abgedimmter Version, Thomas Mann würde möglicherweise von einem »reinigenden Waffengang« schreiben. Mann, wir Deutschen. Überall morsche Bretter. Dunkle und ganz bedenkliche Gruppengefühle! Doch das Erstaunliche: Die gibt es überall auf der Welt. Jede Nation fühlt so. Überschäumender Jubel und nationale Gesänge in Argentinien nach dem Halbfinale. Wie sind die französischen Verlierer der letzten WM von ihren Landsleuten verhöhnt worden. Ein ganzes Volk in Scham und Schande. Wie haben die Holländer ihre frühen Erfolge gefeiert und die kommenden Gegner verhöhnt. Wie schön und bemerkenswert enthemmt der Fußballjubel in Feindbeschimpfung umkippt, wo darf man das noch?

»Die Deutschen sollen verlieren«, sagte ein schönes holländisches Mädchen nach der Pleite im Halbfinale, »die Deutschen sind unsere Feinde«, und ich muss gestehen, seit Rijkaards Spucke in Rudi Völlers Locken habe ich Vorurteile gegen Holland. Beim Schwimmen vorhin bat mich ein brasilianischer Freund: »Bitte vernichtet die Argentinier«, mein ehemaliger Fahrer aus Rio bat mich auf Facebook um ein 8:0 gegen die Himmelblauen, und so denken viele Brasilianer.

Kein Problem für mich. Der einzige Argentinier, den ich respektieren konnte, war (neben dem schreibenden Giganten Borges) der kettenrauchende Trainer César Luis Menotti in seinen Maßanzügen und mit der grauen Mähne. Maradona? Verglichen mit Pelé oder Beckenbauer, ein aufgeblähter Fußballzwerg und Windmacher. Spielerisch war er vielleicht ein Dutzend Jahre lang auf der Höhe, dann wurde er fett und begann sich zu ruinieren, mit Koks und Prostituierten und immer wieder Bergen an Churrasco. Nicht dass man das einem Aufsteiger aus dem Elendsviertel Villa Fiorito in Buenos Aires nicht gönnen würde, das Leben war schließlich beschissen genug. Aber dann – Castro! Schulterschluss mit Chávez. Da hörte für mich der Spaß auf.

Ist es nicht komisch, wie in unserer aufgeklärten Völkergemeinschaft die Entwertung des Gegners so einen unmäßigen Spaß macht, genauso wie diese dunklen nationalen Zugehörigkeitsaffekte? Wie sie wach werden auf Tribünen und in Fanmeilen, wie sie freudig hochschießen, als ob sie zu lange die Luft anhalten mussten, besonders bei uns. Nicht mehr wegen der ollen Nazis, sondern wegen der neuen Liturgie der Multikulturalität. Weil das Nationale als Beispiel für Rückständigkeit herhalten muss, das als überwunden zu gelten hat. Und immer wird es mit dem Wort »rechts« kombiniert. Ist es nicht. Es lebt und wuchert im Untergrund, überall, ist weder rechts noch links, es ist menschlich und nicht totzukriegen. Patriotismus gilt als pfui in Szenekreisen, wie fröhlich er sich auch äußern mag.

Eine WM beherrscht Köpfe und Herzen der beteiligten Völker, beflügelt die Gewinner oder stürzt die Verlierer in die Verzweiflung. Der Sieg ist immer total, die Niederlage ebenso. Stellungskriege sind sinnlos – das Elfmeterschießen führt immer zur Entscheidung. Wie übersichtlich die Welt plötzlich wird. Die Herzen schlagen höher, in allen, auch in uns, die wir nicht mitkämpfen können, weil wir mit Bierflasche und Grillwurst beschäftigt sind, aber die Kampfmontur, das Trikot, tragen wir alle. »Ich glaube, dass es schon fast historisch ist«, sagte die Kanzlerin, und zwar mit was? Mit Recht!

WM-Triumphe sind Bestandteile nationaler Mythologien – Bern 1954, die Kriegsheimkehrer –, Finalniederlagen dagegen können zu Albträumen werden, die ein Volk Jahrzehnte verfolgen, wie Brasilien damals 1950, als es gegen Uruguay ausgerechnet im heimischen Maracanã-Stadion unterging. Der brasilianische Torwart wurde noch 60 Jahre später dafür verachtet, bis er erlöst wurde, am letzten Dienstag von uns, als wir die Seleção mit der gewaltigsten Halbfinalniederlage aller Zeiten in die Kabine schickten, was jenes ältere Debakel schwarz überpinselte.

Doch heute Abend zählt unsere Zaubernummer aus Belo Horizonte nichts mehr – heute kommt es auf unser dreckiges Dutzend an. Es ist bestens vorbereitet, nichts blieb untrainiert, wie in Lee Marvins Camp mit seinen ungewaschenen Killern, den Messerstechern und Tricksern. Toni Kroos und Sammi Khedira, Özil und Boateng, bunte Truppe, sie sind die Besten ihres Fachs. Die Verteidigung ist lebensrettend! Die haben sie im *Dreckigen Dutzend* vernachlässigt und mit dem Leben bezahlt.

Jogi, zeig ihnen den Film, schon aus Gründen der Herzensbildung. Lee Marvin überlebt, aber aus seinem weißen Schopf sickert am Ende das Blut. Jogi trägt Schwarz, auch in der Frisur. Aber darauf kommt es nicht an. Es kommt darauf an, eine Mission erfolgreich abzuschließen, das wissen beide.

Heute, ach was, schon das ganze WM-Turnier über herrscht der Ausnahmezustand, ein Begriff des Staatsrechts nach Carl Schmitt. Im Ausnahmezustand setzt der Souverän (Fußball) bestimmte Rechte außer Kraft (Ruhe, Arbeit), mit dem paradoxen Ziel, genau diese für die Zukunft zu schützen und noch ein anderes dazu, das Recht auf patriotische Gefühle. Wo werden die sonst noch geduldet? Diese WM, jede WM ist ein entschlossen geführter Anschlag auf die aufgeklärten, nüchternen, nivellierten Globalisierungsdiskurse. Fußball ist ein Männersport, so wie *Das dreckige Dutzend* ein Männerfilm ist. Wenn so viele junge, hübsche Frauen mitfeiern, feiern sie nicht den neuen Mann. Sie mögen einfach ab und zu ganz altmodische, die kämpfen!

Wenn wir ehrlich sind, hat sich die Welt in diesen letzten Wochen auf einen fantastischen Tunnelblick verengt. Wir empfinden die Nachrichten in den Halbzeitpausen als surreale oder störende Unterbrechungen. Unser Blick hinaus in jene andere Welt, die wir verlassen haben, wird abgebrühter. Nahost? Plötzlich wird uns deutlicher, wie durchsichtig dort die politischen Spielzüge sind, immer der gleiche Trick wie ein Sturmlauf Robbens, wenn er zur Mitte zieht.

Oder der Freispruch für den HSH-Bankrotteur und hoch abgefundenen Zocker-Banker Nonnenmacher, der die »rechtliche Grauzone nicht übertreten« habe – wie erwartbar! Können wir noch mal das 3:0 sehen, bitte? Oder die Jungs, die sich von US-Geheimdiensten umdrehen ließen, »drittklassige Leute, was für eine Dummheit«, schäumte Schäuble, die Nummer erinnert zunehmend an den *Mad*-Comic mit seinen schlapphütigen »Spion und Spion«-Cartoons samt ihren raffinierten Fallen, in denen sie sich selbst verheddern. Albern. Kratzt uns das alles noch? Nicht die Bohne.

Nicht immer ist Fußball die Fortsetzung des Kriegs mit anderen Mitteln. Manchmal ist Krieg die Fortsetzung des Fußballs, wie die Scharmützel zwischen Honduras und El Salvador 1969 vorführten, nachdem es bei Qualifikationsspielen zu Todesopfern gekommen war.

Fußball ist zu ernst, als dass man ihn den Zaungästen überlassen könnte. Fans kann man nicht vorschreiben, wie und was sie dabei fühlen sollen. Fußball ist ein Religionsersatz. Ein sehr attraktiver. Kirchen, besonders: die Kirche, erfordern Loyalität und Leidensmut und bieten Erlösung an, und da sind die Gläubigen der Vereine, die Fans, nicht anders. Der Fan verkörpert ein Bekenntnis zu Glaube und Hoffnung. Und heute Abend verwandelt sich eine ganze Nation in Fans, in hingebungsvolle, die jubeln wollen, auch über einen dreckigen Sieg.

Unsere Kanzlerin gehört mittlerweile dazu, zum deutschen Fußball. Anständig, bescheiden, im Vollgefühl der eigenen Stärken, Vorsprung durch Technik. »Schon fast historisch«, sagte sie, und das vor dem Finale. Danach gilt: Jetzt wird ganz sicher Geschichte geschrieben. Wenn wir gewinnen, wird sich ein goldener Schimmer auf dieses Land legen. Für ein paar Tage werden wir den Horror Vacui des Lebens vergessen, wir in der Komfortzone. Wir rücken zusammen, wir feiern zusammen, wir empfinden uns wieder, diesmal in aller Unschuld, als deutsche Helden, gemeinsam mit unseren Helden auf dem Rasen.

Wie sagte Thomas Müller: »Wir wollen dafür sorgen, dass ihr noch ein paar Grillpartys mehr feiern könnt.« Egal, wie: Das dreckige Dutzend wird gewinnen. Ob die Kanzlerin zum Duschen bleibt? Ausgeschlossen ist nichts mehr.

Die Redakteure einschließlich der Chefredaktion waren hochzufrieden, ich hatte bei ihnen wohl einen nicht eingestandenen nationalistischen Nerv getroffen.

Wie erwähnt, es war das letzte Mal, dass sich unsere Nation als Einheit fühlte, dass sie stolz war und sich über alle ideologischen und sozialen Grenzen hinweg verbrüderte. Millionen säumten den Weg der WM-Helden vom Flughafen zum Brandenburger Tor, wo Helene Fischer sang und ein paar deutsche Spieler die Argentinier humorvoll verhöhnten. »So gehen Verlierer«, sangen Schweini und andere und wankten mit hängenden Schultern über den Laufsteg am Brandenburger Tor. Und dann noch mal anders, mit stolzgeschwellter Brust: »Und so sehn Sieger aus«, und Philipp Lahm schoss einen Ball in die Menge und riss die Trophäe hoch.

Gehört dazu, die Abwertung des Gegners, sie wurden zwar von den politisch korrekten Aufpassern der »Qualitätspresse« dafür pflichtgemäß getadelt, im Inland, die Briten dagegen fanden das alles im Rahmen, selbst die Argentinier fanden es normal.

Der Leser wird festgestellt haben, dass ich diese Beschwörung der Nation, diese Feier des Zusammenhalts selbstverständlich ohne alle völkischen Zungenschläge verfasst habe. Ohne unsere Kanoniere Khedira oder Boateng oder Künstler wie Özil wäre unsere deutsche Nationalmannschaft nicht zu denken, und dass später diese Nationalmannschaft in »Die Mannschaft« umgetauft wurde, halte ich für einen typisch deutschen vorauseilend-ängstlichen Reparaturflop.

Schon Chesterton hat sich über völkische, also rassistische Definitionen von »Nation« lustig gemacht. »Alle echten Engländer, die die Geschichte hervorgebracht hat, hätten jeden, der von den Angelsachsen redet, angegähnt oder ihm ins Gesicht gelacht.« Schon Nelson, so fährt er fort, habe am Vorabend von Trafalgar sein französisches Blut entdeckt. Nein, das Völkische ist geradezu eine Entwertung der Nation.

»Die Wahrheit ist letztlich ganz einfach. Die Nation gibt es wirklich, und sie hat nicht das Geringste mit dem Volksstamm zu tun. Nation ist so etwas wie eine Kirche oder ein Geheimbund: ein Produkt der menschlichen Seele und des menschlichen Willens, ein geistiges Produkt. Aber manche unserer Zeitgenossen dächten oder täten alles andere lieber, als zuzugeben, dass etwas ein geistiges Produkt sein kann.«

Aber zurück zur WM in diesem herrlichen Sommer 2014, dieser großartigen Ersatzhandlung. Ich war nach dieser Finalnacht von Rio de Janeiro völlig fertig, genauer gesagt, seit der 113. Minute des Endspiels, als André Schürrle den Ball von der linken Außenlinie in die Mitte flankte, wo ihn Mario Götze mit der Brust annahm und ihn volley am argentinischen Torhüter vorbei zum Siegtreffer verwandelte.

So restlos fertig, dass ich erst mal in Kur ging und mir über den *neuen Menschen* Gedanken machte, als ob ich ahnte, dass genau der in den katastrophalen Folgemonaten von den Eliten gefordert werden würde – und jeder, der da nicht mitzog, wurde ins Abseits geschickt.

Der neue Mensch

Auf dem Zauberberg – Nie wieder rauchen – Fasten als Weg zum Glück – Dr. Buchinger und die deutschen Lebensreformer – Unsere Generation ohne Schicksal – Die Kindheit der Mutter und ihr 90.Geburtstag – Zwinglis Wurstsalat – Knausgård lesen – Walsers Pferd

Das Glück stellt sich am siebten Tag gegen 17 Uhr ein, unerwartet, unverhofft, unverdient.

Ich liege auf dem Bett in der Villa Belgrano in der Buchinger-Klinik über dem Bodensee, offene Verandatüren, draußen geht ein Sommerregen nieder, er rauscht auf die Rosen und die Büsche, er trommelt auf die Blätter der Bäume, das graue Rauschen zieht Himmel und See zusammen, der Regen fällt beständig und dicht, und mit ihm fällt dieses irrsinnige Glück über mich.

Daseinsglück. Die Yogi- und Yoga-Literatur nennt es »sheer bliss«, den Zustand der Verzückung.

Die Rosen, die Büsche, die Bäume bekommen, was sie brauchen, und ich, wonach ich mich, wonach sich wohl alle sehnen: Geborgenheit in der Ordnung der Welt, einer Welt, die überall sonst brennt.

Oasenglück. Offenbarungsglück. Inneres Glück, trotz dieser Eintrübungen, dieser unsäglichen Irritationen in den Augenwinkeln, die Welt ist ja nicht zur Gänze verschwunden in so einer Klinik, die dunkle mörderische Wolke dort in der Wüste, das heranrückende Mittelalter, der ukrainisch-russische Krieg, Boko Haram und Syrien und heranrollende Menschenmassen.

Aber ich, ich bin ein neuer Mensch.

Und ich bin angekommen in diesem Moment, alles ist gut, wie es ist. Alle Ängste sind gefallen, die persönliche und die Weltangst, sie sind einer gewaltigen Freude gewichen.

Freude!

»Freude, Freude, Freude«, heißt es auf Pascals berühmtem »memorial«, dem kleinen Zettel, den er sich in seinen Mantel eingenäht hat und der erst nach seinem Tod gefunden wurde. Dieser Zettel, auf dem er sich den Moment seiner Vision notiert hat, am 23. November 1654, sie dauert von 23:30 bis 1:30 Uhr.

»Feuer« hatte er aufs Papier gestammelt und »Gewissheit«.

Pascal war Mathematiker und Mystiker, er hat die erste Rechenmaschine erfunden und viel gebetet. Es ging ihm ums ewige Leben.

Ich weiß nicht, ob er aufhören wollte zu rauchen. Wahrscheinlich hat er gar nicht geraucht. Er litt unter fürchterlichen Kopfschmerzen, sein Leben lang ertrug er sie klaglos, dieser Gigant der französischen Sprache und der Gottesergebenheit.

Ich schon. Meine Ziele sind begrenzter als die Pascals. Ich will mit dem Rauchen aufhören, das sowieso, und ein neuer Mensch werden, und ich bin es, am siebten Tag des Fastens: diese Erleuchtung. Ein Euphorieschub, ein Adrenalinstoß, den manche beim Laufen erleben. Ich beim Fasten.

Zwei Wochen zuvor hatte ich mit dem krebskranken Helmut Dietl telefoniert. Eine runde Million Gitanes hat er für sich errechnet. Bei mir dürften es eine halbe Million Marlboro sein.

Vor einiger Zeit hatte mir Dr. Raimund Wilhelmi in einer aufgeräumten Runde unter Freunden bei einem Italiener in Hamburg angeboten, die Buchinger-Methode am Bodensee auszuprobieren. Fasten-und-Erneuerungstage. Jetzt war der Zeitpunkt, darauf zurückzukommen.

Ich hatte mir dafür ein Datum gewählt, das ich ganz sicher nie vergessen würde, eines, das wie ein Abdruck in Siegelwachs sein würde: den Tag nach dem Endspiel der Fußball-WM.

Tatsächlich begann dieser merkwürdige und zerrissene Sommer ja mit diesem größten Fest des Planeten, der Fußball-WM, ein Spektakel aus der Vorzeit der Globalisierung, ein Kriegsspiel der Länderfahnen und Symbole, so atavistisch, so leidenschaftlich, in diesen WM-Tagen wurden alle zu Nationalisten.

Es würde ein aufwühlendes, umwälzendes, nachhaltiges Erlebnis werden, entweder zerschmettert oder über allen Wolken, es wäre der vierte WM-Titel meines Lebens, ich bin 1954 geboren, im Jahr der Helden von Bern.

Und jetzt, am 14. Juli 2014?

Wie wir uns in den Armen lagen, die Nachbarn, Familien aus dem Haus, Freunde, eine Notarin und Politikerin darunter, die sich nie Fußball anschaut, komisch, wie sehr das nationale Zugehörigkeitsgefühl wuchert, heimlich, unausrottbar in unserer globalisierten Welt.

Diese Nacht sinnlosen Verschmelzens und Glücks also brachte eine nationale Lebensunterbrechung, nach der alles anders würde. Tage einer kollektiven Euphorie, die eine Weile trug.

Alles wird neu, die Nation, die erschöpfte, und ich auch.

Ich hatte mir und meiner Frau und der Nationalmannschaft versprochen, dass ich im Fall eines Siegs mit dem Rauchen aufhören würde.

Ab Mario Götzes Tor in der 113. Minute hatte ich dann durchgefeiert. Die Umarmungen bei uns und in Rio, das Schalten auf die Fanmeilen, schwarz-rot-goldene Fahnenmeere, Jubel, das Feuerwerk, der Goldlamettaregen, die Kanzlerin, der Bundespräsident, und Papa Poldi spielte auf dem Rasen im nächtlichen Rio mit seinem Jüngsten Fußball.

Viele Biere bei uns, ein original argentinisches darunter, ein paar Schnäpse, ich wurde von dem tunesischen Fahrer Raheed, der mich am Flughafen Zürich erwartete, in der Klinik angeliefert wie das Terminator-Wrack mit schwachem flackernden Restglimmen im linken Auge.

Alles auf null. Bitte heil machen.

Nun ist Fasten, wie der Leser erahnt haben mag, nicht unbedingt mein Ding. Sicher, ich bin katholisch. In der Fastenzeit verzichte ich schon mal auf Vergnügungen wie Schokolade, aber Hungern?

Fasten ist *freiwilliges* Hungern, aber es bleibt Hungern.

Hunger ist das Gefühl, das meine Generation – jenseits von krankhaften Essstörungen – *nicht* kennengelernt hat. Wir Friedensgeneration. Wir satte Generation. Wir kennen Hunger aus der »Tagesschau«, wir kennen ihn aus zweiter Hand.

Ich neige nicht zur Askese, schon im Internat fielen mir die Exerzitien schwer. Nach meinem Indien-Trip saß ich öfter zu Meditations-Retreats auf einer Berner Alm herum, sechs Uhr aufstehen, 14 Tage schweigen, sitzen, atmen, gehen, schweigen, nichts als atmen – aber *nicht hungern*.

Gegen den Gelegenheitshunger tagsüber hilft nur eines: Zigaretten. Paffen vertreibt den Hunger. Jede Zigarette ist ein Schnuller, ja, jeder schnullert Zigaretten, wenn er Hunger hat.

Natürlich kenne ich »Hunger« als Literatur. Knut Hamsun. Ich litt körperlich bei der Lektüre. Ebenso bei diesem Remake durch Paul Auster mit dem hungernden Studenten in der Centralpark-Wildnis. Charlie Chaplins Halluzinationen in *Goldrush*, der den Schuh verspeist. Hunger.

Leon Bloy, der katholische Fanatiker, der es sich mit allen verdarb, er selber litt Hunger ein Leben lang, weil seine Schriftstellerei ihn nicht ernähren konnte und weil er sich mit allen anlegte. Von seinen vier Kindern verlor er zwei an den Hunger mitten in Paris, ein heiliger Verrückter, ein brennender Autor.

Sicher war ich als jugendlicher Herumtreiber ein paarmal hungrig eingeschlafen. Dahinter stand aber immer die Selbstverständlichkeit, dass ich überleben würde, solange es noch eine Zigarette gab.

Hunger rührt an den Tod. Der Mensch muss essen, sonst stirbt er. Ist es nicht klar, dass ich vor diesem Hunger *Respekt* hatte? Und jetzt auch noch das Zigarettenschnullern aufgeben?

Ich hatte Beistand. Mein jüngerer Bruder Peter, Professor für Kulturwissenschaften, fastete mit, er zum dritten Mal. Früher Sanyasi wie Sloterdijk, Goethe-Spezialist, forscht über Erinnerungstechniken, ein spielendes Genie, Internettüftler, brillanter Vorlesungsclown, voller Anekdoten aus der Welt der Philosophie, von Gestalt größer als ich und ein wenig schwerer.

Mein Bruder, der Fastenprofi, kennt mich und meine hedonistische Urangst: *Hunger*. Also versorgt er mich abends auf dem Parkdeck der Klinik mit meiner Henkersmahlzeit, einem Paar Landjäger, einer letzten Dose Bier, einer letzten Zigarette.

Sie glühte ein letztes Mal auf, wie passend die Bezeichnung »Glimmstängel«, ein letztes Inhalieren, ganz tief, dann wird er weggeschnipst, lässig, als gäbe es endlos Nachschub, und die leere Schachtel fliegt hinterher, gekonnte große Ekelgeste, mein Gott, Basti Schweinsteiger hat sich tackern lassen und ist wieder aufs Feld gestürzt, da werde ich doch zu meinem Wort stehen!

Letzte Abendröte über dem See, die dann von aufziehenden schwarzen Wolken ausgelöscht wird, Tintenkleckse, die sich rasch vergrößern, Unheilszeichen, ein Himmel wie am Ende des ersten Teils von *Vom Winde verweht*, als Vivien Leigh sich aufrichtet auf dem Feld vor dem niedergebrannten Tara und sagt: »Ich schwöre, dass ich nie wieder in meinem Leben hungern werde.«

Ich übersetzte mir den düsteren Schwur: Hungern meinetwegen, ein paar Tage, aber nie wieder rauchen!

Am nächsten Morgen erkenne ich: Diese Klinik strahlt. Sie ist in einem Villenviertel am Hang über dem Bodensee angelegt wie ein Trichter. Da ist der sonnenbeschienene kreisrunde Platz vor dem Empfang mit seinen Blumenrabatten, und von dort wirst du regelrecht reingesaugt von einem freundlichen und allerkompetentesten Lächeln.

Verleger wie Joachim Unseld, Publizisten wie Karasek, Wirtschaftsbosse wie Ackermann oder Olaf Henkel haben dieses exklusive Refugium über dem Bodensee regelmäßig aufgesucht, um zu »entschlacken«.

Am Empfang nimmst du den Schlüsselanhänger mit dem blauen Band entgegen, eine Initiation, mehr brauchst du nicht, jetzt gehörst du dazu, zur fastenden Ritterschaft, die medizinische Voruntersuchung wird festgelegt, dann die Stundenpläne, Massagepläne, Essenspläne, du musst gar nicht mehr viel selber tun, außer Entscheidungen treffen für oder gegen Shiatsu- oder Ayurveda-Massage, Myoreflex, Heusack oder Akupunktur, mal sehen, ich hab's mit der Schulter.

Ich will ein neuer Mensch werden. Das findet die aufnehmende Ärztin Frau Dr. Hebisch in Ordnung. »Sollte man sowieso alle fünf Jahre machen.« Alle vier Jahre, würde ich vorschlagen, das wäre das WM-Intervall, das müsste auch hinhauen.

Was für ein sensationeller Sommer hier oben über dem See, der durchpflügt wird von den winzigen weißen Segeln der Jachten, von den Fähren, die nach Konstanz kreuzen, oben weiße Wattebällchen im azurnen Himmel, und der Dresscode ist denkbar einfach: flauschige weiße Bademäntel.

Die Essenspläne sind eigentlich Nichtessenspläne: viel Wasser trinken, morgens Tee, ein wenig Honig, um elf Uhr einen Apfel, den man sich einteilen kann, mittags eine Suppe, die wir in der Suppenlounge einnehmen werden mit Panoramablick auf den See, der eigentlich ein Fünf-Gänge-Menü und Streichermusik verdient hätte.

Wir hängen in diesen unendlich bequemen drehbaren Nieren-Sesseln, die einer PanAm-Lounge aus den 50ern entstammen könnten, wenn sie hellblau wären statt modisch braun und grau, eine Art luxuriöse Raumkapsel, diese Suppenlounge. Unten der See, hier oben gedämpftes Geplauder der erinnernden Art, könnte in einem Zeppelin um die Jahrhundertwende stattfinden.

Ich lerne Dagmar Konsalik kennen, die Tochter des Meisters *(Der Arzt von Stalingrad)*, sie ist schon mindestens zum zehnten Mal hier, diesmal mit einer alten Freundin, sie ist eine TV-Produzentin und Mutter eines Jungen, der so alt ist wie meiner, wir nörgeln bildungsbürgerlich über die Computer-Ballerspiele, wahrscheinlich weil wir sie nicht mehr so richtig kapieren.

Sie ist auf dem Weg nach Bayreuth, ich auf dem Weg ins Licht.

Eine bunte Truppe, die das Schicksal da zusammengewürfelt hat, einige Saudis, die öfter hierherkommen, um sich auf den Ramadan vorzubereiten, noch mustere ich sie nicht auf Sprengstoffgürtel, der Dschihadismus ist noch längst nicht bei uns angelangt, Französisch sprechende Marokkaner, Algerier, doch in der Mehrzahl Deutsche.

Dazwischen Neugierige aus Übersee, die uns als Forscher besuchen, uns, die Deutschen. Da ist Sandy, die für die *New York Times* schreibt, selbstverständlich Nichtraucherin wie die meisten hier, also unter erleichterten Bedingungen.

Anschließend an ihre Hungertage will sie einige Sternerestaurants in Baiersbronn im Schwarzwald testen: Fasten und Schlemmen, beides offenbar sehr deutsch, warum ist das so, fragt Sandy.

Ja wir Deutschen, sinniere ich, genau so dramatisch und nachdenklich, wie sich das eine New Yorker Intellektuelle erwarten darf angesichts unserer Schreckensgeschichte, also wir Deutschen, und ich senke die Stimme, wir neigen wohl zu Extremen ...

Ehrlich gesagt, hätte ich mich jetzt lieber über den extrem erfreulichen deutschen Fußball verbreitet, noch einmal diesen Lauf von Schürrle an der linken Außenlinie besungen, eine letzte Anstrengung in dieser Nacht der erfüllten Träume, die 113. Minute, der Flankenschlenzer auf Götze, der nimmt den Ball mit der Brust, liegt quer und spitzelt ihn mit links ins lange Eck, das war ein Mozart-Menuett, gnädige Dame aus New York, ach was, das war Beethovens »Neunte«, das war ... aber Sandy hat kein Interesse an deutschem Fußball, sondern an deutscher Esoterik, deutschen Rätseln, deutscher Seele.

Bediene ich gerne.

Interessiert mich nämlich auch.

Hippiematerial, wenn man genau hinschaut, all die Lebensreformer um die Jahrhundertwende, die Kommunen, die antibürgerlichen Außenseiter, Radikalengeschichte, wer sind wir Deutschen?

Auf alle Fälle experimentierfreudig im 20. Jahrhundert, medizinische und lebensphilosophische Durchbruchgenies, Koch, Röntgen, Virchow, Daimler, Siemens, Planck, Freud, klar nehmen wir den dazu, dann Rudolf Steiner, Bircher-Berger, Schroth, Buchinger, Typen mit Bärten und dem Feuer von Weltverbesserern.

All die Sonnenanbeter und Vegetarier, die Avantgardisten auf dem Monte Verità, Hermann Hesse pilgerte dorthin.

Wie seltsam, dass damals, zu Beginn des mörderischsten Jahrhunderts der Geschichte, so sehnsüchtig und dringend vom neuen Menschen geträumt wurde, in der expressonistischen Lyrik, in der Kunst, und später wurde dieser Traum zu dem einer neuen Rasse pervertiert oder dem einer neuen Klasse, zum albtraumhaften Mega- und Züchtungsprojekt weitergetrieben, mit Millionen von Toten.

»Der neue Mensch« hieß eine Plastik von Otto Freundlich, sie sah den Köpfen der Osterinseln nicht unähnlich. Er wurde von den Nazis als entartet gejagt.

Draußen hinter der Panaromascheibe schimmert der See, und Sandy nickt gedankenverloren über ihrer Gemüsesuppe.

Sie ist blass und trägt ein graues T-Shirt, sie durchläuft eine schwere Lebenskrise, ihr Partner ist gestorben, »nach langer Krankheit«, wie es in solchen Fällen heißt. Sie hat in der Redaktion gearbeitet, während er dahinsiechte, und nun hat sie auf die Stopptaste ihres Lebens gedrückt.

»Leider zu spät«, sagt sie. Sie hätte gerne mehr von ihm gehabt in seinen letzten Monaten. Nun liegt er tot da, in ihrer Lebensspur, und sie betrachtet und mustert und betrauert diesen monumentalen Schaden, der erst einmal verarbeitet werden muss.

Sie hat ihre Festanstellung gekündigt. Um zu trauern. Und um an einem Buch zu arbeiten, das ihr schon lange am Herzen liegt.

Die Buchinger-Klinik bietet den Einschnitt, die Pause, die Chance zum neuen Leben.

Otto Buchinger, die imposante Gründerfigur, Chirurgenschädel, kantiger kahl rasierter Klotz wie der von Max Berkmann, er ist hier oben in der Klinik nicht zu übersehen.

Am Ende des Flurs mit den Behandlungszimmern nämlich klebt er auf der Stirntür als lebensgroßes Foto, er überwacht das Heiltreiben im hellgrauen Dreiteiler mit durchgeknöpfter Weste, weißem Hemd, Krawatte, der weiße Kittel darüber steht offen, prüfender Blick – *der sieht alles* –, die Andeutung eines Lächelns, noch im Alter ist die Mensur sichtbar, die er sich als Student in Göttingen verpassen ließ.

Wie bei vielen Außergewöhnlichen ein merkwürdig verschusselter Beginn. Wollte eigentlich Jura studieren, entschied sich dann, weil er gerne ausschlief, wegen der späteren Vorlesungszeiten für Medizin. Die damals übliche schlagende Verbindung in Göttingen, Bier, Zoten, Strafanzeige wegen öffentlichen Unfugs, aber auch das andere: der Hunger nach dem ganz Neuen, ganz Anderen, Philosophie und Lieder mit Freunden auf Wanderungen durchs Gebirge.

Ich weiß nicht, ob ich ihn sympathisch finde in seiner Lebensstrenge, diesen zunehmend fanatischen Abstinenzler, der wie unsere Grünen den Veggieday einführen wollte, und das in der kaiserlichen Marine, wo er als ärztlicher Betreuer auf der S.M.S. »Hertha« durchs Chinesische Meer dampfte, zum Teil als Begleiter des Kaisersohns Prinz Adalbert.

Besuch beim Vizekönig von Indien, wo er auf Lord Kitchener trifft, später eine erste Begegnung mit einem fastenden Brahmanen, die ihn bewegt. Er notiert in sein Tagebuch: »Dick, faul, und das Hohe schwindet. Ich muss fasten.«

Buchinger ist Goethe-Leser, Goethe-Bewunderer und begreift wie dieser Ausnahmemensch das Leben als Kunstwerk, das zu gestalten ist. Pflanzen, Tiere, Menschen, alle sind auf ein »Werdeziel« ausgerichtet, das gefunden werden muss, ausgehend von einem »Urbild«. Das ist die Eschatologie der Lebensreformer, die Hoffnung auf eine innerweltliche Vollendung.

Ich bin sicher, dass jede Menge Frauenzeitschriften sich bereits mit Buchinger beschäftigt haben. Frauenzeitschriften sind heute die letzte Bastion der Sinnsucher und Lebensüberprüfer und Selbstbefrager. Frauen machen sich mehr Gedanken über den neuen Menschen, vulgo: den neuen Mann.

Sie müssen es wohl, weil sie es ja sind, die unter dem alten so leiden.

Buchinger ist Oberstabsarzt. Er wird in ein Marinelazarett in die Nähe seiner jungen Familie abkommandiert. Notiert: »Kaltgestellt, während die anderen Aktiven Leib und Leben einsetzen.« Kurz darauf der Einsatzbefehl auf den Panzerkreuzer »Roon«.

Tatsächlich, Buchinger hofft auf die Schlacht. Der Abschied von der Familie schmerzt, aber: »Ich freue mich, dass ich mich ganz in der Gewalt habe. Komme nun, was wolle. Ich glaube, ich bin bereit.« Das Augusterlebnis hat auch ihn gepackt.

Ich lese das alles in diesem blauen Leinenband *Otto Buchinger – ein Leben für das Heilfasten*, den es hier neben Kämmen aus Horn und Naturprodukten und Diät- und vegetarischen Rezepten im Klinik-Shop zu kaufen gibt.

Ich spaziere durch die Buchinger-Gärten, ich lasse mir die Leberwickel legen, alles ist hier verlangsamt auf diesem Zauberberg, ich denke über 1914 nach, wie fühlten sie sich im Sommer 1914, unausdenkbar, wir haben die Bücher von Clark und Friedrich gelesen und sind dem Bewusstsein der Damaligen doch so fern.

Denen wurde schwindlig, als auf den diversen Weltausstellungen die erste Rolltreppe, der erste Propellermotor, der erste Reißverschluss vorgeführt wurde. Und danach wurden sie zur Schlachtbank geführt.

Und wir hoffen, dass ferngelenkte Bomber auf fernen Kriegsschauplätzen uns die Gefahr auf Distanz halten.

Wir mögen vielleicht die Generation ohne Schicksal sein. Aber wir sind auf alle Fälle die Generation, die den kräftigsten Innovationsschub der bisherigen Menschheitsgeschichte zu verkraften hat. Und vielleicht sind unsere Sauriergehirne nicht in der Lage, auf der Höhe der Zeit und ihrer technologischen Möglichkeiten zu denken, vielleicht bleibt uns gar nichts anderes übrig, als hinterherzuhinken.

Vielleicht erleben wir gerade die Übergangsstelle zum neuen Menschen, dem digitalen, vernetzten, auf alle Fälle ernährungsbewussten und nicht rauchenden Menschen.

Und gleichzeitig wehen schwarze Fahnen mit arabischen Schriftzeichen, machen sich fanatische Killerhorden auf, ein Kalifat aus dem 7. Jahrhundert zu errichten und Europa neu zu erobern.

Das 21. trifft das 7. Jahrhundert. Ihre Propaganda ist modern, sie stellen Videos von Enthauptungen ins Netz.

Wir sind rettungslos vernetzt, aus unseren Fingerspitzen wachsen diese Lichtwurzeln wie im Film *Avatar*, und in meinem Zimmer in der Klinik bin ich auf Facebook unterwegs und freue mich, wenn ich meinem

Freund Klaus Pohl durch Avignon folge, wo er ein neues Stück schreibt und seine Funde mit Fotos und Gedichten illustriert.

Doch die Vernetzung heißt auch, dass der Krieg, jeder Krieg, dir näher rückt. Sichtbar, grausam. Nun aber ist der Krieg so völlig aus unserem unmittelbaren Lebenskreis verschwunden, dieser altmodische Krieg mit Hekatomben von Toten, 1914, 1939 ... heutige Kriege sind wie Detonationen, egal, wo auf der Welt. Keine Kampfansagen, keine Aufmärsche, keine Depeschen. Nur ein globales Vibrieren, Terroranschläge, ein asymmetrischer Weltkrieg, man stolpert da so rein.

Auch hier oben erfahre ich davon übers Internet, Ukraine, Gaza, die Gemetzel des IS an den Christen ... in dieser sonnenbeschienenen Wohlfühlwelt über dem See, mit den weißen Frotteetüchern die Videos von Enthauptungen.

Der Krieg hat sich für uns in diese Erregung zweiter Hand verwandelt, in Kommentare und Rechthabereien und Talkshows ... der Leberwickel kommt, er ist wichtig, zur Entlastung. Schwester Ursel ist so reizend um meine Gesundheit bemüht, aber auch ein wenig herrisch, denn sie will die verdammten Schmerztabletten nicht rausrücken, und ich hab's doch in der Schulter.

Hätte Buchinger vielleicht auch nicht getan. Harter Knochen. Aber ich, das stellt sich später beim Orthopäden heraus, habe eine Bandscheibenvorwölbung am C7-Wirbel, und die tut schreiend weh, sodass mir der gute Mann Cortison verschreibt und ich bin – schmerzfrei.

Und ich rauche immer noch nicht.

Aber zurück zum Stammvater des Fastens. 1914 arbeitet Buchinger auf seiner »Roon«, medizinisch verantwortlich für die Besatzungen von 17 Kreuzern, in der Kieler Bucht. Bürokratie. Kaiser Wilhelms Flotte wird nicht gebraucht. Buchinger arbeitet Essenspläne aus, die Fleisch reduzieren.

Kaum Feindberührung, bis ein englisches U-Boot der »Roon« ein Loch schießt. Ein Kollege, gläubiger Christ, philosophiert mit ihm durch die Nächte und berührt Buchinger. Und er versteht, was unser Blaise Pascal notierte: »Das Herz hat seine Gründe, von denen der Verstand nichts weiß.«

1917 erleidet Buchinger einen körperlichen Zusammenbruch. Eine nicht auskurierte Mandelentzündung führt zu zermürbendem rheumatischen Fieber, Infektarthrithis, Internisten erklären ihn für bordunfähig, das Abschiedsgesuch wegen Invalidität muss eingereicht werden.

Schließlich trifft er 1919 auf den praktischen Arzt Dr. Riedlin, einen weiteren Lebensreformer, der auf Fasten schwört. Die Kur gelingt. Buchinger notiert: »Als ich am 19. Tag das Fasten beenden musste, war ich schwach, mager, aber – ich konnte alle Gelenke bewegen wie ein gesunder Rekrut.«

»Die Kur«, so schreibt er, »rettete mir wahrhaftig Existenz und Leben.«

Seitdem ist Buchingers Heilfasten durchgesetzt, ein Fasten-Imperium, das natürlich auch besticht mit dem Versprechen blitzartiger Gewichtsabnahme. Pro Tag ein Kilo. Was logisch ist – viel Wasser fließt ab, der Darm entleert sich, was kommt da noch auf die Waage? Ich denke an Chesterton, den beliebten Zwei-Meter-Riesen mit dem unstillbaren Hunger auf Würste, Plumpudding, Roastbeef, Whisky und Bier. Er hätte sich hier nicht hergetraut.

Als ihn einmal während des Ersten Weltkriegs eine Dame auf der Straße ansprach und fragte, warum er keinen Kriegsdienst leiste, sagte er: »Gnädige Frau, gehen Sie einmal um mich herum, dann werden Sie verstehen, dass ich völlig untauglich bin für so was.«

Die Stimmung? Zauberberg. Sanft grüßen die Bademäntel auf den Wegen der Parkanlage einander, sprechen leise miteinander in der hochsommerlichen Schönheit dieses Seeufer-Verwöhndeutschland. Sie wirken zwischen den Blumenrabatten und Bäumen entweder sehr bei sich oder total zugedröhnt, ich will *genau das haben*. Später wird sich herausstellen: Sie sind einfach sehr wach.

Großer schöner Pool, beheizt, Liegewiese daneben und der Kraftraum mit den Geräten der Villa Larix und dahinter der weite blaue See mit den grünen Ufern, den weißen Villen, den Schindeln der älteren Schlösschen und die reizend hingetupften weißen Segel.

Ich wohne in der Villa Belgrano, so leicht an den Hang geklebt wie die luftige Takelage eines Dreimasters, der Zugang erfolgt auf Höhe des Mastkorbs, Terrassen vor den Zimmern darunter, viel Glas, viel Grün, und auf die verputzte freigestellte Bergwand sind Zauberwörter gemalt wie »Eberesche« oder »Glockenblume«, »Eichhorn«, »Taubnessel«, »Steinnelke«, »Rainfarn«, »Wegerich«, »Türkendolch«.

Bildreiche Bauernsprache, schönste Beschwörungen aus einer Zeit, in der Wort und Gegenstand verschmolzen zu Bildern, Eichendorff-Magie. »Ich hör die Bächlein rauschen/im Walde her und hin/im Walde in dem

Rauschen/ich weiß nicht, wo ich bin.« Das klappert und kreist so wunderschön in sich, in seiner eigenen Welt.

Und tatsächlich wiederholt sich das Wunder, denn draußen ist dieses beschworene Naturorchester aus Feld- und Wiesenblumen tatsächlich gepflanzt, am Weg zum Haupthaus.

Brusthohe Blumenstauden und Blütenberge, die ihre duftenden Wolken verströmen, anmutige blaue Glocken und gelbes Strahlen und glühend schwere rote Rosenglut und zitternd die Gräser, Aromen, die den Geruchssinn wach kitzeln und küssen und das Hirn benebeln und so toll zum Klingen bringen.

Die Sinne öffnen sich.

Die Müdigkeit?

Sie ist normal, sagen alle. Wer müde ist, soll sich hinlegen. Ich liege viel. Bei mir kommt als zusätzlicher Schlappmacher noch der Nikotinentzug hinzu.

Nach dem Abführtag mit Glaubersalz Ruhe, alles muss raus, und rein kommen nur noch Wasser und Tee, Saft oder Brühe ... der Darm, ja alles kommt zur Ruhe, und ich habe Zeit, viel Zeit für die sechsbändige Autobiografie des Dichters Karl Ove Knausgård.

Jeder Einzelband ein Hauptwort, wie wir es von skandinavischen Krimis gewohnt sind, im Falle Knausgårds: *Sterben, Leben, Lieben, Spielen ...* Zwei weitere stehen noch aus. Es gibt auf diesem Zauberberg des stillgelegten Lebens keine bessere Lektüre.

Knausgård schildert ein Heldenleben jenseits des Kriegs, nämlich sein eigenes. Ich lese Knausgård in diesen Tagen so, wie man Lust auf sauberes Wasser hat. Knausgård hält die Zeit an. Er schickt dich in die Zeitlupe, und du erkennst, es ist dein Leben, du erkennst dich wieder, und du hältst dich darin auf und magst nicht wieder gehen.

In diesen Tagen bin ich süchtig nach dieser klaren Sprache, diesen genauen Beobachtungen, diesen leichthändig eingestreuten Genialitäten wie: »Für das Herz ist das Leben einfach. Es hört auf, wenn es nicht mehr kann.«

Knausgård bringt mir bei, dass es nicht darauf ankommt, »gut« zu schreiben. Er schreibt auf, was passiert. Auch die Sachen, die andere auslassen, wenn seine Frau vom einen zum anderen Ende der Küche geht, zu einer Teetasse greift, nun zum Tisch in der Mitte und sich auf dem Stuhl davor niederlässt, ohne dass es wesentlich wäre.

Doch hier ist es das. Hier ist Genauigkeit strahlend. Hier wird gezeigt, wie der Biberdamm gebaut wird, der das Wasser anstauen wird, es dauert, sicher, aber du weißt, dass der Strom des Lebens und damit der Erzählung auf die schönste Weise über die Ufer treten wird.

Knausgård ist als Schriftsteller ein ichsüchtiges Schwein. Er weiß das und schreibt darüber und schämt sich kein bisschen, weil er verdammt noch mal der Künstler ist in dieser Beziehung.

Ich streiche mir die Stelle an und lese sie später am Telefon meiner Frau vor. Ihre Reaktion lässt darauf schließen, dass sie die Sache ziemlich anders sieht.

Seine Mutter stelle ich mir als Blumenkind vor, sie war Lehrerin in einer Sonderschule, ein kluger, weicher, selbstständiger Mensch, der viel aushielt. Der viel erlitt. Sind Mütter so?

Ich denke an meine Mutter. Sie wird 90 in ein paar Tagen. Wenn ich das hier hinter mir habe, werden alle fünf Söhne mit ihren Familien in einem Hotel im Berliner Grunewald zusammenkommen, um sie zu feiern.

Die Entsagung als Luxusprogramm, das schlägt jede Thailandreise. Dort, wo das Fasten hinführt, ist man seltener. Leicht, durchsichtig und sehr bei sich.

Fasten. Das wirft den Schatten der Wüsteneremiten, der Säulenheiligen, der Entsagungskünstler bis hin zu denen Kafkas. Jesus fastete in der Wüste, in vielen Religionen gibt es Fastentage, Gandhi pries das Fasten so: »Was die Augen für die äußere Welt sind, ist das Fasten für die innere Welt.«

Mein Bruder hat zu tun. Für den gleich nach unserem Fasten erfolgenden Geburtstag der Mutter mischt er auf seinem Zimmer einen Film ab, ein schwungvolles Biopic aus alten Kindheitsfotos und Wochenschauaufnahmen, das jeden Frauenparteitag begeistern dürfte.

Ich blättere mich auf meinem Zimmer durch ihre Alben, teilweise noch mit Holzdeckeln, da sitzt sie als kleines lockiges Mädchen, vielleicht vier Jahre alt, auf dem Trittbrett eines »Horch« in den 20ern, eines prächtigen Sechssitzers, ihr Vater war Industrieller.

Und dort als Teenager, schüchtern und klein und in weißen Kleidern, mit ihren beiden anderen Schwestern und dem älteren Bruder, sie war die Schönste. Und all diese glänzenden Kinder- und Jugendgesichter ahnen nicht, wie bald die Welt im Inferno versinken wird. Auch sie hat Hunger erlebt. Wie sie später die wachsende Familie gestemmt hat und dazu den eigenen Mann, der tuberkulös aus dem Krieg heimkam und studierte.

Ihr Hochzeitsfoto. Es ist das ernsteste und traurigste. Sie trägt Dunkel. Der Mann an ihrer Seite ist mager und krank, die Chancen stehen nicht gut. Warum heiratet man jemanden kurz vor seinem Tod? »Ich hätte ihn sonst nicht pflegen können, die Zeiten waren so.«

Muss ich mit meinem Bruder erörtern, aber der Professor ist nicht auf dem Zimmer, sondern auf dem Parkdeck, wo die Raucher stehen und sitzen und wo er sich regelmäßig mit Ismael und Saheeb und den anderen lustigen Paffern von der Arabischen Halbinsel trifft.

Auf meiner Seite: der Triumph des Willens.

Auf der anderen: entspannter Humor.

Galgenhumor, möchte ich sagen, Herrschaften!

»Fasten ist hart, nicht wahr?«, fragt Peter einen seiner levantinischen Freunde dort am Aschenbecher. »Oh yes, very hard«, sagte der und grinst, »but you know, I steal from the kitchen.« Und lacht und lacht und klatscht auf seine ansehnliche Wampe, man muss das nicht alles so schrecklich ernst sehen.

Spätestens nach drei Tagen fällt der Appetit, fällt das Gefühl des Hungers, der ja oft nur emotionaler Hunger ist, dieses Mangelgefühl, das wie ein unruhig schlafendes Tier ständig präsent ist, plötzlich ab.

Ein Gefühl von Leichtigkeit ergreift Besitz.

Ja, ich werde leicht und wach und rastlos, die Fachliteratur kennt das von den Kaiserpinguinen, die auf ihren 100-Kilometer-Gewaltmärschen ins Landesinnere zum Brüten von ihren Fettreserven leben müssen.

Also, er übernimmt das Brüten, während sie zurückwatschelt, um Nahrung zu holen. Nun, und wenn sie sich verspätet, wird er nervös, dann muss er los, leicht und beschwingt, und lässt durchaus mal das Junge im Stich.

Wir sind Kaiserpinguine, jetzt vom Prinzip her.

Ich habe allmählich wieder Lust auf die Welt jenseits des Zauberbergs.

Ich stifte meinen Bruder an zu einem Spaziergang an den See, durch den wunderschönen Park mit den kunstvollen Blumenrabatten, die aussehen wie Wappen, die dort für Nichtraucherkönige wie mich gepflanzt wurden, mediterran die Palmen, unten glitzernd und ans Ufer schwappend der Bodensee, unser Lago Maggiore, und an der Promenade sitzt Heinrich Heines Mädchen im weißen Kleid und spielt Harfe.

Deutschlands fettes Südseeparadies.

Spirituelle Wende? Ach was, alles so schön hier.

Jetzt doch mal hinsetzen.

Ungewohntes Rumgelaufe.

Vor allem: die Hektik, das Geschiebe hier an der Promenade, wie hält der menschliche Organismus das aus? Die Ausflugsdampfer und die Cafés, zwischen den Tischen schaukeln Kellner ihre Tortentürme und Eiskreationen, wir bestellen Wasser, diesmal *mit* Kohlensäure und Zitronenscheibe, man gönnt sich ja sonst nichts.

Danach, im Gedränge, ein Blick auf den grotesken Martin-Walser-Brunnen, barbusige Nixen stemmen mit endlosen Schwanzflossen ein Brett in die Höhe, auf dem, verdrossen wie ein missmutiger Postbeamter, der Schriftststeller Walser mit Aktentasche auf einem Pferde sitzt. Das Pferd sträubt sich und stemmt sich gegen diesen Ritt über den Bodensee, eine groteske und leicht gehässige Alberei des Künstlers Peter Lenk, dem nichts heilig ist, übrigens auch die Päpste und Kaiser nicht, die er gegenüber in der Konzilstadt Konstanz karikiert hat, doch der Literaturfürst Walser lebt hier, und er hat sich tatsächlich beschwert.

Enttäuschend. Sollte ihm im Alter die Fähigkeit zur Selbstironie abhandengekommen sein? Allerdings sieht das Denkmal wirklich gehässig aus.

Der Marsch zurück wird beschwerlich, diesmal bergan, dem Bruder pfeifen die Bronchien, während mir schon jetzt ein paar Kubikliter Sauerstoff mehr in die Lunge strömen, prima! Ich überspiele eine eigene kurze Verschnaufpause mit einem Stegreifvortrag über die Vorteile des *Nichtrauchens*, da kann er noch so viel Professor und Doktor sein.

Ich schlafe besser.

Ich rieche besser.

Meine Sinne sind geschärft.

Ich habe ... keinen Hunger!!!

Was ist da los?

Vortrag in der Villa Larix. Die Buchinger-Saga ist ein epischer Stoff, der einen missionarischen Einzelnen gegen die Masse setzt, den Propheten gegen die Unerleuchteten, den Außenseiter gegen die Schulmedizin, und davon erzählt sie bis heute. Sie erzählt auch von der Hinwendung eines Arztes und Atheisten zur Religion – spät im Leben konvertierte der einstige Freigeist zum katholischen Glauben. Fasten bei Buchinger ist nicht mehr nur Entschlacken, sondern eine geistige Übung.

Immer noch raten Ärzte vom Fasten ab, da Organismus und Kreislauf allzu großen Belastungen ausgesetzt seien. Weshalb es immer noch dieses Erweckungsleuchten in den Gesichtern derer gibt, die es betreiben und propagieren, ein Leuchten, das aus dem Kampf mit Widerständen gewonnen wird.

Auftritt Françoise Wilhelmi de Toledo, Ärztin und Ehefrau des Klinikchefs Raimund Wilhelmi, so spanisch kastagnettenstolz und verhalten feurig wie ihr Name, und wenn sie vorträgt, dann tut sie es mit einem leischtööön französichööönn Akzent, und ich bin sofort hin und weg, weil ich mich an meine Jugendverzückung für France Gall erinnere.

Madame Toledo hat silberweißes Haar über funkelnd schwarzen Augen, und sie steht in diesem Vortragssaal vor ihren PowerPoint-Schaubildern wie die Reiseführerin in ein Geheimnis. Wissenschaft und Weisheit in Personalunion.

Rund 20 Fastende, unter ihnen Miriam Bredella, die ein Fettleibigkeits-Forschungsprojekt an Harvard leitet (»Wir müssen da völlig umdenken, das hab ich hier verstanden«), unter ihnen auch Niklaus Brantschen, Jesuitenpater und Zen-Großmeister, interreligiös engagierter Theologe.

In seinen Büchern schreibt er über die Parallelität von ignatianischen Exerzitien und Zen-Praxis. Er hat jüngst ein Bekenntnisbuch über seine zölibatäre Liebe zu einer Frau veröffentlicht. Mann und Frau, sagt er, sind wie Schwingen eines Vogels, der die Menschheit voranbringt.

Nun ist seine Freundin gestorben. Er trauert. Auch Gläubige können in Depressionen, in schwarze Trostlosigkeit abstürzen. Solche Leute sitzen da. Solche, die ihren Körper entschlacken oder ihre Seele, die Ruhe brauchen oder die Lebenspause.

Der neue Mensch braucht Reinigungsrituale, Umkehrprozesse: Madame Toledo spricht über die drei Fastendimensionen, die in allen Religionen die gleichen sind: Beten – Almosen geben – Fasten, also die spirituelle, die soziale und die körperliche Dimension.

Ich fühle keinen Hunger, aber auch keine Sattheit, meinem Bruder geht es ebenso, und wir hören uns bei Frau Dr. Toledo an, wie sehr der Mensch, evolutionsgeschichtlich, an das Fasten gewöhnt ist, besser: an das Hungern, denn immer wieder trifft er auf Dürreperioden, auf Zeiten des

Mangels, und er hat gelernt, diese dadurch zu überstehen, dass er körpereigene Reserven verbrennt.

Fastenzeiten sind Reparaturzeiten für die Zellen. Sie stabilisieren die Infektabwehr.

Während vor allem die orthodoxen Kirchen fasten, sie kennen vier mehrwöchige Fastenzeiten, lehnen die Protestanten das Fasten als eine Äußerlichkeit ab, die das Wohlwollen Gottes nicht beeinflussen kann – wer der ewigen Verdammnis anheimfällt und wer des Paradieses durch Gottes Gnade teilhaftig wird, ist vorbestimmt.

So aß der Reformator Zwingli während der Fastenzeit ostentativ Wurstsalat. Möglicherweise hätte man Zwingli mit einer der Low-Cal-Kreationen der Buchinger-Küche von seinem teuflischen Treiben abhalten können, einem Quinoa-Apfel-Brei etwa oder einem würzigen Gemüse-Hirse-Soufflé, das ein Sternekoch am Pool vorführt – aber damals, im Protest gegen den Papst, gab es einfach kein Maß. Wurstsalat!

Während wir also fasten und mit den inneren Augen schauen, blättere ich im Leben meiner Mutter in den Fotoalben. Wenn ich sie beschreiben könnte wie Knausgård, ihre kindliche Anmut und die Locken und die betrübten Blicke, die sie der zunehmend katastrophischen Welt zuwirft, und die betrübtesten werden nicht fotografiert.

Dort ihr Hochzeitsfoto, kurz nach dem Krieg, und dann die Kinder, und sie strahlt. Sie strahlt sowieso immer, ihr Fotogesicht, stolz auf die wachsende Kinderschar. Das Brokatkleid in den 50er-Jahren zu Weihnachten. Dort, wie sie mit den Männern, die geknotete Taschentücher auf dem Kopf tragen, den Furgler in Südtirol bestieg, im bunten Rock, in Halbschuhen, mit Locken.

Und hier mit uns Kindern: die Fahrradtouren nach Holland. Oder mit den Rädern im Regen vor dem Schild »Schluchsee 13 km«. Die rote Bast-Provianttasche, die an ihrem Lenker hängt. Brote mit Salami oder Käse, mit und ohne Gurke. Und hier spielt sie mit uns im Schnee, sie war die große Schwester, die Verbündete gegen den strengen Vater.

Hat sie, wie viele damals in den 30ern, auch vom neuen Menschen geträumt, vom neuen Mann, der blonden Bestie? Kaum, sonst hätte sie nicht meinen tiefreligiösen, eher unsportlichen Vater geheiratet.

Jüngst brachte die ARD um Mitternacht die Dokumentation *Sommer 39*, noch einmal die Bilder der Frauen, die dem Führer zujubeln, besonders beim Anschluss Österreichs, »er hatte diesen Willen«, sagte eine, »er war wie ein Gott«.

Und nach Wirtschaftskrise und Hunger – die Autobahnen! Weiße Bänder ziehen sich durchs Land, noch kaum befahrene, jungfräuliche Monumente für ein Volk, das wieder Arbeit hat und Zuversicht.

Kann ich mich in das Bewusstsein einer Zwölfjährigen 1939 versetzen? Natürlich nicht.

Die Tage in der Buchinger-Klinik sind wie ein Aufwachen. Mit jedem Tag fließt neue Energie. Am Schlusstag treffe ich auf Raimund Wilhelmi, der mir die Sache eingebrockt hat, und ich schwärme wie ein Klosternovize von inneren Erlebnissen.

Zum Abschied nehme ich zwei Äpfel und eine Flasche Wasser mit und ein Buch mit Buchinger-Rezepten.

Am zehnten Tag also zurück nach Zürich und dort am Flughafen mit neuem Blick auf das gläserne Rauchergehege geschaut, mit einem Gefühl der Erleichterung. Ich muss da nicht mehr rein – auch das ist Freiheit. Ich bin fünf Kilo leichter und Nichtraucher und bin sonnengebräunt und tiefenentspannt, meine Frau sollte sich gut überlegen, ob sie es sich leisten kann, einen Künstler wie mich zu vergraulen durch Aufträge wie die Geschirrspülmaschine auszuräumen.

Dann das Familientreffen, was für ein Fest. Wir fünf Söhne sind harmonisch gestimmt wie seit Jahren nicht. Bei uns allen hat sich, so scheint mir, die Erkenntnis durchgesetzt, dass unsere Tage gezählt sind auf Erden. Aber ganz besonders die der Mutter. 90 Jahre.

Auf ihren Stock gestützt, betritt sie die Terrasse des Hotels, trotz ihrer Hüftschmerzen mit dem Lächeln einer abgedankten Königin. Lächeln war ihre Devise. »Kinder, lächeln!« hieß das beschwingte Kommando, bevor auf die Auslöser gedrückt wurde oder Bekannte auf Spaziergängen entgegenkamen. Sie lächelt über ihre Müdigkeit und ihre Schmerzen hinweg. Ganz in Weiß ist sie, mit silbernen Perlen und so klein.

Es stimmt alles an diesem Tag, das Biopic des Bruders, die Erinnerungen der Kinder, das Wetter, eine Familienfeier, die von Heiterkeit, aber auch wehmütigen Gefühlen durchsetzt ist, voller Liebe und Verständnis, ein ganz schöner Tag mit Tratsch und Erinnerungen und Diskussionen zur Weltlage und Schweigen und Geplauder bis spät in die Nacht zu Kerzenlicht.

Zur Mittagspause hatte sich die Mutter auf einer großen Gartenliege ausgeruht, unter einer Eiche, und auf der riesigen Matratze lag sie klein und weiß.

Ja, da lag sie, auf ihrem viel zu großen Bett unter dem grünen Dach der Eiche, schwarzen Blätterschatten auf der weißen Hose, der Bluse, dem weißen Haar, klein wie ein Mädchen. Es war still. Und ihre Züge waren ganz entspannt wie in einer Vorahnung, versöhnt, als würde sich der Kreis ihres Lebens sanft und langsam schließen.

Ich musste unwillkürlich an den Schluss des Kubrick-Films *2001: Odyssee im Weltraum* denken, wie sich dieser alte Mann in seinem magisch weißen Zimmer wieder in einen Embryo verwandelt und das Lebensende in eine Wiedergeburt übergeht. In ein neues, ganz anderes Glück.

Meine Frau und ich brechen zwei Tage später nach Norwegen auf, dorthin, wo Knausgård seine Jugend verbrachte, ich erkenne die Gegend wieder, Fjorde und Kiefern und Laubbäume, mit dem Boot über blanke Seen, in denen sich die Wolken spiegeln, Makrelen auf dem Grill, so langsam schwindet meine Achtsamkeit für Diät.

Es war der Sommer der Jubiläen. 100 Jahre Ausbruch des Ersten Weltkriegs. 75 Jahre Ausbruch des Zweiten Weltkriegs. 25 Jahre Fall der Mauer, dem ich verdanke, dass ich meine Frau, die Liebe meines Lebens, kennenlernte.

Und dieser merkwürdige Sommer wollte sich gar nicht verabschieden – noch am 1. November können wir an der Alster in der Sonne sitzen.

Die politischen Horizonte verdüstern sich weiter.

Aber immerhin: Ich weiß mittlerweile, dass das Leben auch ohne Zigarette möglich ist.

Was weiß ich noch, mit Sicherheit?

Dass der neue Mensch eine Schimäre ist. Es gibt nur den alten, mit dem wir uns herumschlagen müssen. Aber die Hoffnung stirbt zuletzt.

Schritte in der Nacht

Döpfners Vorstellung von einem guten Journalisten – Ein Schwarzer aus Benin im Shitstorm der Gutmenschen – Geisternacht in Dresden – Die AfD blüht auf – Die Kanzlerin schließt einen Teil der Deutschen aus dem Volk aus – Die Regierung wirbt in Imagefilmen um Migranten – Jagd auf Pegida

Gilbert K. Chesterton war Journalist mit Leib und Seele. Zwar schrieb er glänzende Biografien und Romane, aber im Herzen blieb er Journalist, weil er den Kampf der Ideen mochte, die Auseinandersetzung, die Konfrontation: »Ich mag den Ringkampf von Ideen und Positionen nackt, so wie sie sind, und nicht verkleidet in Maskeraden von Männern und Frauen.« Er hätte, so bemerkte er später einmal, sicher ein besserer Romancier sein können, wenn er sich Mühe gegeben hätte (sein düsterer Roman *Der Mann, der Donnerstag war* gehört indes zur Weltliteratur), aber »ich konnte ein Journalist sein, weil ich ein hoffnungsloser Fall von Kontroversialist war«. Er liebte den Pulverdampf der täglichen Auseinandersetzung. Und sprach mir damit aus der Seele.

Was war das nur für ein leuchtender Sommer 2014, der aus mir und den übrigen Deutschen Weltmeister gemacht hatte und mich zu einem neuen Menschen! Nun nicht in allem, es blieben meine Kantigkeit und eine in unserer Branche geradezu sträfliche Arglosigkeit und meine Überzeugungen, dass der Verlust von Verankerungen zu beklagen ist, von Familie, Gott und Vaterland, Letzteres aber nicht mit Pickelhaube, sondern mit der schwarz-rot-goldenen Kriegsbemalung eines Fußball-Sommermärchens.

Und schon gar nicht im Sinne Höckes, dessen bombastisches Gerede von der »Rettung des deutschen Volkes«, von seinem »historischen Auftrag«, der »erinnerungspolitischen Wende«, nur noch grotesk ist.

Umso schlimmer, wenn jedes patriotische Gefühl, dieses merkwürdige »Heimweh« in uns allen, verfemt wird und wie in diesem Fall mit Größenwahn assoziiert wird.

Tatsächlich ist es eine Gratwanderung geworden, von Patriotismus zu sprechen oder vom Glauben, aber ich lasse es mir nicht von solchen Typen aus der Hand schlagen. Ich bin Einzelgänger, sicher mit diesem verhängnisvollen Einflüsterer, dem weißen Kaninchen, das mich zu jedem eigensinnigen Haken anstiftet. Aber damit entsprach ich meines Erachtens dem Ideal eines Journalisten, das sich Mathias Döpfner, der Springer-Chef, in einem Interview einmal so ausgemalt hatte*:

Frage: Woran erkennen Sie einen guten Journalisten?

Döpfner: Mit Sicherheit nicht daran, dass er einen eloquenten Eindruck beim Bewerbungsgespräch macht oder gar besonders adrett gekleidet ist. Sondern daran, dass er in einer unwiderstehlichen Sprache relevante Sachverhalte packend und faszinierend aufschreibt. Und am Ergebnis der Geschichte. Es ist ein großer Fehler, Journalisten an Formnoten zu beurteilen. Man müsste eigentlich Journalisten bei Bewerbungsgesprächen genauso behandeln wie Orchestermusiker, wenn sie Mitglied eines großen Orchesters werden möchten. Jene spielen hinter einem Vorhang vor – man sieht sie nicht. Und so lenkt man die Konzentration auf das Wesentliche – die Inhalte.

Frage: Wie erkennen Sie die Leidenschaft? Meiner Erfahrung nach fehlt bei einer Reihe von Journalisten die Leidenschaft.

Döpfner: Ich glaube, dass es bei Repräsentanten aller Berufsgruppen solche und solche gibt. Ein guter Journalist muss davon überzeugt sein, dass das, was er tut, das Wichtigste auf der Welt ist – und wenn er sich gerade mit einem Thema beschäftigt, dann haben sich gefälligst auch alle anderen mit diesem Thema zu beschäftigen. Und daraus resultiert ein inhaltliches Charisma, das den Inhalt unwiderstehlich macht, selbst für die, die sich eigentlich noch gar nicht dafür interessierten. Andersherum: Wer als Journalist nur träge danach fragt, was die Leser jetzt wohl hören wollen, der brennt ja gar nicht mehr. Und wer nicht brennt, kann niemanden anzünden. Ganz einfach.

---

* Andersen, Kai; Uhlig, Jane: Das agile Unternehmen, Campus Verlag, Frankfurt am Main.

Döpfner imponierte mir mit seiner Doppelbegabung. Ich war regelrecht verliebt. Ein Musikspezialist, ein Kunstkenner und Stilist von Gnaden, und gleichzeitig kann er Bilanzen lesen. Er joggt morgens um sechs! Der Lohn dieser nahezu übermenschlichen Selbstdisziplin war, dass er das Springer-Imperium buchstäblich gerettet und in neue Gewinnsphären gehoben hatte.

Ich dagegen schlafe gegen sechs Uhr morgens ein, weil ich nachts lese, Chesterton oder Leon Bloy in jenen Tagen – die erschütternden Briefe an seine Verlobte, seine glutvoll nationalistische Anbetung der Jeanne d'Arc, weiter kann man sich gar nicht vom Tagesgeschehen entfernen.

Das allerdings, das Tagesgeschehen, war mein Beruf, und so begleitete ich den schmalen Berliner Wirtschaftswissenschaftler Bernd Lucke, der eine neue Partei namens AfD gegründet hatte, im Wahlkampf. Lucke war von allen Leitmedien, besonders dem *Spiegel*, als komische und gleichzeitig gefährliche Figur beschrieben worden, wobei seine Mitgliedschaft in einer Freikirche, also sein hinterwäldlerisches Christentum und die wadenlangen Röcke von Frau und Töchtern, eine besondere Rolle zu spielen schienen.

Das Establishment reagierte gereizt. Bei mir kam er eigentlich ganz gut weg, weil ich das Auftauchen einer neuen politischen Kraft begrüßte in diesem sozialdemokratischen Kartoffelbrei, der in allen Zeitungen, allen Talkshows gestampft wurde.

Ebenfalls, und diesmal leidenschaftlicher, schrieb ich über den schwarzen AfD-Mitbegründer in Schleswig-Holstein, Achille Demagbo, den ich ratlos vor seinem Kieler Büro antraf. Die Scheiben waren beschmiert mit Antifa-Sprüchen wie »Nazis raus«. Der Mann aus Benin, ein Sprachwissenschaftler und Dolmetscher, der vor Jahren als Student ins Land kam, fragte mich: »Jetzt mal im Ernst, welche fremdenfeindliche Partei würde einen Schwarzafrikaner in den Vorstand wählen?«

Achille hat in der Schule Max Frisch gelesen, er schätzt deutsche Philosophen wie Kant und Nietzsche, er liebt Deutschland. Hausbesuch bei seiner Frau und der kleinen krähmunteren Tochter Bella, die mit dem Essen herumspielt und das Dschungelbuch guckt.

Und Achille erzählte von einer bizarren Ausladung, denn schon damals begann der mit allergrößter Selbstverständlichkeit geführte »Kampf gegen rechts« der guten Deutschen. Achille war zu einer Diskussion mit anderen

Parteipolitikern in eine Schule nördlich von Hamburg eingeladen, bis die Veranstaltung abgesagt wurde – ein früherer Schüler der Penne, UN-Jungdelegierter, hatte Wind von der Veranstaltung bekommen und die Schulleitung gewarnt, dass er sich an die Öffentlichkeit wenden werde, sollte diese die AfD nicht ausladen, über Facebook hatte er einige Buddies zusammengetrommelt und zu »friedlichem« Protest aufgefordert, zum Beispiel mit Trillerpfeifen, Krankschreibungen seien auch ein Mittel.

Die Schulleitung knickte ein, zum Verdruss des Gemeinschaftskundelehrers und der Schüler, die sich sorgfältig auf die Veranstaltung vorbereitet hatten. Ich traf mich mit dem betreffenden Schüler, der mittlerweile in Berlin im 15. Semester Politologie studierte, vor einem der austauschbaren angesagten Jugend-Freizeitklamottenläden in der Berliner Friedrichstraße, und er sah mit einem rosafarbenen Kapuzenpulli, braunen Stoffhosen, zweifarbigen Turnschuhen genauso aus wie eine der Puppen im Schaufenster.

Mit »Wut und Fassungslosigkeit« habe er registriert, dass die AfD an seiner Schule auftreten wolle. Die Partei versuche, »bisher in allen Wahlkämpfen durch Populismus, Rassismus, Fremdenfeindlichkeit und Homophobie WählerInnen am rechten und sogenannten rechtsextremen Rand zu erreichen«.

Aber der Eingeladene war doch ein Schwarzafrikaner, wie könne man ihm Rassismus unterstellen?

»Das macht überhaupt keinen Unterschied für meine Argumentation«, sagte der angejahrte Exschüler, »die AfD hat an einer Schule nichts verloren.« Aber es seien doch auch andere Parteien dazugeladen gewesen, woher die Angst vor einer Diskusssion?

»Auf dem Marktplatz gerne, aber nicht an einer Schule ...«, sagte er. Und dann fügte er in dramatisch leidendem Tonfall seine eigene Opferrolle hinzu, nämlich dass sich nach seinem Boykott einige zu Wort gemeldet hätten, auch einige von der Absage enttäuschte Schüler darunter, die ihm mangelndes Demokratieverständnis vorgeworfen hätten. Ausgerechnet ihm! Und einige waren offenbar sehr wütend, grob formuliert, weshalb er sich sofort an eine »Beratungsstelle gegen rechte Gewalt« wandte.

Später, im Sommer 2017, hatte sich der überzeugte Wahldeutsche Achille mit einem AfD-Plakat und dem Slogan »Heimat statt Multikulti« für die Kandidatin Doris von Sayn-Wittgenstein fotografieren lassen – schalten wir uns mal ein auf den überraschend rassistischen Shitstorm, den er dafür von den Gutmenschen erntete, hier in unkorrigierter Originalversion:

»Das ist der Quoten-Schwarze, der, der im Horrorfilm als Erster stirbt.«

»Kann der Deutsch?? Glaub nicht, sonst würde er wissen, dass er gemeint ist.«

»... der Typ ist von Geburt an blind, und niemand hat ihm bis jetzt gesagt, dass er schwarz ist.«

»Die wollen vorführen, dass Schwarze dumm sind.«

»Bekommt Herr Demagbo dafür Geld, sich an die AfD zu prostituieren?! Schließlich braucht die AfD auch so welche Leute, um ihr Image aufzupolieren und zu sagen: ›Wir haben ja nichts gegen Migranten.‹«

Fazit: purer linker Rassismus, blind, wütend, radikal. Welche Flöze der deutschen Gesteinsschichten sind da nur angebohrt worden? Und wie eruptiv sie reagieren! Da wird ein Schwarzer, der sich staatsbürgerlich engagiert, als dumm, blind und bestechlich beschimpft von Menschen, die, und das ist eine linke Eigenart, ein grundgutes Gewissen in ihrem Hass empfinden.

Doch ohne Zweifel hatte sich schon im Herbst 2015 eine Art Wahnsinn über das Land gelegt, hatte sich ein mehrheitsfähiges Irresein in die Demokratie eingeschlichen, das sich nun, wo sich eine politische Alternative in Umrissen abzeichnete, in eine undemokratischen Gereiztheit hinein- und hochschaukelte.

Es wurde ungemütlich unter den deutschen Weltmeistern.

Es wurde Herbst, bleierner Herbst, und ich flüchtete dahin, wo ich mich immer zu Hause fühle, nach Rom, sozusagen ins Zentrum des christlichen Abendlandes. Anlass war meine Aufnahme in die Bruderschaft der Santa Maria dell'Anima, dem neben dem Fürstentum Liechtenstein letzten Überrest des Heiligen Römischen Reichs Deutscher Nation.

Santa Maria dell'Anima war 1350 als Hospiz für Rompilger gegründet worden, seit 1406 untersteht das Institut direkt dem Heiligen Stuhl, schon Kaiser Sigismund, der während des ersten Kirchenbaus zum Kaiser gekrönt wurde, soll Mitglied der Bruderschaft gewesen sein. Kaiser Karl V. gehörte auch dazu sowie alle weiteren Kaiser, die Rom besuchten.

Da die Anima das einzige reichsunmittelbare kirchliche Institut war, das 1803 beim Reichsdeputations-Hauptschluss nicht säkularisiert wurde, überstand es auch die Auflösung des Heiligen Römischen Reichs 1806. Ergo ist ihre prachtvolle Kirche in der Nähe der Piazza Navona ein Stück

Römisches Reich, über das der Rektor des dortigen Priesterseminars, Dr. Franz Xaver Brandmayer, mit geradezu habsburgerischer Gravität und durchaus dröhnender Fröhlichkeit wacht.

Die Tracht der Bruderschaft ist ein grüner kurzer Mantel, der an den der Musketiere erinnert und bei allfälligen Degenduellen schnell zurückgeworfen werden kann. Besonders beeindruckend jedoch der Aufnahmeritus: Man trägt sich in ein ledergebundenes Buch aus Pergamentseiten ein und liest mit fassungslosem Staunen die früheren Einträge, etwa von Karl V., von Wallenstein, von Königen und Päpsten bis in die jüngste Zeit, zum Beispiel den Eintrag von Benedikt XVI.

Und jetzt steht da meine Unterschrift. Klein und bescheiden und ohne alle Schnörkel und Titel, die ich sowieso nicht habe, sieht man einmal von dem des »Pascha des Monats« ab, der mir einst von der Zeitschrift *Emma* verliehen worden ist.

Selbstverständlich wurde das Ereignis nicht nur mit einer wunderbar zelebrierten Messe im alten Ritus gefeiert, sondern auch an den folgenden milden Herbstabenden vor den Tavernen in der Nähe, in denen ich auch die, wie heißt es so schön bei Büchner, Heine und anderen Burschenschaftlern, »fröhlichen und trinkfesten Burschen« der Capitoliner kennen- und schätzen lernte. Dort trat ich dann prompt ein Jahr später auch ein.

Zurück zum deutschen Spätherbst, zum herben Kontrast. Da hatte sich in Dresden eine merkwürdige Gruppe von Demonstranten gebildet, die sich Pegida nannte – Patrioten Europas gegen die Islamisierung des Abendlandes. Sie spürten voraus, feinnerviger als die Mehrheitsgesellschaft.

Hier schien etwas im Gange zu sein, das sich neben der nach Luckes Abgang in Auflösung befindlichen AfD gebildet hatte, und da ich gerade aus dem normalerweise »christlich« genannten Abendland zurückkehrte, aus Rom, der Ewigen Stadt, schaute ich mit verwunderter Amüsiertheit zu. Dresden, tief im Osten, hatte im letzten halben Jahrhundert nicht gerade das, was man als ein christliches Wasserzeichen erkennen könnte.

Offenbar war das einigen Teilnehmern als Makel bewusst geworden, weshalb ich eines Abends einen sonderbaren Anruf erhielt. Eine Männerstimme mit sächsischem Akzent. Der Mann wollte wissen, wie er am schnellsten Christ werden könne.

»Nun, da gibt es Vorbereitungskurse, ich empfehle Ihnen, sich mit einem katholischen Pfarrer in einer Gemeinde in Ihrer Nähe ...«

»Ähm, die Sache ist die, ich glaube ja eigentlich nicht an Christus und so.«

»Ja, warum wollen Sie dann Christ werden?«

»Ich bin in erster Linie gegen den Islam, und ich denke mir, als Christ kann man den am besten bekämpfen.«

Ich war erst mal platt. Allerdings, wie heißt es so schön in der Bibel: »Wer suchet, der findet!«

Allerdings war ich auch fassungslos über seinen politischen Irrtum, denn es sind ja besonders die deutschen Christen, katholische wie evangelische, die sich auf Umarmungskurs mit den Brüdern und Schwestern der anderen »abrahamitischen« Religion befinden, nach einer Maßgabe, die im Zweiten Vatikanum, das noch nichts ahnen konnte vom Terror gegen Christen im Namen des Islam, ja gegen Gläubige und Nichtgläubige auf der ganzen Welt, und daher missverständlich formuliert wurde. Bei nicht wenigen der linken Intelligenz ist darüber hinaus der Hass auf das Christentum so groß, dass sie den Islam ostentativ ans Herz drücken, auch wenn man es mit der Religion nicht so hat.

Abendland, was für ein romantisches Wort, eines, das verblasst wie »Christentum« oder vergessen ist wie die Dichternamen, die damit verbunden sind, wie Novalis und die Blaue Blume.

Hier stehen also säkulare Glaubenskämpfer auf beiden Seiten der Barrikaden, die nicht glauben können, was sie glauben wollen, und umgekehrt, so was kommt nur in Deutschland vor, dachte ich mir, wie abenteuerlich komisch, vielleicht hängt das alles immer noch mit dem urdeutschen Riss der Reformation zusammen, dem Wutschnauben Luthers und seiner Behauptung, er sei der Einzige, der die Bibel richtig verstanden habe, und der wie ein Imam alle anderen als Abtrünnige verfluchte und das Reich zerriss in seinem Glaubenskrieg. Ein Echo davon lebt in unserer protestantischen Regierung und allen Antifa-Kolumnisten nach, die den Gegner am liebsten physisch ausschalten würden, ja die, ohne mit der Wimper zu zucken, wie in Orwells *1984* tägliche »zwei Minuten Hass« auf Andersdenkende verordnen würden. Dass Luther der Erste gewesen sei, der das moderne Subjekt entdeckt habe, halte ich für einen irreführenden Mythos – hatten nicht die Renaissance und der Humanismus bereits die Zeitenwende eingeleitet?

Auf jeden Fall hatte der Anrufer, ich schätze, er kam aus Dresden, einen richtigen Instinkt. Nämlich den, dass das, was wir als Abendland bezeichnen, eine christliche Tradition hat, während die des Morgenlandes wohl eine muslimische ist, zumindest seit der Islam im 7. Jahrhundert den Nahen Osten und Nordafrika überrollt und in Besitz genommen hat.

Was in jenen Herbsttagen öffentlich noch keiner ahnen konnte, war die Tatsache, dass eine große Auseinandersetzung bevorstand, die allerdings von der Regierung durchaus gewollt und vorbereitet wurde.

Im November 2014 wurde ein kleiner Auftragsfilm in aller Stille fertiggestellt, ein Werbefilm für Asyl in Deutschland. Geldgeber: das Bundesamt für Migration und Flüchtlinge. Hauptdarsteller ist ein – Polizeiberichte würden heute von einem »südländischen Typ« sprechen – ein Schauspieler, der einen geflüchteten Iraker darstellt. Er heißt hier Abbas, und er ist höflich und gebildet und kommt mutterseelenallein. Das Aufnahmezentrum ist freundlich möbliert, die Aufnehmenden sind englischsprachig, ein Musterbeispiel der Willkommenskultur, weshalb er auch gleich in 52 Sprachen übersetzt wurde, unter anderem ins Albanische, Arabische, Russische, Dari, Farsi, Patschu und ins Serbische.

Er sagt: »Bei meiner Ankunft habe ich mich sofort an eine Polizeidienststelle gewandt.« Von dort wird er in einen Zug gesetzt zur nächsten Aufnahmeeinrichtung. Er erhält Hygieneartikel und bekommt sofort ein Zimmer. Daraufhin wird er von einem Arzt untersucht, wird gemessen und gewogen und erhält einen vorläufigen Ausweis. Abbas freut sich. Er ist gesund. Zufrieden stellt er fest, dass bei der Zubereitung der Gerichte auf religiöse Speisevorschriften Rücksicht genommen wird.

Der Flüchtlingsstrom, von dem die Bundesregierung im Sommer 2015 behauptete, sie sei von ihm überrascht worden, war von ihr selber zielstrebig vorbereitet worden. Und es waren wirtschaftliche Erwägungen, die hierbei eine Rolle spielten – Berechnungen hatten ergeben, dass den Deutschen bald die Arbeitskräfte ausgehen würden.

Die Wirtschaftsverbände hatten Alarm geschlagen – rund 500 000 mindestens, so ihre Berechnungen, würden in naher Zukunft auf dem deutschen Arbeitsmarkt fehlen, auf dem nahezu – so die offiziellen Zahlen – Vollbeschäftigung herrscht. So kam es in all dem humanitären Gerede über Flüchtlinge zu diesem zynischen Schielen, diesem ökonomischen

Silberblick: Wir können die Leute auch für die deutsche Wirtschaftsmaschine nutzen, die auf allen Zylindern brummt.

Später wird sich herausstellen, dass höchstens zehn Prozent der Ankommenden über Qualifikationen verfügen, die den Wirtschaftsbossen nützlich sind – die übrigen 90 Prozent werden mit Steuermitteln über Jahre hinaus qualifiziert und alimentiert werden müssen, ein nicht unbeträchtlicher Teil der »Asylanten« besteht eben nicht aus Ärzten oder Ingenieuren, sondern aus Analphabeten.

Im Magazin *Cicero* hat der Libanese Imad Karim berichtet, dass Freunde und Journalistenkollegen bereits 2014 davon sprachen, »dass sich Massen von echten und falschen Syrern (wie Libanesen, Palästinenser, Ägypter oder Sudanesen) auf die Auswanderung nach Europa und vor allem in die Bundesrepublik vorbereiten«.

Dass die wenigsten Flüchtlinge in der Folge tatsächlich aus den Kriegsgebieten selber stammten, sondern aus Drittländern, also keine Asylsuchenden waren, sondern Wirtschaftsimmigranten, die buchstäblich ins Land gelockt wurden, macht aus der humanitären Propaganda der Regierung und der Kirchen eine besonders ekelhafte Heuchelei. Denn sie übertünchen damit eine Art Attraktionskolonialismus, sie ziehen die wenigen Facharbeiter ab, die beim Wiederaufbau des betreffenden Landes gebraucht werden. Es ist überdies ein Lockruf an junge Männer mit Handy, die aus Kulturen gerissen werden, in denen Familie, Sippe, Clan und Sittengesetz noch Bedeutung haben.

Kurz: Die ominöse, die verzückte, die rauschhafte »Willkommenskultur« mit ihren Teddybären, die auch die Kanzlerin zunächst überrumpelte, bis sie spät beschloss, bei offenen Grenzen auf dieser Welle zum Friedensnobelpreis zu surfen, der tatsächlich im Gespräch war, bemäntelte durchaus auch kaltschnäuzige wirtschaftliche und demografische Interessen.

Filmemacher Imad Karim berichtet aus dem Jahr 2014: »In libanesischen Städten wie Tripoli, Sidon und in den südlichen Vororten von Beirut waren plötzlich viele Wohnungen leer geworden, etliche Syrer kündigten ihre seit Jahren bestehenden Mietverträge, verkauften ihre in diesen Städten betriebenen Geschäfte und Läden (Friseursalons, Metzgereien, Autowerkstätten) und machten sich auf den Weg in die Türkei.«

In den arabischen Tageszeitungen aus den Jahren 2013, 2014 und 2015 war fast täglich irgendwo zu lesen, dass Deutschland 1,5 Millionen Menschen benötige, um sein Defizit an Arbeitskräften auszugleichen. Vor Ort wurde von angeblich großen Schiffen berichtet, die im Auftrag der Bundesregierung über 5000 syrische Flüchtlinge mit und ohne gültige Ausweispapiere täglich nach Deutschland befördern sollten.

Die Pegida-Demonstranten, die sich da in den kalten Nächten zusammenfanden, konnten davon nichts wissen, umso erstaunlicher ihre Eingebung, die sie dazu veranlasste, sich in immer größerer Menge montagabends zu versammeln.

Offenbar ahnte die Kanzlerin früh, dass da Widerstand heranwuchs. Ich war erstaunt über ihre Neujahrsansprache 2014, als sie tatsächlich auf die paar Tausend Demonstranten in Dresden zu sprechen kam, und zwar mit Worten voller Abscheu: »Folgen Sie denen nicht, die zu solchen Demonstrationen aufrufen. Zu oft sind Vorurteile, zu oft ist Kälte, ja sogar Hass in deren Herzen.«

Da wurde tatsächlich bereits ein kleiner Teil des Volkes ausgegrenzt, von der Kanzlerin persönlich, die doch eigentlich für alle da sein sollte. Ja, sie wusste, was auf sie zukommen würde, denn es gab bereits die eingangs zitierten Pläne in Brüssel für größere Migrationskontingente, die in Strategiepapieren »Neuansiedler« genannt wurden. Wohl selten ist eine Rede ans Volk kalkulierter im Herzen vorgetragen worden.

Kurz vorher hatte ich mich persönlich über diese Menschen in Dresden, die »nur Hass in ihren Herzen tragen«, informiert. Ich war nach Elbflorenz gefahren, um mit eigenen Augen zu sehen, was sich da an demokratiegefährdender Massenbewegung zusammenbraute, die einige Hysteriker auf Facebook schon an die Judenverfolgung von 1933ff. erinnerte.

In der Öffentlichkeit war ein schon fast rituelles Eintreten und Einprügeln auf eine als »hassenswert« und »schändlich« markierte Gruppe zu beobachten, da war eine Lust an der Knüppelei, die mich nun wiederum an HJ-Knirpse erinnerte, die sich in ihrem Hass ja auch ganz naiv im Recht fühlten, eine Bemerkung, für die ich gehörig Prügel einsteckte.

Ich fuhr nach Dresden und traf mich mit einem Freund aus der CDU und lief mit. Es lag ein merkwürdiges Geräusch in der Luft dieser Nacht. Gemurmel. Und Schritte. Das Geräusch von Zigtausenden von Schritten. Und Fahnen. Rot-schwarze, die im frühen 19. Jahrhundert noch ein linkssubversives Statement gewesen wären. Und Deutschlandfahnen. Schwarz-rot-goldene Lampions, wie man sie von Martinsumzügen kennt.

Voran wird ein Transparent getragen, auf dem steht: »Gewaltfrei & vereint gegen die Glaubens- und Stellvertreterkriege auf deutschem Boden«. Tadellose Beschriftung, sozusagen der Beipackzettel der Demo, keine Nebenwirkungen. Das Problem ist, man glaubte dem Spruchband nicht. Wir waren im Umgang mit Pegida auf die Metaebene verwiesen, auf Recherchen im Netz, auf ideologische Querverbindungen.

»Keine Glaubenskriege auf deutschem Boden«? Aber sie hatten doch längst begonnen, dachte ich mir. Da war der Krieg der journalistischen Klasse, die sich einig war, dass bei Pegida nur schlecht gekleidete Halbnazis mit dumpfen Parolen Zuflucht finden. Woher glauben die das zu wissen?

Hier, in dieser Dresdner Nacht, hörte man Schritte. Verschlossene Gesichter. Vielleicht, dachte ich, laufen die so weiter, immer weiter, weit aus dieser Gesellschaft hinaus, aus der sie von ihrer Bundeskanzlerin zu Neujahr dann offiziell ausgeschlossen wurden.

Eigentlich komisch: Unter den 19 Forderungen der Pegida fanden sich viele, die auch aus den Reihen der etablierten Parteien stammen könnten, zum Beispiel nach dezentralen Unterbringungen für die Flüchtlinge, da könnte man doch mal differenzieren. Nee. Ausgerechnet in der *Frankfurter Allgemeinen* hat ein Redakteur zur Pauschalisierung aufgerufen. Im Kampf gegen Pegida ist »jeder intellektuelle Regelverstoß erlaubt«, schrieb der Autor.

Keine Differenzierung ab sofort? Na ja, dann wäre wohl Straßenkampf der logische nächste Schritt. Feuilleton goes Punk und schlägt sich wacker auf die Seite der Guten. Und die Bösen ziehen ihre Konsequenzen. Die Lippen sind verschlossen auf dieser Demo. Wir sind von der Ära der Wutbürger in die der Stummbürger eingetreten. Die seilen sich ab, die Leute, Staat wollen die nicht mehr machen. Doch ganz zum Schluss zerreißt eine Parole die Dresdner Nacht. Eine bekannte, die wie ein Verzweiflungsschrei klingt: »Wir sind das Volk.« Ein Vierteljahrhundert nach den Demonstrationen von Dresden und dem anschließenden Mauerfall findet die Wut über die offiziell gewordene Lüge in diesem einzigen, bisher unbeanstandeten Satz ein Ventil. Und es sollte sich herausstellen, dass die Pegida-Parole von der »Lügenpresse« durchaus recht hatte – die Presse berichtete selektiv, wie eine spätere Untersuchung herausfand, sie berichtete mit Tendenz, sie war zu 80 Prozent Regierungspropaganda. Sie war – mit einem Wort – freiwillig gleichgeschaltet.

Am nächsten Morgen beginnen die Nachrichten mit der Meldung, dass SPD-Justizminister Heiko Maas die islamkritische Pegida eine »Schande für Deutschland« nennt. Es wird ernste Gespräche in der Baracke darüber geben – nach neuesten Umfragen sympathisieren rund die Hälfte der Deutschen in Ost und West mit Pegida. Als zweite Meldung: die Morde eines Islamisten in einem Café in Australien. Doch auch diese Meldung wird am folgenden Tag übertroffen in ihrer Scheußlichkeit – die islamistischen Taliban haben eine Schule im pakistanischen Peshawar überfallen und 135 Kinder getötet. Als Vergeltung für irgendwas.

Eigentlich gibt es ziemlich viele Horrormeldungen über Islamisten. Fast täglich. Zwar versichern Politiker und Kirchenvertreter immer wieder, dass diese verstörenden Meldungen nichts mit dem Islam zu tun haben, aber das Volk, »der große Lümmel« (Heine), denkt sich das Seine. Es hat mittlerweile gelernt, dass es nicht opportun ist, darüber zu reden. Im Kampf gegen rechts gibt es die erstaunlichsten Rollenspiele.

Eine Aktivistin schrieb darüber, welchen Anfeindungen sie ausgesetzt sei, weil sie die AfD kritisiere. Sie fühle sich mittlerweile wie in den 30er-Jahren, natürlich auf Seite der Juden. Das ist der Vorteil der Hysterie um Pegida, AfD und andere neurechte Bewegungen – sie versorgen noch den mittelmäßigsten Spießer nachträglich mit einer Widerstandsvita. Nach dem Motto: Diesmal verstecken wir die Juden im Keller. Hitler hätte heute keine Chance mehr.

Allerdings ist der Griff in die antifaschistische Requisitenkammer nur bedingt logisch, denn die Ironie besteht ja darin, dass der kriegerische Islam antisemitisch ist. Er will Israel auslöschen und die Juden gleich mit. Sodass diejenigen, die für eine islamische Willkommenskultur streiten, möglicherweise auch eingefleischte Judenhasser gleich mit umarmen. Und mögliche Bombenleger.

Das Abendland feiert sich in diesen Tagen mit Weihnachtsmärkten, gleich am Bahnhof gibt es einen. Gebrannte Mandeln, schwarz-gelbe Schals von Dynamo Dresden, in einer Bude gibt es grinsende Kaffeetassen. Am Waffelstand die Lehrlinge Sabine und Sandra, die natürlich gegen rechts sind, aber jetzt noch Geschenke besorgen müssen.

Wie gehen Morgenland und Abendland zusammen? Die überwiegende Mehrheit der Deutschen glaubt: gar nicht. Allerdings glaubt das auch jeder fünfte Muslim. Dass der Islam zu Deutschland gehört, fand eigentlich nur Kurzpräsident Wulff, doch er konnte immerhin Goethe als Kronzeugen verpflichten. Im *West-Östlichen Divan* diese Zeilen: »Wer sich selbst und andre kennt,/Wird auch hier erkennen:/Orient und Okzident/Sind nicht mehr zu trennen.«

Goethe behielt auf ganz unerwartete Weise recht, denn in der Folgezeit werden sich in Deutschland aufgewachsene Jugendliche mit dem Orient in der schlimmstmöglichen Weise vereinigen, über die Religion – sie werden sich als Kämpfer und Killer für den sogenannten Islamischen Staat verpflichten, von dem in jeder »Tagesschau« Gräueltaten berichtet werden.

Der oberschlaue Einwand gegen die Dresdner von Pegida, sie hätten doch kaum Begegnung in ihrer ausländerarmen Gegend, geht gründlich fehl: Sie kennen den Islam von seiner schrecklichsten Seite. Aus den allabendlichen Nachrichten.

Wahnsinn in Athen

Pegida und die Antifaschisten, Karfreitag in Malaga – Mit Sokrates unter der Akropolis – Die Linke lebt, und Europa wankt – Raspails großartige Flüchtlingsprophetie und ihre Realisierung – Poschardt unterdrückt eine Rezension, Aust übernimmt

Der Strom der Flüchtlinge schwoll allmählich an. Mittlerweile waren die Schleppernetze gut organisiert, Zigtausende fanden den Weg übers Meer oder über die Balkanroute nach Deutschland. Sie wurden durchgewunken, weil die Kanzlerin alle Grenzkontrollen ablehnte.

Währenddessen stieg der Wahnsinnspegel im Land der Faschismusbekämpfer weiter an. Sicher, es gab Feindseligkeiten den Flüchtlingen gegenüber, aber in Wahrheit wurden sie in keinem Land der Welt derartig mit Sozialleistungen bewillkommnet, dass sie sich selbstverständlich nach Deutschland und nur nach Deutschland aufmachten und sich mit Händen und Füßen und Rechtsmitteln und Gutachtern dagegen sträubten, sich mit irgendeinem anderen Land auf der Strecke abspeisen zu lassen.

Nein, die Flüchtlingsfreunde auf Facebook, die Kardinäle und progressiven Kirchenleute, deren Organisationen Caritas und Misereor schwer mitverdienten an den Flüchtlingsströmen, sie alle fühlten sich durch ein paar besoffene Glatzenrandale im Osten an die Judenverfolgung erinnert, besonders die Jugend – diesen geschmacklosen moralischen Selbstvergrößerungen der »Schneeflöckchen«-Generation in unserer Komfortzone rund 70 Jahre nach Ende des Naziterrors waren keine Grenzen gesetzt.

Weil Pegida vor dem Kölner Dom protestieren wollte, entschloss sich die dortige Leitung, das Licht auf dem Domplatz auszuschalten. Die Bösen sollten im Dunkeln bleiben. Ich hatte gegen Kardinal Woelki argumentiert, denn ist es nicht die Aufgabe der Kirche, gerade denjenigen, die sozial von der Mehrheitsgesellschaft geächtet werden und die sich möglicherweise versündigen, die Hand auszustrecken?

Ich versuchte von Kardinal Woelki – wir kannten uns aus seinen Berliner Tagen – eine Antwort zu bekommen, doch es hieß, jemand anderes sei dafür verantwortlich. Doch ohnehin machte die Zivilgesellschaft mobil auf breiter Front, das Grüppchen Protestierer auf der Domplatte wurde von Tausenden und Abertausenden von Gegendemonstranten regelrecht erdrückt.

Gewerkschafter und Politiker hakten sich ein. Die Antifa grölte: »Deutschland ist scheiße« oder »Nie wieder Deutschland«, und unser Justizminister Maas war mittenmang. Nach Ende der Pegida-Kundgebung wurde demonstrativ gefegt – der Ungeist sollte weggefegt werden. Die Gefahr von rechts wurde erkannt und triumphal besiegt. Wie in einem surrealen Wahngebilde wurde die Gefahr des Faschismus derart vergrößert, dass sich jeder Gegendemonstrant als Drachentöter fühlen durfte.

Auch vor dem Erfurter Dom wollte Pegida demonstrieren, auch dort wurde verdunkelt, auch dort wurde gefegt. Während der IS-Terror unvermindert weiterging.

Über die Ostertage fuhr ich mit meiner Frau nach Malaga und Sevilla. Zuvor war ich in meiner Rolle als Katholik vom Dienst noch mit einem Kommentar zur Beibehaltung des Tanzverbots an Karfreitag beauftragt worden. Ich kam der Bitte gerne nach und erntete die erwünschten wütenden Reaktionen.

Einige Spontigruppen wollten sich – um der demokratischen Freiheit willen, schließlich leben wir nicht in einer religiösen Diktatur, nicht wahr? – öffentlich dem Tanzverbot, das doch nur ein Aufruf zum Anstand war, widersetzen. Mir dagegen ging es um den simplen Respekt vor religiösen Gefühlen, der bei uns selbstverständlich jedem Muslim entgegengebracht wird, der jedoch ausgerechnet an diesem Trauertag des Christentums, an dem der Herr für uns ans Kreuz genagelt wurde und sein Leben hingab, verweigert werden sollte.

In Malaga bestaunten wir, wie ernst die Semana Santa, die Passionswoche, in Spanien zelebriert wird. Wir schauten beeindruckt den Prozessionen zu, den Penitentes, den Büßern, unter ihren spitzen weißen Kapuzen, barfuß, schwere Trommelschläge, sie trugen tonnenschwere tischförmige Konstruktionen mit Kreuzen und Marienstatuen auf den

Schultern, wie ernst und würdevoll und gemessen das zuging. Feiern des christlichen Abendlands, aus dessen Traditionen und Leitkultur wir Deutschen uns längst verabschiedet haben, weil wir sie einfach nicht mehr begreifen. Im Grunde genommen müssten nicht nur Türken Einbürgerungstests ablegen, sondern all diejenigen, die »Deutschland verrecke« rufen und unbedingt am Karfreitag tanzen wollen. Sie waren grimmig, diese Aktivisten. Sie stampften und trampelten todernst für ihre »Freiheit«, die Christen in ihrer Andacht zu terrorisieren.

Ich dachte an die Debatte, die Chesterton mit Robert Blatchford führte, dem Verleger des linken *Clarion*. Chesterton erinnerte daran, dass es nie in der Menschheitsgeschichte glänzende Feste und Fröhlichkeit ohne Religion gegeben hat, und natürlich meinte Chesterton nicht die Puritaner, sondern die katholische Kirche. Ihre Gegner dagegen kamen meist bierernst daher, behaupteten bissig und trübe, nichts als Materie zu sein, nichts als Biomaschinen, gesteuert von ihren Trieben, biochemischen Prozessen und Genen, und damit, wie schon Luther, eigentlich keinen freien Willen zu haben.

Chesterton aber war der Matador des freien Willens und des gesunden Menschenverstands. Die Kirchenhasser im *Clarion* entgegneten: Und die Asketen, die Leibabtöter, Hungerkünstler der Wüste! Seien die kein Gegenbeweis? Hm, meinte Chesterton, dafür könne es nur eine Erklärung geben: »Sie gaben alle Freuden auf, um jene ganz bestimmte Verzückung, jene unbeschreibbare spirituelle Ekstase zu erreichen«, also ein Glück, das alle Vorstellungen von Glück überstieg – die wahren Connaisseurs des Lebens.

Einmal mehr fiel mir auf, wie blass und flach es in der Hinsicht bei uns zugeht, sieht man einmal von Bayern ab und den Fronleichnamsprozessionen auf dem Land, vielleicht deshalb, weil es schon auf dem Weg nach Italien, nach Rom liegt.

Wir wirken religiös wie leer gefegt.

Wie zubetoniert.

Offenbar heben wir uns die religiöse Ekstase für die Politik der Regierung auf, im transzendenten Bereich dagegen sind wir ausgenüchtert bis in den Stumpfsinn.

Ich kann mir ein Leben, darin bin ich mit Chesterton einig, ohne Mysterium nicht vorstellen, und das schenkt mir der Glaube. Wie platt und unabenteuerlich wäre ein Leben als pure Biologie. Natürlich ist der Glaube ein Paradox. »Das Christentum«, schreibt Chesterton, »ist eine sehr mystische Religion, und gleichzeitig war es immer die Religion der praktischen Menschheit. Es hat weit größere Paradoxa als die orientalischen Religionen, und trotzdem baut es bessere Straßen.«

Der Vergleich mit dem Islam liegt nahe. »Der Gott des Islam ist widerspruchsfrei, während die heilige Dreifaltigkeit ein Widerspruch in sich selber scheint.« Und das macht diesen Glauben gleichzeitig so unfassbar realitätsnah und spannend. Chesterton besteht darauf, dass es beim Christentum nicht um die Wahl zwischen Mystik und Rationalität geht, sondern zwischen Mystik und Irresein. Für ihn war es die Mystik und sie allein, die den Menschen geistig gesund hielt vom Anbeginn der Welt. Pure und ausschließliche Logik ist für ihn der gerade Weg in die Irrenanstalt.

Das Christentum als eine Religion der Mystik akzeptiert die Widersprüche dieser Welt und lacht und akzeptiert sie. Der Pantheismus umarmt die Natur oder empfindet sie als dämonisch. Das Christentum dagegen betet die Natur weder an, noch lehnt es sie ab, sondern sieht sie als Schöpfung Gottes: »Er schuf alles, und er wurde Mensch.«

Deshalb, und weil es offenbar in meiner DNA angelegt ist, glaube ich, und deshalb fühle ich in dem Wunsch der kirchenfernen Spontis, ausgerechnet am Karfreitag zu tanzen, nicht nur eine Art Kulturferne, sondern auch eine bedauernswerte Geisteskrankheit.

Wie vulgär und dumm, das erschrockene Innehalten dieses Tages über den Tod Jesu, des Karfreitag, so zu vertrampeln und zuzudröhnen, diese wohl dunkelste und schwerstverständliche Paradoxie überhaupt: Gott selber stirbt in diesem Ruf am Kreuz: »Eli Eli lama sabachthani – mein Gott, warum hast du mich verlassen?«.

Nie würde der Islam sich diesen Moment der Ratlosigkeit und der absoluten Niederlage gönnen. Allah ist ein ferner und stets siegreicher Gott.

Ich selber verstehe das Geheimnis des Gottestodes nicht, es entzieht sich meiner Logik, aber ich empfinde die Leere am Karsamstag. Für einen Moment bin ich in einer Welt ohne Gott. Ich erlebe sie als stumpf, gleichgültig, sie widert mich an und erschreckt mich. Doch diese Welt- und Gottesverlorenheit wird umso strahlender und glänzender in der Osternacht aufgehoben, triumphal mit dem Ruf »Lumen Christi«, mit all den Kerzen, die mehr und mehr das Kirchenschiff erleuchten und in das freudige Brausen münden: »Christus ist erstanden.«

Das haben wir in Spanien erlebt, genauso wie all die Jahre und Jahrzehnte zuvor, in Mexiko wurden in jener Nacht Feuerwerkskörper angezündet, es krachte und sprühte, so glücklich waren die Gläubigen darüber, dass Christ erstanden war.

Nach unserer Rückkehr meldete sich das andere Europa, das gleichzeitig modern ist und antik. In Griechenland hatte der Linkspopulist Alexis Tsipras die vorgezogenen Wahlen gewonnen und wollte nun mit der EU über Umschuldungen und das von ihr oktroyierte Spar- und Reformprogramm reden, und zwar genau in dieser Reihenfolge.

Sein Finanzminister Varoufakis war der Typ, der auf einem schweren Motorrad in Ledermontur vorfuhr. Er und sein Ministerpräsident wussten genau, dass ihr Land pleite war, ausgeräubert durch die korrupten Vorgängerclans und ruiniert durch eine völlig untaugliche, aufgeblähte und ineffiziente Bürokratie mit üppigen Pensionsansprüchen, und sie wussten weiterhin, dass sich daran nichts ändern würde. Ihr Kampf war der heilige Kampf der Linken gegen die Banken, gegen das kapitalistische System.

Allerdings verlangt es die kommunistische Strategie, das wissen wir seit Bert Brecht, mit List vorzugehen, also Umwege nicht auszuschließen. Da nun der Tag des Staatsbankrotts näher rückte und der Moment, an dem die Geldautomaten im Lande schlichtweg nichts mehr hergaben, ließen sie mit ihrer an die Macht gewählten Partei Syriza, der »Koalition der Radikalen Linken«, ein Referendum durchführen über die Frage, ob sich das Land den »erpresserischen Spardiktaten« der Europäischen Union – und damit waren vor allem die Deutschen gemeint – ergeben sollte oder nicht.

Sie empfahlen ein »Nein«, um damit ihre Verhandlungsposition der EU gegenüber zu stärken. Denn drinbleiben in der Eurozone wollten sie auf alle Fälle. Mehr als das! Sie wollen das »europäische Projekt neu beleben«, ja mit den Griechen an der Spitze endlich ein Europa, das den Namen verdient. Wenn sie sich rauszögen, so ihr Kalkül, könnte Europa das Licht ausmachen, und die Griechen würden die Stühle auf die Tische stellen und Feierabend rufen. Beunruhigende Aussichten für die Fensterredner in Brüssel und Berlin.

Man muss sich das vorstellen: Der Premier des Landes, das sich den Beitritt zum Euro erschlichen hat und danach lange über seine Verhältnisse gelebt und Schulden angehäuft hat, dieser Premier droht, das europäische Projekt in die Luft gehen zu lassen, sollten die Gläubiger nicht auf Rückzahlungen verzichten. Logisch, dass den Polen, den Esten, den Portugiesen der Kamm schwoll über dieses griechische Demokratieverständnis.

Und immer wieder die Demokratie. »Wir haben nicht das Recht«, sagte Tsipras, »die Demokratie an dem Ort zu beerdigen, an dem sie geboren wurde.« Beschäftigen wir uns also mit Demokratie. Von Griechenland lernen heißt eventuell siegen lernen.

Stellen wir uns also in den langen Atem der Geschichte, setzen wir uns dem uralten Raunen vom Beginn unseres Abendlandes aus, und kein Ort könnte geeigneter sein als das »MoMA«, ein »posh« Restaurant in der Adrianou. Es liegt am Rande der alten Athener Agora mit der Stoa des Attalos. Diese ist mittlerweile von einem Spraydosenkünstler auf die Höhe der Zeit gebracht worden, er hat sie mit seinen geblähten Wurstbuchstaben verziert, entziffern lässt sich »Mıfuck« und, tatsächlich, »Sorge«.

Meine Athener Mitarbeiterin Katerina hat gerade an einem Film mitgewirkt, in dem die Krise mit Szenen aus der *Antigone* gegengeschnitten wird. Was hat Vorrang, Kreons Gesetz (die Troika) oder Antigones Humanität (die weichherzige Hellas)? In unserem Fall: der Schuldenerlass, für den alle anderen europäischen Partner – hier wieder die Deutschen vorweg – zur Ader gelassen werden.

Sagen wir es so: Es ist lange her, dass auf dieser Höhe nachgedacht und mitgelitten wurde, 2500 Jahre, so lange ist auch die griechische Demokratie her.

Kann es sein, dass man aus der Übung ist in diesem »failed state« im Süden Europas, in dem offenbar fast nur die Idioten (oder Demokraten) Steuern zahlen, in dem die Korruption und der Klientelismus endemisch sind? Diesem sympathischen Land in unserem Herzen – Alexis Sorbas, die Filme von Costa Gavras, der Kampf gegen die Junta, Theodorakis, Vicky Leandros, die Windmühlen auf Paros, der Sonnenuntergang auf Santorini!

»Was ich nicht verstehe, Katerina, wenn das Land so unter dem Euro ächzt, warum seid ihr nicht bei der Drachme geblieben?«

»Aber wir sind doch Europäer.«

»Das sind die Polen auch, und sie haben ihren Złoty beibehalten und sind gut damit gefahren.«

Auf dem Syntagma-Platz vor dem Parlament Musik und Lautsprechergeschepper. Die Tsipras-Unterstützer und die Neinsager, zusammen zu einer machtvollen Kundgebung. Gedränge. Syriza, das Linksbündnis, führt seine Bandbreite vor. Ein Student hält seine Zeitung hoch, die »Revolution« fordert, Ansatz: trotzkistisch, er unterstützt das Nein und meint damit das Nein zum Euro. Viele deutsche Linke sind im Geiste in diesem Moment bei ihm.

Aus den Lautsprechern tönt das »Einheitsfrontlied« auf Griechisch: Drum links zwei, drei, reih dich ein in die Arbeitereinheitsfront, weil du auch ein Arbeiter bist!

Büchertische. Erinnert verdammt an die in den frühen 70er-Jahren vor der TU in Berlin. Ja, dieses Athen im Frühjahr 2015 ist eine Zeitreise in die eigene Jugend mit ihrer längst widerlegten romantischen Systemkritik. Nur waren die, die damals die Raubdrucke von Adorno und Wilhelm Reich verhökerten, nicht an der Regierung. Hier, an einem der Tische mit Rosa Luxemburgs Schriften, hat sich ein bulliger, unrasierter Kettenraucher, Typ Lino Ventura, in die Diskussion mit einem amerikanischen Studenten gestürzt.

»Schau dir Detroit an, das haben die ›big companies‹ plattgemacht und die Pensionskassen verschwinden lassen.«

»Stimmt doch gar nicht.«

»Wo bist du her?«

»Aus Detroit.«

Hm. Lino versucht es anders:

»Das faschistische Regime dort drüben bringt die Schwarzen um.«

»Das ist ein bisschen komplizierter, wir haben einen schwarzen Präsidenten.«

Hm. Jetzt fällt sein Mitstreiter ein:

»Alle Regierungen sind schlecht.«

»Nein«, sagt der Junge aus Detroit, der an der Columbia University Politikwissenschaften studiert, wie er mir später sagt, »Regierungen sind notwendig, sie sorgen dafür, dass wir Krankenhäuser haben und Schulen und Straßen und Polizei.«

Hier prallen zwei Welten aufeinander. Beziehungsweise: die griechische gegen den Rest der Welt, vor allem gegen Deutschland, deren Kanzlerin

Merkel mit Hitlerbärtchen vorgeführt wird. Die Nazimasche zieht nicht nur bei uns, sie zieht überall.

Der Lino-Ventura-Typ sieht den Souflaki-Spieß in meiner Hand. »Bist du verrückt«, ruft er besorgt aus. »Schmeiß das weg, das ist Katzenfleisch, du wirst krank davon!«

Was würde Sokrates zu dem ganzen Schlamassel sagen? Lässt sich durchaus herausfinden, denn in einem Freilufttheater am Fuß der Akropolis tritt er auf. Es ist Yannis Simonides, der die *Apologie* des Sokrates gibt, seine Verteidigungsrede vor Gericht, dieses Wunderwerk an Dialektik und boshaftem Witz, an scharfem Verstand und dem alles überglänzenden Glauben an den guten Dämon, an einen Gott, an ein nur in der Wahrheit gerechtfertigtes Leben.

Was für ein ernstes, auch komödiantisches Feuerwerk in dieser magischen Nacht unter dem Sternenhimmel, genau dort, wo sich der »Verführer der Jugend« vor 2500 Jahren durchaus herumgetrieben haben könnte, umgetrieben von der zentralen Frage der Philosophie: Wie sollen wir leben?

Ein tapferer Kämpfer im Peloponnesischen Krieg, einer, der die anderen unter den Tisch trinken konnte, ein Philosoph, also ein Liebhaber der Wahrheit, Begründer einer eigenen Ethik: nämlich der, dass es besser ist, Unrecht zu erleiden, als Unrecht zu tun, und der eher den Schierlingsbecher nahm, als seine Prinzipien zu verraten.

Und das jetzt, nur nebenbei, ist das Tolle an meinem Beruf – du kannst dich verzaubern lassen, und du wirst dafür bezahlt. Darüber zu schreiben, ist bisweilen eine Qual, ich hatte mir eine dicke Mandelentzündung geholt, weshalb der schönste Moment der ist, wenn du geschrieben hast, und du bist zufrieden wie selten.

Ich kann Chesterton verstehen, dass er sich zur Einstimmung in ein neues Unternehmen seine letzten gelungenen Sachen durchlas. Mach ich auch gerne. Vor allem aber lese ich seine Texte, zur Einstimmung in den gesunden Menschenverstand, besonders im Journalismus.

An dem zweifle ich in unserer Branche. So ging es mir, als ich dem alten Kumpel und Vize Ulf Poschardt eine Rezension des visionären Romans *Heerlager der Heiligen* des Franzosen Raspail vorlegte, der von Martin Lichtmesz, einem Sympathisanten der »Identitären«, neu übersetzt worden war. Was für eine grandiose Prophezeiung der gegenwärtigen Flüchtlingsprobleme, und zwar eine aus dem Jahr 1970!

Ja, was vor über 40 Jahren als Science-Fiction geschrieben wurde, war plötzlich der große Roman zur Zeit geworden: Jean Raspails rabenschwarze Dystopie von 1973, die jetzt zum ersten Mal vollständig und in neuer Übersetzung auf Deutsch erschien.

Doch der Vize war nicht interessiert. Immer noch schien der Bannfluch seines einstigen Kulturchefs Markus zu gelten, der bestimmte, dass Bücher aus dem Antaios-Verlag in der *Welt* nicht besprochen werden. Ich rezensierte also für die *Weltwoche*, und ich kann den Roman meinen Lesern nur empfehlen.

Gleich eine Trigger-Warnung vorweg, wie sich das heuzutage gehört: Vorsicht, schlichtere Gemüter könnten hier einen irreparabel zynischen Blick auf all unsere Flüchtlingsgalas und Illner-Runden davontragen. Auch in Raspails *Heerlager der Heiligen* nämlich geht es um beklagenswerte Elende, die eine Kulturnation umarmen möchte, bis sie bemerkt, dass sie von ihnen verschlungen wird.

Einen unheimlicheren, aber gleichzeitig auch präziseren Beginn kann man sich bei diesem Thema nicht ausdenken. Der alte Calguès, emeritierter Literaturprofessor, schaut von seinem Haus auf der Anhöhe über der Côte d'Azur durchs Teleskop hinunter zum Strand des mondänen Badeortes, der in erschreckender Weise menschenleer ist und ohne die gewohnten dümpelnden Jachten.

Stattdessen aber diese Flotte vom anderen Ende der Welt, 100 rostige Riesenschiffe sind losgedampft aus Bangladesch, 99 sind angekommen, mit einer Million Elender an Bord. Eingehüllt in eine stechende Wolke aus Gestank nach Exkrementen. Ja, buchstäblich ein Riesenhaufen »menschlicher Scheiße«, der sich aus dem Gangesdelta gelöst hat, sie befeuern ihre Boote mit Scheiße, sie kochen mit Scheiße, und sie führen einen Kotkneter mit sich, ein akzeptabler Beruf in Kalkutta, der daraus Brennmaterial herstellt. Sechs Wochen ist die Flotte über die Weltmeere getrieben, Kurs auf Europa, und sie landet schließlich am Strand des Luxus und der Parfüms und gebildeten Tischgespräche bei exquisiter Küche.

Drastischer geht Sozialkritik nicht.

Das Heer der Elenden.

Der Professor betrachtet die Eichentür seines Anwesens, die immer offen steht für Besucher und Freunde aus dem Dorf, »1673« ist da hineingeschnitzt, langer Familienbesitz, sie steht auch offen, weil sie den Zugang zur Bibliothek bildet.

Unten liegt ächzend die rostige Flotte, knirschend auf Sand gelaufen, es ist Karsamstag, leise Gesänge in der Nacht, eine Million erschöpfte Arme, die aufs Paradies jenseits des Strandes hoffen, auf wogende Getreidefelder und Flüsse voller Fische.

Und oben der Professor, den die »monumentale Banalität der Frage« erheitert: »Ich frage mich, ob man in einem solchen Fall die Tür offen oder geschlossen halten soll?«

Gute Frage.

Im Prinzip die Frage für jeden Einzelnen von uns in der Festung Europa, und wir sind doch seit Neuestem so gerne Europäer. In dieser Frage sind wir es tatsächlich. Und trotzdem fallen, das zur Seite gesprochen, die Antworten doch sehr unterschiedlich aus.

In Raspails Roman ist die Armada aus Indien nur der erste Versuch, weitere Schiffe sind im Aufbruch, aus Afrika, aus Indonesien. Michel Houellebecq nennt Raspail eine der Inspirationen für seinen Roman *Unterwerfung*, der die friedliche Übernahme Frankreichs und seiner Kultur durch den Islam beschreibt.

Auch Raspails »Armada des Elends« kommt friedlich über die Weltmeere, sie erzeugt Mitleid bei allen Ländern, die weit genug entfernt sind, und große Nervosität bei allen, die sie in unmittelbarer Nähe passiert. Die Handelnden – der zu wolkigen Sprachformeln neigende Präsident, der seine Umfragewerte im Blick hat, sein zynischer Minister, die Mitleidsprofis der Massen-Magazine sowie der kleine heldenhafte konservative Zeitungsherausgeber mit dem klaren Blick, der fast unter Samisdat-Bedingungen arbeitet und sich gegen die humanitaristisch verblödete und verlogene Mehrheitsmeinung stemmt –, sie sind Stereotypen, bisweilen großartige Parodien, das heißt, sie sind weit genug gehalten, dass auch das heutige Personal sich wiedererkennen kann.

Es geht um Haltungen, um prinzipielle, also auch heutige, mitten in dieser unserer Völkerwanderung, die auf Booten und Seelenverkäufern unterwegs ist, zu Fuß über Autobahnen, von skrupellosen Schleppern und verkappten Killern befördert.

Die Million Einwanderer, die dem Romancier Jean Raspail 1973 für seine Dystopie überwältigend vorkam, die hat die Bundesrepublik Deutschland bereits 2015 aufgenommen. Jedes Jahr soll eine halbe Million dazukommen. Und da diese ihre Familien nachkommen lassen, wird man sie mit 2,5 multiplizieren müssen.

In Raspails Roman sterben auf der Überfahrt rund 200 000 Menschen, sie werden zerdrückt, oder sie verhungern oder verdursten, die Alten und Kranken als Erste, das Elend ist groß, und diejenigen, die davon hören und am weitesten weg sind, haben das größte Herz.

So wie auch die Flüchtlingsströme von heute Tote verzeichnen, Ertrunkene, Erstickte, Kinder wie Ailan Kurdi, dessen kleiner Leichnam im Spiel der Wellen am Strand hin und her rollte und einen weltweiten Aufschrei des Mitgefühls nach sich zog und öffentlichen Druck, der ursächlich war für den Beschluss des britischen Premiers David Cameron, dann doch die Zahl der aufzunehmenden Flüchtlinge ein wenig zu erhöhen.

Wir sollten diesen Roman wieder lesen, aus den verschiedenen Gründen. Einer davon wäre, dass gerade viele Nationen in Europa genauso wie der Alte auf der Anhöhe überlegen, von welchen Überzeugungen und Traditionen sie sich werden verabschieden müssen, »von welchen Überlieferungszusammenhängen, die einer Gesellschaft erst Halt geben«, wie Jörg Baberowski es in der *FAZ* nannte.

Doch am direktesten unter den Europäern ist wohl Deutschland angesprochen, das die Tore am weitesten geöffnet hat im ersten Willkommenstaumel und auch jetzt noch ein erstaunenswertes Engagement der Zivilgesellschaft zeigt. Das allerdings auch keine grenzenlosen Reserven hat und immer noch Traditionen, die es schätzt, Selbstverständlichkeiten wie die christliche Weihnachtsmette oder die Gleichstellung der Frau oder die der Schwulen oder das Schweinefleisch auf dem Grill, Alltagsbanalitäten.

Befehligt wird die »Armada der letzten Chance«, wie sie bald von dem populären Radiokommentator Durfort getauft wird, von einem baumlangen Hindu, auf dessen Schulter eine kleine Kreatur sitzt, mit Kapitänsmütze und Litzen, deren Mund aus zwei Fleischlappen besteht, die sich bisweilen öffnen für Schreie, die als Kommandos verstanden werden. Der Hindu ist die einzige Person, der wir ins Gesicht schauen, die Übrigen sind Masse.

Wir sind hier im magischen Realismus gelandet, in einer Groteske, einer mörderischen Parodie, bei Grass' *Blechtrommel* oder Marquez, allerdings nicht in einer verzauberten, sondern verhexten Albtraumwelt. Der Hindu ist ein Kotkneter, er stammt aus der untersten Kaste des Ganges, er trocknet Scheiße zu Brennmaterial, und so auch wird die Armada betrieben, und so werden die unzähligen kleinen Feuer versorgt, um die Reisportionen an Bord zu kochen, die größeren sind für die Verbrennung der Leichen. Die Folge ist diese Wolke aus übelstem Gestank, diese Wolke aus Scheiße, die überall dort gerochen wird, wo die Flotte in Landnähe kommt.

Es sind einige »kritische« Momente, die sie zu überstehen hat. Australien, Ägypten und Südafrika machen klar, dass sie ein Eindringen der Flotte in ihre Hoheitsgewässer mit militärischen Mitteln abzuwehren gedenken. Die Weltöffentlichkeit zischt empört. Aber die Flotte zieht weiter, hat ein festes Ziel, nimmt unbeirrt Kurs auf Europa und dort auf die französische Südküste.

Die Medien sind gleichgeschaltet, nicht etwa durch Zensur und Diktat von oben, sondern vom Markt der Gefühle, in sentimentaler Selbststeuerung, denn das Mitleid des »juste milieu« verspricht wärmenden Gewinn, aufwallende Barmherzigkeit, heute würde man sagen »Willkommenskultur«, sie scheint der Religionsersatz der Stunde zu sein.

Sie lodert hoch, solange die Armada noch hinter Afrika ist. Man kennt sie, die Matadore, die Einpeitscher wie den TV-Reporter Durfort, eine Vorwegnahme von Dunja Hayali, die für ihr moralisierendes und kostenloses Mitgefühl den Bambi kassierte, ihr Businessplan ist Betroffenheit, wie der des fiktiven TV-Mannes Durfort bei Raspail: »Durfort bei den Gettokindern, Durfort bei den Arabern, Durfort und das Elendsviertel, Durfort gegen Rassismus, Durfort gegen die Todesstrafe und so weiter. Aber angefangen bei Durfort selbst, merkte niemand, dass dieser Rächer der Enterbten ständig offene Türen einrannte. Lustigerweise galt ausgerechnet er als Inbegriff des kritischen, unbequemen Freigeists. Er wäre ehrlich verblüfft gewesen, hätte man ihm gesagt, dass er nichts weiter als ein stromlinienförmiger Konformist war, der sich gehorsam vor allen Tabus niederwarf, die der intellektuelle Terrorismus der letzten 30 Jahre befestigt hatte.«

Den einflussreichen Magazinchef hat Raspail perfiderweise mit einem Maghrebiner besetzt, Sohn einer marokkanischen Sklavin, er ist erfolgreich und voller Hass auf dieses Frankreich der Schuld- und Ahnungslosen der moralisierenden Salons. Er rächt sich dadurch, dass er Emotionen aufpeitscht.

In vielen weiteren Leitartiklern arbeitet der Selbstzerstörungskitzel. Die Armada und die folgenden Menschenfluten kosten womöglich den Untergang einer französischen Kultur wie die, an die sich der alte Calguès auf seiner Anhöhe erinnert, das letzte Mal, mit einem köstlichen Glas Wein.

Er ist übrigens, das stellt sich heraus, kein Pazifist, gleich zu Beginn schießt er einen gehässigen linken Antifa-Wohlstandsverwahrlosten, der ihn ausrauben und töten will – die Revolution schläft nie! –, über den Haufen. Der alte Calquès könnte der sein, der in Botho Strauß' hochaktuellem »Anschwellenden Bocksgesang« das »Eigene« verteidigen möchte, allerdings auch sein hedonistisches Brevier, sein Savoir-vivre.

Wer sonst noch sollte Interesse haben, die eigene Kultur auszulöschen? Selbsthass als Szenephänomen und Staatsräson gibt es eigentlich nur bei uns Deutschen. Ich bezweifle, dass es in Frankreich, der Grande Nation, eine Parole gibt wie jene, die bei uns die Antifa herausbrüllt, nämlich »Deutschland, du altes Stück Scheiße«. Oder, an den fürchterlichen Feuersturm Dresdens erinnernd, »Sauerkraut, Kartoffelbrei, Bomber Harris, Feuer frei!«, auf der Fanseite einer jungen Frau, die für die Amadeu-Antonio-Stiftung Fremdenfeindliches im Internet zur Anzeige bringt.

Sind wir unserer kulturellen Identität tatsächlich müde geworden?

Bei Raspail setzt sich Clement Diot, Chef der *Nouvelle Pensée*, Auflage 600 000, für die Benachteiligten ein: »Alles war ein Kampf wert: ein diskrimierter muslimischer Arbeiter; ein Pornoverleger, der sich heroisch mit der Zensur anlegte ... eine rote Madonna der Slums, ein Typ, der auf das Grabmal des unbekannten Soldaten gekackt hatte ...« Also alles Dinge, die linke Aktivisten auch bei uns als revolutionär und aufregend und schützenswert hinausblöken würden.

Den Präsidenten der Republik bringt Diot auf Pressekonferenzen durch einfache Fragen wie diese unter Druck: »Welche Maßnahmen gedenkt die französische Regierung zu ergreifen, um den Passagieren zu helfen und ihre Leiden in den Grenzen des Erträglichen zu halten?« Solchen Fragen kann der Präsident, der die Katastrophe einer die Ordnung erschütternden Invasion kommen sieht, nur mit Lippenbekenntnissen zur Solidarität entkommen. Was soll er tun?

Raspail im O-Ton: »Der Westen darf bekanntlich überhaupt nichts mehr (an Grausamkeiten in der Welt) ertragen. Dies soll unseren Gehirnen wie eine Zwangsvorstellung eingetrichtert werden.«

ieder steigert Raspail seine Tirade auf neue Höhen, in neue Tie-
ıblikum hatte es sich längst in diesem verlogenen Schauspiel gemütlich gemacht wie ein Kackhaufen auf dem Boden einer Kloschüssel.«

Ach, übrigens: Die Kirche verschwindet in der Bedeutungslosigkeit. Der Papst hat die Tiara und andere Schätze zugunsten der Armen verkauft (wie es Paul VI. während des Zweiten Vatikanums getan hat) – er haust im Elend und geht unter.

An dieser Stelle ist es wohl nötig, ein paar zusätzliche Worte über den Autor zu verlieren. Jean Raspail, Jahrgang 1925, ist ein Reiseschriftsteller (Feuerland, Patagonien, Inkas) und vielfach ausgezeichneter Romancier (zuletzt 2009 der Prix Wartburg de Littérature für sein Lebenswerk), ein Katholik und entschlossener Gegner des Zweiten Vatikanischen Konzils, Antikommunist, antiliberal und ein Stilist von Gnaden.

Ein Poète maudit, der schon vor 40 Jahren all die bösen Dinge sagte, die besonders das Bürgertum von heute schockieren müssen, nur sind es in diesem Fall keine Obszönitäten – daran hat sich das Vernissagepublikum der Piss Paintings längst gewöhnt –, sondern Invektiven gegen das schwülstige Selbstbild des sozialen und demokratischen Großstädters als großherziger Helfer, der den Verlust seiner Kultur, die ihm ohnehin nichts mehr bedeutet, gerne und zuvorkommend ausbuht.

Ein Blick ins Regietheater genügt. Scheiß auf Shakespeare, *Fack ju Göhte*, wir inszenieren das, was wir nach flüchtiger Lektüre behalten haben und was uns daraufhin durch die Birne rauscht. Auf die Frage, wie man Klassiker inszenieren solle, sagte der einsichtsvolle Stalinist Peter Hacks einmal: »Indem man sie begreift.« Aber das bedeutet angesichts des Bildungsnotstands auch unserer Theaterleute, die Messlatte sehr hoch anzusetzen. Viel einfacher ist es doch, statt des komplexen *Kaufmanns von Venedig* die Ideologiekritik daran zu inszenieren. Das gilt bei uns übrigens schon seit den 70er-Jahren, seit Zadek die Desdemona über eine Wäscheleine gehängt hatte. Aber um dahin zu kommen, hatte mein Freund Peter Tausende Seiten an Literatur gelesen, er war der gebildetste und kultivierteste Gentleman, den man sich nur vorstellen kann.

Übrigens war in Frankreich auch damals schon ein »Antidiskriminierungsgesetz« verabschiedet worden, nach dessen Parametern Raspails Roman nicht oder nur sehr überarbeitet hätte erscheinen dürfen, Raspail zitiert den Paragrafen, leicht abgeändert und guerillamäßig.

Anlässlich der deutschen Neuauflage erzählt er in einem Essay davon, wie er zwei Anwälte um Gutachten gebeten habe – beide schlossen eine Veröffentlichung aus. Der Essay ist ebenfalls bei Antaios erschienen.

Raspail hatte sein Buch zur französischen Neuauflage 1985 – es war ein Bestseller – an eine Reihe von linken Politikern geschickt, François Mitterrand, Lionel Jospin, Max Gallo, und alle schickten handgeschriebene Dankesbriefe zurück. Nicht in allen Fällen zustimmend, aber höflich.

Max Gallo, sein einstiger Erzfeind, sozialistischer Regierungssprecher und Chefredakteur des *Matin de Paris*, überraschte ihn 2006 mit einer erstaunlichen Buchwidmung: »Für Jean Raspail, der die Gabe der Prophetie besaß. In Freundschaft ...«

Ein anderer Streiter, der Literaturkritiker von *Le Monde*, widmete Raspail 1998 einen seiner letzten Artikel: »Lesen Sie dieses Buch wieder, das vor 20 Jahren erschienen ist ... In Zeiten der schlecht gesteuerten ›Migrationsströme‹ beeindrucken seine Voraussagen durch ihre Plausibilität und die Ratlosigkeit, in die sie uns stürzen und in der sie uns zurücklassen ...«

Von alldem wollte der bornierte damalige Vizechefredakteur nichts wissen. Wie kann man nur so blind sein? So vernagelt in seinen Vorurteilen?

Aber er ist ja nicht der Einzige. Überall, wo mal ein Buch der Rechten besprochen wird, gibt es umfangreiche Hinweise des Rezensenten auf Risiken und Nebenwirkungen. Und es wird auch weiterhin schreibende Menschenrechtsanwälte geben, die es schaffen werden, ein solches Buch auf den Index der Igitt-Literatur zu setzen. Den Nanny-Staat gibt es nicht nur in der Regierung, denn Nannys findet man in jeder Redaktion. Ein drastisches Beispiel aus dem Sommer 2017. Da hatte es der schmale Band *Finis Germania* des durch Freitod aus dem Leben geschiedenen Autors Rolf-Dieter Sieferle, ein früher hochgelobter Wissenschaftler, postum auf die *Spiegel*-Bestsellerliste geschafft. Allerdings hatte sich das Feuilleton mittlerweile darauf geeinigt, dass das Büchlein mit seinen »Nachtgedanken«, wie der einsichtsvolle Philosoph Rüdiger Safranski die knappen Sentenzen genannt hatte, rechtsradikales Gedankengut enthalte. Worauf die politisch korrekte Putztruppe der *Spiegel*-Chefredaktion entschied, das Buch aus der Bestsellerliste – es hatte den Rang 5 erobert – zu streichen. Nach dem Motto: Was nicht sein darf, gibt es auch nicht.

Auch Raspail schreibt in seinem Roman Sätze, die besonders heute glühen. Und zwischendurch hinreißend fiebernde Prosa, etwa wenn er Fruchtbarkeitsriten an Bord beschwört, all dieses Kopulieren und Umarmen und Küssen, zu zweit, zu dritt, Alt und Jung, und das Eindringen in egal welche Öffnungen ausmalt, ausmeißelt, fremd und groß wie ein indischer Tempelfries.

»Wir schaffen das«, sagt die Kanzlerin, die auf Arabisch mittlerweile als »Mutter aller Gläubigen« verehrt wird – nein, das ist keine Erfindung von Raspail –, und ihr Stellvertreter Gabriel versucht, auf der Regierungsbank mit dem *Bild*-Button »Wir helfen« zu punkten. Und er spricht auf Pressekonferenzen davon, dass wir wohl alle lernen müssen zu teilen, »ich bin da ratlos«, sagt er offen, Patentrezepte gebe es nicht.

Ist es nicht sein Job, Rat zu geben?

Doch zurück zum Roman. Durfort, der Star unter den Radiomoderatoren, prägt das Wort von der »Armada der letzten Chance«, und sofort gibt es einen Song dazu. In den Schulen werden Malwettbewerbe veranstaltet zum Thema Flüchtlingskinder, rührende Kleckséreien, die zu Wahnsinnspreisen auf einer Flüchtlingsgala ersteigert werden. Es gibt Aufsätze, Ansprachen durch Lehrer, das Land will helfen, und je näher die Armada rückt, desto mehr entvölkert sich die Südhälfte Frankreichs, die Provence, das Ardèchetal ... dann steigen sie die Hügel hinauf, die Verdammten dieser Erde, friedlich, mit dem Bild des Paradieses vor Augen, das sie sich am Ganges ausgemalt haben, ohne jede Gegenwehr.

Und jetzt lässt Raspail die Zügel schießen, jetzt beginnt absurdes Theater, ein Höllenvergnügen, die Armee weigert sich, auf die Elenden zu schießen, die über die Villen hereinfluten, Gefängnisse werden in dieser Fantasmagorie der Brüderlichkeit geöffnet, und Diot, der sich für die Häftlinge eingesetzt hat, wird von ihnen erschlagen, während seine Freundin massenvergewaltigt wird. Durfort ist in der Zwischenzeit mit seiner Geliebten aus Martinique auf dem Weg in die Schweiz.

Der Rest könnte einem blasphemisch-obszönen Theaterstück von Jean Genet entnommen sein, dem Autor des *Balkon*: »Eine Prozession mit Mönchen und dem Allerheiligsten in der Monstranz nähert sich.

›Mein werter Oberst‹, sagt Staatssekretär Perret, ›was ist in den Dienstvorschriften für den Fall vorgesehen, dass die Truppe dem Allerheiligsten begegnet?‹

›Man macht eine Ehrenbezeugung und lässt ein Trompetensignal blasen ...‹

›Gut, ich glaube, ich werde niederknien.‹

›Sie sind die Regierung, Herr Minister‹, sagt der Oberst mit vergnügtem Blick. ›Beide nahmen ihre Rollen so ernst wie möglich, mit anderen Worten: sie amüsierten sich prächtig.‹« Buñuels Sarkasmus schimmert da durch, *Der diskrete Charme der Bourgeoisie.*

So hebt sich letztlich diese Dystopie auf in einem spielerischen Todestanz. Und der Erzähler schließt mit den Worten: »Der Fall von Konstantinopel ist ein persönliches Unglück, das uns erst letzte Woche widerfahren ist.« Denn dann kam der Islam mit Macht zurück. Eine Schande, dass kein großer Publikumsverlag das Wagnis mit diesem alten, hochaktuellen Roman eingegangen ist, sondern der kleine Antaios-Verlag. Eine mutige verlegerische Großtat.

Die Zeit titelte »Willkommen» – und wiederholte es auf Arabisch. Oder war es die *Bild,* deren Chefredakteur Kai Diekmann (auch mittlerweile weg), den »Refugees welcome«-Button erfand, den sich der Populist Sigmar Gabriel auf der Regierungsbank ans Revers heftete?

Menschenmassen quollen ins Land, nachdem Ungarn die Grenzen geöffnet hatte und Österreich unter Absprache mit der Bundesregierung die Ströme durchwinkte ins gelobte Deutschland. Sie wurden am Münchner Hauptbahnhof empfangen von strahlenden blonden Mädchen, die ein in Kinderschrift gemaltes und mit Herzchen versehenes Plakat hochhielten. Und Teddybären und belegte Semmeln verteilten.

Eine Untersuchung der gewerkschaftsnahen Otto-Brenner-Stiftung ergab später, dass die sogenannten Leitmedien die »Willkommenskultur« positiv begleitet hatten. Jede Distanz war dahin. Die deutschen Journalisten feierten sich selber und ihr großes Herz, und erst sehr viel später hatte Giovanni di Lorenzo, Chefredakteur der *Zeit,* den Mumm, sich für diese Distanzlosigkeit zu entschuldigen.

Wieder fiel das deutsche Volk in Ekstase, in Rauschzustände und eine nicht mehr überraschende Denunziationslust gegen alle, die nicht mitfliegen wollten. Diesmal als die Guten.

Terror und Zensur

Der Anschlag auf Charlie Hebdo *– Was Chesterton an Shaw und den Rationalisten vermisste – Wie ich einmal feige war – Eine E-Mail von Poschardt – Stuckrad-Barres Geburtstagsfeier – Peters und Poschardt sägen weiter – Döpfner erweist sich als coole Socke*

Das Jahr begann mit Ereignissen, die genau jene befürchtet hatten, die in Dresden auf die Straße gingen und denen die Kanzlerin in der Neujahrsansprache »Hass in ihren Herzen« vorgeworfen hatte.

Doch hier ging es um Hasser eines ganz anderen Kalibers. Hier ging es um den Hass in anderen Herzen. Am 7. Januar 2015 überfielen Terroristen die Redaktion der Satirezeitschrift *Charlie Hebdo* und töteten zwölf Menschen. Am gleichen Tag massakrierte die islamistische Terrorgruppe Boko Haram in der nigerianischen Stadt Baga Hunderte von Menschen. Letztere Tragödie fand nur in knappen Kurzmeldungen Eingang in die Nachrichtensendungen, es war einfach zu weit weg.

Doch der Terrorangriff auf *Charlie Hebdo*, die Verkörperung frecher Aufklärung, traf ins Herz Europas, der Terror rückte näher, diesmal schlug er in der Nachbarmetropole Paris ein.

Die offiziellen Reaktionen waren bizarr. Geradezu irre. Das weiße Kaninchen schlug seine Haken. Nicht die Tragödie der Opfer stand im Vordergrund, sondern die Angst, dass der Anschlag von den Falschen »für ihre Propaganda ausgenutzt« werden könnte. Die neutrale und kritische, die vierte Gewalt war mittlerweile in den volkspädagogischen Pressesprechermodus der Parteien übergewechselt.

Staatschefs flogen ein, um sich scheinbar an die Spitze eines gewaltigen, eines Millionenprotestes zu setzen. Erst später kam heraus, dass sich die Hollandes und Merkels, die Camerons und Netanjahus und alle weiteren für ihren Protestmarsch in einer streng abgesicherten Seitenstraße getroffen hatten, ihr Marsch wurde dann so zusammengeschnitten, dass der TV-Zuschauer den Eindruck haben musste, sie würden mit mutig geschwellter Brust einen Massenaufstand der Anständigen anführen.

Es war und blieb nicht die einzige Manipulation der ARD. Ein paar Monate später räumte sie ein, einen Bericht in der »Tagesschau« über eine Lichterkette für Flüchtlinge in Berlin manipuliert zu haben. Neben aktuellen Aufnahmen zeigte der Sender Bilder einer Antikriegsdemonstration aus dem Jahr 2003, ohne dies kenntlich zu machen. So konnte der Eindruck entstehen, es hätten sich mehr Menschen an der Lichterkette beteiligt, als es tatsächlich waren.

»In dieser Sendung wurde auch Archivmaterial aus dem Jahr 2003 verwendet«, bestätigte der Chefredakteur von »ARD-aktuell«, Kai Gniffke, entsprechende Recherchen der *Jungen Freiheit*. Andere Presseerzeugnisse ignorierten den Vorfall.

Auch wenn die Gesamtaussage dieses Nachrichtenfilms den Tatsachen entsprochen habe, hätte die Verwendung der Archivbildsequenz »natürlich unterbleiben müssen«.

Ebenfalls im Oktober 2015 gestand »Tagesschau«-Chefredakteur Kai Gniffke vor Branchenexperten ein: »Wenn Kameraleute Flüchtlinge filmen, suchen sie sich Familien mit kleinen Kindern und großen Kulleraugen aus.« Tatsache sei aber, dass »80 Prozent der Flüchtlinge junge, kräftig gebaute alleinstehende Männer sind«. Das wiederum berichtete *Focus*.

Auch an der Presse ließ eine groß angelegte Studie der Otto-Brenner-Stiftung kein gutes Haar. Nach einer Auswertung von 30 000 Artikeln der sogenannten Leitmedien (*FAZ, SZ, Die Welt, Bild*) sowie von reichweitenstarken Online-Portalen wie *spiegel online* kamen die Gutachter zu dem Befund: »Statt als neutrale Beobachter die Politik und deren Vollzugsorgane kritisch zu begleiten und nachzufragen, übernahm der Informationsjournalismus die Sicht, auch die Losungen der politischen Elite.«

Hier hätte ein Verweis auf die korrekt und kritisch berichtenden kleineren Medien wie *Cicero, Tichys Einblick, Die Achse des Guten, Junge Freiheit* sowie die Schweizer deutschsprachige Presse in toto (*Weltwoche, Baseler Zeitung, NZZ*) gutgetan.

Wie hieß eine der Beschimpfungen durch die Pegida-Demonstranten? Lügenpresse? Nun, hier war sie am Werk. Die Elite in den Feuilletons überbot sich an Erklärungen eigener Courage. Alle Welt solidarisierte sich. Jeder trug nun einen Button mit dem Spruch »Je suis Charlie«. Jetzt erst recht, so Claudius Seidl in der *Frankfurter Allgemeinen Sonntagszeitung*, würde er sich ins »Deux Magots« setzen und Austern verspeisen, um zu zeigen, dass nicht der Terror gewonnen habe, sondern die Zivilgesellschaft, die in diesem Fall er verkörperte. Oder war das beim zweiten Pariser Terroranschlag?

Egal. Ich schrieb meinen ersten Text für *Die Welt*, der verboten wurde. Ich schrieb über den Terror und die Heuchelei unserer Eliten.

Ich schrieb:

»Ich bin nicht Charlie.

Sicher, die frechen und nicht immer geistreichen Künstler-Angreifer des Satiremagazins *Charlie Hebdo* hatten Mohammed beleidigt; nicht nur ihn übrigens, das sei hier kurz erwähnt, sondern auch immer wieder und durchaus eklig die katholische Kirche, was mich allerdings bisher nie veranlasste, in ihrer Redaktion mit der Kalaschnikow aufzutauchen.

Zu meiner Feigheit: Vor einigen Wochen war ich zu einer Talkshow eingeladen, zum Thema Toleranz. Notgedrungen kam die Rede auf den Islam. Und da rutschte mir raus, dass ich den Koran mit all seinen mörderischen Strafen für die Erfindung eines nicht sehr sympathischen Clanführers halte, der im 7. Jahrhundert Visionen hatte.

Gut, ich habe mich drastischer ausgedrückt, weniger kultiviert, eher mit einer derben mündlichen *Charlie-Hebdo*-Karikatur. Ein paar Tage nach der Aufzeichnung wurde mir mulmig, und ich bat die Redaktion, den Satz rausschneiden zu lassen, schließlich habe ich Familie und hänge irgendwie an diesem Leben. Und ich bin nicht Charlie.

›Ach‹, hieß es dort in der Redaktion großzügig, ›wir haben doch Meinungsfreiheit, das ist nicht wild.‹ Na klar, dachte ich, für euch ist es kein Problem, ihr Pappnasen, aber für mich könnte es wild werden!

Die Sendung ist ausgestrahlt worden, und ich lebe noch. Was es mir ermöglicht, immerhin das noch zu sagen: Längst ist die Meinungsfreiheit bei uns nicht mehr nur von den Islamisten bedroht, sondern von innen, von einer Schweigespirale, an der wir Presseleute mitarbeiten, in vorauseilendem Gehorsam, aus Gedankenfaulheit oder in fürsorglicher Belagerung der Leserschaft, leicht überheblich, um sie zur rechten, das heißt im Falle der deutschen Presse überwiegend linksgrünen Gesinnungsart zu führen, die im ›Islamfeind‹ gleich den ›Rassisten‹ sieht, und in dem steckt der Faschist.

Das Volk muss erzogen werden. Und merke: Gefahr geht immer von rechts aus. Und wenn sie mal vom Islamisten ausgeht, dann stecken trotzdem Rechte mit drin. Diese einfache Wandtellergewissheit wandert querbeet durchs politische Geschäft und durch das der Kolumnisten.

Wie hieß es in der Neujahrsbotschaft der Kanzlerin? Geht nicht demonstrieren, sagte sie: ›Diese Leute haben Vorurteile, bisweilen auch Hass in ihren Herzen.‹

Mit einer gewissen Konsequenz wächst seitdem der Strom der Pegida-Demonstranten, jener leicht drolligen Vaterlandssucher und Verlorenen und abendlandbegeisterten, sicher, Kleinbürger, aber das ist kein Verbrechen. Ich habe irgendwie eine Schwäche für die sogenannten einfachen Leute, darin ähnle ich Chesterton, der über den Linken Shaw schrieb, dass er und seine Genossen nicht die geringste Sympathie für den einfachen Mann haben. ›Sie haben Niagarafälle voller Mitleid. Aber sie fühlen keine Sympathie; sie empfinden nichts für gewöhnliche Menschen und seine gewöhnlichen Dinge.‹

Und zu diesen ganz gewöhnlichen Dingen zählt nun mal die Angst vor einer gefährlichen fremden Kultur mit ihren fremd bleibenden Menschen. Diese Angst allerdings zu artikulieren, ist ›nicht hilfreich‹, wie die Kanzlerin anlässlich des Buches von Sarrazin einst sagte. Besser runterschlucken, sonst Gnade dir Gott oder, genauso mächtig in unseren Zeiten, die öffentliche Ächtung durch die Kaste unserer Meinungseliten.

Hilfreich dagegen sind Sprachregelungen, die wie ein Tanz durchs Nirgendwo sind. Es gilt: Was immer passiert, ob bei diesem jüngsten Terrorakt oder all den anderen davor (sowie bei allen, die noch kommen werden): Wenn es Tote gibt und ›Allahu akbar‹ gerufen wird, hat das nichts mit dem Islam zu tun. Höchstens mit Islamismus, was allerdings ein ziemlich schmaler Spalt ist, durch den das Volk da soll, das Publikum dieser offiziellen Doktrin, gedanklich und mental, weil ja doch all die Grausamkeiten im Koran abgesegnet sind. Im Kampf gegen die Kuffar also, gegen die Christen und die Juden, die letztlich sowieso verloren sind, wenn sie sich nicht freiwillig unterwerfen und konvertieren. Ziel: das Weltkalifat.

Wüstenstaub und 7. Jahrhundert wehen einen an aus diesen Suren. Erobererliteratur, Kriegsliteratur, streng genommen. Doch in ihr steht die Gebrauchsanweisung für den Alltag 2014. Selbst das Steinigen ist wieder auf der Welt in Afghanistan. Oder, bei uns, das Ehelichen von Kindern, von Mädchen vor ihrer Geschlechtsreife. Das, so die damals amtierende Integrationsministerin Özuguz, sei ein religiöser Brauch, und den gelte es zu respektieren, jede Religion hat ihre Vorschriften.

Selbstverständlich sind die Muslime bei uns friedlich. Es sind nur bisweilen ihre Söhne, die sich freiwillig zum Dschihad melden, auf der Suche nach Action, nach einer Lizenz zum Töten, gemeinsam mit anderen, mit konvertierten Teenagern, die des Ballerns auf ihren Spielkonsolen überdrüssig sind, da ist die Religion schon wieder zweitrangig – bei einem jungen britischen Dschihadisten hat man Buchbestellungen wie ›Islam for dummies‹ ermittelt, es musste offenbar schnell gehen.

Das Verarbeitungskunststück unserer Vorkoster nach dem Pariser Massaker war absolut sehenswert. Erste Reaktion: Trauermiene, sicher, aber sofort die Mahnung gegen rechts. Manchmal gab's die Mahnung bereits gemeinsam mit der Nachricht über den Anschlag. Der Nachrichtensender n-tv meldete in einem Laufband: ›Nach dem Terroranschlag von Paris – CDU warnt AfD und Pegida.‹

Überhaupt war es wichtig an diesem Abend, neben, klar, der Trauer, Pegida zu bekämpfen, weil Pegida offenbar schuld an dem Attentat war. *FAZ*-Herausgeber Berthold Kohler bog sich zu Beweiszwecken eine skurrile Metapher zurecht, das Blut der Opfer nämlich verwandelte sich bei ihm in Wasser, und das wiederum floss auf die Mühlen der Pegida.

Ein zweiter Gedanke war darübergelegt, nämlich die Mitschuld der Pegida, der einfachen Leute von Dresden, die den Begriff ›Lügenpresse‹ auf Plakaten mit sich trugen. Das und die Tatsache, dass auch die Islamisten die freie Presse nicht mögen, bewies vielen Klugscheißern ohne jede Sympathie für den gewöhnlichen Mann, dass Pegida mit den Terroristen in einem Boot sitzt.

Der Verband der deutschen Zeitungsverleger hat diese Perfidie von einem Karikaturisten in Szene setzen lassen: Pegida-Demonstranten im Hintergrund und vorne zwei Attentäter, von denen der eine sagt: ›Die reden ja nur, wir handeln.‹ Sie also, das Pegida-Pack, im Boot des Verderbens, und wir Leitartikler in dem anderen, im Boot der Helden: ›Wir sind Charlie.‹

Allerdings wurde *Charlie Hebdos'* Vermächtnis merkwürdig verstanden. Deren Redakteure hatten ihre antiislamischen Provokationen mit dem Leben bezahlt, während unsere statt des Islam doch eher, na wen wohl, Pegida aufs Korn nahmen. Das war ungefährlicher. Eine klassische Übersprungshandlung.

In dem Bemühen, die islamische Welt nicht zu verstören, hat sich ein Schleier aufs Land gelegt, eine Halluzination wie im LSD-Rausch. So ist es zum Beispiel mittlerweile Brauch, bei antisemitischen Übergriffen die Täterschaft möglichst lange im Ungewissen zu halten – wenn sie islamisch ist.

Was zum Beispiel der Fall war bei jenem Synagogenbrand, der zum letzten ›Aufstand der Anständigen‹ führte. Schröders Linksgrüne hatten die Republik zum Kampf gegen rechte Glatzen aufgefordert – die Täter jedoch entpuppten sich später als Marokkaner und Palästinenser.

Nachrichten, das Geschäft der Presse, sind offenbar ein vorsichtiges, homöopathisches Unternehmen geworden. Noch bis in die späten Abendstunden sprach die ARD nur von einem ›mutmaßlich islamistischen‹ Verbrechen. Spät in der Nacht lud Plasberg, *hart aber fair*, eine Runde von Islamverstehern zu sich, die sich einig darin waren, dass die Sache ›nichts mit dem Islam zu tun hat‹, und Michel Friedman glänzte einmal mehr dadurch, dass er die Islamkritiker, warum auch immer, als ›Rassisten‹ beschimpfte. Sind Muslime eine Rasse?

Sigmar Gabriel vermied die Wörter ›Islam‹ oder ›Islamismus‹ peinlichst in einer ersten Reaktion und warnte nach rechts. Sein SPD-Parteifreund Heiko Maas, Justizminister, hatte ja die islamkritischen Pegida-Demonstranten schon vorher einen ›Schandfleck für Deutschland‹ genannt.

Nun, der Schandfleck, den der SPD-Justizminister in den Pegida-Demonstranten sah und sieht, ist enorm gewachsen – rund die Hälfte der Deutschen (*ZEIT-ONLINE* 2014) sympathisiert mit dieser merkwürdigen rechten APO. Nur haben sie mittlerweile gelernt, nicht öffentlich darüber zu reden. Sie werden sich bei den kommenden Wahlen ganz sicher mit ihren Stimmzetteln äußern.

Natürlich habe ich auch Angst. Siehe Anfang. Doch wenn ich mir die Generalmobilmachung der letzten Woche aus Politik, Presse, Kirchen und Showleuten gegen Pegida anschaue, kriege ich auch Angst, um mich und um meine Haltung und um meinen Beruf, denn ich weiß: Der Terror hat insofern gewonnen, als wir alle den offiziellen Sprachregelungen folgen sollen.

Wenn alle in die gleiche Richtung marschieren, kriege ich ganz schwere Füße. Und wenn Sprachregelungen getroffen werden, bekomme ich

Atemnot. Dabei geht es mir erst mal gar nicht um die Parolen, sondern um das Recht auf Meinungsfreiheit.

In Wahrheit ist keiner von uns ›Charlie‹, auch wenn wir uns – aus Solidarität und Grandiosität – so nennen. In Wahrheit hätte *Charlie Hebdo* bei uns gar keine Chance, der Ächtungsdruck wäre zu groß! Vor zwei Jahren, als *Charlie Hebdo* seine die islamische Welt beleidigenden Karikaturen brachte, schäumte unsere linke Multikulti-Intelligenz – von der *SZ* bis Günter Grass – über diese Beleidigung religiöser Gefühle.

Oft waren es die gleichen Leitartikler, die angesichts antikatholischer Entgleisungen ungerührt ›aushalten‹ empfehlen.

Unser Verständnis dem Islam gegenüber geht dagegen sehr weit, wir dulden Zwangsverheiratungen, Verschleierungen, ja sogar die Scharia, wenn eine Frankfurter Richterin die Prügelstrafe eines Mannes an seiner Ehefrau mit dem Hinweis auf ebendie Scharia-Gesetzgebung entschuldigt. Da sind die Vorschläge, ›Weihnachtsmärkte‹ in ›Wintermärkte‹ umzuwidmen oder ein Sternsingerstreffen in Potsdam zu untersagen, weil es eine ›religiöse Vereinnahmung‹ bedeuten würde.

Gleichzeitig wird vorgeschlagen, muslimische Lieder in unseren Kirchen zu singen.

Das macht mir Angst, dieser Herdentrieb. Das verursacht Übelkeit. Das ist die totalitäre Gefahr, egal, ob sich die geächteten Demonstranten Pegida nennen oder ›Interessengemeinschaft zur Einführung des Verzehrs von Kindern‹.

Wie sagte der italienische Schriftsteller Ignazio Silone: ›Wenn der Faschismus wiederkehrt, wird er nicht sagen: Ich bin der Faschismus. Nein, er wird sagen: Ich bin der Antifaschismus.‹ Und er hilft diesem anderen terroristischen Faschismus, der sagt: ›Ich bin eine Religion, rührt mich nicht an.‹

Nach den Morden von Paris hätte ich mir Massenproteste von Muslimen in unseren Straßen gewünscht, einen großen Aufschrei unter dem Titel: ›Nicht in unserem Namen‹. Es blieb ruhig, sehr ruhig, wieder einmal. Tatsächlich war mehr Lametta, als der (vom Verfassungsschutz beobachtete) islamistische Verband Millî Görüş untergehakt wurde beim ›Marsch der Anständigen‹ gegen die Islamkritiker. Und Heiko Maas,

SPD-Justizminister, geht in eine Moschee, um seine Solidarität zu bekräftigen. Wäre ein Synagogenbesuch nicht angebrachter gewesen? Schließlich starben Juden bei der auf das Massaker folgenden Geiselnahme in einem jüdischen Supermarkt.

Wäre es nicht an der Zeit für die muslimische Welt, den Aufforderungen des ägyptischen Präsidenten al-Sisi gemeinsam mit der jordanischen Königin zu einer großen islamischen Kurskorrektur zu folgen? Zu einer Revolution? Zu einem neuen Verständnis der Bücher?

Während Merkel in ihrer Neujahrsansprache mit den Islamkritikern ins Gericht ging, sprach der ägyptische Präsident zu Neujahr Klartext: ›Wir Muslims sind 1,6 Milliarden‹, rief er aus, ›wir können nicht die übrigen sieben Milliarden umbringen, nur um leben zu können.‹

Wo uns die Geschichte des Islam hinführen wird? Vielleicht ja in jene heitere, sedierte, schöne neue Welt, die Michel Houellebecq in seinem satirischen neuen Roman entwirft. Houellebecq, der den Islam früher mal eine Idiotenreligion nannte, erträumt eine Zukunft der Unterwerfung, so der Titel seines anarchischen Meisterwerks.

Der Plot: Frankreich 2022. Es wird von Muslimbrüdern regiert, die säkulare Gesellschaft hat sich lustvoll ergeben. Sie hat es nicht anders verdient, sie ist ausgepumpt und lächerlich, ihre Presse, dominiert von ›linksliberalen Journalisten‹, war längst dazu übergegangen, islamistische Gewalt zu verschweigen, denn sie arbeitet pädagogisch. Eine Art Pegida mit dem Namen ›Ureinwohner Europas‹ hat sich noch gewehrt, doch die Mehrheit ist bereit zur Unterwerfung. Alle sind glücklich. Die Frauen bleiben zu Hause und kümmern sich um die Kinder, von denen wieder mehr geboren werden, und die Männer genießen die Polygamie.

Hey, Moment, das allerdings wäre ein Argument. Gefolgsame, biegsame Frauen, die die Hausarbeit machen?

Wie war das noch mal mit dem Islam?«

Ich reichte den Artikel ein und hörte erst mal nichts. Dann kam eine E-Mail von Vize Ulf Poschardt. Er wollte ihn nicht drucken und fragte mich, ob ich ihn überarbeiten könne. Sein Eindruck war ganz offensichtlich, dass ich das Blutbad von Paris nur zum Vorwand nähme, um meinen Kritikern eins mitzugeben.

Ich wüsste nicht, wer die Leute, die mich kritisieren waren, denen ich eine mitgeben wollte. Ob er sich selber gemeint fühlte? Etwa die Formulierung, dass »mir die Beine schwer werden, wenn alle in die gleiche Richtung laufen«. Natürlich mussten wieder einmal die Opfer herhalten, um diese erratische Maßnahme zu rechtfertigen. Die Pietät verlangte es, und es sollte nicht das letzte Mal sein. Die Opfer sollten auch in Zukunft einen mächtigen Baumstamm bilden, hinter dem sich die disziplinarischen Heckenschützen der Chefetage versteckten, um unliebsame, politisch inkorrekte Meinungen zu liquidieren. Ironischerweise, das war ihm offenbar entgangen, ließ er einen Text der Zensur zum Opfer fallen, der genau diese beklagte. Eine Einengung der Meinungsfreiheit.

Natürlich war ich nicht in der Lage, den Text umzuarbeiten, und gab dem Kulturressortleiter die Freiheit, ihn so zu bearbeiten, dass wenigstens Teile nach Poschardts Kriterien gerettet werden konnten für eine Veröffentlichung. Auch er kapitulierte.

Ich mochte den neuen Kulturressortleiter Andreas Rosenfelder, über dessen Schreibtisch der Text zunächst gegangen war, ganz gern. Er, der den unsäglich affektierten Cornelius Tittel abgelöst hatte, hatte kein Problem damit, mich etwa über Heideggers 125. Geburtstag schreiben zu lassen – wie er den Text, der sehr apologetisch ausfiel, durchgeboxt hat, ist mir heute noch ein Rätsel. Aber auch er schien hier vor eine Wand gelaufen zu sein.

Kurz darauf feierte *Welt*-Autor Benjamin von Stuckrad-Barre im Berliner Restaurant »Adnan« seinen Geburtstag, lange Tafel wie beim letzten Abendmahl, nur dass Stucki nicht wie Jesus in der Mitte saß, sondern am Kopfende, gemeinsam mit seinem Freund Ferdinand von Schirach und Mathias Döpfner, die Prominentenecke. Ich war zu spät gekommen und saß daher ganz weit unten, in der Nähe seiner Frau Inga.

Später, als sich die Runde mischte, bin ich zu ihm hingegangen, um ihm zu gratulieren und ein paar Selfies zu schießen, nachdem ich die Runde von fern fotografiert hatte. Selfies natürlich auch mit Stucki und Ferdinand von Schirach und Döpfner.

Ich liebe Selfies, die ich auf Faceook veröffentliche, um mir und anderen zu beweisen, dass ich ein aufregendes Leben führe. Aber in erster Linie wohl, um es mir selber zu beweisen.

Stucki und Schirach protestierten, schwenkten aber schnell ein, als sie sahen, dass Döpfner damit überhaupt kein Problem hatte. Im Gegenteil. Er richtete seine zwei Meter auf und begrüßte mich äußerst freundlich und sagte mir sinngemäß, dass er all meine Texte sexy finde. Das, fügte er hinzu, habe er auch Jan-Eric Peters, dem damaligen Noch-Chef der *Welt*-Gruppe, gesimst. Und er zog sein Handy aus der Anzugtasche, um mir genau das zu beweisen.

Das zeigte mir zweierlei.

Erstens, dass eine meiner Eigenschaften wohl allergrößte Arglosigkeit ist. Ich dachte, ich hätte mich längst mit meinen munteren und fleißigen Artikeln eingegliedert, aber die Spitze der *Welt*-Gruppe, wie Peters und Poschardt sägten immer noch an mir herum.

Und zweitens, dass Döpfner einfach eine coole Socke ist.

Ich erzählte ihm von meinem Text, den der Vize abgelehnt hatte, und er bat mich, ihm den zu schicken.

Was ich tat. Offenbar fand er ihn später gut.

Schließlich hat ihn Roger Köppel, der einstige *Welt*-Chefredakteur, in seiner Zürcher *Weltwoche* gedruckt.

Es ist ja nicht so, dass die Meinungsfreiheit überall – aus welchen Gründen auch immer – eingeschränkt wird. Es sind immer Einzelne, die ihre persönlichen Rachefeldzüge unter politisch korrekter Tarnung gefahrlos durchziehen können. Mittlerweile, so heißt es, ist die Schweizer Presse unser Westfernsehen.

Denunzianten-Rodeo

Die Willkommenskultur lässt die Nation abheben – Das Kalkül der Kanzlerin und die Angst vor unguten Bildern – Aust wird Chefredakteur – Eine Taufe im Jordan und ein Amokläufer in Jerusalem – Auf Wahlkampf mit Winfrid Kretschmann – Die Horrornacht im Pariser »Bataclan« – Als »gefährlicher Bürger« in Buch und Theater demaskiert und geächtet – Ein verhängnisvoller Facebook-Post

Ende August 2015 kehrte ich zurück, vom Hochplateau der Vernunft und des gesunden Menschenverstands in die Niederungen des deutschen Alltags.

Auf Facebook bekriegten sich zwei Hundefreunde aus verschiedenen politischen Lagern über ihre Schäferhunde, ein konservativer Katholik und ein linker Anwalt, Frotzeleien und bittere Worte fielen hüben und drüben, der eine postet normalerweise Heiligengedenktage und Interviews mit koptischen Christen, der andere ist fest eingebettet in »Nazis raus«-Aktivisten, ich nahm es nicht ernst, ich konnte mit beiden. Solange es nur um das deutscheste aller deutschen Emblemtiere geht, dachte ich mir, leichter Wahnsinn, doch noch alles klar, alles in Ordnung.

Allerdings war eine Woche später jede Einigung ausgeschlossen. Denn da brach das Chaos über die Deutschen herein, zehntausendköpfige Trecks von Flüchtlingen waren an der ungarischen Grenze gestrandet, und die deutsche Kanzlerin öffnete, in Absprache mit den Österreichern, die Grenze.

Und sie strömten und strömten. Am Münchner Hauptbahnhof spielten sich Szenen der Verzückung ab, ein Woodstock universalistischer Liebe, eine Wiederkehr der expressionistischen »O Mensch«-Lyrik, der Weltumarmung, The Age of Aquarius war zurück, das weiße Kaninchen tanzte. Als kurzfristige humanitäre Lösung: völlig in Ordnung. Als Dauerzustand: verheerend für das Land.

Blonde Mädchen standen mit Herzchen auf den Wangen und selbst gepinselten Blümchen-Plakaten dort, auf denen »Refugees welcome« stand. Sie feierten die Flüchtlinge, die weite und gefährliche Strecken zurückgelegt hatten, wie Triathleten im Ziel. An der letzten Grenzhürde hatte auf Anweisung der Kanzlerin nur das Zauberwort »Asyl« genügt, es war das »Sesam öffne dich«, längst hatten sich auch andere in diesen Treck eingemeindet, die Kameras fingen Mütter mit Kindern ein, was schwierig war, denn die meisten waren robuste Männer zwischen 18 und 30, gut aussehende Unterhosenmodelle, komisch, dass diese erotische Komponente nie zur Sprache kam, besonders wenn später weibliche Redakteure für sie Partei ergriffen, und alle hatten ihre Ausweispapiere verloren, aber Gott sei Dank ihre Handys gerettet.

Die weibliche Komponente sollte später in Schweden für Schlagzeilen sorgen. Dort hatten sich zumeist ältere »Helferinnen« an den jungen Schutzbefohlenen sexuell vergriffen; eine von ihnen gab ihre Gratis-Zärtlichkeiten als emotionale Erste Hilfe aus, denn die jungen knackigen Afghanen sollten sich geliebt fühlen.

Und die Deutschen feierten die Flüchtlinge. Und sie feierten sich selber für ihre Wilkommensbereitschaft.

Sie waren regelrecht besoffen von sich selber und spendierten sich einige Wochen später, moderiert von Amelie Fried, ein Open-Air-Refugee-Konzert mit den üblichen Verdächtigen, allen voran Herbert Grönemeyer, der sich die Sache normalerweise aus dem steuergünstigeren London aus anschaut.

Was etwa so weit weg vom Münchner Hauptbahnhof liegt wie Amelie Frieds Bauernhaus auf dem Land.

White rabbit führte Regie, und er genoss es.

Das ist das Problem der Deutschen: Sie wissen nie, wann sie sich für den gesunden Menschenverstand und wann für das weiße Kaninchen entscheiden sollen, und oft treffen sie einfach die falsche Wahl. Hier war plötzlich Wonderland, und alle Proportionen waren verschoben, Großes wurde klein und Kleines groß, die Augen glänzten, was für ein Trip, besonders für die Presse.

Schon Chesterton wusste, dass sich mit dem Aufkommen der Massenpresse eine neue, eine fabrizierte Wirklichkeit über das Original legen würde. Ideologien legen sich über Tatsachen, etwa wenn wir nicht mehr von zwei Geschlechtern, nämlich Mann und Frau, reden, sondern von 56, wie sie Facebook anbietet – für jede kulturelle Promille-Anomalie ein eigenes

Geschlecht. Von der völlig unbegründeten Arroganz der Moderne über das Gestern sind auch Begriffe wie »Tradition« und »Nation« zerfetzt worden. Sie gelten als Bremsklötze auf dem Weg ins utopische Weltbürgertum. Die Wahrheiten des gesunden Menschenverstands werden dann zu Dogmen, für die zu kämpfen sich lohnt: »Alles wird geleugnet werden, alles wird Glaube. Es ist eine durchaus vernünftige Position, die Steine in der Straße zu leugnen; es wird zum religiösen Dogma, ihre Existenz zu bekräftigen. Es ist eine durchaus vernünftige Annahme, dass wir alle in einem Traum leben; es wird eine mystische Form von Gesundheit sein, zu sagen, dass wir alle hellwach sind. Feuer werden darüber angefacht, dass zwei und zwei vier ergeben. Schwerter werden gezogen werden, um zu beweisen, dass die Blätter im Sommer grün sind.« (Kein Wunder, dass Jorge Luis Borges bekannte, kein Schiftsteller habe ihm so viele glückliche Stunden bereitet wie Chesterton.)

Die Unterschiede verschwammen. *Die Zeit* begleitete und verteidigte den Willkommenszug, solange es sich halten ließ. Oder je nachdem, wie es die politische Kampflinie erforderte. Bereits 2016 titelte *ZEIT ONLINE* ernüchtert: »Zwei Drittel können kaum lesen und schreiben.« Als es hingegen 2017 Richtung Bundeswahlkampf ging, raffte sie sich noch einmal auf: »Wie die AfD mit falschen Zahlen Vorurteile schürt.« Und darunter genau das, was sie selber 2016 geschrieben hatten und was nun falsch sein sollte: »Zwei Drittel aller Flüchtlinge hätten keine Schulausbildung, behauptet die AfD-Spitzenkandidatin Alice Weidel. Das lässt sich wissenschaftlich nicht belegen.« Da verheddert sie sich endlos selber, die Presse in ihrem immer irrer werdenden Kulturkampf.

Belegen lässt sich anhand der Titelei, dass in den folgenden Jahren in sogenannten Qualitätsmedien absoluter Freestyle angesagt war, jeder konnte alles behaupten, solange es der guten Sache diente, selbstverständlich auch Fake News, die den früheren diametral widersprachen. Die Presse geriet außer Rand und Band, sie torkelte und wusste selber nicht mehr ein noch aus.

Doch zurück. Es schien sich zu bewahrheiten, was der eingangs zitierte Franz Werfel in seinem Roman im August 1945 geschrieben hatte: »Zwischen Weltkrieg Zwei und Drei drängten sich die Deutschen an die Spitze der Humanität und Allgüte. [...] Die meisten der Deutschen nahmen auch, was sie unter Humanität und Güte verstanden, äußerst ernst. [...] Sie waren die Erfinder der undankbaren Ethik der ›selbstlosen Zudringlichkeit‹. Zur Erholung hielten die Gebildeten unter den Heinzelmännchen philosophische Vorträge an Volkshochschulen, in protestantischen

Kirchen [...], wobei ihr eintöniges Thema stets der brüderlichen Pflicht des Menschen gewidmet war.«

Wir Deutschen leben mittlerweile auf dem Stern der damals Ungeborenen. Und wir sind die Erfinder der Ethik der selbstlosen Zudringlichkeit. Mit unserer Selbstgerechtigkeit und dem unbedingten Glauben an eine Sendung sind wir spätestens seit der Grenzöffnung durch die deutsche Kanzlerin am 3. September 2015 und mehr noch seit der Nichtschließung derselben – wie eigentlich vorgesehen zehn Tage später – zum Weltmeister der guten Gesinnung geworden.

Und wir behaupten diesen Titel mit einer Rigorosität, die nicht nur das Dissidententum im eigenen Volk streng überwacht, sondern auch die Nachbarvölker unter Druck setzt. Tatsächlich hat der deutsche Totalitarismus eine Achsendrehung ins »Gute« genommen – Werfel, der Prophet, hat es vorausgesehen.

Ausgerechnet den Polen haben wir Deutschen in der Folgezeit Vergeltungsmaßnahmen angedroht, sollten sie die von uns verordnete Flüchtlingspolitik nicht mittragen und die zugewiesenen Flüchtlingskontingente nicht aufnehmen. Wir ziehen wieder mal die falschesten Schlüsse aus unserer Vergangenheit, unter dem Kollektivbefehl: »Seit dem 3. September 2015 wird zurückgeliebt!«

Nils Minkmar, frisch von der *FAZ* zum *Spiegel* gewechselt, schrieb sich ins Herz der Redaktion mit dem von ihr geschätzten linken politischen Kitsch, er rhapsodierte über »das neue Deutschland«, es sei verwandelt, dieses Land. »Kleine Kinder können ihren Eltern wieder ohne Angst in die Augen schauen.« Minkmar: »Das ist das beste Deutschland, das es je gab.«

Der neue Deutsche nahm Flüchtlinge aus aller Welt auf, statt wie der alte die eigenen Landsleute, sofern sie Juden waren, zu Flüchtlingen zu machen oder gleich zu ermorden. Turnhallen wurden geräumt, leer stehende Bundeswehrbaracken, für alle gab es Platz, mit imponierender Improvisationskunst der Landräte und Bürgermeister. Ein großes Beispiel der Mitmenschlichkeit.

Und sie strömten weiter und weiter, und der Strom schwoll an und passierte unkontrolliert die Grenzen.

Der wohl einzige Chefredakteur der Republik, der seine Nüsse noch zusammen hatte, war der naturgewachsene Skeptiker oder Zyniker Stefan Aust, der von der Herausgeberschaft der *Welt* ins operative Geschäft als Chefredakteur gewechselt war. Endlich! Peters war weg und sollte den Internetnachrichtendienst *upday* aufbauen.

Und Aust begann, Fragen zu stellen, in Leitartikeln, in Talkshows. Unangenehme Fragen. Er ließ recherchieren, bei der völlig überforderten Polizei, den allmählich erschöpften Flüchtlingshelfern, den überforderten Behörden. Aus alldem ließ er von seinem mittlerweile ebenfalls ehemaligen geschassten Titelgrafiker des *Spiegel*, Stefan Kiefer, das Titelbild der Stunde montieren: Man sieht einen langen Flüchtlingstreck in der Wüste wie das auserwählte Volk auf dem Weg ins Gelobte Land, und über allem schwebt mit einem Zauberstab in der Hand Angela Merkel mit einem seligen Lächeln und einem Heiligenschein, den sie sich selber über den Kopf hält. Dazu die Zeile: »Völlig losgelöst.«

Es war, typisch Aust, ein Instinkt-Titel, aber fundiert, erst recht erhärtet ein Jahr später durch die Recherche des Kollegen Robin Alexander, der in seinem Bestseller *Die Getriebenen* minutiös protokollierte, wie sehr die Kanzlerin durch Zufall und Untätigkeit in diesen Hippieaufwind geraten war.

Denn die Grenze sollte bereits zehn Tage später, am 3. September, wieder geschlossen werden. Hundertschaften an Bereitschaftspolizei waren an die bayerisch-österreichische Grenze geflogen worden. Innenminister de Maizière hatte ganze Arbeit geleistet, Einsatzpläne lagen vor. Es musste nur noch das Okay der Kanzlerin gegeben werden, die mit alldem einverstanden war, denn mittlerweile wusste kaum noch einer, wie viele tatsächlich ins Land geströmt waren und wo sie sich aufhielten. Ein unhaltbarer Zustand.

Doch die Kanzlerin wollte eine Garantie, dass es nicht zu »unschönen Bildern« an der Grenze kommen würde. Das wiederum konnte auch de Maizière nicht zusichern.

Also unterließ sie es. Tatsächlich wurde die wichtigste Entscheidung dieses Jahres, nämlich die Grenzschließung, nicht etwa aus humanitären Gründen, sondern aus purem Opportunismus der Regierungschefin nicht unternommen. Ihr Stil ist: geschehen lassen und ab und zu der radikale Wechsel, wenn die täglich ermittelten Umfrageergebnisse, die von der Regierung bestallten und bezahlten Pulsabnehmer der Volksstimmung, dazu raten.

Und so strömten die Massen weiter.

Längst nicht nur Syrer, die offenbar alle ihre Pässe weggeworfen hatten, sondern auch Somalier, Eritreer, Maghrebiner. Die Unregistrierten im Lande schätzt man auf 600 000. Abschiebungen sind schwierig. Man kommt leicht nach Deutschland rein ohne Papiere, aber ohne Papiere kaum wieder raus, denn wohin soll man abschieben, wenn die Identität nicht geklärt ist? Viele Gewalttäter darunter. Die Gewalt durch Ausländer, so wurde kürzlich bekannt gegeben, stieg um 90 Prozent, die der Vergewaltigungsdelikte um 150 Prozent.

Doch noch war das Volk high und verteilte Butterbrezen.

Die britische Presse sprach ratlos und ein wenig ängstlich vom »Hippiestaat« Deutschland.

Wie erwähnt: Die Nation war berauscht, war Woodstock, allerdings war Jefferson Airplane widerlegt, die über den LSD-Trip sang: »One pill makes you larger, and one pill makes you small. And the one that mother gives you, don't do anything at all« ..., denn diesmal war es Mutti selber, die die Pillen verteilte, und sie wirkten.

Die Schwierigkeiten wie ansteigende Kriminalität, überforderte Ämter, Hunderttausende Unidentifizierte im Lande, schrumpften zur Winzigkeit, die angenommenen Vorteile (wechselweise qualifizierte Arbeitskräfte oder eine sich selbst bestätigende Humanität) zu gigantischen Halluzinationen. Die Nation stand kopf.

Kanzlerin Merkel ist am Vorabend der Grenzöffnung in Bern und empfängt eine Ehrendoktorwürde. Anschließend stellt sie sich einer Diskussion, deren vielsagendster Ausschnitt auf YouTube erscheint. Dort spricht eine besorgte Bürgerin von ihrer Angst vor so vielen Menschen aus einem fremden Kulturkreis, einer fremden Religion, dem Islam.

Merkel reagiert ausgesprochen pampig. »Wenn Sie in Deutschland mal Aufsätze schreiben lassen, was Pfingsten bedeutet, dann ist es, würde ich mal sagen, mit der Kenntnis des Abendlandes nicht so weit her. Und sich anschließend zu beklagen, dass sich Muslime im Koran besser auskennen, das finde ich irgendwie komisch.«

Nun war das eine abbürstende, um nicht zu sagen freche Umkehrung dessen, was die Dame geäußert hatte, denn hier ging es nicht um ein Messen der jeweiligen Glaubensinnigkeit. Die Dame hatte sich ja nicht über die Unkenntnis des Koran seitens der Muslime beklagt, sondern im Gegenteil über dessen glühende Verinnerlichung, die mit einer aufgeklärten glaubensfernen Gesellschaft womöglich inkompatibel sein könnte, ja durchaus beängstigend, was die Dutzende von mörderischen islamistischen Anschlägen auch von durchgeknallten Einzeltätern belegen würden.

Interessant ist an Merkels Antwort der Hinweis ausgerechnet auf das Pfingsterlebnis. Aus irgendeinem Winkel ihrer protestantischen Kindheit spülte das hoch. Pfingsten, das Charisma, die Feuerzungen über den Häuptern, die Fähigkeit, in fremden Sprachen zu reden, die gemeinsame Erleuchtung. Hatte sie eine Vorahnung dessen, was sie von ihrem Volk verlangen würde?

Statt ins Parlament begibt sie sich in die Talkshow zu Anne Will, und sie begründet die fortdauernde Grenzöffnung mit dem unrichtigen und unwahren Satz: »Sie können die Grenze gar nicht schließen.« Und das, wo ein ausgearbeiteter und praktikabler Plan zur Grenzschließung vorlag.

Aber auch die Moderatorin war wohl mittlerweile high, weshalb sie nicht weiter nachhakte.

Ich verabschiedete mich zu den Herbstferien wieder aus Deutschland und flog mit meiner Frau nach Israel. Nach Jerusalem und Jericho, Bethlehem, See Genezareth, wir besuchten meinen alten Freud Meir Shalev in der Nähe von Haifa, diesen wunderbaren Erzähler, Romancier und linken Zionisten, der sich für die Zweistaatenlösung einsetzte und der in der Nähe einer deutschen Ansiedlung wohnt.

Man konnte von seiner Veranda aus das Karmel-Gebirge sehen, wo einst die Kanaaniter ihrem Baal geopfert hatten und Elias gegen sie gepredigt hatte, bis sie von König David in die Flucht geschlagen wurden.

Er erzählte von der Leserin auf der Frankfurter Buchmesse, die ihn fragte, ob die Juden den Deutschen je vergeben könnten. Und Meir sagte: »Hören Sie, wir können uns an jeden einzelnen Amalekiter und Kanaaniter erinnern, der uns vor 3000 Jahren gef...t hat. Ich meine, es wird eine Weile dauern!« Wir lachen.

In seinem Zimmer in Leipzig hing eine Fledermaus im Schrank. Und jetzt erzählt er aus der Sicht der Fledermaus, als sie aufgeregt flatternd zu ihren Freunden zurückkehrt: »Ihr könnt euch nicht vorstellen, was passiert ist, ich hänge da auf meiner Stange im Schrank wie gewöhnlich, um zu pennen, und plötzlich geht das Licht an, und das Erste, was ich sehe ist – ein Jude!«

Ich schlage ihm eine Kolumne vor, für *Die Welt*, er ist klug und witzig, aber es sollte ja alles anders kommen.

Wir wohnten bei den Benediktinern in der Dormitio am Löwentor, das eines Tages geschlossen wurde wie die sechs übrigen, weil wieder ein irrer islamistischer Attentäter mit dem Messer unterwegs war – wer dem Irrsinn entkommen will, sollte nicht nach Jerusalem fahren.

Neben der Dormitio liegt der Saal, in dem das letzte Abendmahl stattfand, wir standen um 5:30 Uhr auf und sangen die Laudes mit, mein Gefühl dabei: schiere Ergriffenheit über die lange und tiefe Tradition des christlichen Glaubens, wie mich das alles ins Mark traf, mitten in mein religiöses Herz.

Kupferrot legten sich die ersten Sonnenstrahlen auf die tausendjährigen Mauern der Heiligen Stadt. Später dann hinunter an den Jordan an die Stelle, an der Johannes Jesus taufte, das alles mittlerweile touristisch, nicht ohne Ironie zu erzählen, ein Badetrip für Russen, mit Umkleidekabinen.

Ich erstand ein weißes Leinengewand, stieg in die gelbe schlammige Brühe und tauchte unter, wofür mich Friede Springer später bewundern sollte, aber ich dachte mir: Sicher ist sicher, eine erneute Taufe kann nie schaden.

Es gab sogar Tauben, aber sie chillten nur auf dem First des Souvenirshops und gurrten, und keine Einzige kam auf die Idee, ihre Schwingen über meinem Kopf auszubreiten, und die berühmten Worte von oben blieben ebenfalls aus. Hätte man nicht wenigstens eine dressieren können, bei diesen Preisen, denn die Taxifahrer aus Jerusalem machen diese Trips nicht umsonst.

Da erreicht mich die E-Mail einer Freundin. Ob ich wisse, dass ich in »aspekte« anlässlich einer Theaterpremiere zum Flüchtlingsproblem als einer der führenden Köpfe einer neuen Rechten genannt worden sei? Mir wurde schlagartig klar, wie vernünftig und befreiend sich mein Glaube hier im verrückten und zerrissenen Jerusalem ausnahm gegen all das Dunkle, was sich in Deutschland zusammenballte.

In der Produktion *Fear* an der Berliner Schaubühne – was war das mal für ein Tempel der Schauspielkunst! – brüllten sich unfertige junge Mimen ihre Wut über die Flüchtlingsfeinde aus der Seele, vorwiegend gegen Frauen, gegen Skeptikerinnen wie Birgit Kelle und Bettina Röhl, Hedwig von Beverfoerde, Gabriele Kuby und Beatrix von Storch, denen man »zwischen die Augen schießen sollte«, eine Hass- und Wutsuada mit der Inbrunst der Gerechten – und plötzlich sah ich mein Foto groß wie ein Wahlplakat in einer Reihe mit solchen von der NPD auf die Bühne projiziert. Subventionstheater! Wie kommst du gegen so was an?

Jetzt war mir klar: Ich war als Feind ausgemacht und zum Abschuss freigegeben. Hier allerdings handelte es sich, wie ich über meine Freundin, die große Zadek-Schauspielerin Ilse Ritter, erfuhr, noch um eine verspätete persönliche Vendetta: Der Regisseur und sein Dramaturg waren schwul, hatten mich als angeblich »Homophoben« im Visier und schoben mich kurzerhand in die Naziecke, ist ja eh alles das Gleiche.

Gleichzeitig war ein Buch erschienen, das *Gefährliche Bürger* hieß, verfasst von einem Typen von der FDP und einer Anwältin namens Liane Bednarz, die mir sehr zugetan war und Lesungen für mich und meine Bücher in München organisierte.

Ich war ihr dankbar für all die Werbung, doch irgendwas an meiner Freundlichkeit muss sie falsch verstanden haben, vielleicht hatte ich mal eine E-Mail übersehen, denn plötzlich war ich ihr Feind.

Nicht nur ich übrigens, auch andere, wie der *Cicero*-Kulturressortchef und Buchautor Alexander Kissler.

Sie hatte uns zu »gefährlichen Bürgern« gemacht, die »nach der Mitte greifen«.

In dem Vorwort ihres Buches wird allgemein von »Brandstiftern« gesprochen, denen »die Tarnung« weggerissen werden müsse. Ja, genau das sei »das Ziel dieses Buches«. Und dann: »Um das zu erreichen, scheuen wir uns nicht, Namen zu nennen. Es muss deutlich werden, wer die geistigen Brandstifter sind, die den Hass immer wieder anheizen – und welcher Strategien und Methoden sie sich dabei bedienen.«

Vielleicht kann ein Analytiker erklären, was sich da plötzlich im Schauprozessjargon gegen uns Bahn brach, aber es war von böswilliger Vernichtungsabsicht. Ich erschrak, weil ich plötzlich erkannte, dass sich mein Name von mir gelöst hatte und ich in die Öffentlichkeit gestellt wurde als eine Person, die ich nicht wiedererkannte. Ich war zum Aussätzigen geworden, und ich hatte es nicht gemerkt.

Dieser Matthias Matussek, der da gehandelt wurde, war ein anderer, ein auf eine rechtsradikale Karikatur geschrumpfter Autor und Reporter, den der Betrieb vor die Tür schicken wollte. Wie kann man dagegen an? Ich war doch nicht nur ein politischer, sondern auch ein literarischer Autor, auch in meinen Reportagen.

Ich hatte über Heine geschrieben und Kierkegaard und Goethe, über Hemingway und Büchner, war mit Preisen ausgezeichnet und hatte Romane geschrieben, ich war durch den Amazonas gefahren, hatte Clinton im Wahlkampf begleitet, war in Literaturmagazinen und Magisterarbeiten für einen neuen Stil, für Beobachtungkunst, für Überraschungen gelobt worden – und nun schnurrte all das zusammen auf Matussek, den Nazi?

Knausgård denkt in seinem letzten Band der Romanserie *Min kamp*, in der er Realnamen benutzte, genau darüber nach: »Das Signum der Wirklichkeit, ihre einzige überführbare Größe, war der Name. Nicht der Name als Traum oder Bild, sondern der Name als Zeichen dieses einen Menschen.«

Und nun gehöre ich zu jenen, die die bürgerliche Mitte »infiltrieren«. Die, so heißt es im Vorwort, »völkisch« sind und »eine aggressive Gegenideologie zu unserer offenen Gesellschaft« ins Gespräch bringen wollen. »Ein Gegner, der sich lange und gut vorbereitet hat und nur auf den richtigen Moment gewartet hat, um loszuschlagen.« Vielleicht können Psychologen enträtseln, was die gute Liane geritten haben mag, hatte sie sich über mein Buch *Wir Deutschen*, das durchaus ein identitäres Buch war und gleichzeitig sehr lustig (den Besprechungen zufolge) und das sie den von ihr zu meiner Lesung Eingeladenen als außerordentliches Vergnügen angekündigt hatte, plötzlich geärgert?

Meine Weihnachtsnovelle, ebenfalls von ihr und anderen noch kurz vorher als anrührend gepriesen, wird es kaum gewesen sein. Nun bin ich Teil einer Verschwörung?

»Eine gut vernetzte, immer besser organisierte, strategisch geschulte Gruppe von stramm rechten Intellektuellen bemüht sich, unsere offene Gesellschaft nach rechts zu ziehen.« Hm. Sie denken »neofaschistische, völkische und antidemokratische Gedanken«, die raffinierterweise »so geäußert werden, dass sie sich noch im Rahmen der Meinungsfreiheit bewegen«. Sie »leben unter diesem Deckmäntelchen ihren Hass aus«.

Die Autoren wollen zeigen, wie die Protagonisten dieser neuen Rechten »mit der Angst, die sie selber schüren, Geld verdienen«. Sie sind »Aasfresser, die die Pest in die Stadt tragen«. Natürlich weiß man seit den Tagen des *Stürmer*, dass die Pest von Ratten übertragen wird, dem bevorzugten Sprachbild für das Weltjudentum. Spätestens hier müsste doch ein Lektor eingegriffen haben! Doch wie sich zeigen sollte, hatte er genau diesen Jargon zu den Vorzügen des Buches gezählt, denn es sollte »die offene Gesellschaft verteidigt werden«, und da sind alle Mittel erlaubt.

Kurz und schlecht: Infiltration. Subversion. Pest. »Die Pläne sind geschmiedet, die Umsetzung hat begonnen.«

Rhetorisch ist das Nazipropaganda. Ist die blonde Liane Bednarz mit den blauen Augen nie auf die Idee gekommen, ihren Jargon dem TÜV zu unterziehen, in dem sich verrät, was sie doch so vehement bekämpft: Vernichtungsfantasien? Wie komme ich dazu, diese Suada auszulösen?

Hier war modellhaft präfiguriert, was später von Justizminister Maas mit seiner Hilfstruppe, der Amadeu-Antonio-Stiftung, die von der einstigen Stasimitarbeiterin Anetta Kahane geleitet wurde, in ein Überwachungsgesetz gegossen werden sollte. Maas wusste, dass er sich auf den Denunziationseifer seiner Deutschen verlassen konnte.

Mir ist ein eigenes Kapitel gewidmet, in dem ich als »Rechtskatholik« und »militanter Christ« firmiere, letztere Formulierung findet sich auch in einem ganzseitigen Beitrag, den ihr die *FAS* eingeräumt hatte. Ja, sie tingelte mit ihrem Buch durch die Republik, vorwiegend katholische oder evangelische Akademien, gab Rundfunkinterviews und solche im Fernsehen, brüstete sich mit ihren Auftritten und fand besonderen Gefallen darin, mit dieser Rechts-Experten-Nummer mehr zu verdienen als viele andere freie Journalisten, Kritiker, die ja nur neidisch seien.

Nun hatten schon *der Freitag* und die *taz* mich auf diversen Titeln als Kopf der deutschen Rechten abgefeiert, aber da ich mich in durchaus schmeichelhafter Gesellschaft mit Peter Sloterdijk, Birgit Kelle und Henryk M. Broder befand, hatte ich das als Feuilleton-Witzelei abtun können. Es gibt durchaus auch Distinktionsgewinne im Negativen. Poschardt zum Beispiel kam nicht auf den Titel – dafür zitierte er auf seiner Facebook-Seite einen Passus, in dem er mit Oswald Spengler verglichen wurde, natürlich um sich darüber lustig zu machen, aber: immerhin Oswald Spengler!

Aber dieser Angriff hier war keine flüchtige Feuilletonblase, sondern der kam im gewichtigen Gewand eines Buches im Hanser Verlag heraus.

Mir wurde ein paar Tage später eine E-Mail zugespielt, die das Verfahren dieses Buches illustrierte, sie stammt von einem Mitarbeiter des Verlags:

»Lieber XXX,

ein sehr, sehr gutes Buch ... So macht es ja auch die Bild *(kein Vorbild, aber nun einmal hochprofessionell): Tatsachenbehauptungen unwiderlegbar, Pikantes als Meinung geäußert und Schmähkritik durch Fragezeichen geschickt umschifft.*

Herzliche Grüße,
XXX«

Geschickt. Umschifft. Prima.

Ich hatte versucht, den Mitarbeiter auf der Buchmesse zu treffen, aber am Hanser-Stand sagte man mir, er sei nicht mehr im Verlag. Gründe nannte man mir nicht. Hat man sich für das Buch und die Autoren mittlerweile geschämt, die *FAZ*-Kritiker Patrick Bahners in seinem Verriss als »selbst ernannte digitale Bürgerwehr« bezeichnete und der auf das absurde Demokratieverständnis hinwies, nämlich dass diese nicht für solche gelten solle, die sie kritisieren?

Interventionen immer dann, wenn sie einen Post auf Facebook bei mir gelesen hatte, der ihr rechts oder rechtsextrem vorkam, das konnten Äußerungen über Terrorangriffe sein oder über den Antisemitismus der islamischen Migranten oder die höflich vorgetragene Bitte, einfach mal nicht durch meine Diskussionen zu trampeln, denn sie postet wie wild.

Sie liebt den Kategorientausch, die politische Zustimmung wird als persönliche Sympathieerklärung angenommen und die bisweilen herablassende Herzensergießung mit einer politischen Einschätzung verquirlt. Zwischendurch Schulterklopfen, selbstverständlich auf die eigene.

Ja, sie stellt sich die politische Auseinandersetzung vor wie ein Gesellschaftsspiel, als Ringelpietz mit Anfassen, wo es darauf ankommt, wer mit wem einer Meinung ist und wer nicht, also zu den Bösen gehört. Man darf allerdings nicht den Fehler machen, sie zu unterschätzen. Das erlebte auch Birgit Kelle. Sie ist freie Journalistin und lebt von ihren Einkünften als Kolumnistin. Sie hatte sich auf Facebook lustig gemacht über eine Magisterarbeit mit dem Titel: »Ferienverhalten von lesbischen Paaren«, mit der wahrhaft welterschütternden Erkenntnis, dass 63,8 Prozent von ihnen Städtereisen bevorzugen. Für so was kriegt man heutzutage einen Magister.

Allerdings bewies Ulf in diesem Fall doch, dass er Eier hat, schon allein dadurch, dass er Birgit Kelle beschäftigt, die gleichzeitig für die *Junge Freiheit* schreibt und die scharfsinnig und mit polemischer Lust wie keine zweite Familien- und Frauenthemen aufspießt, oft zum Verdruss der Redaktion, wie man hört.

Liane Bednarz' Vorstoß richtete sich meiner Meinung nach gegen die wirtschaftliche Existenz der Kolumnistin. Sie fand Birgit Kelles Lesben-Post offenbar schwulenfeindlich und weiß wohl, dass sie damit eine empfindliche Stelle bei Poschardt (»Wir müssen alle ... schwuler werden«) trifft.

Möglich allerdings ist, dass er sie längst als leicht irre ausgemustert hat, spätestens seit sie ihn wegen eines seiner Posts kritisiert hatte – ja, auch Posh nutzt Facebook –, und als er grimmig zurückschnappte, war sie beleidigt.

Sie hat sich dem Kampf gegen den Faschismus verschrieben mit Haut und Haaren. Überall, wo sie ihn wittert, da genügen Code-Wörter aus dem, was sie »Rechtssprech« nennt, schlägt sie Alarm. Sie steht für mich in all ihrer Verkorkstheit als digitale Bürgerwehr für einen Phänotyp, der um sich greift im deutschen Journalismus.

Auf der Buchmesse der Höhepunkt wie immer die Party bei Joachim Unseld.

Ich stellte mich in den Hof zu Philipp Hübl, dem Philosophieautor, und Sabine Kray, der hinreißenden Übersetzerin und Romanautorin, wir wurden fröhlich. Später ein Gespräch mit Oliver Maria Schmitt von *Titanic,* wir ließen den Joint kreisen, Ronja von Rönne stieß dazu, und plötzlich redeten wir über Glauben und Gott.

Sie dachten, ich mache Witze.

Ich steckte Oliver Maria Schmitt – ein netter Typ – einen 50-Euro-Schein zu für ein Abo, ich fotografierte das mit Handy als Beweis für seine Bestechlichkeit, denn ich wollte nicht mehr von *Titanic* beleidigt werden, wenigstens eine Zeit lang.

Lustig, lustig, lustig. Die Gottesfrage wurde nicht gelöst, aber natürlich war ich all diesen bekifften und betrunkenen Klugscheißern und Logikern überlegen mit der einfachen Begründung: Es muss einen ersten Beweger geben, der diese wundervolle Welt aus dem Nichts schuf und mich mittendrin. Das Gegenteil konnte mir keiner beweisen.

Da das Land später »Entscheider« suchte, die über die Zulassung von Asylanträgen erste Empfehlungen geben sollten, bekam ich kurz darauf eine Mail von Schmitt, den Auftakt zu einer entsprechenden Serie in der *Titanic* zu schreiben.

Kurz darauf konnte ich praktische Erfahrungen sammeln, denn ich begleitete den grünen Ministerpräsidenten Winfried Kretschmann auf Wahlkampftour zu den Unterkünften in seinem Ländle. Unterwegs mit Gogols Revisor also, allerdings nicht unbemerkt und inkognito, sondern mit einer Flotte von schwarzen Limousinen und Regierungsräten aller Parteien, und zunächst ging es um den Alltag, um das Baurecht und die »Plausibilitätsprüfung der Bauflächenbedarfsnachweise« und Maximen wie »Innenentwicklung vor Außenentwicklung« und vor allem das »Landesgemeindefinanzierungsgesetz«, und selbstverständlich könnte jeder Flüchtling als voll integriert gelten, der dieses Wort fehlerfrei aussprechen kann, notierte ich mir. Dann das Außeralltägliche: Die Zelte für den Ansturm werden gegenüber auf der Wiese errichtet. In drei Tagen sollen sie hier sein.

Es ist viel von Überforderung die Rede, und Kretschmann spricht genauso bedächtig wie Mathias Richling, der ihn noch besser nachmacht als der sich selber. Kretschmann, früher Kader des Kommunistischen Bundes, betroffen vom Radikalenerlass als Lehrer, dann Grüner, dann Landesvater, er wird die bevorstehende Wahl haushoch gewinnen.

Danach Besuch einer Fachhochschule mit dualem Ausbildungssystem, Baden-Württemberg ist zu Recht stolz auf seine Erfolge mit Technikern und Tüftlern und Entwicklern, die jetzt enorm verstärkt werden durch all die syrischen Ingenieure, die hier anlanden würden.

Im Flüchtlingslager Hardheim, einer ehemaligen Bundeswehr-Barackensiedlung, Licht in den Fenstern der Carl-Schurz-Kaserne, Sicherheitsdienste am Schlagbaum, freiwillige Betreuerinnen am Rande des Nervenzusammenbruchs, statt Syrern viele Nigerianer, die Hausordnung in Deutsch, Englisch, Französisch und Tamil: »Fremde Frau, fremder Mann«, beginnt sie, dann Grundsätzliches: Die Deutschen lieben Sauberkeit, deshalb bitte den Müll trennen und nicht in die Hecken pinkeln und vor allem nicht »von deutschen Frauen die Handynummer erbetteln«.

Beschwerden? O ja. Das Essen! Fast jeden Tag gibt es das Gleiche, sagt ein Iraker. Kinder werden dem Landesvater überreicht, afghanische Kinder, mit einem Schwall arabischer Erklärungen. Der 18-jährige Fatih ist nicht sehr zufrieden mit der gebrauchten Wolfskin-Jacke, da hat er schon schärfere Sachen gesehen.

In seiner Limousine zurück, unterhalte ich mich mit Kretschmann über die 70er-Jahre, den Radikalenerlass und die blödsinnige Sexualkunde an seinen Schulen, das gab's damals nicht, das haben wir uns alles selber beigebracht, wir hatten ja nischt, wie die Großeltern nach dem Krieg immer sagten. Und dann schwärmt Kretschmann von Merkel, von seiner Kanzlerin mit dem großen Herzen.

Einen Tag später sitze ich am Computer, ich komme dem Schluss meiner Reportage näher, einen Schlussabsatz noch, da platzt in das Fernsehprogramm, das im Hintergrund läuft, das nackte Grauen. Der Terror. Die Panik. Kreisende rote und blaue Lichter, Geschrei, atemlose Reporter auf allen Kanälen, eine Handvoll Terroristen hat den Musikklub »Bataclan« gestürmt. Stundenlang nur hilflose Schaltungen vor entfernten Absperrgittern, alles wird abgeriegelt, Verstärkung geholt, in der Zwischenzeit mähen die Terroristen nieder, was sich bewegt. Und foltern, wie später bekannt wird. Die Anzahl der Toten wächst, am Ende werden es 137 sein.

Als die Polizisten endlich stürmen, müssen sich viele übergeben. Die Attentäter haben ihre Opfer verstümmelt, sie kastriert, die Geschlechtsteile in Münder gestopft, Augen ausgestochen. Da hat ein Blut- und religiöser Racherausch stattgefunden an jungen Menschen, die keine Schuld auf sich geladen hatten außer der, in der westlichen Zivilisation aufgewachsen zu sein.

Ich bin von eisiger Wut erfüllt und von Hass auf die Täter und auf ihre Verharmloser und von unbeschreiblichen Ohnmachtsgefühlen, und da ich am Computer sitze, setze ich sarkastische Facebook-Postings ab wie

»Das hat natürlich nichts mit dem Islam zu tun« oder »Bin gespannt, wann Justizminister Maas vor rechten Populisten warnt«, und dann erinnere ich mich an die TV-Diskussion mit Aust und einem Polizeivertreter, die sich über die Gefahr von nicht registrierten Flüchtlingen und offenen Grenzen einig waren.

Dann setze ich meinen verhängnisvollen, karrierebeendenden Post ab: »Ich schätze mal, der Terror von Paris wird auch unsere Debatten über offene Grenzen und eine Viertelmillion unregistrierter junger islamischer Männer im Lande in eine ganz neue frische Richtung bewegen.« und garniere das nicht mit einem Trauersmiley, sondern mit einem wütend grinsenden.

Es ist Stefan Niggemeier, der das entdeckt und twittert: »Immerhin: @Welt-Autor Matthias Matussek ist guter Laune.« Nun muss man wissen, dass ich Stefan Niggemeier, selber bekennender Schwuler, in der Auseinandersetzung um meine angebliche Homophobie als einen »Kartonschädel« und »aufgeschwemmten Mausepaule« bezeichnet hatte. Dass er nun der *Welt* meinen Kopf auf dem Silbertablett servierte, war irgendwie verständlich.

Nun kann aber nur ein böswilliger oder schwachsinniger Kollege auf die Idee verfallen, dass ausgerechnet ich, der Islamkritiker, Freude über diesen Blutrausch, diesen islamistischen Wahnsinn empfinde.

Doch Jan-Eric Peters nutzt die Gunst der Stunde, sozusagen als letzte Amtshandlung, und bezeichnet mein Posting als durchgeknallt, »Die zivilisierte Welt hat gerade andere Probleme ...« – und droht öffentlich auf Facebook meine Kündigung an (»Alles weitere intern ...«). Zu ihm gesellt sich in Treterlaune Kai Diekmann, der twitternd nachsetzt: »Ich finde Deine Smiley-Reaktion einfach nur EKELHAFT!«

Ich verteidige mich auf Facebook, erkläre meine Intention, spreche von meiner Wut und wandle schließlich das Emoticon in eines der angebrachten und so selbstverständlichen Trauer, weil ich erkenne, dass die anderen nicht begriffen und ich mich selber vergriffen habe.

Meine mit Kretschmann sympathisierende und beruhigende Flüchtlingsgeschichte schließe ich hilflos mit einem letzten Absatz mit den Worten: »Und dann fährt er davon in seiner Staatskarosse, der Revisor, der Pauker, der konservative grüne Landesvater, Ministerpräsident Kretschmann, der noch nicht ahnt, dass 24 Stunden später der Terroranschlag von Paris alles über den Haufen werfen wird, was dieses Land über die Politik der offenen Grenzen in den letzten Monaten debattiert hat.«

Ich drückte auf »Senden« mit der Bemerkung, dass ich Verständnis haben würde dafür, dass der Artikel wohl nicht mehr mitgeht, weil in einem solchen Fall selbstverständlich das Heft völlig umgeräumt wird. Aber vielleicht die Woche darauf, umgeschrieben, um die blauäugige Willkommenskultur mit der blutigen Realität zu kontrastieren? Denn es stellte sich schnell heraus, dass die Täter die offenen Grenzen zu Deutschland genutzt hatten, ein Auto mit Waffen wurde in Bayern abgefangen.

Ich bekam keine Antwort. Auch in den nächsten Tagen nichts.

Allmählich wurde ich nervös und fragte mich, was die Funkstille zu bedeuten habe. Am Tag vor meiner Kündigung hatte Döpfner in einem Editorial zum Kontrollverlust in der Flüchtlingskrise »eine Radikalisierung der gesellschaftlichen Mitte« gefordert. Ich gratulierte ihm per SMS, worauf er sinngemäß zurückschrieb, dass auch mit Smiley die Welt nicht untergehe.

Ich telefonierte mit Aust und war hinterher beruhigt und versprach, mich in der nächsten Ressortkonferenz zu stellen und alle Missverständnisse auszuräumen.

Auftritt Father Brown

Father Brown und das Geheimnis der gläsernen Konferenztür – Austs Traum von einem Hundehalsband – Eine Fahrt in Poschardts Porsche – Kreuzverhör durch Hercule Poirot – Warum der Journalist Mark Twain manchmal schießen musste und welche Memmen heute unseren Berufsstand versauen

Um das Rätsel des 17. November 2015 aufzuklären, nämlich meine fristlose Kündigung durch den Springer-Verlag, die bis in die polnische und die britische Presse hinein Wellen schlug und mein Leben von Grund auf umkrempelte, werden wir uns der Hilfe einiger scharfsinniger Ermittler versichern müssen. Ja, ich werde die detektivischen Topkräfte aus den Tagen Chestertons verpflichten, Sherlock Holmes, Hercule Poirot und Father Brown.

Der Goldkeil an diesem schicksalhaften Morgen düster und unheilschwanger im Nieselregen, auf der Brache gegenüber kein weißes Kaninchen, wahrscheinlich war es schon drinnen bei dem Sauwetter.

Aber Fragen über Fragen: Was hatte es mit diesen Männern in schwarzer Kampfmontur auf sich, die sich aus einem Helikopter vor der Glasfront abseilten wie in Mel Gibsons Paranoia-Thriller *Conspiracy Theory*, als ich um 10:17 Uhr über den polierten Marmorboden auf die Sicherheitsschleuse zulief? Warum stand der *Rolling Stone* im Zeitschriften-Büfett für die Besucher auf dem Kopf? Wo war Stefan Aust? Und wo Ulf Poschardts 911er-Porsche? Warum sollten die Aktien des Springer-Konzerns am Ende dieses Tages ins Bodenlose stürzen?

Sherlock Holmes hätte sich sofort in die Tiefgarage begeben müssen, um eine Probe aus dem Reifenabrieb aus Ulfs Stellbox zu nehmen, aber ich wusste ja nicht, dass mein Rauswurf durch ihn nur noch rund eine Stunde entfernt war, und auf Verdacht – wer käme schon auf *so was* – hätte ich Holmes wohl kaum da runtergeschickt.

Obwohl? Vielleicht hätte Posh da immer noch rumgesessen mit seinem Plakat, um gegen die Absetzung dieser Autosendung auf BBC zu protestieren, also schmollend vor seinem Boliden, das einzige Protestplakat, das der gute Ulf je in der Hand hielt und auf Facebook gepostet hatte, mit einer bewundernswerten Unerschrockenheit davor, total dämlich zu wirken.

Für Hercule Poirot wäre ein Einsatz zu diesem Zeitpunkt im doppelten Sinne zu früh, denn Agatha Christies belgischer Eierkopf und Hypochonder mit seinem militärisch hochgezwirbelten Schnurrbart pflegte immer erst am Ende eines Falls aufzutreten, nachdem er sämtliche Mitspieler in einem Raum versammelt hat, um dann reichlich angeberisch, wie ich immer fand, mit dem Verweis auf ein bis dahin übersehenes Detail und mit unerbittlicher Logik den Täter zu überführen.

Gemeinsam mit den beiden, die jeweils ungefähr 50 gelöste Fälle unter dem Gürtel hatten, bestieg vor rund 100 Jahren Chestertons Father Brown die Bühne der Ermittlungen, das triumphierende wissenschaftliche Zeitalter steckte gleich zu seinem Beginn voller mysteriöser Verbrechen, die aufgeklärt gehörten.

Sherlock Holmes löste seine Fälle mit dem unerschütterlichen Glauben an die Wissenschaft, an Kausalketten, an Logik – das alles setzt einen rational handelnden Übeltäter geradezu voraus, was sich bei Gewaltverbrechen als durchaus kühne Annahme erweisen kann.

Hercule Poirot stach hervor durch seine Eitelkeit und die tadellosen maßgeschneiderten Anzüge, um dann seinen brillanten Verstand unter Beweis zu stellen, mit dem er den Täter stets überführte.

Und Chestertons Father Brown? Der zeichnete sich durch nichts aus als durch seine Herzensgüte. Ein Durchschnittstyp, eher klein, rundes Gesicht, unauffällig bis auf das schwarze Priester-Habit, doch selbst das war in jenen Tagen noch ein alltäglicher Anblick. Father Browns Methode ist die der Intuition, also das genaue Gegenteil einer Methode. Er sucht die Nähe, ja er hat nicht nur Verständnis für die Täter, sondern mit den meisten von ihnen auch Mitleid. Unser Father Brown kennt den Menschen und seine Rätsel am genauesten, denn er kennt ihn aus dem Beichtstuhl, kennt ihn in seinen Schwächen, den Verführungen, den Abgründen, und stets stehen am Ende die Reue, das Gebet und die Vergebung, das ist das Ziel, das der Priester gemeinsam mit dem Sünder ansteuert.

Seine immense Popularität verdankt Chesterton ausgerechnet dieser liebenswerten Durchschnittsfigur. Immer wenn er mal in Geldnöte geriet, diktierte er einen neuen *Father-Brown*-Krimi.

Seine Fälle löst der Priester nicht in erster Linie mit dem Kopf, sondern mit dem Herzen. Natürlich verfügt auch er über Scharfsinn, aber sein großer Vorteil ist, dass man ihn ständig unterschätzt in seiner Harmlosigkeit. Er ist Gottes Kleinwerkzeug auf Erden, um doch wenigstens ab und zu die Gerechtigkeit siegen zu lassen.

Manchmal allerdings ist auch Father Brown ein wenig wuschig, auch ihm ist das weiße Kaninchen vertraut: »Das Gehirn des kleinen Priesters war immer wie ein Kaninchengehege wilder Gedanken, die einander zu schnell jagten, als dass er sie hätte festhalten können. Wie der weiße Schwanz eines Kaninchens fuhr ihm blitzartig der Gedanke durch den Kopf, dass er zwar des Kummers dieser beiden Männer gewiss sei, nicht aber ihrer Unschuld.«

So steht das in der Geschichte »Der Mann in der Passage«. Womöglich sind sie beide schuldig, aber Father Brown erkennt zunächst mal ihren gemeinsamen Kummer.

Naturgemäß liegt mir Father Brown am meisten, wem nicht, in seiner Arglosigkeit und seiner Menschenliebe. Ein bisschen mehr von der analytischen Intelligenz und Impulskontrolle eines Sherlock Holmes, denke ich bisweilen, könnte mir nicht schaden. Auf die Geschmackssicherheit und das unerschütterliche Selbstvertrauen von Hercule Poirot bin ich geradezu neidisch.

Wahrscheinlich aber hätte ich in jener Nacht zum 17. November 2015 am meisten von Father Brown profitieren können, von seiner Menschenklugheit, seiner Menschenliebe, stattdessen war ich auf Facebook unterwegs. Konnte nicht schlafen, daddelte rum, Schokolade, Milch, normalerweise beruhigt mich das immer. Aber die Konferenz am nächsten Vormittag machte mich nervös.

Die Tage zuvor war viel los gewesen. Kunterbuntes Journalistenleben, die Literaturpreis-Party mit Döpfners Warnung, mich nicht zu viel zu loben, das Treffen mit meinem Idol Knausgård dortselbst, die Reise durchs Heilige Land, davor die durch die USA mit einem Stück Gonzojournalismus, das sich sehen lassen könnte, ich hatte tatsächlich einen Lauf, wie Döpfner auf der eingangs geschilderten Literaturpreis-Party sagte, und Friede Springer strahlte, die Welt liebte mich, sogar *Die Welt* mittlerweile, dachte ich.

Ich war eindeutig in meiner manischen Phase.

Nun also die Konferenz, in der ich das Smiley aus der Horrornacht des »Bataclan«-Massakers in Paris erklären wollte. Vier Uhr morgens mittlerweile, kein Schlaf, ich schau mal rüber, was Dr. »Pop« Ulf Poschardt auf seiner Seite so treibt. Und dort sehe ich die Kündigungsdrohung von Jan-Eric Peters, die der gute Ulf, mit saftigem Kommentar, geteilt hatte!

»Während die zivilisierte Welt« ... »Alles weitere intern ...«

Was für ein Kindskopf, dachte ich mir. Da liefere ich allerbeste Reportageware, und dieser Schnösel mit seinem 911er-Tick und seiner spießigen Geschmacksbürgerei und dem postmodernen Spiegelkabinett im Kopf, dieser halbseidene FDP-Typ, von dem ich zwar jede Menge exzentrischer, aber noch nie eine kluge Bemerkung gehört habe (»Wir müssen alle ... schwuler werden«), der will tatsächlich mich altes Schlachtross abräumen, weil ich offenbar irgendwann mal vergessen habe, ihm die Füße zu küssen?

Warum wollte er mich eigentlich haben? Um einen wie mich zu seinem Befehlsempfänger zu machen? Spielten da irgendwelche sadomasochistischen Unterströme mit? Mir fiel die Szene ein, als ich mit Welt-Autor»Stucki« Stuckrad-Barre im Grill Royal sitze. Posh erscheint und Stucki begrüßt ihn so glückselig, als sei er einer der letzten deutschen Soldaten, die Adenauer aus Moskau zurückgebracht hatte – all die Jahre des Wartens und der Ungewissheit nun endlich vorbei!

Mein struppiger 68er-Anteil empörte sich, ich komme nicht dagegen an. Und jetzt reicht die Generation Poschardt/Stuckrad-Barre genau diesen servilen Karrierismus an die nächste Journalistengeneration weiter, dieses Anpassen und gemeinsame Horden-Nachtreten!

Ich sagte mir: Diese Typen glauben an nichts außer an sich selber, und das ist zu wenig. Viel zu wenig.

Gleich eine reinhauen. Also schreibe ich unter seine Unverschämtheit so was wie: Hey Vize, das kann doch wohl nicht dein Ernst sein! Blablabla. Wäre Father Brown in der Nähe gewesen, er hätte mich runtergeholt. Er hätte mich vielleicht auf eine Möglichkeit hingewiesen, auf die ich nicht gekommen wäre: dass Ulf Angst vor mir hatte. Vor mir und meiner Unberechenbarkeit. Anders ist sein Vernichtungswunsch nicht zu erklären. Ulf war immerhin bis hierher geklettert und würde in den Folgewochen weiterklettern, und das würde er sich nicht durch einen renitenten alten Bullen kaputt hauen lassen.

Aber wir waren doch Freunde!

Zumindest taten wir so, eine Zeit lang.

Das ist in unserer Branche schon viel, ist schon eine Vorsortierung der Frontverläufe, die Witterungsaufnahme.

Aber bei uns war der Wurm drin seit dieser bösen Homophobiegeschichte, nein eigentlich von Anfang an, denn nicht er, sondern Döpfner hatte mich in seine Redaktion gepflanzt. Aus einer bösen Vorahnung heraus hatte ich in unserem Einstellungsgespräch um Reichsunmittelbarkeit gebeten, also um die direkte Patronage durch ihn, aber er meinte, das könne er sich schon rein vom Arbeitspensum her nicht vorstellen.

Sicher, ich verstand, es war eine Güterabwägung. Aber wäre es wirklich so schlimm gewesen, wenn der Springer-Verlag mal eine Zeit lang 50 Millionen weniger Umsatz macht, dafür aber einen der besten Autoren der Republik an Bord hat?

Und prompt war der Ernstfall (meine angebliche Homophobie) bereits nach 14 Tagen eingetreten. Ich hatte seither ein Dutzend Mal versucht, mich mit Ulf auf einen Kaffee zu treffen, hat ja keinen Sinn, diese Brühe so lang in der Maschine zu lassen, wird ja nur bitter, aber stets kam ihm im letzten Moment was dazwischen.

Wie kindisch kann man nur sein?

Jeder, der mich kennt, weiß, dass ich im Grunde geliebt werden will und harmoniesüchtig bin und jederzeit zur Versöhnung bereit. Auch zu Entschuldigungen. Das bete ich schließlich in jedem Vaterunser.

Aber in dieser Nacht bin ich in Rage. An Schlaf ist weiter nicht zu denken, gegen neun Uhr frühstücke ich und marschiere anschließend durch den Nieselregen zum Taxistand vor dem Radisson. Zehn Minuten später stehe ich wieder vor dem Goldkeil, zum letzten Mal.

Ich weiß noch nicht, dass ich zum letzten Mal meinen Hausausweis zücke, um durch die Sicherheitsschleuse zu kommen. Das alte Gebäude hoch in den achten Stock, aber halt, die Chefredaktion ist umgezogen ins neue Gebäude. Also rüber dahin mit meiner Edeka-Plastiktüte, um die Post abzuholen.

Dann wieder rüber in den Goldturm, mit dem Paternoster hoch in den 13. Stock, ins Casino, wo die *WamS*-Konferenzen normalerweise stattfinden. Diesmal ist hier alles leer, ein Anschlag informiert darüber, dass hier und heute eine Betriebsratsversammlung tagt. Warum steht da nicht, wohin die Konferenz verlegt wurde? Einer sagt: drüben, im neuen Gebäude, in der Wirtschaft, also da, wo ich gerade herkam.

Ich hatte später einmal auf einer Party Ronja von Rönne diesen Morgen mit seinen Irrwegen zu schildern versucht, aber ich verhedderte mich wieder und wieder, bis sie mich schließlich unterbrach und trocken etwas sagte wie: »Kurz gesagt, du bist zu deiner eigenen Kündigung zu spät gekommen.«

Woher kann das Mädel das? Sie zieht so was einfach raus und haut den Nagel auf den Kopf. Ich bin tatsächlich zur eigenen Kündigung zu spät gekommen.

Die Karnickel in meinem Kopf spielen verrückt an diesem Morgen. In den Monaten, in denen ich bei Springer arbeitete, war mächtig umgebaut worden, wochenlang wurde improvisiert und umverlegt, und alles wurde gläsern. Ja, alles aus Glas, Türen und Wände, alles durchsichtig, wir haben nichts zu verbergen, hieß die Devise, außer unsere Herzen, die manchmal Mördergruben sind.

Natürlich sorgt diese Dauertransparenz für Daueraufgeräumtheit, für eine Tilgung des subjektiven Faktors wie Schlampigkeit, Urlaubssouvenirs, Familienfotos, Kombüsen und Unterstände wie die von Alan Posener etc., jeder Arbeitsplatz ist von jedem anderen jederzeit bespielbar. Wenn es eine Wohnung wäre, dann eine ohne jede Fingerabdrücke, der im Grunde perfekte anonyme Aufenthaltsort für einen Auftragskiller.

Alles transparent bedeutet auch: Jeder hat jederzeit den anderen im Blick, allerdings raffiniert schallgedämmt, damit sich die Telefonate nicht in die Quere kommen, rein optisch aber die perfekte Sozialkontrolle in der hygienischen schönen neuen Welt des Journalismus, der Contentproduktion, die dann als erfolgreich gilt, wenn die Flaschenabfüllungen reibungslos verlaufen.

Das Wirtschaftsressort ist im sechsten Stock, wo auch die Chefredaktion untergebracht ist und wo Poschardt mir zehn Minuten zuvor entgegengelaufen kam. Wahrscheinlich auf dem Weg zu genau der Konferenz, nach der ich eigentlich suchte. Und zu der ich dann folgerichtig zu spät kam. Die aber normalerweise von Aust geleitet wird, Poschardt hatte ich da noch nie gesehen. Ich machte: »Tst, tst, der Ulf« und schüttelte den Kopf.

15 Minuten später also stehe ich vor dem verglasten Konferenzraum mit der verglasten Konferenzraumtür. Ich schaue von außen in die Runde und sehe überraschte Gesichter. Ulf, der mit dem Rücken zu mir sitzt, dreht sich um und steht auf, ich versuche, mich schnell hineinzuschleichen, um den Betrieb nicht aufzuhalten, doch da schiebt sich Dr. Posh vor die Tür und baut sich vor mir auf wie ein Türsteher, und zwar nicht wie der wilde Tätowierte vom Berghain, sondern eher der gelackte der Teenagerdisco »Eden« am Ku'damm. Frisiert. Herablassend. Babyface. Fragt, was ich hier wolle.

»Was suchst du denn hier?«, fragt er.

»Hä, wie, ich komm zur Konferenz, hab's nicht gefun...«

Ich verstehe nur Bahnhof. Ich will ganz normal zur Dienstagskonferenz, nichts sonst. Mich wundert auch, dass Posh die Konferenz führt und nicht Aust. Wo ist Aust, was geht hier vor? Warum hat niemand mit mir gerechnet?

Mein Kopf ist nun wirklich wie der von Father Brown »ein Kaninchengehege wilder Gedanken, die einander zu schnell jagten, als dass er sie hätte festhalten können«. Viel zu schnell und zickzack, um auch nur einen von ihnen richtig zu erwischen.

Er weiß, die Redaktion schaut von innen zu. Hier geht es jetzt plötzlich um einen Piss-Contest, aber verdammt noch mal, ich bin fast im Rentenalter und nun wirklich ein anderes Kaliber als er, ich kann mich doch mit so einem nicht prügeln!

Dann hieß es, ich solle reinkommen, aber keinen Ärger machen.

Hier war die Situation eigentlich schon bereinigt, aber mir schoss plötzlich durch den Kopf, dass ich in der Nacht bei ihm Jan-Eric Peters' Post auf Facebook gelesen hatte.

Ich bin auf 180 und total verwirrt. Worauf nimmt er Bezug? Da steht immer noch die Kündigungsdrohung durch Peters im Raum. Bezieht er sich darauf? Wo ist Aust?

»Und was das ›durchgeknallt‹ angeht, das ist eine *Sauerei*, eine *Riesensauerei!* Und das gilt für Peters und für Kai, und wenn du das auch noch teilst, ist das genauso durchgeknallt und eine *Riesensauerei!*«

Ja, ich bin laut geworden, mit Recht. In diesem Augenblick öffnete Posh die Tür zum Raum und beendete die Konferenz.

Die Redakteure erheben sich langsam und schweigend, und dann, ganz merkwürdig, schleichen sie mit gesenktem Kopf an mir vorbei, und sie wirken auf mich wie der Chor der Gefangenen aus *Nabucco*. Sie ziehen *verängstigt* an mir vorbei. Sie haben tatsächlich *Angst!* Wovor? Ich entdecke Claus Christian Malzahn, den Buddy, und frage ihn, wo denn Aust jetzt eigentlich sitze. Er wirkte auf mich nervös und unter Druck gesetzt.

Er wies in die Richtung, aus der ich gekommen war.

Offenbar bin ich bereits ein Aussätziger.

Und tatsächlich, ich sehe Aust in seinem Trenchcoat gerade sein Büro betreten. Ich laufe hinüber, setze mich zu ihm hinein und lasse mich auf einen Stuhl sinken und stöhne.

»Stefan, ich versteh nur Bahnhof« sage ich, »was war das denn?«

Doch Aust redete von Facebook und nicht von der Konferenz.

Und hier, Monsieur Hercule Poirot, ist es schön, dass Sie da sind. Denn auch Sie haben gemerkt: Aust sagte nicht etwa überrascht: Was war das denn für ein Theater da drüben? Was machst du denn hier? Nichts dergleichen.

Ich erinnere mich wie heute, wie er bekümmert den Kopf schüttelt wie über einem nach langer Diskussion endlich erledigten Fall. Er muss sich auf meinen nächtlichen Post gegen Poschardt beziehen, denn den anderen, von Peters gerügten, hatte er mir gegenüber ja bereits entschärft.

Es muss an diesem Morgen schon vor der Konferenz einen Beschluss zu meiner Kündigung gegeben haben. Und da es hier um viel Geld geht und wir alle so nett beieinander sind, würde ich Monsieur Poirot bitten, mit der Zeugenvernehmung zu beginnen. Zunächst mal Herrn Poschardt fragen, ob er sich nicht vielleicht doch schon vor der Konferenz mit dem Ruf »Jetzt ist das Maß voll« Rückendeckung hat geben lassen für den nassen Job, mich loszuwerden.

Dann, richtig, Monsieur Poirot, Aust versteckt sich dort hinten in dem viel zu großen Sessel, fragen Sie ihn doch mal, er kann den Trenchcoat gerne ausziehen. Und dann würde ich den großen Kerl da im Hintergrund an der Bar befragen, Mathias Döpfner, der ein Glas poliert und es gegen das Licht hält und so desinteressiert tut, als habe er mit dieser ganzen zum Himmel stinkenden Scheiße nichts zu tun.

Dann wären da noch die Schreibkräfte der Personalabteilung und deren Chefs, und ich würde sie alle auf die Bibel schwören lassen, die Wahrheit zu sagen und nichts als die Wahrheit.

Also, ich muss Ihnen sagen, Monsieur Poirot, dass ich Aust nicht glaube, dass er ausgerechnet an diesem Morgen angeblich irgendeine Visa-Angelegenheit im US-Konsulat zu erledigen hatte.

»Versteh ich nicht«, sagte ich, »du hast doch gesagt, dass ich zu Konferenzen soll, und ich hab dir gesagt, dass ich zu dieser hier gehe, weil da eine Kündigung im Raum steht.«

»Was?«

Jetzt war ich erst recht geplättet. Dass Aust ... ähm ... nicht immer die Wahrheit sagt, gehört zu seiner Aufgabe, gehört zur Stellenbeschreibung eines Machtmenschen, da bin ich mittlerweile desillusioniert genug (ich selber übrigens konnte das nie als Ressortleiter, ich hab immer alles rausgeplappert, also nicht ALLES, aber lügen konnte ich nie). Aber Aust tut das nicht so dumm. Leugnet nicht dem Mann ins Gesicht, dem er noch ein paar Tage zuvor das Gegenteil gesagt hatte. Wie merkwürdig.

In der fristlosen Kündigung, die eine halbe Stunde später über die Mediendienste geht, ist von den »Vorfällen während der Vormittagskonferenz« die Rede. Diese seien der Grund für die Kündigung gewesen. Doch die Mediendienste berichten gehässiger, differenzierter und unwahrer, ich hätte Poschardt und Peters und Diekmann als »Arschlöcher« beschimpft. Wer hat denen das denn weisgemacht?

Sicher, mein Post »Hey Vize« an Dr. »Pop« Ulf Poschardt war als Kumpelmeldung im Netz gemeint, sie klang aber für einen Ängstlichen schwer nach Insubordination, und das ist in einem Weltkonzern mit Stabsabteilungen der absolute Störfall.

Tja, ich übergebe jetzt die Sache an Monsieur Poirot.

Ich ging runter in die Mittelbar mit meiner Edeka-Tüte, um meine Gedanken zu sammeln. Ich saß da rund 20 Minuten rum, und dann klingelte mein Handy. Mein Freund Stephan Sattler, der feine und feinsinnige einstige Kulturchef des *Focus* und rechte Hand von Hubert Burda, war dran und wollte was zu meiner fristlosen Kündigung wissen.

»Zu was?«

»Ja,« sagte er, »*MEEDIA* hat gerade gemeldet, dass du fristlos gekündigt bist.«

Das war offenbar begründet worden mit Ausfälligkeiten gegenüber Poschardt, Peters und Diekmann, das Wort »Arschloch« soll gefallen sein.

»Ham die 'n Knall?«

Ich versuchte, dem guten Stephan zu erklären, wie der böse Stefan reagiert hatte und was sich tatsächlich abgespielt hatte und dass das »Arschloch« ganz einfach gelogen war. Meine Kündigung war schon vorher beschlossene Sache.

Und meiner Meinung nach hat Poschardt da eine wichtige Rolle gespielt.

Aber ich hatte ja Zeugen. Es saßen Leute im Flur rum. Und die wissen, dass ich ganz sicher nicht »Arschloch« gesagt habe.

»Arschloch« gegenüber einem Vorgesetzten, so ließ ich mich später belehren, das geht nicht, obwohl auch hier die Rechtsmeinungen auseinandergehen. Wenn das Wort im Zusammenhang einer erregten Auseinandersetzung fällt, kann es okay sein. Aber ein vorsätzliches, kalt geäußertes »Chef, Sie sind ein Arschloch« dagegen, womöglich noch vor Mitarbeitern, sei ein Kündigungsgrund.

Nicht dass das Wort »Arschloch« als solches strafbar wäre, das ist jetzt wichtig für alle künftigen Fälle, gerade für den journalistischen Nachwuchs, es gibt viele Arschlöcher auf der Welt, und die muss man ja benennen können. Und das Wort für ein Arschloch ist nun mal »Arschloch«.

Man kann ja ein Arschloch nicht einfach Stehlampe oder Versicherungsbescheid nennen, das würde für jede Menge Verwirrung sorgen, und unsere Sprache dient der Verständigung, der Kommunikation, auch darüber, wer jetzt nun ein Arschloch ist und wer nicht.

Ich bin selber schon »Arschloch« genannt worden, in aller Öffentlichkeit auf der Bühne des Berliner Ensembles, wo ich dämlich genug war, an einer sogenannten Show des Pöbelkomikers Kurt Krömer teilzunehmen.

Meine Gegner, von denen es viele gibt, konnten sich kaum noch einkriegen vor Schadenfreude über meine Kündigung. Natürlich gibt es Unterschiede auch im Bereich der Arschlöcher.

Leute die sich hinter einem Apparat verschanzen haben meine herzliche Abneigung. In meinen Augen war Poschardt so einer, merkwürdig ängstlich aber immens eitel. Merkwürdiges Muttersöhnchen. Früher hat er mal gemodelt, er sieht auf eine schmollende, verwöhnte Art gut aus. Auf einer Fahrt in seinem Porsche zu seiner Villa im Grunewald – er fährt ihn übrigens eher wie einen Golf und hält sich peinlich genau an die erlaubten Geschwindigkeiten, was dem Motor immer wieder dieses dunkle Gurgeln vor Ampeln erlaubt – erzählte er mir von seinen Eltern, die total uncoole 68er gewesen seien. Ich hatte das in meinem *Deutschen*-Buch geschrieben, an einer Stelle, in der ich über den ideologischen Wellenschlag der Generationen nachdachte.

Ans Herz war er mir gewachsen auf der Präsentationsparty von Jan Fleischhauers Bestseller *Unter Linken*. Drinnen bei Adnan in der Mommsenstraße der Lärm, der Flitter, Freiherr von und zu Guttenberg war erschienen und erzählte mir, dass er gerade Platons *Symposion* im Original lese, ich kasperte mit meiner Goethe-Puppe für meinen Videoblog herum, diverse andere Politprominenz schnatterte mit Journalisten, und Ulf saß draußen auf einer Bank und unterhielt sich mit einem kleinen Jungen. Völlig desinteressiert am sozialen Aufgalopp drinnen.

Wir sprachen über Kinder – mittlerweile hat er zwei. Damals zeigte er mir eine schöne, weiche, Nichtarschloch-Seite, und ich mochte ihn sehr dafür. Vielleicht mochte er mich auch. Nein, ich bin mir sicher, dass er das tat. Er mochte die Art, wie ich schreibe, mochte meine Unabhängigkeit.

Irgendwie, irgendwann während meiner Zeit bei der *Welt* muss ich ihn so verletzt haben, dass er nicht mehr aus seiner Aversion mir gegenüber herausfand und sich entschloss, mich loszuwerden mit allen Mitteln.

»Mein Unglück«, sagte ich vor einiger Zeit mal zu Rachel Salamander, der Frau von Stephan Sattler, »ist wohl, dass ich mich nicht von außen erlebe.«

»Sei froh«, erwiderte sie lachend.

Ist es wirklich sooo schlimm? Meine Frau nennt mich autistisch. Knausgård spricht und schreibt von seinem Solipsismus, von dieser egoistischen Weltwahrnehmung, dieser radikalen Subjektivität, die allen kreativen Akten zugrunde liege. Völlig asozial. Möglich, dass mein affektiver Haushalt ohnehin nicht ausbalanciert ist. Ständig schwanke ich zwischen zu großer Nähe und schüchternster Distanz, aber ich meine es grundsätzlich nicht böse, und ich bin immer wieder über den heftigen Gegenwind überrascht, den ich ernte.

Im Laufe der letzten zwei Jahre zum Beispiel bin ich zum »Rechtsradikalen« geworden. Also, zum Rechtsradikalen-Narrativ, würde man unter Poststrukturalisten sagen, zu einer Naziüberschreibung, die ganz real zu sozialer Ächtung führt, indem sie die wahre Figur dahinter völlig überpinselt.

Das Narrativ, gerade in unserem Gewerbe, verschlingt die Figur dahinter. Plötzlich Paria. Freundschaften zerbrachen, die zu Kollegen, zu Schriftstellern, zu Künstlern. Sie bleiben einfach weg. Nun bin ich halt Paria, so what, aber ich bin mir treu geblieben, was ein schönes Gefühl ist, und habe neue Freunde gefunden. Und immer der süßen Versuchung nachgebend, der auch Chesterton sein Leben lang nachgegeben hat: Kontroversialist zu sein. Mal formulieren, was andere zu sagen nicht wagen, weil es gegen Konventionen verstößt, die oft aus Lügengewebe bestehen.

Wie man zum Beispiel behaupten kann, dass Steinmeier nach einem Terroranschlag ein »mutiges Bekenntnis zur Demokratie« ablegt, wenn er den Mut als »Lebenselexier der Demokratie« bezeichnet, ist in jeder Richtung eine derart strunzdumme und windkanalgetestete Phrase, dass sie nur von Leitartiklern in ungelüfteten Chefbüros und mit viel freier Zeit auf philosophische Tiefen abgehört werden kann, um melancholisch der eigenen sinnlosen Tätigkeit nachzuhängen.

Gut, ich bin vielleicht ein bisschen wirr im Kopf, bisschen viel Karnickel-Gewusche, aber nicht bösartig. Das Zwei-Kammer-System. Links die Romantik, rechts das Abkühlen. Das Problem mit den Deutschen ist, dass sie romantisch werden, wenn sie rational sein sollten, und dass sie rational sind, wenn sie abheben sollten, zum Beispiel in Dingen des Glaubens und der Seele.

Ich versuche hier, mir selbst am Ende meiner langen Angestelltenkarriere auf die Spur zu kommen. Kann es denn nicht auch für sozial auffällige Autoren wie mich eine Nische geben, in der man sie sozusagen naturbelassen schreiben lässt, solange sie Qualität liefern?

Ich provoziere, so viel habe ich kapiert, unter anderem durch die ideologischen Freiheiten, die ich mir einfach nehme. Wenn mir rechts plausibel erscheint, dann nehme ich rechts. Wenn mir mein Glaube Hoffnung gibt, wende ich mich nach oben, nach innen, denn ich habe eine Seele. Wenn links bedeutet, zu kiffen und herrschaftsfrei eine gute Zeit zu verbringen, bin ich links.

Ich habe Lust, der zu sein, der ich bin. Asozial. Sentimental. Gläubig. Verschroben. Albern. Egoistisch, ich zeige Gefühle ohne Rücksicht auf Verluste. Wenigstens manchmal. Wahrscheinlich ist das dumm. Für mich ist es der einzige Weg.

Natürlich hat es mich bekümmert, bei Joachim Lottmann nachzulesen, wie ein Kollege, den ich als Freund erachtete, sich über den Vorfall vor der gläsernen Konferenztür gefreut hatte, denn er war zufällig im Haus. »Matussek hat sich mit einem Sprengstoffgürtel selbst in die Luft gejagt, dieser Idiot.« Kaum einer wusste Genaues, nur dass es eine Auseinandersetzung gegeben haben soll und ich fristlos gekündigt war. Ich hätte in einem Konferenzraum randaliert und Peters beleidigt und alle als Arschlöcher beschimpft.

Mein Nachbar und Freund, der Anwalt Joachim Steinhöfel, haute eine einstweilige Verfügung raus und ging gegen die Falschbehauptungen vor. Offenbar war der *MEEDIA*-Redakteur, der die Geschichte aufschrieb, selber angelogen worden. Wer immer die Fake News verbreitet hatte, musste Stück um Stück einräumen:

Erstens: Ich war gar nicht im Konferenzraum.

Zweitens: Peters war nicht zugegen.

Drittens und vor allem: Ich hatte niemanden ein Arschloch genannt.

Und viertens war es doch sehr überraschend, dass die Kündigung mit dieser Blitzgeschwindigkeit hervorgezaubert worden war – sie muss vorbereitet gewesen sein, und zwar bereits vor der betreffenden Konferenz.

Es galt dann wohl nur noch, den Text abzuändern und zu vereinfachen. Und ich Trottel hatte durch meine Brüllerei eine so große Staubwolke aufgewirbelt, dass sich die kümmerliche und für den Verlag kostspielige Wahrheit darin leicht verheimlichen ließ. Offenbar war Dr. »Pop« Ulf Poschardt beleidigt und wollte mich weg vom Fenster.

Arbeitsrechtlich habe ich mich geeinigt. Es hat ein halbes Jahr gedauert, ein Zeitraum, in dem ich weder in der *Welt* noch irgendwo anders schreiben durfte. Und es hätte sich gut und gerne noch zwei Jahre hingezogen. Wahrscheinlich wäre es besser gewesen, Stefan, jetzt ganz unter uns, wenn ich sofort auf dein Angebot eingegangen wäre.

Das ist die neue Spielart im Angestellten-Journalismus. Vorbei die Zeiten, in denen sich zwei leitende Redakteure in der *FAZ*-Redaktion auf dem Teppich gerollt und geprügelt hatten. Vorbei die Zeiten, als ein *Stern*-Reporter seinem Ressortleiter eine geknallt hatte. Der war als Quereinsteiger in die Branche gekommen, er war früher Catcher auf dem Rummel. Vorbei die Zeiten, als ein *Spiegel*-Redakteur die Kaffee-Dame nackt in seinem Zimmer erwartete.

Unsere Branche hat einen langen und längst noch nicht abgeschlossenen Zivilisierungsprozess hinter sich, und das Misstrauen der Leserschaft begleitete sie von Anfang an. Die Wortschöpfung »Lügenpresse« zum Beispiel ist uralt und reicht in die Anfänge zurück – bereits 1848 taucht sie in einem Wörterbuch auf. Und wer Balzacs *Verlorene Illusionen* gelesen hat, weiß, dass Cliquenbildung, Korruption – und sei es die durch schnelllebigen Ruhm – und Karrieredenken die Art der jounalistischen Parteinahmen und Gegnerschaften mehr durchdringen, als die Teilnehmer diverser Debatten zuzugeben bereit sind. Wer Mark Twains Reportagen aus dem *Territorial Enterprise* in Nevada kennt, also aus dem Wilden Westen, in den es ihn nach dem Bürgerkrieg getrieben hatte, lernt, dass es in den frühen Tagen nicht auf Genauigkeit ankam, sondern darauf, ob eine Geschichte gut erzählt war oder nicht.
Und wenn wir uns heute nicht so in die Tasche lügen würden mit all dem Fake-News-Gequatsche und der moralisch überhöhten Schiedsrichterei, die immer nur die herrschende Lesart gelten lässt und jede Dissidentenabweichung als verwerfliche Entgleisung an den Pranger stellt, würden wir es trotz aller Ethik-Seminare und Schwüre zur Objektivität auch zugeben.

Im Übrigen ist heutzutage nicht die Lüge das Problem, sondern die Lücke. Etwa die systematische Anweisung, bei Straftaten nicht das Herkunftsland der Täter anzugeben, weil es »Wasser auf die Mühlen« irgendwelcher Gruppen sei, also die Lücke aus volkspädagogischer Absicht. Um zu überspitzen: Jeder Artikel ist eine nur lose mit der Wirklichkeit verknüpfte Lüge, weil er einen bestimmten Weltausschnitt behauptet und einen anderen unterschlägt.

Mark Twains Ausbildung bis dahin: Lotse auf einem Dampfschiff, Herumtreiber, Goldgräber. Journalismus war der moralisch und logisch nächste Schritt, Glücksritterei mit Setzkasten, Duelle, Schießereien, in denen sich Mark Twain, der eigentlich Samuel Langhorne Clemens hieß, als Chefredakteur seiner Ein-Mann-Redaktion in Virginia City durchaus bisweilen hinter dem Schreibtisch verbarrikadieren musste, um auf den eindringenden Konkurrenten der *Daily Union* zu schießen.

Ich selber stamme noch aus dem Schreibmaschinen- und Bleisatz-Zeitalter und bin allmählich in diese neue Welt der Angestellten und der Betriebsräte und der Stabsabteilungen hineingeraten und geschreddert worden. Als ich einem Redakteur am Telefon zurief, wenn er nicht sofort das Manuskript loslasse, würde ich ihm die Finger abhacken, denn der Chef vom Dienst stand mir auf den Füßen und musste ran an den Artikel, rannte der Redakteur zum Betriebsrat, um sich auszuheulen, weil ich ihn bedroht hätte.

Ein Brocken von Kerl im Übrigen, eine hübsche Brutalofresse, ein Typ mit Adelstick, dem eine Tochter von Gloria von Thurn und Taxis das wappengeile Herz gebrochen hatte und der gerne mit gefährlichen Fotos auf Facebook kleinen Mädchen imponierte und später eine ultraharte Boxerrecherche aus Ostdeutschland verfasste.

Mit dem Hütchen von Justin Timberlake.

Der rannte tatsächlich zum Betriebsrat. Und ich hatte ihn auch noch eingestellt und ihn gehätschelt. Da das hier mein Abschied vom Angestellten-Journalismus ist, wieso nicht noch mal reinen Tisch machen.

Einige Tage nach meiner Kündigung hatte ich, auch auf Döpfners Drängen hin, das Gespräch mit Peters gesucht. Er lehnte ein solches ab. Meine große Hoffnung lag nun auf Stefan Aust. Aust weiß, dass ich gut bin. Und dass Aust die Kündigung Quatsch fand das wusste ich.

Die Sache zog sich hin. Arbeitsgericht, Vertagung, wann das Landesarbeitsgericht eingreifen würde, stand in den Sternen, alle Schlichtungsversuche umsonst. Warum hat Döpfner nicht einfach meine Wiedereinstellung verfügt? Offenbar waren ihm die Hände gebunden – »man darf die Macht eines Konzernchefs auch nicht überbewerten«, sagte ich allen, die ihn im Verdacht hatten, mich zu verladen. Er wollte mich, er wollte United Artists im Haus, er war ein *Träumer*. Allerdings: Ich saß in der Klemme. Solange vor Gericht gestritten wurde, durfte ich für niemanden schreiben außer für den Springer-Verlag. Und für den durfte ich erst recht nicht schreiben. Ich war kaltgestellt. Wochen und Monate zogen ins Land.

Keine erfreuliche Situation, auch für die Familie nicht, der Ernährer steht als solcher plötzlich nicht mehr zur Verfügung, Frauen verlieren da schneller die Nerven. In der Zwischenzeit tauschten Döpfner und ich uns weiter aus. Er sprach mir Mut zu. Ich sagte ihm, dass ich ihn toll fände, aber dass ich endlich wieder schreiben wolle. Er wollte das auch. Er hatte ja recht. Ich wollte ihm schon als Älterer das Du anbieten, aber meinte er es auch wirklich ehrlich mit mir?

Auch Aust wollte die Kuh vom Eis bringen. Nur bei Poschardt schien es nicht zu funktionieren. Aust machte gute Hefte, um *Die Welt* kümmerte er sich nicht, die überließ er Poschardt, der zum Beispiel die Nachricht über ein neues Album der Pet Shop Boys tatsächlich zu einem Titelthema machte, riesig, also seinen ganz privaten *Rolling Stone* auf den Markt bringen durfte.

Ich bekam die absurdesten Vorstellungen zu hören. Man müsse einen neuen Vertrag machen. Wenn es nach Aust ginge, so glaube ich, dann müsste man mir wohl ein Hundehalsband anlegen, obwohl ein Pferdegeschirr passender wäre, er ist schließlich Züchter und Reiter.

Ich stellte mir kurz vor, wie das aussehen würde, ich meine, wenn wir jetzt mal ins Café Einstein zum Lunch gehen, und dann bindet er mich draußen fest und lässt mir einen Wassernapf bringen. Und der Dobermann neben mir schlabbert alles weg. Geht doch nicht, Stefan, da könnte ich für nichts garantieren, und wenn er noch so schön ist, der Dobermann!

So ein Mist, dachte ich mir. Ich hatte gerne für die *WamS* geschrieben, besonders unter Aust, und die *WamS* konnte einen wie mich gut gebrauchen. Unter Aust war sie vernünftig geworden, vernünftiger als alle anderen Blätter, weit vernünftiger als die *FAS*.

Ein paar Tage nach meiner Kündigung veranstalteten Joachim Lottmann, Ronja von Rönne und Jan Küveler einen Saufabend für mich in Berlin, sie kreierten sogar einen Drink, allerdings musste ich ablehnen, da ich an diesem Abend eine Laudatio für Heimo Schwilk schreiben musste, dem am nächsten Tag der von der *Jungen Freiheit* gestiftete Gerhard-Löwenthal-Preis überreicht werden sollte. Igitt, die *Junge Freiheit*.

Aber man muss Prioritäten setzen.

Schwilk, ein Vierteljahrhundert im Springer-Verlag als Ressortleiter, Auslandsreporter und zuletzt Autor der *WamS*, ein großer Biograf (unter anderem über Ernst Jünger, Hermann Hesse, Martin Luther), dieser Heimo Schwilk hatte 1994 mit *Die selbstbewusste Nation* einen Sammelband veröffentlicht zu dem Wirbel, den Botho Strauß mit seinem »Anschwellenden Bocksgesang« in den Feuilletons der Republik verursacht hatte.

Strauß stellte die Frage danach, was unserer Vergnügungsgesellschaft eigentlich noch wesentlich sei. Er stellte letzte Fragen. Und Schwilk hatte mit Autoren wie Safranski und anderen eine Gruppe ins öffentliche Feld gebracht, die neu war für unsere Debattenlandschaft, ja die es eigentlich nicht geben durfte und die mit »Rechter Intelligenz« beschrieben werden könnte.

Intelligenz in Deutschland war links oder gar nicht.

Das interessierte mich an diesem Abend dann doch mehr als ein paar Albereien mit Lottmann und Ronja, der Räubertochter.

Mein Auftritt bei der *Jungen Freiheit* allerdings schien für Aust eine Todsünde zu sein, keine politische, sondern eine taktische.

Aust wollte mit einer *WamS*-Beilage, einer Art Magazin, dem *Spiegel* Konkurrenz machen. Ich schrieb ihm ein Stück über wildernde Wölfe in Niedersachsen und verwies auf die Brüder Grimm. Er rief aus: »Genau so wollte ich es haben – ich liebe dich, Matthias.«

Und ich so: »Ich dich doch auch, Stefan.«

Ja, Liebe unter gestandenen Männern kann schön sein. Aber sie muss sich in guten und in bösen Tagen bewähren. Und da hatte Stefan Aust eindeutig ein Problem. Er hätte als Poschardts unmittelbarer Vorgesetzter natürlich den ganzen Quatsch beenden können, doch er setzte auf eine listigere Lösung, und die war immer diejenige, die für ihn selber am bequemsten war.

Er tat nichts, um die Kuh vom Eis zu bringen. Und die Kuh waren für mich Poschardts Eitelkeit und Intrigenbereitschaft. Sicher, mein tief sitzendes Unvermögen, mir meine Verachtung für frivole Leichtgewichte wie ihn nicht anmerken zu lassen, spielte auch eine Rolle, aber man hätte doch für den alten Klepper in »Peters' Ponyhof« einen sichtgeschützten Platz finden können, jenseits aller neurotischen Fixierungen, statt ihn auf Peitschenknall die Hufe durch die Luft wirbeln zu lassen.

Schließlich einigten wir uns nach einem halben Jahr doch noch. Nun wollte ich wieder loslegen. In meinem neuen Vertrag waren gleich 20 Stücke vereinbart. Doch diesmal, so hörte ich, legte sich die Runde der Ressortleiter quer. Ich hätte Schande über das Haus gebracht. Im Übrigen hatte Aust soeben eine nicht unerhebliche Anzahl an Redakteuren feuern müssen, der Verlag musste sparen, und ich vermute ja, dass er eigens zu diesem Metzgerjob angestellt worden war.

Wenn jetzt aber verdiente Redakteure gehen müssen, so die Ressortleiter, damit eine Primadonna wie Matussek hier wieder seine Wahnsinnsgehälter einstreicht, könne man das niemandem vermitteln. Keine Ahnung, wer das Gerücht von meinen Riesengehältern in die Welt gesetzt hatte, ich bestimmt nicht.

Aber alles in allem war es wohl so, wie es gelaufen ist, am besten. Denn ich konnte mich nun ganz auf Roger Köppel und seine *Weltwoche* einlassen und auf *Tichys Einblick* und die *Achse des Guten* von Broder, der *Focus* wollte mich, für *ZEIT ONLINE* schrieb ich meine politische Lebensgeschichte auf, also wie ich von links nach rechts kam, offenbar eine Unfassbarkeit für viele, der Beitrag war der meistgelesene, meistgeteilte, meistkommentierte des Tages.

In der Quintessenz lief es auf Winston Churchills Spruch hinaus: »Wer mit 20 kein Sozialist ist, hat kein Herz – wer es mit 40 immer noch ist, hat keinen Verstand.« Den gibt es in unzähligen Varianten, unter anderem von George Bernard Shaw und Benedetto Croce.

Nun also konnte ich wieder loslegen, so befreit wie einst beim *Spiegel*.

Und wie immer schrieb ich über alles, was mich interessierte. Nicht nur über romanische Kirchen, sondern auch über Johnny Depp und Black Sabbath, eben alles, was einen Nazi so interessiert, über die Olympiade in Rio de Janeiro oder Mozarts Reisen durch die Schweiz. Über Stefan Zweigs letzte Tage in Petropolis und über den Papst. Rechtsradikale Ware halt.

Journalismus ist einfach der schönste Beruf der Welt, egal, was die Leute sagen. Nein, es ist der unterhaltsamste!

Ach so, die Herren Sherlock Holmes und Monsieur Poirot können jetzt gehen. Father Brown, es würde mich freuen, wenn Sie noch Zeit hätten, wir sind bald durch.

Zunächst aber noch die angekündigte Satire über meine angebliche Homophobie für *Titanic*, die ich Oliver Maria Schmitt versprochen hatte.

Was für ein Spaß, die Karikatur, die über mich im Umlauf war, ins Absurde zu heben, mit Anspielungen auf eine unterdrückte Homosexualität, die ja die meisten Homophoben auszeichnet.

So, wie es der Film *American Beauty* meisterhaft vorführte. In der Hauptrolle übrigens Kevin Spacey, den der latent schwule Nachbar für ebenfalls schwul hält und nach einem wilden Annäherungsversuch aus Scham tötet. In Wirklichkeit ist Kevin Spacey schwul und wurde wegen wilder Annäherungen in dieser Wirklichkeit geächtet, so sehr, dass man ihn aus bereits gedrehten Filmen herausschnitt und die Erfolgsserie *House of Cards* ohne ihn beendete. Geächtet und ausgelöscht wie Politbüromitglieder zur Zeit der stalinistischen Säuberung.

Ausgelöst wurde diese neueste Hysterie-Welle durch bekannt gewordene Übergrifflichkeiten des linksliberalen Produzenten Harvey Weinstein, eines Freundes und Großspenders für Clinton und Obama und Anliegen aller möglichen Minderheiten. Im politisch korrekten Pulverdampf zeichnet sich eine Verschiebung der Opferhierarchien ab. Mittlerweile sticht Sex die Gesinnung.

Experte für Abschiebung

Achtung: Satire – Da der homophobe Katholik und rechtsextreme Fremdenhasser Matussek sich wiederholt darüber beschwert hat, dass man in diesem Lande nicht mehr seine Meinung sagen dürfe, hat ihm die Zeitschrift Titanic *angeboten, seine ganz eigenen Vorstellungen unzensiert zu veröffentlichen – Nach seinem Rauswurf bei der* Welt *war er frei zu schreiben, was er wollte*

Völlig überraschend war es nicht, dass ich von *Titanic* gebeten wurde, Vorschläge für die Rubrik »Abschiebung des Monats« zu machen, denn erstens sind wohl so viele Asylanten zu uns gekommen, dass mittlerweile der deutsche Breitensport leidet (alle Turnhallen besetzt, die Olympiade in Rio können wir längst knicken), und zweitens eilt mir der Ruf voraus, besonnen und unvoreingenommen zu sein und über umfassende Menschenkenntnis zu verfügen.

Als Beweis diene mein Lebenslauf, auch wenn die hinterhältigen Söldner von Wikipedia anderes schreiben: Germanistik an der FU, Gasthörer in Harvard, Doktor der Humanwissenschaften der Freetown University Liberia, verheiratet, sieben Kinder, zwei Kängurus und unseren Pelikan Poppy.

Das nur zu meiner sozialen Kompetenz.

Also: Wer darf bleiben, wer muss gehen?

Da zählt für mich erst mal mein Bauchgefühl und dann mein gesunder Menschenverstand.

Beispiel: Ich habe mich vor ein paar Wochen mit dem grünen Ministerpräsidenten Kretschmann in einer Flüchtlingsunterkunft kundig gemacht, saubere, deutsche Bundeswehrbaracken, rund 800 Flüchtlinge. Während Kretschmann und sein Tross sich die Kleiderkammer vorführen ließen, hing ich zurück, war schon spät, gelbes Flutlicht über der Anlage, spielende Kinder und da dieser dunkle Mann, gut gebaut, muskulös, aber kein Gramm Fett zu viel, der mit seiner Plastiktüte zum Wohnblock schlenderte.

Ich sprach ihn an: »Where you come from?« Hat kaum den Mund aufgekriegt, der Typ. Schließlich sagt er »Naidschiria«. Ich wüsste nicht, dass Nigeria zu den Asylantenstaaten gehört. Aber das war es gar nicht mal. Sondern: Wie der mich angeguckt hat! Steht da und guckt mich an – und geht weiter!

Ich weiß, ich gelte als homophob, was natürlich nicht der Fall ist, aber in dem Moment dachte ich mir, der ist schwul. Irgendwie hab ich ein Gespür dafür.

Also, ich bin nicht *sicher,* ob er schwul war, er war dunkel (und muskulös, also gut gebaut), draußen war es dunkel bzw. gelbdunkel, man muss vorsichtig sein mit solchen Behauptungen in diesen Tagen, aber er *könnte* schwul gewesen sein. Nun weiß man aber spätestens seit der Studie von Professor Elijah Mugabe, die er 1953 an der Freetown University durchgeführt hat, dass Homosexualität durch Tröpfcheninfektion weitergegeben werden kann.

Und nun? Man muss sich vorstellen, hier leben 800 Flüchtlinge auf engstem Raum, wie schnell kann da eine Tasse, eine Bierflasche verwechselt werden und ergo Tröpfen … also wie der mich schon angeguckt hat!

Da würde ich sagen: raus. Ich meine, wo bleibt da der demografische Sachverstand? Jeder weiß, und auch ich habe es wiederholt geschrieben, dass Schwule keine Kinder kriegen können. Wenn jetzt alle 800 Insassen, pardon: zukünftigen muslimischen Mitbürger im besten Alter schwul werden und keine Kinder kriegen, wo bleibt dann der volkswirtschaftliche Nutzen?

Ich wollte den Vorfall später in Kretschmanns Limousine zur Sprache bringen, aber der war derart beeindruckt von der offenbar überbordenden Kleiderkammer und der mutigen Kanzlerin, dass ich ihn gar nicht fragen konnte, ob er vielleicht auch schwul ist. (Ich glaube nicht.) (Grün ja, aber nicht schwul.) (Im Übrigen ist er schon älter.) (Aber immer noch gut in Form).

Auch meinen Vorschlag zur Entspannung der Flüchtlingssituation konnte ich mit Kretschmann nicht mehr besprechen, mit der nächsten Tranche statt muslimischer Männer eine Million der in haarsträubendem Elend lebenden buddhistischen jungen Frauen (Thailand etc.) aufzunehmen.

Stattdessen ununterbrochen Merkel.

Kretschmann feuert Elogen, statt Kritik an der CDU-Frau zu üben. Und warum? Weil sie die Grenzen geöffnet hat, weil sie Selfies mit ihren Lieblingsasylanten geschossen hat, weil sie sich über deutsches und europäisches Recht hinweggesetzt hat. Ich sage nur Schengen. Oder Dublin. Oder was weiß ich: Saarbrücken!

Da wir aber nun die eherne Regel haben, dass Gesetzesbrecher in ihre Herkunftsländer abgeschoben werden, müsste die von Kretschmann so gerühmte Kanzlerin eigentlich ihre Koffer packen.

Und wohin mit ihr? Ja, das weiß ich doch nicht – in die Uckermark!

So, das wären schon mal zwei. Mühsames Geschäft. Wen haben wir noch? Ach ja, diese albanische Bettlerin, über die ich auf den Stufen zur Kirche immer stolpere. (Unser Pfarrer sagte: Nicht spenden, das sind Banden.) Albanien ist kein Asylantenstaat. Im Übrigen glaube ich, dass sie ein verkleideter Mann ist und schwul. Nur so 'n Gefühl, ich kann mich täuschen, aber mein Instinkt sagt mir das.

Und sonst? Claudia Roth, die geht mir schon lange auf den Senkel. Das muss reichen als Begründung, als Abschiebungsentscheider habe ich ja wohl zwei oder drei »Wildcards«. Im Übrigen fühlt sie sich in der Türkei so wohl, mit Görek und Börek und Sonne, Mond und Sterne. Also, Reisende soll man nicht aufhalten, und schließlich läuft sie bei uns durch die Straßen mit dem Spruch »Nie wieder Deutschland«.

Muss ja nicht.

Wahrscheinlich ist sie schwul.

Vielleicht sollten wir diese Erbsenzählerei lassen und uns Gruppierungen zuwenden. Da wäre die ominöse AfD. Eine Partei, die sich »Ausländer für Deutschland« nennt, sollte man sich ganz sorgfältig anschauen. Ich wäre nicht überrascht, wenn diese Leute, die sich wolkig für »Ausländer« starkmachen, insgeheim auch asylunberechtigte Asylanten in ihre Reihen aufnähmen, um sie vor dem Zugriff der Behörden und der Kölner Frauen zu schützen. Wahrscheinlich alle schwul.

Ach so, fast hätte ich's vergessen: Man sollte mal den Kader des FC Bayern München durchkämmen. Also, ich sehe da nur Ausländer, von denen nicht ein Einziger einen vernünftigen Asylantrag gestellt hat. Und ein Bayernteam ohne Xabi Alonso, Thiago Alcantara, Kingsley Coman, Arjen Robben, Franck Ribéry, Rafinha, Julien Green, Mehdi Benatia, Jérôme Boateng, Juan Bernat, David Alaba, Javier Martinez, Douglas Costa, Gianluca Gaudino, Arturo Vidal, Robert Lewandowski wäre ein erster Schritt, auch im edlen Wettstreit der *Deutschen* Bundesliga wieder ein Stück weit Fairness herzustellen.

Das alles sind natürlich erst mal vorsichtige Denkanstöße, und ich behaupte auch nicht, eine vollständige Liste erstellt zu haben, aber irgendeiner muss schließlich den Anfang machen. Natürlich gehört auch der Ex-*Titanic*-Häuptling Oliver Maria Schmitt auf die Liste, weil er mir auf der letzten Buchmesse beweisen wollte, dass es keinen Gott gibt, aber da waren wir schon so stoned, dass keiner dem anderen mehr folgen konnte. Aber der wird mir hier sowieso rausgestrichen.

Wie? Was heißt hier »Matussek« ist auch kein deutscher Name? Hat dich jemand um deine Meinung gefragt? Zieh weiter, Penner!

Ich habe fertig.

Münchner Willkommenskultur reloaded

Ein denkwürdiger Besuch in der Allianz Arena – Ein Lügentest – Die Loge der Bank Merck, Fink & Co. – Ochsenmaulsalat gegen Fremdenhass – 1860 gewinnt gegen Sandhausen und der moralische Opportunismus gegen den Anstand – Denunziation wird zum Volkssport

Endlich durfte ich sie kennenlernen, die legendäre Münchner Willkommenskultur. Auf dem Weg in den Skiurlaub Anfang März 2016 ein Abstecher in die Münchner Allianz Arena, zum Spiel 1860 gegen Sandhausen. Abstiegskampf. Aber das ist nicht der Grund. 1860 ist mir egal, seit Petar »Radi« Radenković nicht mehr spielt, also seit 50 Jahren, aber ich kenne die Allianz Arena noch nicht.

Ein Münchner Facebook-Freund hatte ein Dutzend Leute dorthin zusammengetrommelt, um über »die Flüchtlingskrise« zu diskutieren, und zwar in der luxuriösesten Location, die sich denken lässt für Freunde des Ballsports wie mich, eben in der Stadion-Loge eines renommierten Bankhauses in der Allianz Arena.

Das war der Catch für mich! Mein Facebook-Freund war mir über zwei gemeinsame andere Freunde bekannt, allerdings hatte ich ihn noch nie persönlich getroffen. Facebook macht es möglich. Anwesend war auch die Autorin Liane Bednarz, die mich in dem Buch *Gefährliche Bürger* als Feind der Demokratie und subversiven Dunkelkatholiken mit einem Netzwerk gleichgesinnter Untergrundkämpfer ins Fadenkreuz aller satten, aber gleichwohl abschusswütigen Gutbürger gesetzt hatte.

Keiner hier interessiert sich fürs Spiel, wenn schon Arena, dann FC Bayern München, aber in der Loge rumhängen bei Bier und Wein, bei Reis mit Wachtel und, für die, die es rustikaler mögen, Brezen, Obatzda und Ochsenmaulsalat, das war schon cool.

Mein Facebook-Kumpel verdiente sein Geld, soweit ich es verstand, hauptsächlich mit Pferde-Klienten. Offenbar liegt da eine Menge Heu rum. Münchner Schickeria-Heu in Tracht und Loden. Und er spielte Klavier. Er kämpfte auch gegen rechts, so, wie man das in Schwabinger Milieus eben tut.

Allerdings gibt es innerhalb dieser Kämpfer für die reine Lehre auch noch Unterfraktionen, die sich gegenseitig heftiger bekriegen als die Reformierten um Martin Luther.

In diesem Fall waren die beiden Autoren Bednarz und Giesa übereinander hergefallen.

Giesa hatte, nachdem meine Kündigung publik geworden war, theatralisch mit einem »edlen Tropfen« gefeiert, wie er in einer seiner Kolumnen kundtat. Um bei dieser Gelegenheit den Mafia-Spruch umzuwandeln: »It's not only business, it's strictly personal.«

Aber Liane Bednarz ging noch abgebrühter vor.

Zwei Wochen vor diesem Treffen hatte ihr der Chefredakteur Volker Zastrow in der *Frankfurter Allgemeinen Sonntagszeitung* eine ganze Seite zur Verfügung gestellt, um mich als militanten Christen zu enttarnen, mich und Birgit Kelle und Alexander Kissler und Klaus Kelle, ein treues CDU-Mitglied, der zu diesem Zeitpunkt im Koma lag und um sein Leben kämpfte.

Mein Vergehen: Ich hatte »die Kanzlerin kritisiert«. Zudem hatte ich die Grüne Katrin Göring-Eckardt mit einem Satz zitiert, der zwar korrekt wiedergegeben war, allerdings von einer Seite stammte, auf der irgendwann irgendein Idiot mal den Holocaust geleugnet hatte.

Ich hatte mir für dieses Zusammentreffen fest vorgenommen, sie zu ignorieren. Ab und zu durch die Panoramascheibe ein Blick aufs Spielfeld, unsere Loge lag Höhe linke Eckfahne, draußen magisches Flutlicht im Märzgrau, der grüne Rasen leuchtete und machte die leeren Ränge vergessen. Ein Stadion unter Flutlicht, es gibt nichts Schöneres. Ab und zu geht einer durch die Logentür raus ins Stadion, um zu rauchen. Ich zum Beispiel.

Zur Vorbereitung des Treffens hatte der Gastgeber einen Magazinbeitrag verschickt, in dem sich eine Dame aus dem vornehmen Bogenhausen gegen ein geplantes Flüchtlingszentrum in ihrer Nähe ausgesprochen hatte. Sie habe Angst um ihre Töchter, sagte sie dem Reporter. Sie selber sei schon rüde angegangen worden von Asylanten, einer habe »fickificki« gesagt.

Große Frage in die Runde: Lügt die Frau? Sagt sie das alles nur, weil sie eigentlich eine engherzige Rassistin ist? »Was meint ihr?«

Ich hatte mir das Video angesehen. Sicher, es war übliche pelzbesetzte Münchner Schickeria, aber nicht schlimmer als der Durchschnitt. Rassistin? I wo.

»Nö, die lügt nicht«, sage ich, »denn gegen eine Belegung des Flüchtlingsheims mit Frauen und Kindern hatte sie ja nichts einzuwenden.« Tatsächlich hatte sie sich genau so geäußert. Einige willkommene Aktivisten in der VIP-Lounge allerdings weigerten sich, diese Aussage für bare Münze zu nehmen, sie wollten den ideologischen Schein durchstoßen, wollten erkannt haben, dass sie lügte. Abstimmung per Handzeichen.

Die Frage nach der Aufrichtigkeit dieser betuchten Dame war dem Gastgeber wichtig. So wichtig, dass er den Beitrag einem offenbar renommierten Lügengutachter zugesandt hatte, der hatte sein Urteil gefällt: »Sie lügt.«

Mit fast allen in diesem Raum bin ich auf Facebook befreundet, einige tragen Adelstitel, ein SPD-Stadtrat, ein Werbemann, ein freier Journalist von der *Zeit*, ein männliches Model, ein Bandleader, für seinen Bruder Tommy, den Komponisten, hatte ich ein Vorwort geschrieben, Supertyp, die ganze Familie supersupersuper, um es im Guardiola-Deutsch zu sagen, das galt auch für die Romanautorin und Kolumnistin, eher auf meiner Linie.

Zunächst berichtete der SPD-Bezirksstadtrat sehr pathetisch über den Stand der Dinge, wie er war, er sprach vom Elend der Welt und dem leuchtenden Kampf vor Ort in München, dem Kampf gegen rechts, das vor allem, wir können den Rechten nicht das Land überlassen, der AfD und den Pegida-Idioten, da fängt es doch schon wieder an wie früher einmal! Hier in der Stadt der Bewegung würde der Kampf seinen Ausgang nehmen, und zwar diesmal gegen Hitler und seine Nachfolger.

Man suhlte sich in dieser moralischen Selbstvergrößerung, lobte die Kanzlerin, das hätte man doch nie gedacht, dass man mal eine von der CDU lobt, schmunzelschmunzel, hier sind die politischen Frontverläufe sehr schlicht, alle hielten sich vornehm zurück, der Herr von der Bank lächelte. Was können wir noch tun?

Da sagte ich, nun, mit der Willkommenskultur hat ja die Kanzlerin erst mal Schluss gemacht. Wieso, was? So leicht wollten sie sich ihren moralischen Triumph nicht aus der Hand schlagen lassen, sie hingen schon sehr an ihrer Begeisterung für sich selber.

»Na ja«, sagte ich, »die Flüchtlinge sind jetzt am Maschendrahtzaun in Idomeni gestrandet, in Griechenland, das ist weit weg, das stört die Willkommenskanzlerin offenbar nicht so sehr.«

»Aber was soll sie denn machen?«

»Ehrlich werden«, sagte ich. »Jetzt mal eine Frage an die Juristen, eigentlich haben sie doch gar keinen Asylanspruch, wenn sie aus sicheren Drittländern kommen, oder?«

Bisschen Gefauche, UN-Charta, EU-Recht und Grundgesetz wirbeln durcheinander, ich sage, dass ich auch gegen Nazis bin, puh, und dann wird der Islam debattiert. Einer der Adeligen führt kulturelle Unterschiede ins Feld, er spricht über das totale Desaster der Integration, ich bin ganz bei ihm, und einem witzigen FDP-Haudegen, der von seinen Hilfsaktionen an Brennpunkten berichtet, an denen Jesiden und Kurden von der Terrormiliz des IS abgemetzelt wurden.

Aber wir sind jetzt weit weg von diesen Schrecken, 1860 München schießt das erste Tor. Ich freue mich. Offenbar werde ich überall, wo ich mich aufhalte, sofort zum Lokalpatrioten.

Ein nettes blondes Serviermädchen schafft Wein ohne Ende herbei, alle geraten in Fahrt, immer wieder mal nach draußen, um zu rauchen, und Sandhausen gleicht aus, die Münchner legen wieder vor, und irgendwann fragt mich mein Gastgeber, jetzt mal Hand aufs Herz: »Magst du eigentlich die Flüchtlinge oder nicht?«

»Jetzt im Ernst?«

Ich sollte sagen: Nein, ich hasse sie, ich hasse sowieso alle Menschen, ganz besonders die Bayern, ich hasse alle außer den Spielern von Borussia Dortmund.

»Hm«, sage ich, »also die, die ich am Hamburger Hauptbahnhof getroffen habe, mit denen war schwer ins Gespräch zu kommen, weil die meisten aus Eritrea waren und kein Englisch sprachen und eigentlich nur auf der Durchreise waren nach Skandinavien.«

Zu diesem Zeitpunkt übrigens hatten die bösen Polen und Ungarn und übrigen Ostländer ihre Grenzen bereits geschlossen, Schweden war gerade dabei, auch die Dänen begannen mit Grenzsicherungsmaßnahmen, und Kanzlerin Merkel zeigte sich relativ ungerührt über die Gestrandeten in Idomeni, sie meinte, die könnten doch in Pensionen gehen, »da gibt's doch genug Unterkünfte«. Gleichzeitig versuchte sie fieberhaft, mit dem Sultan vom Bosporus zu einem Deal zu kommen, Milliardenbeträge waren im Gespräch.

So einfach wie in der sogenannten Willkommenskultur würde es nie wieder werden, sich zu den Guten rechnen zu können und Schuld abzuwerfen, indem man einfach mit ein paar Stullen zum Hauptbahnhof läuft.

Ich begriff eines an diesem Abend: Alle hier fahren die gleichen BMWs, alle reservieren beim gleichen Italiener, alle tragen den neuesten Shit von Gucci, da sind Unterscheidungsmerkmale gefragt. Also, das Sicherste ist das zwischen einem Herzen aus Gold und der Gier nach Geld. Klassenkampf in der VIP-Lounge. Wobei auch mein Facebook-Freund, wie er mir anhand seiner erfolgreichen Prozesse draußen beim Rauchen über dem Spielfeld erklärte, jetzt prinzipiell auch nicht gegen Geld sei.

Doch ein Unterscheidungsmerkmal, das sich in München immer anbietet, ist links oder rechts, SPD oder CSU, gut oder böse, klug oder dumm, eine rein virtuelle, eine eher totemistische Zuordnung innerhalb der bayerischen Komfortzone, man trägt Sozialdemokratisch-Menschenfreundliches, was für den Alltag so unerheblich ist, als ob man sein bestes Stück jetzt aus männlicher Sicht rechts oder links trägt.

Aber es ist ein Unterscheidungsspiel. So was wie 1860 München gegen Sandhausen im Abstiegskampf. Allerdings interessieren sie sich doch alle eher für die Glamourtruppe FC Bayern München und die Champions League.

Ich fuhr in die Stadt zurück, nach heftigen Umarmungen mit allen außer Liane Bednarz.

Erst im Rückblick verstand ich, wie perfide die ganze Veranstaltung angelegt war, denn sie fand ja in der luxuriösen Stadion-Loge der Bank Merck, Fink & Co. statt, ein Vertreter der Bank saß dabei.

Was keiner von uns bis dahin wusste, war die Tatsache, dass Liane Bednarz und ihr Co-Autor sich genau über diese Bank in die Wolle gekriegt hatten. Dem Vernehmen nach – die *SZ* berichtete darüber – standen zunächst auch Breitseiten gegen die Bank als Helfer der AfD im Buch, die ihrerseits Kunde der Anwaltsfirma war, für die Liane Bednarz in Lohn und Brot stand.

Sie hatten also über ihren Kampf gegen rechts und ihr Gutmenschensein palavert und getrunken und gegessen im Chichi-Plunder eines Bankhauses, das insofern erpressbar geworden war, weil die Frage im Raum stand, ob dieses Bankhaus zu den Feinden der Demokratie, zu den gefährlichen Bürgern, den Völkischen, den subversiven Netzwerkern gehörte, die Liane Bednarz mit ihrem Buch demaskieren wollte.

Das alles ist in seiner Ekligkeit plötzlich so klar, dass man die Brusttöne der Münchner Willkommenskultur und ihrer Spielregeln begreifen lernt. Da blättert die Schminke aus jeder Gesichtsfalte, aus jedem Krähenwinkel.

Dieser Loden-Widerling wollte darüber richten, ob eine Bogenhausener Anwohnerin mit Töchtern, um die sie Angst hatte, in Wirklichkeit eine Rassistin sei und lüge? Dieser Typ hatte tatsächlich einen Lügenforscher beauftragt, dazu ein Gutachten abzugeben?

In welchem Kosmos leben diese Menschen? Wie halten sie diesen erstickenden Dunst aus Selbstgerechtigkeit und taktischen Erwägungen und Bigotterie nur aus?

Und mittendrin also Liane Bednarz, die gerade intern dafür gesorgt hatte, dass die Banker, ihre Kunden, in einer Entlarvungsoffensive gegen Demokratiegegner möglichst ungerupft bleiben?

Nichts davon ist an diesem Abend verhandelt worden. Stattdessen rieselte die Schminke.

Als ich meinen Facebook-Freund auf die Infamien des Buches hinwies, mit denen sie mich zugepflastert hatte, sagte er grinsend, er habe es nicht sooo genau gelesen. Aber er wisse, dass Bednarz alles nur gut meine.

Denn als einige Wochen später ruchbar wurde, wie zwei *FAZ*-Redakteure dem AfD-Politiker Gauland in einem Hintergrundgespräch eine als fremdenfeindlich interpretierbare Bemerkung gegen Boateng in den Mund legten, um die Schlagzeile »Gauland beleidigt Boateng« fingern zu können, und das, wie sie später zugeben mussten, ohne jede Audio-Aufzeichnung oder andere Beweise, regte ich mich auf Facebook darüber auf.

Plötzlich stand mein Facebook-Freund mit einer persönlichen Nachricht auf der Matte.

Ich hätte Liane beleidigt. Er könne mich dafür vor den Kadi zerren. Aber er sei bereit, die Sache unter den Tisch fallen zu lassen, wenn ich ein Bußgeld bezahle. Auf das Konto einer gemeinnützigen Einrichtung, die er mir noch nennen werde.

Nun hat ja unser ehemaliger SPD-Vizekanzler bei einem Besuch in einer Flüchtlingsunterkunft gegen rechte Pöbler das Wort »Pack« benutzt. Aber sollte man nicht viel eher diese Brezen fressenden Nichtsnutze aus der Komfortzone mit ihren getürkten Lebenslügen und ihrem bombastisch aufgepolsterten Etikettenschwindel als »Pack« bezeichnen?

Sie mampfen Moral und rülpsen Nächstenliebe, diese Münchner Lodenschickeria, und sie haben sich mittlerweile ganz offiziell die Lizenz ergaunert, ihre Gegner als Fremdenfeinde zu brandmarken und zu hassen, wobei sie gegen kleine Gefälligkeiten dann auch bereit sind, die Dreckschleuderei zu drosseln oder ganz einzustellen.

Bei der Mafia spricht man da von Schutzgelderpressung. Allerdings ging das Spiel in diesem Fall schief.

Nun kann sie sich ganz der heiligen Sache widmen: die Demokratiefeinde und ihr »Rechtssprech« zu entlarven, indem sie, wie in Burda-Schnittmusterbögen, Verbindungen zwischen Publizisten und ihren Plattformen und dem großen Ganzen zieht, etwa Veröffentlichungen in »neorechten« Zeitungen wie der *Jungen Freiheit* oder der *Sezession*, so plappert sich das gegenseitig anhimmelnd durchs Netz und stellt sich als Stimmverstärker von Händereibern wie Alan Posener mit seinen starken Meinungen zur Verfügung, für den sie selbstverständlich Kolumnen schreibt.

Ganz eigene, durchaus lukrative Echoräume haben sich da aufgetan für diejenigen, die Flüchtlingspropaganda auf Staatslinie betreiben und jederzeit für Sendungen der Öffentlich-Rechtlichen bereitstehen, die gemeinsam mit den politischen Stiftungen der Parteien und den Kirchen dieses Perpetuum mobile in Schwung halten und ständig Kolloquien gegen rechts veranstalten – eine ganze Industrie für Trittbrettfahrer wie eben Liane Bednarz.

Und die Flurschäden dieser Industrie werden nun verschlimmmert durch Netzkontrolleure und staatlich bestallte Blogwarte, die das Netz nach staatswidrigen Inhalten durchforsten sollen und saftige Strafen aussprechen. Mit dem Netzdurchsuchungsgesetz hat Justizminister Heiko Maas eine Art Wahrheitsministerium Orwell'schen Zuschnitts installiert und dafür gesorgt, dass Facebook bei einer Bußgeldandrohung von 50 Millionen Euro womöglich diffamierende Äußerungen streicht.

Wie sich gezeigt hat, eine wirklungsvolle Maßnahme – seither streicht Facebook in Zweifelsfällen schnell und sperrt User. Allerdings in erster Linie regierungskritische wie den Libanesen Imrad Karim, der nichts anderes tat, als den Koran zu zitieren.

Andere Posts wie etwa muslimische Aufforderungen, die Juden ins Gas zu stecken, oder Seiten, auf denen IS-Leute abgeschnittene Köpfe in die Kamera halten, werden da schon mal übersehen. Mit all diesem Flickwerk wird die Zivilgesellschaft, die in Facebook eine wirksame Gegenöffentlichkeit zur Verfügung hat, eingeschüchtert. Und das nur, um die Regierungspolitik der offenen Grenzen kritikfrei durchzuhämmern.

Ehemalige Facebook-Freunde, ein Anwalt darunter, verkündeten stolz, dass sie selbstverständlich Meldung machen und damit die Demokratie verteidigen. Wieso drängen sich da diese unangenehmen Erinnerungen auf?

Man hat sogar syrische Flüchtlinge für den Denunziantenjob rekrutiert.

Da ist der Fall des italienischen Pizzabäckers in München, der in seinem Restaurant auch Pegida-Anhänger bewirtet hatte. Man sollte eigentlich davon ausgehen, dass spätestens bei Spaghetti carbonara der politische Streit verstummt – aber nein, der Mann wurde boykottiert, beschimpft, bedroht, bis er sein Restaurant aufgeben musste.

Ein Stratege der Agentur Scholz & Friends rief die Aktion »Kein Geld für Rechts« ins Leben und schwärzte dissidentische Internetplattformen wie Broders *Achse des Guten* oder *Tichys Einblick* bei Anzeigenkunden an mit teils verheerenden wirtschaftlichen Folgen für die Betroffenen. Offenbar ist in dieser unserer Demokratie nur Geld für links erlaubt.

Mit rund 100 Millionen Euro jährlich werden die aufrechten Kämpfer vom Familienministerium und anderen Ministerien gepäppelt; dass darunter dann solche sind, die offenbar in vollem Rechtsbewusstsein Autos von AfD-Politikern oder auch einfachen Bürgern abfackeln, wird dabei in Kauf genommen.

Dieses Land hat sich geändert. Der Kulturkampf droht, es zu zerreißen. Es ist zum Gruseln.

Das Ende der linken Tonangeber

Wie ich zum Journalismus kam – Die Zeiten der Siege und die der restlosen Verluderung des Berufs – Trump und der Schock über seinen Wahlsieg – Ein letztes Lebewohl an Hellmuth Karasek – Die Verachtung der Eliten für den kleinen Mann – Die Identitären und ihre klugen und mutigen Provokationen – Noch einmal Gilbert K. Chesterton

Würde ich noch einmal diesen Beruf ergreifen? Unter den heutigen Bedingungen des hingeschluderten Instantjournalismus sicher nicht. Er wäre zu schlecht bezahlt. Im Übrigen: Für die Nachrichten brauchen wir die gedruckte Presse nicht mehr, und einen pädagogischen Journalismus braucht keiner. Er müsste aus einem anderen Boden wachsen, müsste sich revolutionieren.

Unter den damaligen Bedingungen allerdings blieb mir gar keine andere Möglichkeit. Ich wollte Journalist werden. Ich bewunderte Karl Kraus, später dann Rilke. Meinen ersten Artikel schrieb ich mit 15 für das *Rote Signal*, das Zentralorgan der Schüler im Kommunistischen Arbeiterbund (KAB). Ein flammendes Plädoyer gegen die Einführung des Unterrichtsfachs »Wehrkunde«, mit dem uns die Imperialisten auf ihren nächsten Mörderkrieg vorbereiten und natürlich verheizen wollten.

Natürlich waren wir links, wir glühten links, wir konnten die Revolution kaum erwarten.

Anfang der 70er-Jahre lebte ich in einer maoistischen Kommune, allerdings war unsere Kulturrevolution friedlicher als die in China, wir erweiterten ständig unser Bewusstsein mit Haschisch und LSD, selbstverständlich unter starker Missbilligung der Genossen, wir waren die Jüngeren und der Klassenkampf eine Art Indianerspiel, dann die übliche Indienfahrt im VW-Bus, der bis zur afghanischen Grenze durchhielt, dann die geniale und sehr kapitalistische Idee, in Lahore Haschisch zu kaufen und mit Gewinn in Goa weiterzuverkaufen. Ich hatte mir das Zeug in die

Schuhe gesteckt, aber bei 45 Grad in sengender Sonne begann es gewaltig zu stinken, und ich saß zwei Monate im Central Jail von Amritsar ab.

Ich las im Knast *Der eindimensionale Mensch* von Marcuse, war links und hasste es, eindimensional zu werden.

Wieder zurück, belegte ich alle möglichen Fächer, darunter Publizistik, das damals einen zweisemestrigen Kapitalkurs vorsah, aber auch Vergleichende Literaturwissenschaft, die ebenfalls über zwei Semester ein Seminar zur *Ästhetischen Theorie* Adornos anbot.

Immer noch waren wir links, zumindest wenn man Wert darauf legte, als satisfaktionsfähig zu gelten und in der Mensa nicht allein zu sitzen. Das *System* war der Gegner und der Wohlfahrtsstaat nur eine Tarnung, und wir alle waren dabei, unsere Plätze darin einzunehmen.

Die Kritische Theorie der Frankfurter Schule verfeinerte unsere Herrschaftskritik, ich lernte, dass die Kulturindustrie uns in einem lückenlosen »Verblendungszusammenhang« gefangen hielt, der nur mit der negativen Dialektik, einem sehr solipsistischen Unterfangen, aufzubrechen war.

Ich hob die linke Programmzeitschrift *Zitty* mit aus der Taufe, schrieb über Literatur und Theater, schrieb Glossen, der CDU-Chef Peter Lorenz wurde von der RAF entführt und im Keller eines Secondhandladens in einer Nebenstraße in Berlin-Kreuzberg gefangen gehalten. Über den primitiven Zerfall linker Theorie in den stilistisch miesen Bekennerschreiben konnte ich nur staunen, Terrorismus war ganz sicher nicht der Weg, aber ich war immer noch links und gegen den Faschismus sowieso.

Ich hatte nach Versuchen mit Publizistik, Philosophie, Amerikanistik, Komparatistik ein Lehrerstudium eingeschlagen, Deutsch und Englisch, doch bereits nach der Zwischenprüfung und der ersten Lehrprobe, die ich enorm progressiv veranstaltete – ich zeigte einen Serienkrimi und wollte daran die Parteilichkeit der Rechtsprechung diskutieren –, war mir klar, dass ich mit meiner Berufswahl auf dem Holzweg war: Ich wollte diskutieren, aber die Lümmel dieser Zehlendorfer Oberschule überhaupt nicht, sie waren eher unpolitisch, fanden es aber o. k., im Unterricht mal eine Folge von *Columbo* zu sehen.

Schließlich ging ich auf die Journalistenschule in München, Günther Jauch war eine Klasse über mir, wie wir kürzlich feststellten, und ich bekam mein erstes Praktikum bei der Münchner Boulevardzeitung *tz*.

Dass ich nicht zur *Zeit* oder zum *Spiegel* vermittelt wurde, lag daran, dass ich den Schulleiter verärgert hatte, als ich einmal mit Skiern vormittags im Klassenraum erschien und fragte, wer von den anwesenden Herrschaften wohl Lust habe, mit auf die Piste zu kommen. Da war ich immer noch links, weil es alle waren, aber ich las schon seit Längerem nicht mehr Lenins *Was tun?*, sondern Beckett und Benn, all diese stolzen Einzelnen, und ich lernte die »Sonette an Orpheus« auswendig und Allen Ginsbergs *Howl (Das Geheul)*, weil ich den Klang so liebte, nachts, allein in der Werkshalle, bei einem Aushilfsjob in einer Schraubenfabrik, und dann bekam ich meinen ersten Job im Feuilleton der Berliner Zeitung *Der Abend*.

Ich verliebte mich in eine Schauspielerin und wurde Theaterkritiker mit einer großen Verachtung für alles, was konventionell war und nicht links.

Später dann im *tip*, mit Jörg Fauser, der grandiose Essays über Orwell und Huxley schrieb und das linke Regietheater von Herzen verachtete. Die übliche Randale, nicht ganz die Wildwest-Nummern von Mark Twain, aber gekämpft wurde auch hier. Die Redaktion lag in der Potsdamer Straße nahe der Kurfürstenstraße, wo die Heroindealer standen und die Huren und türkischen Obsthändler und wo Verschleierte, ja Kopftücher noch selten waren. Eines Tages überfielen ein Dutzend kurz geschorene, in Overalls gekleidete Anhängerinnen der Otto-Muehl-Sekte die Redaktion und wollten dem Machoschwein Werner Matthes, Chefredakteur, die Hoden mit rotem Spray lackieren, sie versprayten den Rest mit »Fick-Sprüchen« an die Wände und zogen schließlich ab. Warum? Weil Matthes ein Machoschwein war, Punkt. Irgendein Artikel war als frauenfeindlich erkannt worden, ich hatte ganz leise meine Zimmertür abgeschlossen. Sonst bin ich ja ein Kämpfer, aber ich hatte keine Lust auf rote Eier, Ostern war noch weit hin, und ich musste noch einen Verriss zu Boy Gobert als Othello in die Schreibmaschine hämmern, dessentwegen meine damalige Frau von ihm – er war der Chef – gefeuert wurde. Matthes verzieh mir, und wir hatten später in Hamburg, er mittlerweile auch beim *Stern*, gemeinsam mit dem legendären Christian Schultz-Gerstein und dem Autor und Uralt-Buddy Hasan Cobanli viel Spaß in nächtelangen Pokerrunden.

Doch nun, Anfang der 80er-Jahre, ließ Innensenator Lummer ein besetztes Haus um die Ecke räumen. Dutzende von Polizei-»Wannen«, Wasserwerfer, Hunderte von Gegendemonstranten, dann marschierte die Ordnungsmacht auf, und ich war draußen plötzlich eingekeilt und musste rennen, weil alle rannten, weg von den knüppelschwingenden Polizeikräften, die natürlich »Bullen« genannt wurden und das Schweinesystem repräsentierten. Ich schaffte es in einen Hauseingang und blieb ohne Blessuren.

Und ich kann nicht verstehen, dass die Linke heute, über 30 Jahre später, noch immer meint, mit sogenannten Projekten und Pflastersteinen den Kapitalismus besiegen zu können. Alle stehen geblieben. Mittlerweile auch die, die es qua Ausbildung besser wissen müssten, wie gewisse *Spiegel*-Kolumnisten. Oder Chefredakteure. Wenn der *Spiegel*-Titel zum G20-Gipfel gegen die Globalisierung mit einem knurrenden Wolf aufmacht und der Zeile: »Wehrt euch!«, dann liegt der prompt fliegende Pflasterstein schon in der Hand, ja manchmal kommt es mir so vor, als würde *Der Spiegel* von naiven Mittzwanzigern samt ihrer Protestfolklore gemacht.

Aber vielleicht muss jede Generationen den gleichen Scheiß neu ausprobieren. Um es mit Gottfried Benn zu sagen: »Eine der glücklichsten Eigenschaften der Menschheit ist ihr schlechtes Gedächtnis, das höchstens ein, zwei Generationen zurückreicht.«

Allerdings hat sich die Amnesie verschlimmert – nur noch unverstandene Bruchstücke spült derzeit die trübe ideologische Erinnerung nach oben, in diesen Tagen ist es die an die Nazis. Jeder Rechte ist heute einer. Wissen die eigentlich, wer und was die Nazis waren, auch die nämlich eine Jugendrevolte zunächst, auch die von einer antibürgerlichen, linken Energie getrieben? Schon nach dem Ersten Weltkrieg hatte der Freud-Schüler Paul Federn, selber Sozialist, in einer Streitschrift zur *Psychologie der Revolution* gewarnt vor einer »vaterlosen Gesellschaft«, die sich zwangsläufig einem dämonischen Ersatzvater zuwenden würde, und die jungen Hitlerrotten waren von vatermörderischen Energien getrieben, erste Vorläufer der 68er.

Ich war mit Gottfried Benn mittlerweile genauso einverstanden, wie es Jörg Fauser war, wenn er, in jenem berühmten Streitgespräch mit dem Klassenkampfdichter Johannes R. Becher aus den 30er-Jahren, resigniert feststellte: »Die Unteren wollten immer hoch und die Oberen nicht herunter. Schaurige Welt, kapitalistische Welt, seit Ägypten den Weihrauchhandel monopolisierte und babylonische Bankiers die Geldgeschäfte begannen.«

Chesterton begann ebenfalls als Kritiker. Er hatte eine Buchbesprechung abgeliefert und sofort auf Verlangen eine zweite hinterhergeschoben, das half ihm persönlich aus einer schweren Krise, aus einer nihilistischen Phase, er trug sich mit Selbstmordgedanken. Wie ich. Keine gute Zeit für mich, diese kalten 70er-Jahre, eine Krisenzeit auch für mich, eine des Wandels, der inneren Neuorientierung.

Später machte sich Chesterton lustig über seinen pubertären Nihilismus und solche, die das Leben sinnlos fanden, weil sie zu viel Schopenhauer gelesen hatten und über den Freitod als befreiende Möglichkeit philosophierten: »Ich erbot mich, sie auf der Stelle zu erschießen, aber keiner willigte ein.« Sein düsterer Roman *Der Mann, der Donnerstag war* zehrt noch von dieser Zeit.

War Chesterton links? Nicht unbedingt, aber er war auf der Seite des einfachen Mannes. Er schrieb: »Wenn es überhaupt eine Klasse gibt, von der die Geschichte bewiesen hat, dass sie ganz besonders fähig und in der Lage ist, in allen möglichen Richtungen zu irren, dann ist es die Klasse der Hochintellektuellen; ich würde mich jederzeit für die große Masse der Menschheit entscheiden; deshalb bin ich Demokrat.«

Der Journalismus half ihm, sich abzulenken von sich selber und gleichzeitig zu sich zu finden und zu seiner Bestimmung, und bei mir lag der Fall ähnlich. Ich langweile mich schnell. Gehirnforscher Dick Swaab unterstützt mich, er sagt: »Monotonie ist Gift fürs Gehirn.« Als Journalist machst du dich in jeweils drei Tagen zum Fachmann für keltische Nadelarbeiten, Mozart-Sinfonien oder Reaktorsicherheit.

Doch welchen Spaß macht es dann auch wieder, sich für eine Idee in die Schlacht zu stürzen, romantisch auf der Barrikade für eine Überzeugung zu verbluten, Heldenträume, mit 12 wollte ich als Missionar in Afrika von einem Löwen gefressen werden, mit 16, die rote Fahne in der Hand, die Arbeiterklasse befreien, mit 20 den Nobelpreis für Literatur, mindestens.

Im Journalismus wird einem nie langweilig, für einen geregelten Job war ich von Anfang an verloren. In welchem anderen Beruf wirst du dafür bezahlt, Mick Jagger kennenzulernen oder mit einer Butho-Kommune in Kyoto zu leben oder Harold Brodkey beim Krafttraining in Manhattan zuzuschauen?

Ein paar Jahre später landete ich beim *Stern*, wo selbstverständlich alle links waren und regierungskritisch, aber das war nicht die Hauptsache. Die Hauptsache war der Erwerb von Hitlers Tagebüchern, und ich kann mich rühmen, in der meistverkauften *Stern*-Ausgabe aller Zeiten – auf dem Titel war der Führer mit Heß (Auflage 2,1 Millionen) – tatsächlich drei Artikel veröffentlicht zu haben.

Ich lernte vor allem von den Reporterinnen dort, ich flog um die Welt, ich besuchte einen Designer in Mailand, und ich lernte die Idole meiner Hippiezeit kennen, auf einem Festival in Kansas, wir schossen bekifft auf eine Zielscheibe in der Prärie, mit William Burroughs und John Giorno und Keith Haring, wir meditierten mit Allen Ginsberg und unterhielten uns mit Timothy Leary, wie dieses »Turn on, Tune in, Drop out« am besten zu bewerkstelligen sei, wenn man LSD geschmissen hatte.

Es waren die goldenen Jahre des Journalismus. Vier Jahre später landete ich beim *Spiegel*, und dann war 1989, und die Weltbühne drehte sich mächtig. Wiederum: was für eine Zeit für Journalisten, für Reporter! Ich war gerade mit einem Erdbeben in San Francisco beschäftigt, da bebte die Erde in Berlin, die Mauer fiel, meine Erdbebenreportage interessierte keinen Menschen mehr, und mein Ressortleiter Hellmuth Karasek brüllte mich an: »Geh doch endlich rüber.«

Ich kannte den Spruch aus den 60er-Jahren, da hatten Berliner Bauarbeiter das den für den Kommunismus demonstrierenden Studenten zugebrüllt, geht doch rüber, wenn's euch hier nicht passt. Also ging ich rüber, mietete mich ein ins Zimmer 6101 im Palasthotel in der Karl-Liebknecht-Straße und erlebte Weltgeschichte. Thomas Brussig war mein Zimmerkellner, er brachte mir die Faxe hoch, er hat mich später sehr liebevoll zu einer Figur gemacht in seinem Roman *Wie es leuchtet*: Ich war seiner Ansicht nach verrückt, total autistisch, aber ein genialer Reporter.

Übrigens hörte ich damals endgültig auf, mich für linke Utopien zu begeistern. Diese hier war so krachend gescheitert, unter so großen Opfern und den allergrößten Schweinereien, die alle mit dem Endziel der befreiten Gesellschaft entschuldigt wurden, Lebensläufe waren verschrottet worden, das Denunziantentum blühte, alles übrigens im Kampf gegen den Faschismus, und ich sah es in Großaufnahme und alle verpissten Winkel ebenfalls.

Auch die Mauer war ja eigentlich nur der »antifaschistische Schutzwall«, und wenn ich da durchs abgebrannte Pommernland fuhr und noch irgendeinen Klugscheißer an der Humboldt-Uni von einem dritten Weg schwafeln hörte oder vom antifaschistischen Kampf, hatte ich regelmäßig Lust, ihn mit bloßen Händen zu erwürgen, denn ich hatte mit vielen der Opfer gesprochen.

Wie gespenstisch ist es, heutzutage dieses Déjà-vu zu erleben, wieder eine Utopie, »One World«, die man früher »Internationalismus« nannte, und wieder scheint unter dem Deckmantel des Kampfs gegen rechts alles erlaubt zu sein. Wieder ist der Antifaschismus Staatsreligion und muss für jede Sauerei herhalten. Wissenschaftler werden denunziert und verlieren ihre Jobs, die Meinungsfreiheit wird durch freiwillige Spitzelei in den sozialen Medien beschnitten, und die Journalisten der staatlichen Fernsehanstalten spielen Heldentenöre für die Regierung, die macht, was sie will.

1990 kam Deutschland zusammen. Ein Vierteljahrhundert später, 2015, flog es uns um die Ohren.

Wie aufregend das damals war, wie unglaublich spannend, für die Kriegsgeneration ging ein Traum in Erfüllung, und Willy Brandt sagte bewegt: »Nun wächst zusammen, was zusammengehört.«

Ja, wir waren Nationalisten, Rudolf Augstein war es, ich war es, und *Der Spiegel* warf ein schwarz-rot-goldenes Titelblatt nach dem nächsten auf den Markt. Wir waren alle Nationalisten, und die, die es nicht waren, standen im Weg und wurden weggeräumt wie Erich Böhme beim *Spiegel* und Michael Jürgs beim *Stern*. Die Auflage vom *Spiegel* schoss über die Millionengrenze, denn er traf den Nerv seiner Leser, statt ihn erziehen zu wollen, und wir Redakteure verdienten alle mit, weil uns das Blatt zur Hälfte gehörte.

Vor allem aber lernte ich damals meine Frau kennen, was ich nach wie vor als Gottes Geschenk begreife.

25 Jahre später, 2015, war ein weiteres Jahr, in dem sich die Weltbühne drehte, ein weiteres Schicksalsjahr für unsere Nation. Damals fand sie zusammen, heute zerfällt sie, ironischerweise unter einer Kanzlerin aus dem Osten. Ironischerweise sind es gerade die neuen Bundesländer, die sich dagegenstemmen, in denen man stolz ist, Deutscher zu sein. Sie hatten lange auf diesen Zusammenschluss gewartet. Und das soll jetzt abgeblasen und zu einem verachteten Gefühl werden?

Damals gab es Bedenken der Art, die Jay Leno in den Witz packte: »Habt ihr schon gehört, die beiden Deutschlands haben sich wiedervereinigt – jetzt fragt sich natürlich jeder, wann sie wieder auf Tournee gehen.« Natürlich ging es nicht auf Tournee, sondern es blieb ein tolerantes, friedfertiges, wohlhabendes Land inmitten Europas, bis es von dem Ehrgeiz gepackt wurde, die Nachbarländer und das eigene Volk sittlich zu erziehen.

Seither ist Bürgerkrieg.

Seither gibt es die Guten und die Bösen.

Natürlich habe ich mich nach der Wende auch unter den Kollegen aus dem *Neuen Deutschland* oder der *Berliner Zeitung* umgehört – »wir sprechen dann noch das Kommentarziel ab«, hörte ich die Chefredakteurin einem Redakteur zurufen –, sie waren völlig ratlos. Wie macht man das, eine eigene Meinung haben?

Aber sind die Zwänge heute so viel anders? Ich hatte nach meinem Rauswurf Julia Jäkel, die mittlerweile im Vorstand von Gruner + Jahr ist, gesagt: »Jetzt kannst du mich ja einstellen«, worauf sie etwas erwidert wie, ich solle nicht so verrückte Sachen schreiben. Mit verrückten Sachen meinte sie da meine Kritik an der Flüchtlingspolitik?

Der Beruf Journalist passte zu mir, und natürlich habe ich dem *Spiegel* viel zu verdanken, er mir aber auch. Ich war für ihn in New York, wo ich Bill Clintons Parteitag im Madison Square Garden erlebte und das unermesslich schöne Land kennenlernte, teilweise in einer Story über den Oregon Trail auf dem Pferderücken, und Legenden wie Cormac McCarthy traf und Harold Brodkey, mit dem ich befreundet war. Der Broadway mit Eli Wallach, dieser lange Abend mit Arthur Miller im Haus von Freunden.

Wir lebten am Central Park in einem Duplex mit Dachgarten, unsere Vormieterin war Marla Maples, damals die Freundin eines gewissen Donald Trump.

Ich war für den *Spiegel* in Rio de Janeiro und coverte ganz Lateinamerika, erlebte mehrere Staatsstreiche und Putschversuche und Staatsbankrotte, doch auch eine magische Fahrt den Amazonas hinunter mit all seinen Legenden und wundersamen Begegnungen mit Indios und Jesuitenpatres. In Rio lebten wir in einer rosafarbenen Villa mit weißen Säulen und Azulejos, den weiß-blauen portugiesischen Kacheln, und einem großen Pool, der sich nachts von unten beleuchten ließ, und auf einem Felsbrocken oberhalb eines kleinen Wasserfalls stand eine Blüte, die sich jeweils nur zu Vollmond öffnete.

Kurz: Ich lebte wie ein Vorstandsvorsitzender, genauer: wie der CEO der Ich-AG Matussek.

Ich erinnere mich an einen Anruf aus Hamburg, ich stand gerade zusammen mit einem Freund im Pool mit Longdrink und Zigarre, aus meinem mit dunklem Tropenholz getäfelten Arbeitszimmer drang eine französische Suite von Bach, gespielt von João Carlos Martins, mit dem ich mich während einer Reportage angefreundet hatte, am Telefon war die Chefsekretärin, und sie sagte mitfühlend: »Herr Matussek, das muss ja schlimm sein dort drüben bei Ihnen, wie halten Sie das nur aus?« Gerade waren wieder irgendwelche Verteilungskriege in den Favelas ausgebrochen, aber die Sonne schien aus einem makellosen Blau, und von der Regenwaldgrenze flog ein Tukan mit seinem gelborangen Schnabel einen eleganten Bogen herüber auf unseren Affenbrotbaum, und ich seufzte dramatisch und sagte: »Ach, wissen Sie, Frau Rietscher, ich bin ja schließlich nicht zu meinem Vergnügen hier.«

Tatsächlich hatte ich einige Tage zuvor nach langen Verhandlungen ein Treffen mit einem Killer des Comando Vermelho arrangieren können, durch dessen Anwalt in einem neutralen Haus. Das Problem war nur, der Killer war nervös und schwitzte unter seiner schwarzen Strickmütze, und plötzlich ertönte nah am Haus das »Quack« eines Polizeiwagens, der Killer sprang auf, stieß den Tisch um, fuchtelte mit seiner Pistole, weil er dachte, er sei reingelegt worden, schließlich aber konnten wir ihn doch beruhigen.

In London schließlich wieder eine neue Welt, wieder ein anderes Verständnis von Journalismus. Mein Bruder war Botschafter, ich Korrespondent, und wir hatten eine einfache Arbeitsteilung – ich beleidigte die Briten, und er entschuldigte sich im Namen der Regierung der Bundesrepublik Deutschland. Das 1000-Seiten-Werk *The German Genius* von Peter Watson beginnt mit uns beiden.

Die Briten hatten Lust an der Kontroverse, und sie konnten ebenfalls gut einstecken, ich hatte eine Kolumne im *Evening Standard*, es ging munter hin und her.

Schließlich in Hamburg zurück, um das Kulturressort zu übernehmen und ihm so was wie eine Agenda einzuhauchen, eine konservative Agenda, eine Bildungsagenda, das war die eigentliche Provokation, nicht gleich jede schräge Sau verfolgen, die durchs Dorf läuft, sondern

Titel über Heinrich Heine und Wilhelm von Humboldt und Mozart, ein Acht-Seiten-Gespräch mit Sloterdijk, Safranski und Lissmann über Hegels *Phänomenologie des Geistes*, deren Erscheinen sich zum 200. Mal jährte, eine Kritik des neuen Pynchon durch sechs Redakteure, eine kleine Bibliothek der Weltliteratur, in der Schrifsteller wie Walser oder Enzensberger ihre Lieblingsbücher auf 40 Zeilen vorstellten.

Kein linkes Geschwafel. Leider hatte ich ein paar falsche Leute eingestellt.

Und plötzlich ist alles anders.

Eng. Verkracht. Mies. Rufmörderisch.

Plötzlich bin ich ein Nazi oder ganz knapp davor. Was ist da nur passiert in den letzten Jahren? Was ist da gekippt, nicht nur für mich persönlich, sondern für die ganze Branche?

Wie konnte aus dem einst stolzen Beruf des Journalisten und Reporters so was ausschlüpfen wie dieser Text aus dem *Tagesspiegel* aus dem Jahr 2010: »In Berlin gibt es ausländische Jugendbanden. Das ist ein Problem. Noch größer wäre das Problem, wenn es sie nicht gäbe. Sie sind jung, mutig, mobil, hungrig, risikobereit, initiativ. Solche Menschen braucht das Land.« Keine Satire, sondern ernst gemeint. Womit er die »Verwahrlosung« unseres Berufsstandes, die der Philosoph Sloterdijk während der Flüchtlingskrise in einem Essay für die *Zeit* feststellte, aufs Schönste bestätigte. Eine Verwahrlosung mit längerer Inkubationszeit. Selbstverständlich wurde Sloterdijk für diesen Essay, mit dem er dem im *Tagesspiegel* übel beschimpften Freund und Kollegen Rüdiger Safranski zur Seite sprang, nun seinerseits als Pegida-Sympathisant abgefertigt, zu einer Zeit, als das noch zur Beschimpfung taugte.

Natürlich war das lange vor der Flüchtlingskrise geschrieben, ein Krawalltext, der beweist, dass sich die Misere des deutschen Journalismus schon lange angekündigt hatte, doch erst heute richtig ins Bewusstsein gehoben wird, denn heute, natürlich, drängen sich Bilder der »jungen, risikobereiten Jugendlichen« wie jenes in den Kopf, wo ein Kerl mit Bierbüchse eine junge Frau einfach so im Vorbeigehen mit einem Tritt in den Rücken die U-Bahn-Treppe hinunterstürzen lässt.

Stellte sich als vorbestrafter Bulgare heraus.

Mutig und mobil, solche Leute braucht das Land?

Doch weiter im Text: Unser furchtloser *Tagesspiegel*-Redakteur findet, dass sich hinter der »Kritik« an solchen Auswüchsen »oft bloß der Neid derer versteckt, die Vitalität als Bedrohung empfinden, weil sich die eigene Mobilität auf den Wechsel vom Einfamilienreihenhaus in die Seniorenresidenz beschränkt«. Fazit: »Lieber ein paar junge ausländische Intensivtäter als ein Heer von alten, intensiv passiven Eingeborenen.«

Dieser zynische Mix aus Beifall für Kriminelle und Hass auf die deutschen Landsleute, die ein Leben lang für eine Reihenhaushälfte malocht haben, um sie irgendwann ihren Kindern zu vererben, wurde nicht nur gedruckt, nein, der Redakteur wurde leitender Redakteur des *Tagesspiegel*, obwohl er in seiner Zeit als Washington-Korrespondent durch ein paar sehr dreiste Plagiate aufgefallen war, wie die *taz* recherchierte.

Machen wir uns nichts vor: Der Journalismus, wie wir ihn kannten, die literarische Reportage, der kämpferische kluge Kommentar, der Journalismus des gesunden Menschenverstands, ist im Sumpf gelandet. Wer mal in Redaktionskonferenzen herumsaß, wird schnell gemerkt haben, hier ist ein Haufen Irrer zusammen, die um die abwegigsten und exzentrischsten Thesen streiten. Man will ja schließlich Aufmerksamkeit. Man will verkaufen, sich und das Blatt.

Keiner weiß heute noch, wie das geht. Die Auflagen der Blätter schrumpfen wie Schnee in der Sonne. Doch so ganz schuldlos sind die Redakteure nicht. Sie schreiben an ihrem Publikum vorbei. Drei Viertel aller Redakteure sind linksgrün einzuordnen. Drei Viertel aller Journalisten fühlen sich als Vormund ihrer Leser auf dem Weg in eine grüne, atomfreie, durchgegenderte, grenzenlose Internationale.

Eine Beobachtung übrigens, die bereits Max Weber in den 20er-Jahren während eines Aufenthalts in den USA machte. Der angelsächsische Journalist, so Weber, berichtet Fakten. Der deutsche Journalist will erziehen.

Der *Tagesspiegel*-Rabauke setzte sein Häufchen 2010, damals war gerade Sarrazins Buch *Deutschland schafft sich ab* erschienen. Unter dem Wutgeheul der liberalen Presse – schon damals gab es diesen unappetitlichen Gesinnungs-Schulterschluss gegen den Einzelnen – beschrieb Sarrazin präzise die mangelnde Integrationsbereitschaft türkischer oder arabischer Jugendlicher und ihre Neigung zu Schulabbrüchen und zur Kriminalität, ihre Machokultur, lauter Erkenntnisse, statistisch untermauert, die heute auf keinen Widerspruch mehr stoßen würden. Tatsächlich, Sarrazin hatte recht mit seiner von allen Seiten unter Feuer genommenen Prophezeiung: »Deutschland schafft sich ab.« Erst recht schafft es sich ab, seit die

Grenzen offen stehen und Immigranten unkontrolliert hereinströmen und seit der publizistischen Jagd auf alle, die diese Politik kritisieren.

Mittlerweile ist klar: Auch die bei uns schon seit Generationen lebenden Türken denken gar nicht an Integration, sie haben soeben Erdoğan mit diktatorischen Vollmachten ausgestattet und sind für die Todesstrafe. In der Mehrheit ziehen sie die Scharia dem Grundgesetz vor. Mit dem heiß diskutierten Familiennachzug, das erläuterte die Publizistin Necla Kelek plausibel, würden sich auch bei uns die bereits bestehenden abgedichteten Gettos ausweiten mit ihren islamischen Sittengesetzen und Bräuchen und der Scharia. Doch grüne Frauen wie Göring-Eckardt dagegen sind davon überzeugt, dass die mangelnde Integration auf die Fremdenfeindlichkeit der Deutschen zurückzuführen ist.

Zurück zu Sarrazin. Talkshows mit ihm wurden zu Tribunalen. Die Journalistin Mely Kiyak nannte ihn, der an einer halbseitigen Gesichtslähmung leidet, eine »lispelnde, stotternde, zuckende Menschenkarikatur«, und der damalige *taz*-Journalist Deniz Yücel wünschte ihm, »der nächste Schlaganfall möge sein Werk gründlicher vernichten«.

So weit die linken Menschenfreunde. Die Leser indes sahen sich durch Sarrazin in ihren Alltagserfahrungen verstanden und bestätigt. Sie machten sein Buch zum erfolgreichsten der Nachkriegsgeschichte. Ich hatte Sarrazin auf *spiegel online* in Schutz genommen – nach wenigen Stunden brach der Server zusammen, über eine halbe Million hatten meinen Artikel gelesen und geteilt.

Der Spiegel dachte gar nicht daran, Konsequenzen daraus zu ziehen. Sarrazin war der Hetzer. Redakteure der *Zeit* verfassten ein Buch, das versuchte, seine Argumente auseinanderzunehmen. Die Schere zwischen den schreibenden Volkspädagogen und der verachteten Masse der Leser öffnete sich enorm.

Damals fühlte sich wenigstens noch die *Bild* als Bündnisgenosse des kleinen Mannes. Unter der Titelkleckserei »Das wird man ja wohl noch sagen dürfen« lieferte sie vermeintliche Stammtischsprüche wie »Wer Arbeit ablehnt, verdient keine Stütze« oder »Zu viele junge Ausländer sind kriminell« oder »Ausländer, die sich nicht an unsere Gesetze halten, haben hier nichts verloren«.

Es war wahrscheinlich das letzte Mal, dass sich das Boulevardblatt in Übereinstimmung mit seiner Leserschaft befand, ja dass es einem Gefühl

Ausdruck verlieh, das völlig legitim war, aber schon bald politisch so inkorrekt, dass man ihm Redeverbot erteilte.

Kurz darauf muss Kai Diekmann, sonst mit verlässlichen Boulevard-Instinkten ausgestattet, eine Art Offenbarungserlebnis gehabt haben, vielleicht doch noch den Drang zu Höherem, in die feineren Kreise, denn er verpflichtete sich nun, jene seiner Leser, die Sigmar Gabriel während der Flüchtlingskrise »Pack« genannt hatte, zu besseren Menschen zu erziehen.

Zu Engeln der Nächstenliebe. Zu Menschenfreunden ganz besonders derjenigen, die von außen ins Land strömten und eine erstaunliche Kreativität entwickelten, den Staat und die Steuerzahler um Beihilfen und Unterstützungsgelder zu erleichtern, wenn sie nicht gerade Jagd auf Frauen machten.

Ja, *Bild* setzte sich ganz nach vorne auf den »Refugees welcome«-Zug, und der *Bild*-Chef ging mit gutem Beispiel voran, indem er einen afghanischen Vater mit seinen beiden Söhnen bei sich zu Hause aufnahm. Das allerdings ging dann doch fürchterlich in die Hose.

Ich habe gehört, dass er nicht mehr dort wohnt.

Bei seinem Versuch, aus einem Boulevardblatt einen Liedtext zum Kirchentag zu machen, sprangen Leser zu Hunderttausenden ab. Sie hatten das Gespür für die doppelte Lüge, denn auch die Lüge zum Guten ist eine. Die *Bild*-Zeitung unter Kai Diekmann wurde zur regierungsnahen politischen Drückerkolonne, er schaffte es mit seiner »Refugees welcome«-Kampagne bis auf die Regierungsbank, als dort der Vizekanzler Sigmar Gabriel mit einem ebensolchen Button Platz nahm.

Aber wer will schon eine krawallige Baubuden- und Kneipenzeitung als Temperenzlerblatt? Wer will eine sonst verlässlich gehässige Abschussinstitution *(Die Welt)* in der vollständigen Erniedrigung erleben, auf Schulterschluss mit denen da oben zu sein, ganz besonders in einem Land, in dem sich Umfragen zufolge über die Hälfte der Menschen durchaus in den Parolen von Pegida wiedererkannte.

Doch alle großen Blätter verloren. Dass mit dem Internet eine mächtige Konkurrenz auf den Plan getreten ist, ist nur die halbe Erklärung. Die andere Hälfte ist, dass die Zeitungen am Leser vorbeischreiben. Wenn Zeitungen im Gleichschritt mit der Regierung Probleme herunterregulieren, statt sie zu benennen, haben sie ihre Existenzberechtigung verloren.

Noch einmal die Otto-Brenner-Stiftung zur Presse während der Flüchtlingskrise: »Der [Informationsjournalismus] wollte nicht Verständigung, sondern gab den Besserwisser. Er hat die Polarisierung zwischen den Gruppen gefördert. Und so zerfällt die Gesellschaft zunehmend in abgekoppelte Kommunikations- und Meinungsinseln.«

Wenn Zeitungen aufhören, Täternamen oder Herkunft zu nennen, wächst das Misstrauen, darf man getrost, wenn nicht von Lügenpresse, so doch durchaus von Lückenpresse reden, und wenn es Tage braucht, um den Vergewaltiger und Mörder der Freiburger Studentin als afghanischen Flüchtling zu benennen und die »Tagesschau« diese Meldung unterschlägt, weil sie nur lokaler Natur sei, dann läuft etwas gewaltig schief im Journalismus. Denn der ist keine pädagogische Anstalt.

Besonders krass war das Versagen der Presse in der Silvesternacht 2015. Der brutale Massenübergriff sogenannter Asylanten, meist aus Nordafrika, auf junge Frauen vor dem Kölner Dom wurde tagelang in der Presse verschwiegen.

Drinnen hatte zuvor Kardinal Woelki vermutlich wieder gegen die Hartherzigkeit von Pegida und AfD gepredigt, salbungsvoll, versteht sich, aber auch ein Stück weit mutig und demokratisch unerschrocken, dieser Querdenker aus dem klerikalen Windkanal!

Erst als sich in den sozialen Medien herumsprach, was wirklich passiert war – in den Polizeiberichten war von einer »ruhigen Nacht« die Rede –, wachten unsere kritischen Journalisten auf, allerdings nicht ohne darauf hinzuweisen, dass das alles natürlich Wasser auf die Mühlen der Rechten sein dürfe. Claudia Roth preschte mutig nach vorne und sprach von struktureller Männergewalt, die es auch bei Deutschen gebe, auch auf dem Oktoberfest komme es jedes Jahr zu Übergriffen.

In den Talkshows saßen Experten herum, die von einem Versagen der Polizei sprachen, allerdings nicht von einem Totalversagen zivilisatorischer Hemmungen aufseiten der Vergewaltiger und Handy-Klauer. Nun wurden Frauen an die Front geschickt, und sie berichteten übereinstimmend, dass das Los der Frau in Deutschland auch nicht gerade erste Sahne ist. Richtig. Man denke nur an den rüden Überfall des in die Jahre gekommenen FDP-Vorsitzenden Rainer Brüderle, der einer ahnungslosen und völlig überrumpelten *Stern*-Redakteurin zu fortgeschrittener Stunde »seine Tanzkarte überreichen« wollte.

Auch Brüderle ein Antänzer!

Es war Journalismus auf dem Tiefpunkt.

Mit der AfD beschäftigte und beschäftigt man sich allenfalls herablassend, im Fernsehen mit mutigen Überfallfragen auf der Straße: »Was ist deutsch?« und in den Printmedien mit einem Rattenschwanz, der stets bis zu den Nazis zurückreicht. Dass die AfD etwa mit der Frage nach einer Leitkultur eine genuine CDU-Forderung aus früheren Jahren aufnahm, wird völlig unterschlagen.

Unterschlagen wurde auch in der Folge, dass dieses hier mal 2002 CDU-Wahlprogramm war: »Deutschland muss Zuwanderung stärker steuern und begrenzen als bisher. Zuwanderung kann kein Ausweg aus den demografischen Veränderungen in Deutschland sein. Wir erteilen einer Zuwanderung aus Drittstaaten eine klare Absage ...«

Dass man Ängste der Bevölkerung vor Überfremdung nach diesem gezielt herbeigeführten Dammbruch tunlichst ernst nehmen sollte, kam den wenigsten Leitartiklern in den Sinn, da sie eher in eigenen Kreisen zu Hause sind, also im utopistischen One-World-Milieu.

Kurz gesagt, trotz aller immer wütender herausgebrüllten »Lügenpresse«- und »Lückenpresse«-Parolen kapierten sie es nicht. Logisch, dass ihnen Konkurrenz erwuchs, im Netz, etwa Broders *Achse des Guten* oder *Tichys Einblick*, wo alle Informationen und Einschätzungen zu finden sind, zu denen die etablierten Blätter nicht mehr in der Lage sind.

Denn eines ist sicher: Die politische Großwetterlage hat sich gedreht. Die herangewachsene linksgrüne Journalistengeneration ist zu einem gedankenarmen Gesinnungsverein geworden, der sich dem »antifaschistischen Kampf« und diversen Opfer-Splittergruppen widmet.

Es bedurfte einer Wahl in den USA, damit einige aus der Meinungselite an sich zu zweifeln begannen.

Gegen eine Hillary Clinton, die die Unterstützung der Banken und der Waffenindustrie hinter sich wusste hatte und über eine Milliarde an Wahlkampfgeldern einsammeln konnte, war Donald Trump, der prollige Immobilientycoon, aber so was von hinterher. Dachten alle. *New York Times* und *Washington Post* füllten ganze Ausgaben mit den Verfehlungen Trumps, zu denen auch »frauenfeindliche« Äußerungen gehörten.

Um Gottes willen.

Meinungsforschungsinstitute sahen Hillary Clinton mit zehn und mehr Punkten in der Führung, zumal sie sich sämtlichen Opfergruppen angedient hatte, den Frauen, den Schwarzen, den Schwulen und Lesben, den Indios, den illegalen Mexikanern, sie fuhr sogar U-Bahn, um mit den einfachen Menschen ins Gespräch zu kommen, was sich als PR-Desaster erwies, denn sie wusste weder mit den Tokens umzugehen, noch wollte irgendeiner mit ihr reden.

Donald Trump hingegen richtete sich an die größte und vernachlässigste Opfergruppe im Land, an den weißen Mann, der ohne Arbeit dastand.

Jawohl, der hässliche weiße heterosexuelle Malocher, diese uncoolste Nummer, um die unsere leicht erregbaren und gut verdienenden Umweltschützer und Salonlinken stets den Bogen machten, es sei denn, sie ließen sich als dumpfe Rechtsextremisten verdächtigen.

Während der Wahlnacht saßen bei uns Redakteure in den Studios, die sich gar nicht einkriegen konnten in ihrer Verachtung über den Mann mit der komischen Frisur.

Tja, und dann gewann er.

Da sahen sie alle doch sehr trüb aus der Wäsche, die Meinungsführer, die Moderatoren, die politische Klasse, die vor allem. Der »vulgäre Typ« *(Der Spiegel)* mit der komischen Frisur und den lockeren Sprüchen war plötzlich US-Präsident.

Plötzlich stand da einer im Salon herum, der gar nicht eingeladen war, der bei allen nur Kichern und Kopfschütteln und Befremden auslöste, aber ... hoppla, Moment, plötzlich war es sein Salon. Er hatte gewonnen.

Diese Pointe ist schon aus rein sportlichen Gründen unwiderstehlich: Blätter wie die *New York Times* und die *Washington Post*, bei uns *Der Spiegel* und auch ZDF-Kleber haben bei jeder sich bietenden Gelegenheit politikferne Themen wie Trumps Umkleidekabinen-Bemerkungen über Frauen skandalisiert, um ein Monster zu kreieren und zur Schlachtung freizugeben – und sich böse getäuscht und einen weiteren Beweis für ihre abnehmende Glaubwürdigkeit geliefert.

Denn was die Machosprüche angeht, die fanden Frauen offenbar nicht so schlimm. Im Gegenteil. So sind Männer, denken sie sich, und Gott sei Dank sind die so. Rund 51 Prozent der Frauen mit Collegeabschluss gaben Trump ihre Stimme und 62 Prozent derjenigen ohne Abschluss.

Blieb immer noch das Argument des Fremdenhasses. Trump will die Grenzen sichern, über die Millionen illegal kommen, aber schon in Clintons Wahlkampf 1992 wurde über eine Mauer gesprochen, ist das Fremdenhass? Er will, verlautet nun, drei Millionen Illegale abschieben. Was nie zur Sprache kam während des Wahlkampfs: Auch Präsident Obama schob drei Millionen ab.

Noch immer lassen sich die Trump-Gegner nicht aus dem Takt bringen. Wie sagte Hegel auf den Einwand hin, dass sich seine Weltgeist-Theorie nicht mit der Wirklichkeit vertrüge? »Umso schlimmer für die Wirklichkeit.«

Der Spiegel sah auf seinem Titelbild – ein Heft, das sich übrigens bombig verkaufte – tatsächlich die Welt untergehen, Trump rast als glühende Supernova auf die Erde zu. Linkspopulismus pur. Der Sieg des »vulgären Trump« für die »Abgehängten«, so *Spiegel*-Chefredakteur Brinkbäumer, werde dafür sorgen, dass diese in ihrer Wut Brände legen, alle Regeln brechen und die Demokratie vernichten, »nicht nur in Amerika, sondern weltweit«.

Nichts davon ist eingetreten. Woher nehmen diese schreibenden Linkspopulisten nur ihre Gewissheiten? Wie kann es sein, dass diese Klasse nicht lernt? Weil sie in ihren Zirkeln groß geworden ist und nicht ohne Spott auf die Unterklasse schaut, der sie alle Niederträchtigkeiten zutraut, »wie vor 80 Jahren in Deutschland« (Brinkbäumer). Der Faschismusverdacht fällt auf die da unten. Igitt!

Sie haben, so sagte es Thomas Frank im *Guardian*, »in einem nie vorher erlebten, ungewöhnlichen Pakt die andere Seite beleidigt, statt zu versuchen, sie zu verstehen. Sie haben die journalistischen Regeln gebrochen. Sie haben Meinungsartikel in Gebetsstunden verwandelt, in ein ›vehicle for high moral boasting‹«. Vielleicht ist es Zeit, fährt Frank fort, über diese schrille Selbstgerechtigkeit, die meist von Besserverdienenden stammt, nachzudenken.

Kanzlerin Merkel hat Trump zwar widerwillig gratuliert, aber die Zusammenarbeit mit der Supermacht an die Bedingung geknüpft, dass sich Trump an Recht und Ordnung hält, ausgerechnet sie, die eine Schicksalsentscheidung für ihr Volk, jene ominöse Grenzöffnung, im Alleingang am Parlament vorbei beschlossen hat. Und die gerade intensiv Geschäfte mit dem skrupellosen Bosporus-Diktator Erdoğan macht, weil der ihr die

Flüchtlinge abnimmt, die sie eingeladen hat. Ob er Recht und Ordnung dabei bricht, scheint ihr dabei zunächst einmal egal zu sein.

Da Verzerrung und Abwertung des Gegners zum Repertoire auch der Linkspopulisten gehören, vermutete Gabriel mal eben so dahin, dass Trump zurück in Zeiten wolle, wo »Frauen an den Herd oder ins Bett gehörten, Schwule in den Knast und Gewerkschaften höchstens an den Katzentisch«. Kritik lasse er nicht zu: »Und wer das Maul nicht hält, wird öffentlich niedergemacht.«

Nun ist nicht bekannt, ob Trump diesen merkwürdig aggressiven deutschen Parteivorsitzenden überhaupt kannte, eher nicht, wahrscheinlich hat er ihn deshalb noch nicht »öffentlich niedergemacht«. Noch weniger wird er diese dubiosen Europapolitiker gekannt haben, Jean-Claude Juncker, einst Chef des Steuerparadieses Luxemburg, oder Martin Schulz, einst Bürgermeister in Würselen, die meinten: »Er wird uns kennenlernen.«

Selbstüberschätzung ist ihre Falle. Das ist die Lehre. Allerdings wird sie nicht befolgt: Noch Monate nach Trumps Amtsantritt wird er bekämpft, als sei die deutsche Presse immer noch im amerikanischen Wahlkampfmodus.

Früher waren Leser um eine Zeitung gruppiert wie um ein Totemtier, die *FAZ* wurde von den Konservativen gelesen, die *Frankfurter Rundschau* von den Linken, *Die Welt* von den Bürgerlichen und *Der Spiegel* von allen, wie Gottfried Benn in einem seiner letzten Gedichte ausführte:

»Hör zu, so wird der letzte Abend sein,
wo du noch ausgeh'n kannst: du rauchst die Juno,
›Würzburger Hofbräu‹ drei, und liest die Uno,
*wie sie der SPIEGEL sieht, du sitzt allein ...«**

All das gilt nicht mehr. Zeitungen haben ihre Bindekraft verloren. Der stellvertretende Chefredakteur des *Freitag*, Michael Angele, trauerte in seinem Buch über den *Letzten Zeitungsleser* so schön und wehmütig, dass man es für eine Grabrede halten konnte.

Der Populismus-Vorwurf ist übrigens nicht eindeutig konnotiert. Es gibt mittlerweile einen guten und einen bösen Populismus, wie wir aus der *New*

* Gottfried Benn. Sämtliche Gedichte. Klett-Cotta, Stuttgart 1998.

York Times erfahren. Der gute Populist ist Papst Franziskus. Der böse Populist ist Donald Trump. Die Zeitung nennt den Papst den »Anti-Trump«.

Das Jahr 2015 brachte einen großen Paradigmenwechsel. Er hat lange auf sich warten lassen. Erst 25 Jahre nach dem Mauerfall, der die sozialistische Utopie erledigte, merken auch unsere Intellektuellen, unsere Eliten, unsere Visionäre, dass ihnen der Teppich unter den Füßen weggezogen wurde.

In der Zwischenzeit hatten sie sich die Zeit vertrieben mit allerlei postmodernem Schnickschnack, zumindest was die Feuilletons angeht. Eine Mischung aus Zynismus, Vaterlandsverachtung und Fernstenliebe. Hinter allem schimmerte noch die Kritische Theorie durch, aber ansonsten galt der Klamauk der Poststrukturalisten.

Es waren die französischen Postmodernen von Foucault abwärts bis zu Lyotard und Derrida, die die Herrschaft des Kapitals, die nicht zu der erwarteten Verelendung der Massen geführt hatte, nun zumindest in den Sprechakten dingfest machten. In den Diskursen des weißen Mannes. Der Heterosexuellen. Der Bürgerlichen. Ja, der Wissenschaft selber, deren Primat einst die Macht der Kirche brach und den Aberglauben jeder Art verscheuchte und, so schrieb Chesterton, durch einen neuen Aberglauben ersetzte, den an die technische Rationalität.

Nun sollte all das geopfert werden? Nun sollte die persönliche Opfererfahrung über die empirische Wissenschaft triumphieren? Nun galt die Wissenschaft als Herrschaftsinstrument? Ja, mehr noch, auch das Individuum löste sich auf – in Hunderte von Einflüssen und Einflüsterungen, die nur noch die Fiktion eines Subjekts gelten lassen.

Es gab auch keine objektiv erkennbare Wirklichkeit mehr. Diese war ebenso ein kulturelles Konstrukt. Für Foucault gab es keinen prinzipiellen Unterschied zwischen dem mittelalterlichen Feudalismus und der modernen liberalen Demokratie. Theoretisch hieß das: anything goes. Noch die krudeste Opfertheorie wurde mit wissenschaftlicher Glaubwürdigkeit ausgestattet.

In diesem Windschatten blühten die absurdesten neuen Theorien, wie die von Judith Butler, die das herrschende Naturprinzip von männlich und weiblich zu einer Sache der kulturellen Zuschreibung macht.

Oder Edward Said in seiner Theorie des »Orientalismus«, die im Wesentlichen mit den westlichen Vorurteilen gegenüber den arabischen Ländern und denen des Nahen Ostens abrechnet – sie seien allesamt postkoloniale Zuschreibungen, also Narrative, die Vorurteile und koloniale Interessen in ihren Mantelfalten verstecken.

Die Universitäten, besonders in den Geisteswissenschaften, dem Rekrutierungsbereich des Journalismus, sind umstellt von politisch korrekten Wachen mit entsicherten Gewehren. Mittlerweile müssen Trigger-Warnungen auf die Lektürelisten, die darauf hinweisen, dass bestimmte Bücher Inhalte haben, die zu traumatischen Erlebnissen führen können. Aus solchen Milieus, aus dieser Schneeflöckchengeneration der Opfermilieus und »antifaschistischen Helden« sollen künftige Redaktionen beliefert werden?

Ich habe den Eindruck, dass ich die goldenen Jahre des Journalismus erleben durfte. Das Ende lässt sich für mich genau datieren. Es war der 29. September 2015. Der Tag, an dem mein väterlicher Freund, mein Vorbild Hellmuth Karasek, starb.

Noch in der Nacht stammelte ich eine Art Nachruf, eine Liebeserklärung, einen Abschied, ein Danke. Während die zivilisierte Welt schlief, heulte ich auf die Tasten, bildlich gesprochen. Hellmuth Karasek hat mich zum *Spiegel* geholt. Er war der gescheiteste und gebildetste Kulturchef, den es überhaupt geben konnte. Und der lustigste. Er nahm sich selber nicht ernst, obwohl er jeden Grund dazu gehabt hätte.

Vor allem aber: Ich habe ihn nie arrogant erlebt, weder Taxifahrern noch Kellnern oder den sogenannten einfachen Leuten gegenüber, er war höflich zu jedermann, er hat seinen Lesern in den Signierstunden alle Aufmerksamkeit der Welt geschenkt. Wie Chesterton liebte er den kleinen Mann. Ja, er erinnerte mich an Chesterton, weil er auf die befreiende Kraft des Lachens setzte. Er wusste, wie Chesterton, dass es »einfacher ist, einen Leitartikel für die *Times* zu schreiben als einen guten Witz für [das Satireblatt] *Punch*«. Mit dem folgenden Gedanken hätte er, der Agnostiker, sich eventuell auch anfreunden können: »Lachen hat etwas gemeinsam mit den alten Windstößen des Glaubens und der Inspiration. Es lässt den Stolz tauen und löst die Geheimnistuerei auf.«

Hellmuth starb lebenssatt. Er konnte nicht nur schreiben, sondern er konnte auch genießen, ein Flüchtlingskind aus Böhmen, Hitlerjunge, dann in der DDR aufgewachsen, zwei deutsche Diktaturen, von denen er die erste als Pimpf und verführter Jugendlicher verklärt erlebte und die zweite hasste, dann Promotion in Tübingen, Journalist, Oberspielleiter im Theater, Feuilleton-Chef, Theaterautor, Billy-Wilder-Freund und

-Biograf und alles nach dem Motto: »Eine gute Pointe ist besser als eine schlechte Welt.«

Alles, was nach ihm kam als Kulturchef, war Stümperei, mich eingeschlossen. Nach dem Gewinn der WM in Brasilien, alle schwer angeheitert, zog er ein Hamlet-Zitat blank, ein längeres, ich war zu blau, um es mir zu merken.

Er war eine abgerundete, barocke Persönlichkeit, in der Liste der beliebtesten Deutschen auf Platz 18.

»Puh, Glück gehabt«, sagte ich, »es hätte auch Platz 19 werden können.«

»Aber Matthias, da liegen doch Welten dazwischen«, sagte er und lachte. Mit Karaseks Tod war der letzte universell gebildete und lebensfrohe Kulturjournalismus zu Ende, »he had wits«, sagen die Engländer. Danach nur noch lustlose graue Apparatschiks oder – immerhin gebildete – Feministinnen, diesmal ausdrücklich mich nicht miteinbezogen. Als ich dann neben seinem Sarg stand und die Trauerrede hielt, wünschte ich mir, dass er zuhöre, wünschte ich mir, dass wir uns wiedersehen. Er hätte sich über diesen Wunsch lustig gemacht. Er war total unreligiös. Da kann ich nur mit Loriot sagen: »Na warte!«

Heute merkt man, wie sehr den Feuilletonisten die Puste ausgeht. Weil sie so schmal sind, so eingehegt, so politisch korrekt, so modisch. Schrumpfköpfe. Sie schicken Moritz von Uslar zum Frühstückseieressen mit Claudia Roth. Wahnsinnig originell, mit dem erwartbar langweiligen Ergebnis. Oder sie erinnern sich scheinradikal und wehmütig an Zeiten, an die sie selber keine Erinnerung haben können, etwa Paris 1968, die Besetzung der Renault-Werke und de Gaulles Flucht, die Claudius Seidl kürzlich für seinen Feuilleton-Teil von einem französischen Linken aufschreiben ließ. Die Linke ist selbst als Einspruch tot.

In der gleichen Ausgabe übrigens war eine groß aufgemachte Geschichte unter der Überschrift zu lesen: »Gemobbt, weil sie Juden sind«, in der Unterzeile hieß es dann weiter: »Ist Antisemitismus an deutschen Schulen weit verbreitet? Viele jüdische Eltern haben Angst, darüber zu reden. Manche tun es aber doch.«

Was ist daran falsch? Alles. Denn erst in der Mitte des dritten Absatzes wird erwähnt, dass drei Viertel der Schüler arabischer oder türkischer Herkunft sind, dass also dieser »Antisemitismus«, wiewohl an einer »deutschen Schule«, muslimischer Natur ist.

Warum legt man diese falschen Fährten? Warum wird mit »deutsch« und »antisemitisch« eine Assoziationskette beschworen, die die Aufmerksamkeit für die rechtsradikale Gefahr wachkitzelt, um dann, schon in voller Fahrt, blitzschnell die Vorzeichen zu ändern wie ein Hütchenspieler, der, wie wir wissen, immer gewinnt.

Schon mit 33 hatte Chesterton jeden Respekt vor dem Zeitungsgewerbe verloren. In seinem Essay über die »Lügen des Journalismus« stellte er fest, dass Zeitungen dazu da sind, Nachrichten zu unterdrücken. Er schlug vor, einen Redakteur, der nachweislich ohne zumutbare Recherche eine falsche Nachricht veröffentlicht, ins Gefängnis zu stecken.

Was mag im Kopf des für Überschrift und Unterzeile des oben genannten Artikels verantwortlichen Redakteurs vorgegangen sein, welche Tabus durften da nicht verletzt und welcher politischen Ausrichtung sollte da zum Sieg verholfen werden? Der Antifaschismus als deutsche Liturgie vernagelt die Köpfe und zwängt sie in Meinungskorridore, aus denen es keinen Ausweg gibt. Das ist Zeitungsmachen unter hochneurotischen Bedingungen.

Rechts ist nicht cool. Rechts riecht so nach Ostdeutschland und Bierflaschen. Rechts ist der Abschaum. Rechts sind die Klamotten, die scheiße aussehen.

Aber rechts ist auch die Metaphysik, die Religion, Beethovens »Eroica«, das Heldentum, Gottfried Benn, das Antikollektive, das Existenzielle, Ernst Jünger, Tradition, Leon Bloy, das *Credo* aus Mozarts Krönungsmesse, das Numinose, ohne das ein Mensch kein Mensch ist, weil es über ihn hinaus- und hinaufweist.

Als ein Werbefuzzi der Agentur Scholz & Friends zu einem Anzeigenboykott gegen *Tichys Einblick* und die *Achse des Guten* aufrief, tat er es unter dem Motto: »Kein Geld für rechts«.

Ergo: Nur Geld für links ist in Ordnung.

Deutlicher kann man nicht sagen, dass »links« die *raison d'être* ist. Rechts gibt es nicht, darf es nicht geben.

In dieser einseitigen geistigen Dürre verendet jedes Leben, und alle plärren, tröten, prügeln, schießen auf rechts. Als ein Islamist im BND aufflog, verlangten die Grünen Konsequenzen. Von nun an sollte es sorgfältigere Hintergrundchecks geben, vor allem, jetzt kommt's, festhalten in dieser rasanten Kurve – was Verbindungen zur rechten Szene angeht. Die Blickrichtung rechts ist bei uns festgeschraubt.

Den Spaß am Hass und Kesseltreiben wollen sich die linken Menschenfreunde allerdings nicht nehmen lassen, wie schön, wenn die Lizenz dazu von einem über jeden Zweifel erhabenen humanitaristischen Universalismus erteilt wird. Gegen rechts.

Der Spaß der Linken, Köpfe des politischen Gegners rollen zu sehen, wird seit dem »Tugendterror« der Französischen Revolution mächtig bedient, sei es in Stalins Reich (60 Millionen Tote) oder in dem von Mao (100 Millionen Tote) oder sei es in Kambodscha, wo die Roten Khmer ein Drittel der eigenen Bevölkerung abschlachten ließen im Namen eines schließlich befreiten kommunistischen Paradieses.

Mittlerweile passt das Wort der Kritischen Theorie vom »Verblendungszusammenhang« auf diesen »Kampf gegen rechts«-Schleim, der die Synapsen verklebt und das Denken verhindert, diese unappetitliche Melange aus Presse, öffentlich-rechtlichen Sendern und Politik. Was fehlt, ist die Selbstaufklärung der Aufklärung. Was fehlt, ist die transzendentale Schwingung, die Max Horkheimer am Ende seines Lebens anklingen ließ.

Was fehlt, ist ein Nachdenken über die letzten Fragen, die auch in den vorletzten Diskussionen mitbedacht werden sollten.

Und die kommen in allen Redaktionskonferenzen des Landes zu kurz. Nicht etwa, weil man die Kirche hasst, sondern weil man mit letzten Fragen nicht belästigt werden will, weil man den Glauben nicht kennt. Die Kirchen kennen ihn selber nicht mehr. Mittlerweile behaupten sie, dass Glaube nur ein anderes Wort für Hilfsbereitschaft ist. Also nichts, was wesensmäßig über einen Weihnachtsbasar für Ruanda hinausreicht.

Nicht zuletzt deswegen schlägt uns vonseiten der glühend Glaubenden des Islam nichts als Verachtung entgegen. Unsere Spaßgesellschaft ist nicht sehr tief verankert.

Georg Diez, Pfarrerssohn, einst im *Spiegel* wegen seiner Feurigkeit hoch geschätzter Redakteur – man nannte ihn den Thesen-Diez –, hatte sich zum Luther-Jahr tatsächlich an ein Luther-Buch gewagt. Nun gibt der einstige Kollege mit nichts so sehr an wie mit seinem Atheismus, der ist quasi seine TÜV-Plakette für stolzes und unabhängiges Denken.

Diez, ein Kolumnist im ständigen Attackenmodus, schreibt über den glaubenswahnsinnigen Luther, den Donnerkerl? Nun, er macht von Anfang an klar, dass er Luther wegen seiner Wutbürgerei bewundert, wenn nur dieser blödsinnige Gottesglaube nicht wäre. Das ist so verdreht, wie

wenn man in einer Beckenbauer-Biografie schreibt, prima Ty
Sache mit dem Fußball.

Dass so wenig über die Gottesfrage nachgedacht wird, ja dass
ter den Gegenwartshorizont gerutscht ist, um sie dann Quatschköpfen wie Diez in die Hände fallen zu lassen, das alles hängt mit dem Misstrauen zusammen, das der moderne Kopf gegenüber dem Geheimnis hegt. Denn der Glaube ist ein Geheimnis. Er kann weder bestätigt noch falsifiziert werden, er spielt in einer ganz anderen Liga. Aber er ist, wie Chesterton nicht aufhört zu betonen, ein wesentlicher Bestandteil für einen klaren und gesunden Kopf.

Da ich nun für die Linke verloren war, endgültig, blieb mir nur die Zuschreibung als Rechter. Also beschäftigte ich mich mit denen, für die diese Zuschreibung ebenfalls galt. Mal schauen, was da verteufelt wird. Und ob es zu Recht verteufelt wird.

Mich hatte ein Buch mit dem Titel *Kann nur ein Gott uns retten?* elektrisiert, und ich wollte über dessen Autor Martin Lichtmesz schreiben. Ich bin überzeugt, dass ich die Reportage über Lichtmesz, einen der Köpfe der »Identitären«, in einem deutschen Medium nicht untergebracht hätte – nur Roger Köppels Zürcher *Weltwoche* war freigeistig und liberal genug, einen solchen durchaus sympathisierenden Text zu drucken. (Das Monatsmagazin *Tichys Einblick* druckte ihn für den deutschen Markt nach.) Warum? Weil die Identitären als rechtsradikal gelten und vom Verfassungsschutz überwacht werden.

Wir verabredeten uns in Wien im dritten Bezirk auf einem Weihnachtsmarkt. Er vermummt bis zu den Brillengläsern, was am Verfassungsschutz liegen könnte oder auch einfach an der Saukälte. In Wikipedia werden die Identitären als »Rassisten ohne Rassismus« bezeichnet.

Sie werden als »kulturrassistisch« eingeschätzt, weil sie sich für die »Stärkung der europäischen Kultur« einsetzen – aber das hat doch der sozialistische Kulturminister Jack Lang ganz offiziell in den 80er-Jahren des vorigen Jahrhunderts propagiert.

Wäre eine solche kulturstolze Initiative heute nicht noch viel mehr angebracht? Denn da hapert es gewaltig. Wir leben in Zeiten, in denen führende EU-Politiker wie Peter Sutherland von einer Abschaffung der Nationalstaaten träumen, Flüchtlinge »Neuansiedler» genannt werden und unsere Bundeskanzlerin von den Deutschen bereits nur noch als »denen, die schon länger hier wohnen«, spricht.

Vielleicht gibt es, verehrte Agenten vom BND, doch Gründe für die Entstehung einer identitären Bewegung, denn wir leben in Zeiten, in denen der Zustrom von über einer Million aufklärungsfeindlicher Muslime dafür sorgt, dass wir ernsthaft über verfassungswidrige Kinderehen diskutieren müssen, die allerdings von den Grünen aus Folkloregründen teilweise begrüßt werden, da sie in den Herkunftsländern Sitte seien.

Darüber hinaus haben wir es mit einer großen Koalition aus linksextremen und muslimischen Demonstranten zu tun, die verfassungsfeindlich »Juden ins Gas« grölen und ansonsten, zumindest Letztere, mit kriminellen Übergriffigkeiten auf Frauen auffallen.

Martin Lichtmesz und ich trotten durch den Weihnachtsbetrieb, durch jenen Glanz also, der ja eigentlich heidnischen Ursprungs ist, der aber trotzdem wärmt und der laut Chesterton nur beweist, dass die »Heiden von damals viel verständiger waren als die Heiden von heute«.

Martin Lichtmesz wirkt jünger als die 40 Jahre, die er ist. Blassblaue Augen, blasses Gesicht, Anflug von Lächeln. Auf dem Weg zu seinem böhmischen Lieblingslokal spricht er nicht von einem neuen Führerstaat oder Rohrbomben, sondern von Pasolini und seiner Verfilmung von *Das 1. Evangelium – Matthäus*. Er schwärmt. Diese Gesichter, die Wüste, die Felsbrocken, gedreht wurde in Sizilien, weil im Heiligen Land unberührte Motive nicht zu finden waren. Schließlich die Wirtsstube. Gelbes Licht über karierten Tischdecken, an der Wand eine tschechische und eine US-Fahne, daneben ein Stich, der die Belagerung Wiens durch die Türken darstellt. Kartenspieler um einen Tisch, wir gehen ins Hinterzimmer, um ungestört zu sein.

Auch wollen wir, entschuldigen Sie, meine Herren vom Verfassungsschutz, außerhalb Ihrer Beobachtung Subversives besprechen – nämlich die Frage nach Gott.

Mit seinem Buch *Kann nur ein Gott uns retten?* stellt Martin Lichtmesz, ein Anagramm aus seinem bürgerlichen Namen Martin Semlitsch, diese Frage und die nach unserer christlichen Kultur mit einem Brennen, das die Diskussionsrunden unserer katholischen Akademien verblassen lässt.

Zwei Jahre nach seinem Erscheinen wird das Buch neu aufgelegt, im als rechts verfemten Antaios-Verlag, erhältlich über Amazon, doch »nur durch Drittanbieter«, wie es dort heißt, offenbar heiße Ware, heiß wie eine Herdplatte.

Im Grunde ist sein Buch ein einziger tief melancholischer Klagegesang über Verluste, über weggerissene Verankerungen und die öden Triumphe der Moderne. Wer sind wir, wohin sind wir unterwegs? Lauter Fragen, doch »kein Besinnlicher fragt sie mehr«, dichtete bereits Gottfried Benn.

Die *Wiener Zeitung*, als österreichisches Amtsblatt aus dem Jahr 1703 die älteste Tageszeitung der Welt und keiner noch so genauen Beobachtung als rechtsradikal aufgefallen, urteilte: »Martin Lichtmesz hat ein aufrichtiges, ein schönes, ein großartiges Buch geschrieben«, und sie vermutet zu Recht, dass es deshalb kaum besprochen wurde, weil er ein »scharfer Kritiker der Masseneinwanderung nach Europa« ist.

Was wiederum mit unserem Thema zusammenhängt.

Internetplattformen wie »Schmetterlingssammlung« ersparten sich die Lektüre und begnügten sich mit Attacken gegen die *Wiener Zeitung* und dem Hinweis, dass Lichtmesz der »Neuen Rechten« angehöre, nein, einer ihrer »führenden Köpfe« sei.

Was wiederum aufs Schönste belegt, was Lichtmesz im Vorwort beklagt, nämlich dass die entscheidenden Fragen, die nach unserem Schicksal und unserer Kultur, nur noch von rechts gestellt werden können, da der linke Diskurs in seiner Moderne-Raserei gar nicht mehr in die Nähe des Problems vordringt: dass wir die »Welt gewonnen haben, aber unsere Seele verloren«.

Die Linke, die doch in den 60er-Jahren des vorigen Jahrhunderts so aufregende Antworten gegeben hat, ist seit Adorno/Horkheimers *Dialektik der Aufklärung* ohne echte Entwicklung geblieben; auf die »Morgenröte folgte kein Mittag«, wie der linke, jüngst verstorbene Romanist Peter Bürger in seinem Buch *Nach vorwärts erinnern* gerade beklagte.

Mittlerweile ist diese Linke mit all ihren exotischen Minderheits- und Opferdiskursen Regierungspolitik geworden, der Weg durch die Institutionen war erfolgreich. In ihrer studentischen Variante ist diese Linke heute infantilisiert, verkümmert in ihren Echokammern, total verblödet in ihren »Schutzräumen« gegen »Mikroaggressionen«.

Das alles ist eingebettet in zunehmende Aggressivität »gegen rechts«, mit »Nie wieder Deutschland«-Gegröle und risikofrei, da die Aktivisten den Nanny-Staat auf ihrer Seite wissen. Auch sogenannte Nachwuchs-Comedians wie Jan Böhmermann sind nicht davor gefeit – sie rasen durchaus selbstgerecht und unkomisch mit der Mitte. So herabgesunken ist das, was 1968 mit widerständiger Lektüre, mit Samisdat und Raubkopien von Marx und Sartre mit Hunger nach dem ganz Neuen begann.

Nein, heute sind alle Arterien verstopft, alle Bohrungen vergeblich, nichts geht mehr, der Traum vom Aufbruch endete leider längst mit dieser verwöhnten bildungsfernen Denunziantenbrut.

Doch knapp 50 Jahre nach der 68er-Revolte gibt es eine neue, eine von rechts. Und die Identitären sind deren Avantgarde. Statt Sartre, Marx oder Mao allerdings wird hier Heidegger gelesen oder Ernst Jünger. Also mal von rechts her denken, wo es nicht um Zwecke und Wohlstand und neue Technologien geht, sondern wo die Reflexion auf das Dasein aufleuchten kann und womöglich das Numinose?

Wie die deutschen Frühromantiker beklagt Lichtmesz in seinem Bekenntnisbuch die Entzauberung der Welt, »das Verschwinden des Geheimnisses, des Mystischen, des Wunderbaren, des Sakralen«, Novalis wird zum Zeugen aufgerufen, der Träumer der Christenheit und des Mittelalters und einer Nation, bevor es sie gab.

Seine Reise zu den großen Fragen beginnt Lichtmesz mit Dante und dessen Wanderung in den Wald der *Göttlichen Komödie* an der Hand Vergils, ein Wald aus Fragen, Irritationen, Versuchungen und der Schwärze der Verzweiflung.

»Nur noch ein Gott kann uns retten«, diesen Satz Heideggers aus dem berühmten *Spiegel*-Gespräch mit Rudolf Augstein hat Lichtmesz mit einem Fragezeichen versehen. Er ist wieder virulent geworden anlässlich einer umdüsterten Zukunft mit ihren politischen, demografischen, ökologischen, kulturellen und ethnischen Verheerungen. Und wo wäre Gott zu suchen?

Lichtmesz, unglücklich aufgeklärt wie viele von uns, weiß: »Sosehr sich der analytische und objektivierende Geist auch bemüht: Im subjektiven Pol ist die Religion als inneres Drama und als Sehnsucht zwischen Furcht und Zittern nicht totzukriegen.«

Er begegnet auf seiner Suche Religionsphilosophen wie Walter Schubart und William James, dem Apostel Paulus, später dann Kierkegaard und Heidegger, Ernst Jünger, dem großen Einzelnen, und Nietzsche in den hinteren Kapiteln, ein Wald aus einzeln beleuchteten Stämmen, von denen er hofft, dass sie im Kopf des Lesers »eine Spur ergeben«.

Er fragt mit Hans Blüher, woher der Gebetstrieb kommt, und er sinniert mit Wittgenstein über den, der »unendliche Not« fühlt, denn nur für ihn, »der unendliche Hilfe braucht«, biete sich das Christentum an. Ja, es geht auch um den christlichen, genauer: den katholischen Glauben, Lichtmesz ist katholisch aufgewachsen, den Protestantismus gewahrt er nur noch in seiner gegenwärtigen Verfallsform, im »Stande seiner tiefsten Erniedrigung«, der kaum noch brauchbar ist für die »entscheidenden Schlachten«, die nach Jean Raspail »in der Seele geschlagen werden«.

Sicher, das war mal anders. Das war mal heroisch, zu Zeiten Nietzsches, des Pfarrerssohns, dem fast schwindlig wurde mit seinem Ausruf »Gott ist tot«, diesem Verzweiflungsschrei in ein leeres, kaltes, ewiges Universum, er war der »tolle Mensch«, der aus dem Heroismus der Gottverlassenheit den Übermenschen träumte, aber zitternd. Heute zittert keiner mehr, denn es scheint erwiesen zu sein, dass Gott tot sei, endlich, heute sind da nur noch »späte Menschen, die blinzeln« und ihr Lüstchen für den Morgen und den Abend brauchen und sonst nichts mehr.

In Lichtmesz' Augen leuchtet es, als er hier im warmen Licht der Wirtsstube von seiner Wallfahrt nach Chartres erzählt, lächelnd, zwei Tage lang ist er vorne mitmarschiert unter den Bannern und Fahnen, Blasen an den Füßen, der Wald wie ein grüner Dom, 100 lange Kilometer von Paris aus, das endlose Band der Pilger und schließlich der Dom selbst mit seinen in die Höhe gejubelten Spitztürmen, diese Andacht in Stein und das Glücksgefühl bei seinem Anblick.

Da lebt doch noch was in der armen, der kirchensteuerbefreiten katholischen Kirche Frankreichs! Charles Péguy, der frühe Sozialist und Mystiker, hat die Wallfahrt vor dem Ersten Weltkrieg ins Leben gerufen, er starb 1914 im Kugelhagel an der Front. Péguy ist einer der Gründer des »Renouveau catholique«, der katholischen Erneuerungsbewegung um 1900, aus der sich Michel Houellebecq für *Unterwerfung* bediente, für diesen Roman über die Dekadenz und die Selbstaufgabe der meinungsbildenden Hedonistenklasse im Angesicht des islamischen Ansturms.

Lichtmesz' Buch endet mit Péguy, mit einer Meditation aus dem Jahr 1911, wo jener im Kampf um den Glauben in glaubensfernen Zeiten eine »besondere Größe«, ja »die Schönheit des Widerstandes« entdeckt. Wilde Romantik: »Wir stehen heute alle an der Front. Die Front ist überall. Der Krieg ist überall, in tausend Stücke aufgespalten, zerteilt, zerbröselt. Wir stehen heute alle an den Marken des Königsreiches.«

Später wird mir Lichtmesz in seiner kleinen Einzimmerwohnung in der Nähe eine Briefmarke mit dem Kopf Péguys zeigen, die er auf eBay ersteigerte und in die grüne ledergebundene Erstausgabe des Péguy-Romans *Clio* geklebt hat, stolz, darin auch eine Postkarte mit Widmung von Jean Raspail, dem aristokratischen Ethnologen und Romancier.

Sein Zimmer ist mit in die Höhe gewachsenen Bücherstapeln vollgestellt, er steigt darüber hinweg wie über Minen, die Matratze liegt auf dem Boden, Postkarten mit seinen Geistes- und Glaubenshelden sind an die überquellenden Bücherregalbretter geheftet, Erzengel Michael, Ernst Jünger und John Donne, sein Lieblingslyriker – so leben Samurais, Krieger, Einzelkämpfer.

Im Anschluss an dieses Gespräch begegnete ich einigen Aktivisten der »Identitären«, deren öffentlichkeitswirksamen Aktionen eines gemeinsam war: Sie waren witzig, sie waren gewaltfrei, sie waren intelligent und mutig.

Da war Martin Sellner, der in der Nacht zuvor mit einigen Freunden der Statue der sehr katholischen und sehr kinderreichen Kaiserin Maria Theresia aus Protest gegen die Islamisierung eine schwarze Burka übergestülpt hatte – am 29. September, dem Todestag der Regentin.

Ich traf Sebastian Zeilinger in München, der mit einigen Aktivisten jenes Gipfelkreuz wiedererrichtete, das einige andere Dummköpfe abgeholzt hatten – während die *SZ* nur fragte, warum man überhaupt Gipfelkreuze brauche. Auch Robert Timm in Berlin, ein Architekturstudent, hatte diese Mischung aus innerer Ruhe, immenser Belesenheit und Aktionswitz. Er war unter denen, die das Brandenburger Tor geentert und das Transparent entrollt hatten, auf dem stand: »Sichere Grenzen – sichere Zukunft«.

»Schlicht widerlich«, nannte der frisch gewählte Bürgermeister Müller der rot-grünen Pannenregierung in Berlin die Aktion. Was bitte soll an sicheren Grenzen widerlich sein? Hat nicht auch Greenpeace ähnliche Aktionen zur Rettung des Weltklimas zu verantworten? Was soll an der Rettung des sozialen Klimas im eigenen Land widerlich ein?

Sicher ist, dass ich mit dieser Reportage endgültig als »nach rechts gerutschter Publizist« *(Huffington Post)* galt und vom Radar der tonangebenden Presse gerückt war. So what? Die tonangebende Presse hatte sich bis auf die Knochen blamiert, nicht nur in ihren Kampagnen gegen den amerikanischen Präsidenten, sondern auch in unserem bleiernen Bundestagswahlkampf 2017.

Wir schreiten in eine Zukunft, die beunruhigend aussieht. Da sind die Umweltnöte, das Artensterben, die Verschmutzung der Meere, die auch ohne Klimakatastrophe zu Verheerungen führen werden. Darüber hinaus wird allein die demografische Entwicklung dafür sorgen, dass unsere Nachfolgegenerationen in spätestens 50 Jahren auch im Westen in mehrheitlich islamischen Gesellschaften aufwachsen und damit einen fundamentalen kulturellen Wandel durchmachen werden.

Es wird auf Einzelne ankommen. Es wird darauf ankommen, besser früher als später, sich der eigenen, der christlichen Identität zu versichern und das hinüberzuretten, was uns einst Heimat war.

»Calvinisten sind sich sicher, was ihre Rettung angeht«, schrieb Chesterton, »die Katholiken sind es nicht, sie kennen den Zweifel, aber sie wissen, dass der Zweifel die höchste Form des Glaubens ist.«

Aber eines ist sicher: Gilbert K. Chesterton, Journalist, der hoffentlich bald selig- und dann heiliggesprochen wird, hat bereits vor 100 Jahren die Konflikte der Heutigen durchlebt und durchdacht. In seinem Widerstand gegen die Moderne ist er der modernste aller Denker. Er schrieb an gegen die »erniedrigende Sklaverei, ein Kind der Zeit zu sein«.

Für ihn war die »katholische Kirche größer als alles in der Welt. Sie ist größer als die Welt und guckt in alle Richtungen gleichzeitig. Sie war nicht nur bewaffnet gegen die Häresien der Vergangenheit oder sogar die der Gegenwart, sondern genauso gegen die der Zukunft, die möglicherweise das Gegenteil derjenigen der Gegenwart sind.«

Auch er schrieb an gegen die »Fortschrittskatholiken« seiner Zeit, und damals, um die Jahrhundertwende, hatten sie noch nicht die Lufthoheit errungen. Chesterton hielt sich an den *Syllabus errorum*, jenes Verzeichnis der Irrtümer, die Pius IX. 1864 im Kulturkampf gegen den Modernismus niedergelegt hatte, eine Art Quersumme seiner Enzykliken.

Es sind irrtümliche Aussagen, die sich heute in unzähligen Thesenpapieren unserer Kirchen wiederfinden, um auf »der Höhe der Zeit« zu bleiben. Etwa diese: »Die Menschen können bei Übung jeder Religion den Weg des ewigen Heils finden und die ewige Seligkeit erlangen.« In Glaubensdingen, das wusste Pius IX., ist eben nicht alles egal.

Die Kirche hilft dem, der sich wirklich auf sie einlässt, auf ihre enorme Geschichte, ihre Wunder und ihre zutiefst optimistischen Heilsgewissheiten, ja, selbst heute gibt es noch Priester, die sich dem Relativismus widersetzen und in ihren Predigten nicht »gegen rechts« wettern, also den gesunden Menschenverstand nicht mit Regierungspolitik gleichsetzen und erst recht nicht den Glauben.

Denn, so Chesterton über die Kirche, optimistisch: »Sie trägt eine Karte des Geistes mit sich, die wie die eines Labyrinthes ist, aber in Wahrheit durch das Labyrinth führt.«

Chesterton hielt viel von Formen und Riten. Er praktizierte seinen Glauben täglich – er schlug über allem das Kreuz, selbst über dem Glas Whisky, das er anschließend leerte.

Er hilft uns zu sehen, was die Kirche in unseren Breiten eingebüßt hat. Und dass unsere Welt trotz aller Probleme voller Wunder und Schönheiten ist.

Der Kulturkampf geht weiter

Schlachtfelder in Key West, auf Rhodos, in Frankfurt – Die Bundestagswahl und das Interesse an »Heimat« – Die Umwertung der Werte – Wie der Krebsschaden des Kulturkampfes weiter wuchert – Wie die Antifa Widerspruch niederbrüllt – Döpfners beeindruckende Rede über den Journalismus als Widerstand gegen die träge Mehrheit – Wiedersehen mit einem Welt-Kollegen – Eine Begegnung mit Michel Houellebecq – Die Pariser Erklärung für ein christliches Europa

Eines Nachts im Sommer 2017 ging die Welt unter. Irgendein Algorithmus im Pentagon hatte auf einen erneuten Atomtest des nordkoreanischen Diktators reagiert, die Flugbahn seiner schwer bestückten Interkontinentalrakete war falsch berechnet (koreanische Computer!) und war auf Seoul niedergegangen. Kurz darauf nutzte der Iran die Gunst der Stunde und hatte sein längst vollendetes Atomprogramm an Riad und Dschidda getestet, den Zentren des sunnitischen Gegners, und selbstverständlich an Jerusalem.

Allerdings hatte Israel, dessen Frühwarnsystem, nach dem Algorithmus »Nie wieder Opfer sein«, gleichzeitig seine Atomwaffen aus den Schächten gefahren, die Welt brannte, und ich hatte mit 15 Kindern zu tun, die in alle Richtungen krabbelten, alle offenbar meine, obwohl ich sie noch nicht mal dem Namen nach kannte.

In Paris kam es unter der islamischen Bevölkerung zu Aufständen, sie rückten gegen den Regierungssitz vor, Häuser brannten, auch unser Haus, meine Frau hängte Wäsche im Keller auf, verdammt, wohin mit den Kindern, in den Ecken erkannte ich im schwankenden Licht der Glühbirne, die an der Decke schaukelte, Nachbarn und fremde Gestalten in den Winkeln … und ich wachte auf, hinein in eine friedfertige, ja lähmend ereignislose Wirklichkeit, denn in Deutschland war Wahlkampf.

Kanzlerin Angela Merkel graste die Kurorte an der Ostseeküste ab und machte ein freundliches Gesicht, auch das Kurpromenadenpublikum machte eines, denn natürlich erinnerte sich jeder an den Satz der Kanzlerin, dass es nicht mehr ihr Land sei, wenn das Volk kein freundliches Gesicht mache im Chaos der ungesicherten Grenzen, der Flüchtlingsströme. Was ein eigener, nicht minder beklemmender Albtraum war.

Martin Schulz, den die SPD als letzten rettenden Strohhalm mit 100 Prozent der Stimmen zum Kanzlerkandidaten ernannt hatte, war mittlerweile geplatzt wie ein Luftballon, trotz des *Spiegel*-Titels »Der Messias«, und setzte ganz auf seinen Schlager »soziale Gerechtigkeit« und seine Authentizität als ehemals Gestrauchelter, aber dann fein aufgefangener Euro-Bürokrat mit einem hohen sechsstelligen Jahresgehalt (über zwei Drittel davon steuerfrei) und entsprechenden Pensionsansprüchen, er also gab sich als Malocher von nebenan und Anwalt der kleinen Leute.

Was für ein Hokuspokus, was für ein Lacher diese künstlich hochgefahrene Spannung unter Beteiligung der Medien und der Umfrageinstitute, dieses Geisterrennen von Kandidaten, die sich in allem einig sind, dieses postdemokratische Ritual eines alle vier Jahre stattfindenden Urnengangs, Merkel führte unangefochten, die AfD schien »unter Kontrolle«, und ich floh mit Frau und Sohn nach Miami und Key West.

Solange es Key West noch gab.

Wir flogen nach Miami, buchstäblich in die Ruhe vor dem Sturm, die Luftfeuchtigkeit lag nahe den 100 Prozent, die Wassertemperaturen im Golf von Mexiko und im Atlantik ungefähr bei 30 Grad. Über Hongkong mischte ein Hurrikan die Chinesische See auf. Vier Wochen später sollte ein Hurrikan der Kategorie 4 die Key-West-Idylle zusammenfalten. Da war Weltuntergang, also genau das, was *Der Spiegel* den USA mit der Präsidentschaft Trumps angekündigt hatte.

Mein Sohn Markus, der mit dieser Reise seine Ausbildung zum Hotelfachmann sowie seine Zulassung zum Psychologiestudium feierte – etwas anderes kam bei diesem Dad nicht infrage –, kannte in Miami Southbeach schnell jeden zweiten Rapper, also die Betonung lag eindeutig auf Feiern, was sich in Key West in der Duval Street mit all den Latina-Prinzessinen und Lowlifes aus Alabama fortsetzte.

Ich schlich mich, benommen vor Erschöpfung, zum einzigen Denkmal in Key West, das mir einen Blick wert schien, zu Hemingways Haus

(das dank seiner robusten Bauart dem Hurrikan trotzen würde
56 Katzen überlebten).

Antizyklischer konnte das Thema nicht gewählt sein: Hemingway, der Macho, der mit dem Tod spielte sein Leben lang, manisch-depressiv, der sich den Tod wünschte, weil er dann nicht mehr schreiben müsse, und der gleichzeitig das Schreiben als einzige Rettung sah, der Trinker, der Hollywoodstar, der Literaturheld der amerikanischen Freiheitsmedaille aus einer Zeit, als Amerika nur gerechte Kriege führte.

Ich hatte eine Neuerscheinung über ihn im Gepäck, *Und alle benehmen sich daneben*, Hemingway in seinen Pariser 1920er-Hungerjahren, Frau Hadley mit dem Sohn »Bumpy«, Mansarde im sechsten Stock über einer Sägemühle, entschlossen, berühmt zu werden mit dem Motto: Nur noch wahre Sätze. »Schreibe den wahrsten Satz, der dir einfällt.«

Brauchbare Devise auch für unseren Journalismus, dachte ich, den wohlmeinenden verlogenen, weltrettenden Journalismus unserer Tage, Hemingway hatte den Journalismus an den Nagel gehängt, um zu *schreiben*. Wahre Sätze. Wenn ihn hungerte, ging er ins Musée du Luxembourg, um sich die Bilder von Chagall anzuschauen, in denen die Farben noch mehr glühten, wenn man nichts im Magen hatte, konzentriert auf das Wesentliche.

In den letzten Tagen des Ersten Weltkriegs verwundet, dann Starreporter, anschließend Schriftsteller und nichts als das, er beobachtete und kritzelte Geschichten wie alle anderen, die sich dort versammelten, Ezra Pound, Jon Dos Passos, Gertrude Stein, alle auf der Suche nach der neuen Form bis auf F. Scott Fitzgerald, der es noch mit der alten zu Ruhm gebracht hatte.

Und dann der Durchbruch mit *Fiesta*, diesem Taumel einer desillusionierten Meute von Bohemiens durch den Stierkampfwahnsinn von Pamplona, dem Roman der Lost Generation.

Das Hemingway-Haus, prächtig im spanischen Stil, umgeben von Palmen und tropischen Bäumen mit Luftwurzeln wie dicke runzlige Elefantenrüssel, ein Tempel des Machismo. Fotos an den Wänden von der Jagd auf den Blauen Marlin im Golfstrom und auf Löwen in Afrika, das Fell des selbst geschossenen Bären aus Wyoming auf dem Flur zum Arbeitszimmer. Und dann natürlich die Plakate der Hemingway-Verfilmungen: *In einem anderen Land* und *Wem die Stunde schlägt* mit Gary Cooper, *Haben und Nichthaben* mit Humphrey Bogart, *Tod eines Killers* mit Lee Marvin.

Vier Ehefrauen, für jeden Lebensabschnitt eine. Auf Kuba badete Ava Gardner nackt in seinem Pool, und Jayne Mansfield schenkte ihm zum Geburtstag Flamingos, er kam sogar mit Fidel Castro klar und kreierte seinen »Papa Doble«, einen Daiquiri, der die doppelte Portion weißen Rums enthielt.

Muy macho, eindeutig »normativ heterosexuell«, wie die Böll-Stiftung der Grünen das nennen würde, wenn sie schon mich in diesen Topf sortiert haben (ich fühle mich geehrt – und an die alberne Auseinandersetzung in der *Welt*-Redaktion erinnert), obwohl einige Literaturkenner bei Hemingway eine unterdrückte bisexuelle Anlage dechiffrierten, was durchaus möglich ist.

Was allerdings nichts an der Gültigkeit seiner Definition von Mut änderte, die er selber in seinen Kriegs- und Sporteinsätzen oft genug unter Beweis stellte. Mut sagte er, ist »Haltung unter Todesgefahr«, wobei die englische Version schöner ist: »Grace under pressure«.

Können unsere politisch korrekten Genderfreunde dieser Definition mehr entgegenbringen als Kopfschütteln über eine atavistische Haltung aus dem Paläolithikum der Geschlechterrollen? Über den grandiosen Satz: »A man can be defeated, but not destroyed«?

Brütende Hitze in Key West, Mexican Food, Lobster und 80 von 360 Bars auf der Insel in der Duval Street, wo ich John Malone kennenlerne, den ehemaligen Navy-Soldaten, in diesen Tagen Touristenführer, der vom Nebentisch Bier rüberschickt. Wir schicken zurück. Und lernen seine Frau Frances kennen, eine rassige Kubanerin. Gespräch über Trump und Kim Jong-un. »Wenn der droht, dann würde ich ihm die Eier wegschießen, so hat es meine Familie gehandhabt.«

Aha, welche Familie? »Nun«, sagt Frances, »die sind im Moment alle weggeschlossen, für 25 Jahre.« Sie ist die Tochter eines Drogenbosses, zwei Jahre sind sie von den Feds überwacht worden, »das ganze Haus war verwanzt«, aber ihre Jugend, sagt sie, war einfach super, »immer wenn ich Spaß haben wollte, hat Dad mir 1000 Dollar in die Hand gedrückt«. Hemingway mag tot sein, aber das Personal aus seinen Harry-Morgan-Geschichten lebt.

Ach so, natürlich sonntags Messe, und wir erwischen auch hier einen Blick in die Zukunft der katholischen Kirche, wir erwischen einen Gottesdienst der nordamerikanischen katholischen Kirche, die sich in den 40er-Jahren des vorigen Jahrhunderts von der »Una Sancta« getrennt hat,

Walker Percy sprach von ihr in seinem eingangs erwähnten dystopischen Roman *Liebe in Ruinen*.

Die Sekte hat sich, Gedankenspiele des Zweiten Vatikanischen Konzils vorwegnehmend, revolutionär aufgestellt mit Frauenordinat und Priesterehe auch unter Schwulen und Aufhebung des Zölibats, weiter kann man die Arme nicht ausbreiten, allerdings greifen sie hier ins Leere: Außer dem Bischof, seinem Vikar und der schwarzen Sarah, die hier zum ersten Mal die Eucharistie probieren darf, sind nur wir erschienen.

Zurück in die deutsche Heimat, wo *Der Spiegel* unverdrossen die Demokratie verteidigt – allerdings nur die in den USA. Ein Anti-Trump-Titel nach dem anderen, während die Demokratie bei uns in den letzten Zügen lag, die Frau an der Spitze regierte durch wie eine Staatsratsvorsitzende, die Blockparteien nickten ab wie Wackeldackel, in früheren Tagen wäre es für das »Sturmgeschütz der Demokratie« Ehrensache gewesen, dagegen anzuschreiben, denn es hatte sich diesen Titel ja genau damit erworben, dass Schlüsselfragen der Demokratie am Parlament vorbei entschieden werden sollten, der Herausgeber war dafür in den Knast gegangen.

Über der Republik lag eine gespenstische schläfrige Endzeitstimmung. Umwertung aller Werte. Sprachkrebs. Aus der Forderung nach »Toleranz« wird »Intoleranz«, aus »Wahrheiten« über die Flüchtlingskrise »Fake News«, aus »Demokratie« eine Übereinkunft zum »Stillhalten«, also ihr Gegenteil. Wie sagte Chesterton? »Die Zeitungen sind dazu da, Nachrichten zu unterdrücken.«

Die Kritik an der Berliner Polizei, die von kriminellen arabischen Banden unterwandert wurde, und an den Polizeischülern, deren 40-prozentiger Anteil an Migranten oft durch Gewalttätigkeit, mangelnde Sprachkenntnisse und Respektlosigkeit auffiel, nannte der Polizeipräsident »Fremdenfeindlichkeit«. Auch die Ausladung des Chefs der Polizeigewerkschaft Wendt von einem Vortrag an der Goethe-Universität in Frankfurt durch einen Protestbrief von 50 Akademikern – Wendt sollte über »Polizeiarbeit und Einwanderung« reden – ließ sich als jede Universität beschämende Unterdrückung von Wahrheiten notieren.

Im Raum stand dieser riesige Elefant, den niemand ansprach, auch in den zahlreichen sogenannten TV-Duellen nicht, bis auf den unbeirrten Claus Strunz, der ihn bemerkte, er und rund die Hälfte der Bevölkerung, für die es das wichtigste Thema der Wahl überhaupt war: nämlich die

Flüchtlingspolitik der Regierung beziehungsweise das Fehlen einer solchen und die noch immer offenen Grenzen.

Es waren Tage mit Meldungen wie dieser, nach der ein abgelehnter Asylbewerber vor Gericht stand, weil er auf dem G20-Gipfel Bierflaschen auf Polizisten geschleudert hatte. Der Senegalese gab zu Protokoll, er habe die Pulle nicht geworfen, um die Staatsmacht anzugreifen, sondern weil er Frust mit seiner Freundin hatte. Prompt führte das zu mildernden Umständen. Die Richterin verurteilte ihn zu einem Jahr und vier Monaten, ordnete allerdings gleichzeitig, was selten vorkommt, Haftverschonung an, damit der junge Mann sich um eine »Legalisierung seines Aufenthalts« kümmern könne. Nun war er bereits wegen Dealerei vorbestraft – »keine günstige Sozialprognose«, meinte die Richterin. In Italien zudem war sein Asylgesuch bereits abgelehnt worden. Offenbar ging die Richterin davon aus, dass Asylgesuche bei uns zuvorkommender behandelt werden.

Strunz also hakte nach zum Thema Asylanten. Rund 206 000 sind bereits abgelehnt, die Abschiebungen gehen stockend voran. Und er sprach zum Thema der rund 500 000 Nichtregistrierten im Lande, ebenjenes Thema, das zu meinem Rauswurf bei Springer geführt hatte.

Tatsache ist, dass die Abschiebung abgelehnter Asylanten bei uns unfassbar schleppend und kostspielig voranging, ohne jede Garantie, dass sie nicht postwendend zurückkehren würden, denn noch immer ist die Grenze offen.

Wann sind die wieder weg, fragte Strunz, handelt es sich um Generationen? Werden meine Kinder das noch erleben? Darauf jovial unser Eurovisionär Martin Schulz: Wie alt sind die denn?

Strunz, mein Exkollege aus Springer-Tagen, erntete für seine bohrenden Fragen am nächsten Tag einen Shitstorm, der auf die Frage hinauslief, warum er die Sache der AfD vertrete. Einer, der ihn anführte, war – wen wundert's – ein Redakteur vom *Spiegel*.

In den Wahltag hinein feierten wir den 70. Geburtstag meines ältesten Bruders in Berlin (mein Gott, er war doch sein Leben lang ein Siegertyp von höchstens 50), dann ging es in Hamburg zur Stimmabgabe. Der Taxifahrer verriet uns, dass er seine Stimme ganz sicher nicht an eine der etablierten Parteien »verschwenden« wolle. Bleibt eigentlich nur eine, die AfD.

Tatsächlich schaffen es die im offiziellen Sprachgebrauch »Rechtspopulisten« Genannten aus dem Stand auf knapp 13 Prozent. Die CDU fällt mit 32 auf das schlechteste Ergebnis seit 1949 zurück. Die Kanzlerin, mit minus acht Prozentpunkten im Vergleich zur letzten Wahl schwer abgestraft, kann nicht erkennen, dass sie »irgendwelche Fehler gemacht hätte«. Und setzt hinzu: »Ich kann nicht erkennen, was wir jetzt anders machen müssten.«

Der CDU sind rund eine Million Stimmen in Richtung AfD abhandengekommen, von der SPD lief eine halbe Million in die gleiche Richtung weg, auch Die Linke gab Stimmen dorthin ab. Offenbar hatten sich in den Parteien jede Menge Rechtspopulisten versteckt. Tatsächlich aber, das erkannte Christoph Schwennicke vom *Cicero* im »Presseclub« richtig, war die Wahl ein Referendum zu Merkels Politik der offenen Grenze und der ihrer Vasallenparteien.

Sahra Wagenknecht von der Linken gab immerhin zu, in diesem Punkt zu unsensibel auf die Wähler reagiert zu haben.

Noch in der Wahlnacht griff Martin Schulz die Kanzlerin, die er während des sogenannten TV-Duells geradezu hofiert hatte, im härtesten Kampfmodus an. Sie habe die Demokratie ruiniert. Er stehe mit seiner Partei nicht mehr für eine Koalition zur Verfügung. Mit anderen Worten – er schlug sich in die Büsche. Aber nur, um nach der gescheiterten Jamaika-Verhandlung wieder herauszutreten, war dann alles doch nicht so gemeint und überhaupt, Minister ist ja auch nicht schlecht, und mit der selber angeschlagenen Kanzlerin eine ziemlich geschrumpfte GroKo-Neuauflage zu verhandeln.

Blieb der CDU also nur ein Bündnis mit Grünen und FDP, die Jamaika-Koalition. Nun assoziiert man mit Jamaika natürlich erst mal die Rastas, die ihr heiliges Kraut, nämlich Marihuana, als täglichen Ernährungszusatzstoff inhalieren, weshalb nicht zu Unrecht viele Karikaturisten die Verhandlungsführer der Partei als Hippies mit Riesenjoints zeichneten.

White rabbit im Regierungsmodus! Man stellt sie sich als vergnügte Kifferrunde vor, und Cem Özdemir sagt zu Angie: »Wow, man, shiiiiit, don't bogart that joint, my friend, pass it over to me ...«, und Christian Lindner fällt lallend ein: »... rooooolI another one, just like the other one«, wie aus dem Soundtrack von *Easy Rider* ... lass den Joint nicht ewig zwischen deinen Lippen hängen wie Bogart, reich ihn weiter!

Liberale und Grüne an der Regierung, und schon fordert *Die Zeit* die längst überfällige Legalisierung von Marihuana. Die driften ab, sagt sich das perplexe Wahlvolk, die haben den Schuss nicht gehört.

Der Schuss war weit vernehmbarer im Osten, wo, etwa in Sachsen, die AfD mit 29 Prozent die Mehrheit im Lande gewann. Was den latent lodernden Hass der Meinungselite auf die Ossis befeuerte, und der Mediensprecher von Gutmensch Kardinal Woelki schlug prompt den gar nicht gutmenschenhaften Deal vor: »Wie wär's, Tschechien, wir nehmen euren Atommüll, und ihr übernehmt die Sachsen.« Das ist der Klartext, wenn das nächstenliebende frömmelnde Säuseln wegfällt.

Selbstverständlich ahnten die Parteien, dass sie auf die AfD, die sich unter dem starken Zuspruch der Wähler um Deutschland sorgte, um die Wiedererkennbarkeit ihrer Heimat, reagieren müssten.

Als Erste preschte die Grüne Katrin Göring-Eckardt vor, die das Schmuddelwort »Heimat« in den Mund nahm. Es war einfach großartig zu erleben, wie eifrig, um nicht zu sagen: tänzerisch flott, sich die Politrhetorik den wechselnden Gegebenheiten anzuschmiegen vermag. Vor nicht allzu langer Zeit hatte Göring-Eckardt noch die »Geflüchteten« und alle, die über die Grenze strömten, an ihr Herz gedrückt mit dem Jubel: »Uns werden Menschen geschenkt.« Sie schien außer sich, ein bisschen so wie eine Kita-Leiterin, die sich über ein paar unartige Kinder mal wieder aufregen musste und froh über neue Kundschaft ist: »Unser Land wird sich ändern, und zwar drastisch«, das ist doch mal eine energische Ansage!

Doch nun hat sich alles anders gedreht als erwartet, gefühlsmäßig in die Gegenrichtung. Das Land, dessen Namen man in der grünen Kita nur zum Fluchen in den Mund nahm, wie in »Deutschland, du altes Stück Scheiße« oder »Nie wieder Deutschland«, hatte sich tatsächlich drastisch geändert mit all den geschenkten Menschen. Und viele Wähler quer durch alle Parteien, so zeigte sich, mochten ihr Land doch eher so, wie es vorher war, besonders die in Sachsen, und wählten deshalb die heimatverbundene AfD.

Da erschrak die im Geiste schon vorweg mitregierende Kita-Pädagogin und rief aus: »Wir lieben dieses Land – es ist unsere Heimat.« Unsere Heimat? Die Grünen? Eine imponierende Drehung, alles ist recht, um sich in die Mitte des Parketts zu walzern.

Natürlich ging so ein Schwung nicht ohne Tritte gegen die Rivalen auf der Tanzfläche ab, weshalb nun Göring-Eckardt dieses Land, diese Heimat ganz besonders deshalb liebt, um sie gegen die »rechten Spalter« zu verteidigen, sie brachte also eine Art linken Heimatschutz gegen den rechten in Stellung. »Wir dürfen die Heimat nicht den Rechten überlassen.«

Nun gibt es für mich so einiges, das ich den Rechten nicht überlassen möchte, Mozarts Klarinettenkonzert zum Beispiel oder Sprüngli-Konfekt oder das letzte gar nicht üble Stones-Album, wer will das schon?

Ach, was ist das nur für ein Eiertanz um unser Land und seine Deutschen!

Es ist ein Land, das für die gegenwärtige Kanzlerin schon fast abschiednehmend und untergangssüchtig nur noch aus »denjenigen« besteht, »die schon länger hier leben«, man könnte auch sagen: lebten, denn es löst sich ja hoffentlich bald in irgendeiner Weltbürgersuppe auf, und da es sich zunehmend weigerte, ein »freundliches Gesicht zu machen«, war es, das hatte sie ja schon vor zwei Jahren angedroht, ohnehin nicht mehr ihr Volk.

Nun gibt es ja die verschiedenen Denkschulen, was unser Land und die Heimat angeht. Eine geht davon aus, dass es durch die zwölf dunklen Jahre auf ewig verstrahlt ist und die Identität von Verbrechern hat. Die andere, die etwa durch die Staatssekretärin für Integration, Aydan Özoğuz, vertreten wird, ist, dass es über die Sprache hinaus überhaupt keine feststellbare deutsche Identität gäbe, noch nicht einmal eine schuldhafte. Ein paar Worte Deutsch reichen zur Identitätsbildung, fast so einfach wie der Übertritt zum Islam. Ansonsten: blank wie ein frisch gewischter Kantinentisch.

Beides gleichzeitig geht allerdings nicht.

Ich würde vorschlagen, dass sich die linke Kita mal einigt, während wir übrigen Staatsbürger und Heimatfreunde Folgendes wahrnehmen: nämlich dass zu den eigentümlichsten Bewegungen der Globalisierung die immer mächtigeren lokalen Unterströmungen gehören, da genügt ein Blick nach Katalonien in diesen Tagen. Je dichter die Welt zusammenrückt, desto weiter fällt sie auseinander. Je internationaler die Welt, desto nationaler das Gefühl.

Auf unserem Weg in die totale Weltbürgerangleichung gibt es plötzlich lauter Strudel, Impulse des Sträubens und der Selbstvergewisserung. Und das Zauberwort heißt »Heimat« oder »Nation«.

Hier aber tun sich für uns Deutsche Abgründe auf. Eine Bundesverfassungsrichterin namens Christine Hohmann-Dennhardt, SPD, führte einst aus, »die spezifische und über weite Strecken düstere Historie Deutschlands« erlaube es schwerlich, »als zu Rettendes die Nation, das Nationale zu beschwören«.

Wohlgemerkt, so etwas sagte eine Bundesrichterin, die überdies historisch so schwach auf der Brust ist, dass sie »die über weite Strecken düstere Historie«, etwa das »Reich«, nur mit dem »Dritten Reich« identifizieren kann. Dabei ist das »Heilige Römische Reich Deutscher Nation« 1000 Jahre älter als die Nazibarbarei.

Es hat große Kaiser und Künstler und Schurken gesehen, Zeiten der Blüte, Zeiten des Niedergangs, es hat im Dom zu Speyer genauso Gestalt gefunden wie in Gutenbergs Bibel und Mozarts Requiem. Haben die Rheinburgen nichts mit unserer Reichsgeschichte zu tun? Woran denkt die Dame, wenn sie die Stifterfiguren am Naumburger Dom betrachtet? An Hitler?

Schließlich hat sogar der sonst wegen seines Universalismus auch bei Linken so beliebte Papst Franziskus soeben betont, dass es ohne Heimatgefühl nicht gehe – er rief die Christen zu Patriotismus auf: »Ein Volk ohne Wurzeln ist ein krankes Volk. Ohne Wurzeln kann man nicht leben.«

Ob das auch für die AfD-Wähler gilt, besonders die Sachsen, die von der im Westen erscheinenden *Morgenpost* jüngst als »Schandfleck Deutschlands« bezeichnet wurden? Die so urban-ironischen Weltbewohner im Westen haben sich mit all ihren neurotischen Erdungsschwierigkeiten zunächst mal auf Ostkloppe verständigt.

Da fragte nach der Wahl im *Stern* ein Redakteur den Philosophen Richard David Precht: »Der Dualismus zwischen Gut und Böse ist ein uraltes philosophisches Thema. Ist die Sache womöglich erschreckend einfach? Hat das ziellos wabernde Böse auch in unserer Gesellschaft in der AfD einen Ort gefunden, wo es sich niedergelassen hat? Wo niedere Instinkte gebündelt und ausgelebt werden dürfen, wo man ungestraft hetzen, hassen und die Geschichte umschreiben darf?«

Und was antwortete unser Philosoph? »Da ist ein bisschen was dran.«

Ich würde einfach jetzt mal fragen: Kann es sein, dass die Sache noch viel einfacher ist? Nämlich dass das ziellos wabernde Blöde einen Ort gefunden hat, nämlich so ein nussgroßes vorurteilsvolles Illustrierten-Deppenhirn eines verwöhnten Hamburger Kugelschreiberträgers, der sich mit solchen Abschüssen anerkennendes Schulterklopfen in der Gesinnungskaserne erwirbt, worauf ich als Philosoph antworten würde: Aber das ist doch gar keine Frage! Die einzig spannende Frage wäre, wann sich dieser Jüngling und mit ihm die Restmeute neu mit dem Wind dreht.

Wird er sich drehen, der Wind? Wird es zu einem Paradigme kommen? Wird der Linken die »kulturelle Hegemonie«, wie Gr einst nannte, endlich aus der Hand geschlagen und damit tatsächlich frischer Wind in die gesellschaftliche Debatte kommen? Ich glaube schon. Ich glaube, der Wind hat sich gedreht. Man wird erkennen, besonders im Jahr 2018, wenn das 50. Jubiläum der 68er ansteht, dass die wahre Intelligenz, die sich in Zeitschriften wie *TUMULT* versammelt, heutzutage rechts denkt. Und dass von dort die scharfsinnigeren und kreativeren, vor allem aber realitätstüchtigeren Anstöße kommen, mit den Identitären als neuer APO. Man wird erkennen, der ordnungsstürzenden und verwahrlosenden Utopien und der heimatlosen Bevormundungen durch die Eliten müde geworden, wie fadenscheinig der linke Theorie-Tinneff war, der sich tatsächlich in einem langen Marsch durch die Institutionen gefressen hat, bis er im Kopf einer CDU-Kanzlerin landete, die damit zum Putsch von oben ansetzte, um die Nation im Säurebad der Europa-Elite und Kosmopoliten aufzulösen. Bis sie gebremst wurde durch das Volk.

Kurz danach weilte ich auf einer Konferenz auf der schönen Insel Rhodos, hörte den brillanten Weltbanker Ian Goldin warnen vor den Folgen der »Artificial Intelligence», der künstlichen Intelligenz, fragte den eitlen französischen ehemaligen Premierminister Villepin nach seiner Einschätzung des Ausgangs der Bundestagswahl, der daraus, wie auch immer, eine Bestätigung des Europakurses der Kanzlerin herauslas, während der über Villepin schäumende Václav Klaus schon bei Nennung des Namens »Merkel« einen dicken Hals bekam.

Nach Ansicht des einstigen tschechischen Staatspräsidenten ist die Doktrin des Multikulturalismus gescheitert, die Migration sei ein Schaden sowohl für die Länder, in die sie sich bewegt, als auch für diejenigen, die sie hinter sich lässt, und die einzige relevante Frage sei, wie man sie verhindert oder zumindest minimiert.

Prächtige Kulisse für diesen von Russen organisierten Thinktank unter dem Namen »DOC« (Dialogue of Civilizations) auf Rhodos. Das Festbankett fand in dem im 14. Jahrhundert von den Johannitern gebauten Palast der Kreuzritter statt. Am Abschlussabend wurde getanzt. Tatsächlich, der umwerfend lustige Václav Klaus, 76, tanzte Rock 'n' Roll mit seiner um einige Jahrzehnte jüngeren Frau, einer atemberaubenden tschechischen Schönheit, die er mir für zwei Runden überließ.

Aus dem sonnigen Rhodos direkt auf die Frankfurter Buchmesse, wo der schwelende Weltbürgerkrieg weiterdiskutiert wurde und der deutsche Kulturkampf erneut aufflammte, sichtbar, erfahrbar, demonstrativ.

Auf der wie immer lustigsten Party der Messe, der des Verlegers Joachim Unseld, verbrachte ich einen angenehmen Abend zusammen mit Buddy Jan Fleischhauer, der mit der Geschichte seiner Scheidung einen weiteren Bestseller gelandet hatte. Dort auf der Party traf ich auf mein literarisches Idol, wenn man das in meinem Alter noch sagen darf, auf Michel Houellebecq.

Er sah aus wie ein alter Waran in einem Parka, und der wiederum sah aus, als bewohne er ihn, wie Laura Karasek in ihrem witzigen Messeblog schrieb.

Ich wollte mich mit Houellebecq über seinen Roman *Unterwerfung* unterhalten und die Katholiken in Frankreich, die zu Hunderttausenden auf die Straße gegangen waren, um gegen die Sexualkunde-Lehrpläne der Schulen, gegen den Genderwahn und gegen Abtreibung zu demonstrieren – Houellebecq hatte darin eine ermutigende Résistance gegen den Geist der Unterwerfung gesehen –, Aktionen, von denen sich deutsche Kirchenlenker gerne distanzieren, weil sie »ungünstige Bilder« befürchten.

Allerdings hatte er dann doch nur Augen für die schöne Laura Karasek, die Tochter meines verstorbenen Freundes Hellmuth Karasek, sie hat, witzig, charmant, mehrsprachig, viel von ihrem Vater und die Schönheit, zu ihrem Glück, von ihrer Mutter.

Am Nachmittag zuvor hatte ich mich am Stand der Zeitschrift *TUMULT* mit deren Herausgeber Frank Böckelmann unterhalten, er hatte sie einst mit Foucault gegründet, elitäre Angelegenheit, sehr akademisch, nun hatte er sie neu erfunden mit einem konservativen, sehr intelligenten Profil, eine Art politisch umgedrehtes *Kursbuch* und für die Theoriebildung der rechten Intelligenz heute so wichtig, wie es das damalige unter Enzensberger in den 60er-Jahren für die Linke war.

Besonders die Flüchtlingspolitik und die merkwürdige Lust der Deutschen auf Identitätsverlust lagen in seinem Fokus. Ich war Mitarbeiter. Wir saßen in einer Art Minimalversion eines Buchstandes, linke Chaoten hatten seinen Stand verwüstet und ausgeraubt, Penisse auf die Pfeiler gemalt, auch den nebenan liegenden Stand der Manuscriptum-Verlage hatte es erwischt. Der einst stolze linke Diskurs war in Toilettenschmierereien bruchgelandet.

Unser Gespräch war durchsetzt mit Galgenhumor über die Gesprächskultur und die geistige Auseinandersetzung in diesem Lande. Inspektion der Schlachtfelder.

Nach einem Besuch bei meinem wie immer merkwürdig vergnügten Verleger Roland Tichy einige Stände weiter dann noch ein Gespräch mit Götz Kubitschek, dem als Großdenker der Rechten und Strippenzieher verteufelten Macher des Antaios-Verlags. Mittlerweile gibt es kaum eine Illustrierte im Lande, die ihn nicht auf seinem »Rittergut« bei Schnellroda besucht hat und über die altbürgerlichen Manieren der Familie teils fasziniert, teils belustigt berichtet hätte.

Kubitschek, ein im Übrigen äußerst lockerer Typ, sprach auf einer Veranstaltung in Halle 4 über den enormen Erfolg des nachgelassenen Büchleins des verstorbenen Rolf Peter Sieferle, das als rechts und ergo »faschistisch« verunglimpft worden war, aber in der Bestsellerliste, geradezu befeuert von der Häme, mit dem es in den Feuilletons abgestoßen wurde, unaufhaltsam nach oben gestiegen war, bis *Der Spiegel* es einfach aus seiner Bestsellerliste strich – frei nach Christian Morgensterns Maxime: »weil nicht sein kann, was nicht sein darf«.

Danach ein wunderbares Wiedersehen mit Martin Lichtmesz, dem Identitären, der sein Buch *Mit Linken leben* vorstellen wollte – eine geistreiche und witzige Auseinandersetzung mit dem Manichäismus der Linken, ihrem »Säuberungs«-Furor, ihrer Unfähigkeit, einen Gedanken auch nur zuzulassen, der ihrer Gesinnung zuwiderläuft.

Ein höchst lesenswertes Buch, das mich unter anderem mit den Erkenntnissen des amerikanischen Psychologen Jonathan Haidt vertraut machte, der in seinem 2012 erschienenen Buch *The righteous mind* (etwa: Das rechtschaffende Bewusstsein) Bahnbrechendes erklärte.

Er fand heraus, dass nicht etwa rationale Argumente die politische Haltung bestimmen, sondern dass die Sache umgekehrt verläuft. Zunächst ist da die Haltung, und dann sucht das Bewusstsein nach Gründen, diese Haltung zu bestätigen. »Das Bauchgefühl ist der Meister und der argumentierende Verstand nur sein Diener.«

In einem *Spiegel*-Interview führte Haidt aus: »Die moralischen Intuitionen kommen zuerst, die strategischen Überlegungen folgen ... Wir sind gewissermaßen nur die Pressesprecher unseres tieferen verborgenen Selbst.« Was mich selbstverständlich stutzig macht: Sind meine dem Gegner so haushoch überlegenen intelligenten »rechten« Argumente nur deshalb so überzeugend, weil ich schon immer »rechts« dachte? Trotz meiner maoistischen, antiautoritären und eher hedonistischen Jugendphase?

Wer bin ich, und wenn ja, wie viele?

Anderntags, kurz vor Messeschluss, stellte Martin Lichtmesz gemeinsam mit Co-Autorin Cornelia Sommerfeld sein Buch vor. Die Antifa hatte Posten bezogen. Erste Zwischenrufe: »Nazis raus« und »Halt die Fresse«. Irgendwann saß Überraschungsgast Bernd Höcke mit auf dem Podium, noch lief es innerhalb des Erträglichen, doch als dann der Identitäre Martin Sellner auftrat, flippten die Antifa-Kolonnen aus. Trillerpfeifen, »Nazi«-Gebrülle oder auch »Eure Kinder werden den Koran lesen«, was wohl als Drohung gemeint war, also als größtmögliche Gemeinheit, die sich ein linkes Rosinengehirn ausdenken kann.

Rätselhafte Untergangslust. Wenn schon nicht Revolution, dann wenigstens Gottesstaat. Steinzeit, Schwulenfeindlichkeit, Steinigen von Frauen. Krause linke Gehirne.

Bereits zu Messebeginn wurde das demokratische Lesepublikum eingestimmt, durch den Oberbürgermeister persönlich, der in einer couragierten zivilbürgerlichen Aktion einen Demonstrationszug vor den Stand des Antaios-Verlags angeführt hatte. Sorgsam gemalte Protestplakate. Eine Performance.

Vom Stand des Anne-Frank-Zentrums hatte man sich einen Tisch geholt, um ihn vor dem Stand der Rechten abzustellen. Grandios.

Dort, am Anne-Frank-Stand übrigens, konnte man sich mit einer Pappfigur fotografieren lassen, wie in Disney World oder anderen Vergnügungsparks. Doch anders als dort steckt man hier seinen Kopf nicht durch das Gesichtsloch eines Cowboys oder einer Prinzessin, sondern einer Muslima, die die Finger zur revolutionären Faust ballte. Venceremos. Allahu akbar.

Während ich diese Zeilen schreibe, meldet die »Tagesschau«, dass die islamische al-Shabaab-Miliz, die in Somalia einen »Gottesstaat« einführen möchte, in Mogadischu mit einer Lkw-Explosion ein Blutbad mit 276 Todesopfern angerichtet hat.

Leider habe ich Martin Mosebach verpasst, der eine Recherche geschrieben hat, die er *21* nennt – er hat die Angehörigen jener im Jahr 2015 von IS-Mitgliedern am Mittelmeerstrand von Libyen ermordeten 21 ägyptischen Christen besucht und mit ihnen gesprochen.

Hier verläuft die wahre Front.

Doch unsere fälschungsaffine Presse machte auch in der Nachlese zum Frankfurter »Tumult« um die Rechtsverlage bella figura, denn sie schob die Aggressionen und die Zerstörungswut der Antifa den rechten Verlegern in die Schuhe. Das Foto, auf dem ein schwarz gekleideter Glatzkopf wütend auf den Verleger Kubitschek zustößt, wurde als Beweis genommen – dabei war der Glatzkopf ein linker Aktivist. Aber heutzutage sind der Schwarze Block und schwarze Neonazis kaum noch auseinanderzuhalten. Weshalb die *Bild* aus Leipzig auch kurz zuvor mit der lustigen Schlagzeile aufwarten konnte: »Linke verprügeln aus Versehen Linke«. Ich hatte auf Facebook dazu geraten, in diesem Fall doch mal ein Auge zuzudrücken, und begeisterte Zustimmung dafür erhalten.

Zur Buchmesse textete *Die Welt*, es habe »gewalttätige Auseinandersetzungen zwischen rechten und linken Gruppierungen« gegeben. Von »tumultartigen Szenen, als der Rechtsaußenpolitiker an einer Podiumsdiskussion teilnahm«.

Von rechten Gruppierungen habe ich nichts gehört, selbst Liane Bednarz bekannte auf Facebook, dass die Aggressionen eindeutig von links ausgegangen seien.

Ein Mitglied der Satiretruppe »Die Partei« sei niedergerungen worden von einem »Nazi«, hieß es, dabei war es ein Sicherheitsdienstler der Messe, der den linken Provokateur nach mehreren Aufforderungen zur Ruhe zu Boden rang.

Das *Neue Deutschland* fantasiert von Rechtsradikalen, die Linke verprügelt hätten. Und selbstverständlich wurden die »Identitären« wieder einmal als völkisch etikettiert, was jeder, der sich mit ihrem kultureuropäischen Ethnopluralismus einmal ernsthaft auseinandergesetzt hat, nur als haarsträubenden Blödsinn bezeichnen kann.

Am Stand von Herder, dem Verlag für progressive Katholiken, stieß ich überraschend auf Cherno Jobatay, mit dem ich einst gut konnte, der mich aber mit seiner *Huffington Post*, der deutschen Variante des eindrucksvolleren amerikanischen Originals, wie bereits erwähnt, als »nach rechts gerutschten« Autor verfolgt. Gegen »rechts« wehre ich mich längst nicht mehr, aber »gerutscht« bin ich nicht, ich habe einfach nachgedacht und getrotzt. Cherno hatte gerade den Prozess um eine einstweilige Verfügung gegen mich verloren. Ich hatte geklagt, weil die *Huffington Post* tatsächlich noch einmal meinen Rauswurf bei der *Welt* thematisiert und die Lüge wiederholt hatte, ich hätte Ulf Poschardt als »Arschloch« tituliert.

Dass dieses Buch mit Eindrücken aus dem Kulturkampf bei uns in Deutschland auf der Buchmesse endet, ist irgendwie folgerichtig – schließlich war ich kurz nach der Buchmesse vor zwei Jahren gefeuert worden. Auf der Party bei Unseld sprach mich ein ehemaliger Kollege von *Welt* und *WamS*, mit einer Bekannten an.

»Na, wie ist die Stimmung bei euch?«, fragte ich.

Er murmelte etwas von apokalyptisch. Offenbar hat sich die Lage dramatisiert. Tatsächlich ist die Verkaufszahl der *Welt* an den Kiosken auf 8000 abgestürzt, die Redakteure schreiben unter Ausschluss der Öffentlichkeit, wenn ihre Artikel nicht im Netz und dort hinter der Bezahlschranke verschwinden.

»Dass sich keiner von euch Burschen mehr bei mir gemeldet hat«, sagte ich, ein wenig melancholisch. Er protestierte lauwarm und sprach dann von meiner Unterstützung der AfD. Hm.

Tatsächlich hatte ich ja die AfD unterstützt, zumindest ihre Argumente gegen die unkontrollierte Einwanderungspolitik, aber vor allem weil sie die erstarrte Parteiendemokratie in Deutschland wieder zum Tanzen gebracht hatte. Das war die große Hoffnung. Und sicher auch der Wunsch, die staatliche Souveränität wiederherzustellen, denn in der sogenannten Flüchtlingskrise sah ich nichts als deutsche nihilistische Untergangslust.

»Aber was hätte Merkel denn tun sollen?«, fragte die Bekannte mit bebender Stimme.

»Nun, sie hätte zehn Tage später die Grenze wieder schließen können, und sie hat es nicht getan aus Angst vor ›unschönen Bildern‹.«

»Ach, und was ist mit den Hunderttausenden von Vergewaltigten, die dann gestrandet wären?«, fuhr sie nun schon schrill dazwischen.

»Na ja, mit dem Strom der Vergewaltigten strömten auch die Vergewaltiger mit über die Grenze«, wandte ich ein, »man hätte die Sache überlegter steuern müssen.« Ich versuchte, ruhig und besonnen zu bleiben. Es fiel mir schwer.

Ein paar Tage zuvor hatte Konzernchef Döpfner auf dem Zeitungskongress eine Rede gehalten, er schien mir der einzige einigermaßen Vernünftige zu sein: »Die Frequenz der Anschläge nimmt [...] zu. Wir müssen aufpassen, dass wir uns nicht bald in der Welt wiederfinden, die Michel

Houellebecq in seinem Buch *Unterwerfung* beschreibt. Einer Welt, in der Anschläge in Europa Alltag sind. Wir dürfen uns nicht daran gewöhnen. In Houellebeqs *Unterwerfung* geschieht das. Die Franzosen passen sich an: Es beginnt schleichend, Frauen tragen keine Miniröcke mehr, immer mehr treten zum Islam über. So weit ist es bei uns nicht, aber wir sehen die ersten Vorboten. Lidl bedruckt traditionell mehrere Produkte mit einem Bild aus Griechenland. Darauf sind auch Kirchen zu sehen. Um keine Kunden zu beleidigen, hat Lidl die Kreuze der Kirchen entfernt.«

Döpfner sieht in seiner Rede in den Journalisten die Wächter der Demokratie. Er sieht die »Gefahr, Rechtsstaat und Kultur den Vorstellungen einer kleinen, radikalen Minderheit zu opfern. Die Integrationsbeauftragte der Bundesregierung, Aydan Özoğuz, warnte vergangenes Jahr vor einem generellen Verbot von Kinderehen. Ernsthaft. Um den iranischen Präsidenten Hassan Rohani nicht zu brüskieren, sind auf dem Kapitol in Rom nackte Statuen in sargähnlichen Holzkisten versteckt worden. Temporär begraben wurde damit auch abendländisches Kulturverständnis.«

Meinem *Welt*-Kollegen war meine Diskussion mit seiner Bekannten sichtbar peinlich. Plötzlich war ich über meinen kränkenden Rausschmiss merkwürdig glücklich. Wie sagte Chesterton: »An inconvenience is only an adventure wrongly considered.«

Die Buchmesse war wie berauscht von den Visionen eines neuen Europa, Frankreich war der Ehrengast, überall blühten die Blumen einer Utopie, die die Vereinigten Staaten von Europa beschworen, ja mit Robert Menasses *Die Hauptstadt* gewann der »weltweit erste EU-Roman« den deutschen Buchpreis. Es ist eine Farce über Brüssel.

Unbemerkt davon erschien die Pariser Erklärung, die von katholischen Intellektuellen wie Robert Spaemann unterzeichnet wurde. Sie spricht von einem falschen, bürokratischen Europa, das wirtschaftlich mit China konkurrieren könne, und hält das wahre Europa dagegen: »Diese Länder sind unsere Heimat; wir haben keine andere. Die Gründe unserer Wertschätzung Europas übersteigen unsere Fähigkeiten, unsere Bindung zu erklären oder zu rechtfertigen. Es geht dabei um geteilte Geschichte, Hoffnungen und Liebe. Es geht um althergebrachte Gewohnheiten, Pathos und Schmerz. Es sind inspirierende Momente der Versöhnung und das Versprechen einer gemeinsamen Zukunft.«

ı all seiner Größe und seinem Reichtum, ist gefährdet durch ; Verständnis seiner selbst. Dieses falsche Europa sieht sich als Erfüllung unserer Zivilisation, wird aber in Wahrheit unsere Heimat enteignen.«

»Sie ignorieren die christlichen Wurzeln Europas, lehnen diese sogar ab. Gleichzeitig verwenden sie große Mühen darauf, keine Muslime zu beleidigen, von denen sie annehmen, dass sie begeistert ihren säkularen, multikulturellen Standpunkt teilen werden. Versunken in Vorurteilen, Aberglauben und Ignoranz, geblendet von eitlen, selbstbeweihräuchernden Visionen einer utopischen Zukunft, unterdrücken sie reflexartig jede abweichende Meinung – natürlich im Namen von Freiheit und Toleranz.«

In 36 Thesen wird das wahre vom falschen Europa unterschieden. Unterschrieben ist das Manifest unter anderen von dem deutschen Philosophen Robert Spaemann, vom Briten Roger Scruton, von den Franzosen Rémi Brague und Philippe Bénéton. Selbstverständlich hätte Gilbert K. Chesterton seinen Namen auch daruntergesetzt.

So viel ist sicher, dieser Kulturkampf geht weiter, aber wahrscheinlich nicht mehr in der Presse, die ihre Funktion als »vierte Gewalt« im Staat in den letzten drei Jahren restlos desavouiert hat, sondern im Netz. Als Guerillakrieg.

Und bei der Verteidigung des wahren Europa, eines »Europa, wo[ran] man glauben kann«, würde uns einer wie Chesterton enorm helfen, mit seiner überbordenden Daseins- und Glaubensfreude und besonders mit seinem gesunden Menschenvestand. Der Sozialist George Bernard Shaw hatte wohl recht, als er über seinen Freund schrieb: »Die Werke von Gilbert Keith Chesterton sind voller Weisheiten und Warnungen, die, wären sie beachtet worden, Krieg, Seuchen, Verbrechertum und alle Schrecken der kapitalistischen Zivilisation schon längst abgeschafft hätten.«

So sei er, unser merkwürdiger Heiliger, unser »Fat Man«, der trinkfeste Berg mit dem albernen Hütchen, der »Apostel des gesunden Menschenverstands«, auch durchaus unseren Linken ans Herz gelegt.

Schlussbemerkung

Die Abschaffung des gesunden Menschenverstandes in unserem Lande war sicher den Verlockungen und Irreführungen (»Wir schaffen das«) unserer politischen und medialen Klasse geschuldet und dem brennenden Bedürfnis der Deutschen, wieder zu den Guten zu gehören.

Sie gründete aber auch auf simplen Lügen.

Wenn ich in diesen vergangenen drei Jahren oft das Gefühl hatte zu ersticken, dann lag es an dem, was Sloterdijk den »Lügenäther« im politischen Raum genannt hatte, dieses sinnenbetäubende Gemisch aus Verfälschung und ausgesparter Wahrheit und Sprachregelung, so dicht, dass ich die Fenster aufreißen und schreien wollte. Doch ein Schulterschluss aus Politik und verbrüdertem Journalismus bildete einen Riegel, der schwer zu durchstoßen war.

Die Lüge hat, nicht erst seit der Flüchtlingspolitik der Bundesregierung, einen guten Lauf. Für Biologen ist die Verstellung, die Mimikry, geradezu ein Überlebensprinzip. Das egoistische Gen (Dawkins) verlangt bisweilen nach der Lüge, um sich durchzusetzen. Auch die Verhaltensforscher wissen das. Der Sozialpsychologe Steffen Dietz kommt in einer *Kleinen Kulturgeschichte der Lüge* zu dem Befund, dass die »Lüge den Normalfall der Kommunikation« darstellt, und verlangt, dass wir »lernen, damit umzugehen«.

In der Politik, so der Politologe Fritz Walter, geht es ohne Lüge schon gar nicht. Da scheinen alle von Machiavelli gelernt zu haben, der die Lüge, den kunstvollen Betrug zum Machterhalt, rechtfertigt. Allerdings ist die Erfolgsgeschichte der Lüge gerade hier eher dürftig. Schon Präsident Lincoln, der aus taktischen Gründen durchaus zur Lüge in der Lage war, um ein gutes Gesetz durchzudrücken, erkannte schließlich: »Man kann einen Teil des Volkes die ganze Zeit täuschen und das ganze Volk einen Teil der Zeit. Aber man kann nicht das gesamte Volk die ganze Zeit täuschen.«

Beispiel Irakkrieg. Mit gefälschten »Beweisen« für eine Giftgasaufrüstung ließ Präsident Bush sich das Mandat für den Angriff auf den Irak erteilen, mit den bekannten fürchterlichen und zersetzenden Konsequenzen. Tony Blair ließ sich die parlamentarische Erlaubnis zur Teilnahme am Irakkrieg erschwindeln, was schließlich zu seinem Popularitätsverlust und seiner Abwahl führte.

Schon Kirchenvater Augustinus erkannte, dass ein vernünftiges Zusammenleben mit der Lüge nicht möglich ist. Thomas von Aquin und Kant präzisierten: Der Lügner nimmt weder sich noch den anderen ernst, er macht Kommunikation unmöglich und zerstört das soziale Gewebe. Die Wahrhaftigkeitsregel gehört zum kategorischen Imperativ: Der Lügner nimmt Zuflucht zu einem Mittel, von dem er selber nicht möchte, dass es allgemeine Akzeptanz findet und dann auch auf ihn angewendet wird. Dass das nicht geht, ist einsehbar für jeden.

Seit den Verzückungen der Willkommenskultur gehört die gut gemeinte Lüge zur alltäglichen Erfahrung. Schnell jedoch durchschaute das Publikum jene Matadore in der Presse, die nur noch Positives berichteten und sich selbst ständig ihren Großmut und ihre edle Gesinnung bewiesen, indem sie Selbstzensur übten. Nach der Silvesternacht von Köln 2015 und den lang verschwiegenen massenhaften sexuellen Übergriffen durch nordafrikanische Migranten brach das System in sich zusammen.

Giovanni di Lorenzo bekannte für die *Zeit* und nicht nur für sie: »Wir waren geradezu beseelt von der historischen Aufgabe.« Das Gift der Lüge hatte sich eingeschlichen und zersetzte. Und die Politik log eifrig voraus. Die Behauptung der Bundeskanzlerin, man könne die Grenzen nicht schützen, war eine Lüge – die Pläne zur Grenzsicherung lagen auf dem Tisch, die Hundertschaften waren bereits vor Ort. Sie entschied sich schließlich gegen den Rat der Fachleute, weil die Umfragewerte positiv waren und sie »ungünstige Bilder« befürchtete, wie Robin Alexander in seinem Bestseller *Die Getriebenen* so eindrücklich nachwies.

Nun hatte die Lüge auch das Verhältnis der Bevölkerung zur politischen Klasse zersetzt. In di Lorenzos Worten: »Es gab eine beispiellose Vergiftung der Gesellschaft und einen Vertrauensverlust gegenüber den Eliten und den im Bundestag vertretenen Parteien.« Wie einfach und wie dumm gelogen wird, bewies Fraktionschef Volker Kauder, der in einer Politsendung zu den Kosten der sozialen Unterbringung der Geflüchteten und Immigranten behauptete: »Niemandem wird etwas weggenommen.«

Möglicherweise ihm persönlich nichts, aber, so dachte sich der steuerzahlende TV-Zuschauer: 25 Milliarden pro Jahr, bis 2020 rund 100 Milliarden, das sind Summen, die selbstverständlich fehlen werden zur Bekämpfung der Kinder- und Altersarmut im eigenen Lande, zum Ausbau des Glasfasernetzes, zur Verbesserung von Straßen und Schulen. Natürlich wird dieses Geld ihm weggenommen, schon durch die Steuer, die er entrichtet hat. Wie sagte es Papst Benedikt XVI. im Bundestag 2011, Augustinus zitierend: »Nimm das Recht weg – was ist dann ein Staat noch anderes als eine große Räuberbande?«

Des Weiteren wird ihm das Geld weggenommen, weil er es nicht über Staatsleistungen zurückerhält. Volker Kauder mag guter Absicht gewesen sein, weil er eine Neiddebatte abwenden wollte, über die die gut verdienenden Eliten ohnehin die Nase rümpfen. Aber sie sind es nicht, die hier fragen, es sind die sogenannten kleinen Leute, die den Euro dreimal umdrehen und die wissen: Die Politik lügt, und sie lügt unverfroren.

Mittlerweile hat die politische Klasse, die das Recht brach, nahezu jedes Vertrauen verspielt, und eine Gesellschaft ohne Vertrauen verwandelt sich bisweilen in eine der Zähneblecker. Sie hat die Große Koalition der Regierenden empfindlich abgestraft an der Wahlurne. Die Lügen haben die Kanzlerin eingeholt – ihr Auftritt auf dem Breitscheidplatz, an dem sie sich erst ein Jahr nach dem fürchterlichen Terroranschlag ein paar spröde Beileidsfloskeln an die Hinterbliebenen abrang, war wahrscheinlich der gespenstischste ihrer Karriere.

Die Terroropfer, das wussten viele zähneknirschend, waren auch ihre Opfer, denn ihre fahrlässige Handhabe der Flüchtlingskrise und der offenen Grenzen hatten es dem Mörder – und nicht nur ihm – leicht gemacht. Mittlerweile möchte rund die Hälfte der Bevölkerung nichts mehr mit ihr zu tun haben und hofft auf ihren baldigen Abgang.

Leider sind auch die Kirchen massiv vom Mahlstrom der Lüge erfasst worden. Sie verlangen christliche Fernstenliebe und vergessen die Nächstenliebe, vor allem aber jene Weisheit des Thomas von Aquin, der sagte: »Gerechtigkeit ohne Barmherzigkeit ist grausam; aber Barmherzigkeit ohne Gerechtigkeit führt zur Auflösung.«

Man traut ihnen nicht mehr, wenn sie Dissidenten der Flüchtlingspolitik als Rechtsextreme abstempeln und in Predigten und Hirtenbriefen

Politik betreiben, wenn sie Demonstranten das Licht abstellen – und nebenbei verschweigen, wie gut sie verdienen an der Flüchtlingskrise.

Dass nun die Sondierungsgespräche zur Neuauflage der Großen Koalition abermals mit einer dicken Lüge aufwarteten, konnte niemanden verwundern. Sie wurde in einem glänzenden Report von Stefan Aust, dem alten Kampfgenossen, der sich endlich wieder journalistisch einschaltet, in der *Welt am Sonntag* entblättert. Er wies nach, dass das Gerede über eine Obergrenze der Immigranten (die anerkannten politischen »Flüchtlinge« machen gerade mal ein Prozent der Gesamtzahl aus) pure Augenwischerei war, denn kurz zuvor war in Brüssel eine Gesetzesänderung vorbereitet worden, die einen Nachzug von rund zwei Millionen Migranten über Familienzusammenführungen nach Deutschland wahrscheinlich machen. »Wir stehen vor einer weiteren Einwanderungslawine«, stöhnte Sachsens Innenminister.

Allerdings gibt es Hoffnung. Selbst wenn diese eher kleine Große Koalition noch einmal die Regierung stellen würde, wäre der Souverän, das Volk, wachsamer als in den Jahren zuvor. Es würde sich vom *white rabbit,* diesem Lotsentier, aus den Verwinkelungen und Verwirrungen der Gegenwelt unten wieder hinaus nach oben führen lassen, ans Licht, in die Wirklichkeit.

»Täuschungen hören nicht auf, Täuschungen zu sein, selbst wenn sie Mode werden«, sagte Chesterton. Und: »Man kann die Wahrheit mit Schmutz beschmeißen, aber sie bleibt Wahrheit. Es ist einfach, sie zu finden, doch es ist manchmal schwer, sie zu ertragen, und noch schwerer, ihr zu folgen ...«

Folgen wir diesmal dem *white rabbit* in die Wahrheit, die so gestaucht und verzerrt wurde.

Der gesunde Menschenverstand, da bin ich mir sicher, wird sich nach ihr auf die Suche begeben und sich durchsetzen auf Dauer, auch gegen die Regierenden und ihre journalistischen Flakhelfer.

Der Selbstmord Europas

Douglas Murray

Sinkende Geburtenraten, unkontrollierte Masseneinwanderung und eine lange Tradition des verinnerlichten Misstrauens: Europa scheint unfähig zu sein, seine Interessen zu verteidigen. Douglas Murray, gefeierter Autor, sieht in seinem neuen Bestseller Europa gar an der Schwelle zum Freitod.
»Der Selbstmord Europas« wurde allein in Großbritannien bereits mehr als 100 000 Mal verkauft und ist kein spontan entstandenes Pamphlet einer vagen Befindlichkeit. Akribisch hat Douglas Murray die islamische und afrikanische Einwanderung nach Europa recherchiert, ihre Anfänge, Entwicklungen, gesellschaftlichen Folgen über mehrere Jahrzehnte ebenso studiert wie ihre Einmündung in den alltäglich werdenden Terrorismus.

384 Seiten | Hardcover mit Schutzumschlag | 24,99 € (D) | ISBN 978-3-95972-105-9

TICHYS EINBLICK
www.tichyseinblick.de
"Mit viel Geld macht die
Politik vieles noch falscher."
TICHYS EINBLICK
Deutsche sind klare Gewinner der Globalisierung
eigenartig
Die Meinungsseite im Netz
Und als Magazin.